Michael Vilain

Finanzierungslehre für Nonprofit-Organisationen

Michael Vilain

# Finanzierungslehre für Nonprofit- Organisationen

Zwischen Auftrag und ökonomischer Notwendigkeit

**VS VERLAG** FÜR SOZIALWISSENSCHAFTEN

Bibliografische Information Der Deutschen Bibliothek
Die Deutsche Bibliothek verzeichnet diese Publikation in der Deutschen Nationalbibliografie;
detaillierte bibliografische Daten sind im Internet über <http://dnb.ddb.de> abrufbar.

1. Auflage Juni 2006

Alle Rechte vorbehalten
© VS Verlag für Sozialwissenschaften/GWV Fachverlage GmbH, Wiesbaden 2006

Lektorat: Frank Schindler

Der VS Verlag für Sozialwissenschaften ist ein Unternehmen von Springer Science+Business Media.
www.vs-verlag.de

Umschlaggestaltung: KünkelLopka Medienentwicklung, Heidelberg
Druck und buchbinderische Verarbeitung: Krips b.v., Meppel
Gedruckt auf säurefreiem und chlorfrei gebleichtem Papier
Printed in the Netherlands

ISBN-10  3-8100-3932-2
ISBN-13  978-3-8100-3932-3

# Inhaltsverzeichnis

5

# Abkürzungsverzeichnis

**a. a. O.** .......................... am angegebenen Ort
**Abs.** .......................... Absatz
**ABM** .......................... Arbeitsbeschaffungsmaßnahme
**ABS** .......................... Alternative Bank Schweiz
**AEAO** .......................... Anwendungserlass zur Abgabenordnung
**AFG** .......................... Arbeitsförderungsgesetz
**AFRG** .......................... Arbeitsförderungs-Reformgesetz
**AG** .......................... Aktiengesellschaft
**AnBest** .......................... Allgemeine Nebenbestimmungen
**AO** .......................... Abgabenordnung
**BA** .......................... Bundesagentur für Arbeit
**BFH** .......................... Bundesfinanzhof
**BFS** .......................... Bank für Sozialwirtschaft
**BGB** .......................... Bürgerliches Gesetzbuch
**BGH** .......................... Bundesgerichtshof
**BHO** .......................... Bundeshaushaltsordnung
**BKD** .......................... Bank für Kirche und Diakonie
**BMF** .......................... Bundesministerium der Finanzen
**BMFSFJ** .......................... Bundesministerium für Familie, Senioren, Frauen und Jugend
**BRD** .......................... Bundesrepublik Deutschland
**BSHG** .......................... Bundessozialhilfegesetz
**BStBl.** .......................... Bundessteuerblatt
**BT** .......................... Bundestag
**btx** .......................... Bildschirmtext
**bzw.** .......................... beziehungsweise
**CMS** .......................... Cash-Management-System
**d. h.** .......................... das heißt
**DGM** .......................... Evangelische Darlehensgenossenschaft Münster
**DIN** .......................... Deutsche Industrie-Norm
**Diss.** .......................... Dissertation
**DJI** .......................... Dow Jones Index
**DJSI** .......................... Dow Jones Sustainability Index
**DM** .......................... Deutsche Mark
**DRK** .......................... Deutsches Rotes Kreuz
**DSD** .......................... Duales System Deutschland
**DtA** .......................... Deutsche Lasten- und Ausgleichsbank
**DZI** .......................... Deutsches Zentralinstitut für Soziale Fragen

| | |
|---|---|
| **e. G.** | eingetragene Genossenschaft |
| **e. V.** | eingetragener Verein |
| **ebd.** | ebenda |
| **Ed.** | Editor |
| **EDG** | Evangelische Darlehensgenossenschaft |
| **efp** | Europabüro für Projektbegleitung |
| **EKD** | Evangelische Kirche in Deutschland |
| **EKQ** | Eigenkapitalquote |
| **ErbStG** | Erbschaftsteuergesetz |
| **EStDV** | Einkommensteuer-Durchführungsverordnung |
| **EStG** | Einkommensteuergesetz |
| **et al.** | und andere |
| **EU** | Europäische Union |
| **EÜR** | Einnahme-Überschuss-Rechnung |
| **Eurex** | European Exchange |
| **EURIBOR** | European Interbank Offered Rate |
| **f.** | folgende |
| **ff.** | fortfolgende |
| **FKQ** | Fremdkapitalquote |
| **FWB** | Frankfurter Wertpapierbörse |
| **GewStDV** | Gewerbesteuerdurchführungsverordnung |
| **GewStG** | Gewerbesteuergesetz |
| **ggf.** | gegebenenfalls |
| **gGmbH** | gemeinnützige Gesellschaft mit beschränkter Haftung |
| **GmbH** | Gesellschaft mit beschränkter Haftung |
| **GmbHG** | Gesetz betreffend die Gesellschaften mit beschränkter Haftung |
| **GLS** | Gemeinschaftsbank für Leihen und Schenken |
| **GoB** | Grundsätze ordnungsmäßiger Buchführung |
| **GrStG** | Grundsteuergesetz |
| **GuV** | Gewinn- und Verlustrechnung |
| **HGB** | Handelsgesetzbuch |
| **Hrsg.** | Herausgeber |
| **i. e. S.** | im engeren Sinne |
| **JGG** | Jugendgerichtsgesetz |
| **KD-Bank** | Bank für Kirche und Diakonie |
| **KfW** | Kreditanstalt für Wiederaufbau |
| **KG** | Kommanditgesellschaft |

| | |
|---|---|
| **u. a.** | und andere |
| **UmweltHG** | Umwelthaftungsgesetz |
| **UStDV** | Umsatzsteuer-Durchführungsverordnung |
| **UStG** | Umsatzsteuergesetz |
| **usw.** | und so weiter |
| **UVPG** | Gesetz über die Umweltverträglichkeitsprüfung |
| **UWG** | Gesetz gegen den unlauteren Wettbewerb |
| **v. a.** | vor allem |
| **v. H.** | vom Hundert |
| **vgl.** | vergleiche |
| **vol.** | Volume |
| **WG** | Wechselgesetz |
| **WWU** | Westfälische Wilhelms-Universität Münster |
| **WZB** | Wissenschaftszentrum Berlin |
| **Xetra** | Exchange Electronic Trading |
| **z. B.** | zum Beispiel |

# Geleitwort

Brauchen wir eine Finanzierungslehre speziell für gemeinnützige bzw. Nonprofit-Organisationen? Diese Frage ist mit einem klaren und eindeutigen Ja zu beantworten. So ist nicht zu leugnen, dass der Dritte Sektor der gemeinnützigen Organisationen (Vereine, Verbände, Initiativen, NGOs und NPOs) sich bereits seit geraumer Zeit auf Wachstumskurs befindet. Während die Organisationen der Konkurrenzsektoren Markt und Staat - Unternehmen und Behörden - in den vergangenen Jahren in ihrer Beschäftigungsintensität kontinuierlich Einbußen hinnehmen mussten, können in punkto Beschäftigung Nonprofit-Organisationen auf ein stetiges Wachstum zurückblicken. Es ist davon auszugehen, dass sich dieser Trend auch in Zukunft, wenn vielleicht auch in abgeschwächter Tendenz, fortsetzen wird. Denn unter den Leitmotiven von New Public Management und Governance wird in zunehmendem Maße bei der Implementation wie auch bei der Entwicklung von Policies auf private Akteure rekurriert werden. Insbesondere in dem breiten Spektrum wohlfahrtsstaatlicher Leistungen – soziale Dienste, Gesundheitswesen, Bildung, Forschung – wie aber auch bei humanitären Auslandseinsätzen, oder aber bei der Katastrophenhilfe haben Nonprofit-Organisationen als gemeinnützige Dienstleister kontinuierlich an Bedeutung gewonnen. Das in der Vergangenheit häufig angeführte Argument, eine spezielle Finanzierungslehre für Nonprofit-Organisationen sei aufgrund ihrer geringen gesellschaftlichen und insbesondere wirtschaftlichen Bedeutung nicht notwendig, trifft daher auf keinen Fall zu.

Doch auch ein zweites Argument, das in der Vergangenheit häufig gegen eine spezifische Beschäftigung mit Fragen der Finanzierung von NPOs angeführt wurde, hat sich als falsch erwiesen. Gemeinnützige Organisationen sichern ihre Existenz nämlich nicht primär durch Spendenmittel. Vielmehr rekurriert die Mehrheit der Organisationen auf einen Finanzierungsmix, an dem Spendengelder sogar den geringsten Anteil haben. Demgegenüber kommt den öffentlichen Mitteln und Leistungsentgelten, aber in zunehmendem Maße auch Einnahmen am Markt, wie etwa Gebühren oder Erlösen, ein ganz wesentlicher Stellenwert zu. Schließlich konnte empirisch gezeigt werden, dass gerade solche Nonprofit-Organisationen, die sich durch einen soliden Finanzierungsmix auszeichnen und insofern nicht ausschließlich von einer Finanzquelle abhängig sind, in den vergangenen Jahren sowohl die Zahl ihrer Beschäftigten als auch ihrer ehrenamtlichen Mitarbeiter und Mitarbeiterinnen deutlich steigern konnten. Es sind gerade diese Organisationen, die positiv in die Zukunft blicken und von einer weiter steigenden Bedeutung des gemeinnützigen Bereichs ausgehen.

Die Ausarbeitung einer Finanzierungslehre für Nonprofit-Organisationen war daher notwendig und längst überfällig, und zwar weil es sich bei diesem Sektor zum einen um einen stark wachsenden Bereich handelt, und da zum anderen die Finanzierung von Nonprofit-Organisationen mit dem Management von Komplexität gleichzusetzen ist.

Herr Vilain hat sich in seiner Arbeit der Aufgabe der Entwicklung einer spezifischen Finanzierungslehre für Nonprofit-Organisationen in gründlicher und sehr ausgewogener Weise angenommen. Die Arbeit führt umfassend in die Thematik ein, wobei gezeigt wird, dass eine spezifische Finanzierungslehre für Nonprofit-Organisationen insbesondere aufgrund der Strukturbesonderheiten und der komplexen Umwelten dieser Organisationen notwendig ist. NPOs sind offene Systeme, die in sehr verschiedenen Kontexten agieren und auf die ein breites Spektrum von Stakeholdern Einfluss ausübt. Vor diesem Hintergrund hat Herr Vilain in vorbildlicher Weise das „Einmaleins" einer Finanzierungslehre für Nonprofit-Organisationen entwickelt. Systematisch werden die verschiedenen Finanzierungsarten von NPOs behandelt. Hierbei werden die unterschiedlichen Herausforderungen, die sich durch die spezifischen Finanzierungsarten, wie etwa Leistungsentgelte, Spendengelder, Sponsoring oder auch Kredite, an das Finanzmanagement der NPOs ergeben, klar herausgearbeitet. Besonders herauszustellen ist die hohe Praxisrelevanz der Arbeit, die trotz schwieriger Thematik den trockenen Stoff der Finanzierungslehre systematisch und sehr gut nachvollziehbar darlegt.

Münster, den 30.08.2005
Annette Zimmer

# Vorwort

Die Finanzierung von NPOs spielt in der deutschsprachigen Forschung bisher eine untergeordnete Rolle. Dieser Rückstand gegenüber der internationalen Entwicklung hat vielfache Ursachen. So kann einerseits angenommen werden, dass eine vermutete Abhängigkeit der NPOs von Spenden lange Zeit den Eindruck erweckte, Finanzierung sei primär ein Marketingproblem, welches mit dem Fundraisinginstrumentarium anzugehen sei. Andererseits hat vor allem im Gesundheits- und Sozialbereich die starke staatliche Abhängigkeit bis vor kurzem den Blick auf Finanzierungsfragen jenseits starrer, kameralistisch geprägter Aushandlungssysteme verstellt.

Auf die Krise des Staates folgte die Notwendigkeit, alternative Finanzierungswege zu suchen. Zugleich wurde deutlich, dass auch jene Bereiche, die nicht überwiegend staatlich getragen wurden, wie beispielsweise der Sport, erheblich komplexere Finanzierungsstrukturen aufweisen können und fachkundiger Gestaltung bedürfen.

Mit dem wachsenden Professionalisierungsdruck hat sich der Bedarf nach Aus- und Weiterbildung für Führungskräfte und Nachwuchs vergrößert. Betriebswirtschaftliche Angebote zum Thema, die in NPOs lediglich eine branchenspezifische Abart eines Unternehmens sehen, greifen jedoch regelmäßig zu kurz.

Andere Publikationen beziehen sich auf ausgesprochen spezielle Einrichtungstypen und eignen sich deshalb wenig für eine Verallgemeinerung. Den Anschluss an die internationale Entwicklung suchend bot sich hier ein Forschungsdesiderat.

Es ist der besondere Verdienst von Prof. Dr. Annette Zimmer mich auf dieses Thema aufmerksam gemacht zu haben. Ihrer Ermunterung mit Blick auf den zukünftig steigenden Ausbildungsbedarf eine eigene Nonprofit-Finanzierungslehre zu verfassen, verdanke ich eine praxisnahe Forschungs- und Promotionsphase. Ihre Kritik sowie die zahlreichen Anregungen halfen über manche Schwierigkeit hinweg, die im Verlauf eines mehrjährigen Projektes entstehen können und haben so erheblich zum Erfolg der Arbeit beigetragen. Durch die Mitarbeit am Institut für Politikwissenschaft der Westfälischen Wilhelms-Universität war es mir möglich, die Inhalte der Arbeit im praktischen Lehrbetrieb mit Studierenden unterschiedlicher Fachrichtungen zu überprüfen und so den Charakter einer interdisziplinär ausgerichteten Finanzierungslehre stärker herauszuarbeiten.

Nach einer mehrjährigen beruflichen Praxisphase außerhalb der Universität war es vor allem die Unterstützung von Prof. Dr. Norbert Konegen, die mir die ersten Schritte an der Hochschule erleichterten und mir Mut machten, mich auf eine längere Promotionsarbeit einzulassen. Ich danke ihm für die Begleitung der Arbeit von den ersten Anfängen bis hin zur Übernahme des Zweitgutachtens. Insbesondere seine Perspektive als Wirtschaftswissenschaftler verbunden mit seinen Ziel führenden Vorschlägen war dabei stets eine wertvolle Hilfe.

In der NPO-Praxis hat Finanzierung nicht selten den Charakter einer „geheimen Chefsache". Umfassender Einblick wird dabei selbst den eigenen Organisationsmitgliedern häufig nur soweit (satzungs-) rechtlich erforderlich gewährt. Interessierte Außenstehende bekommen nur selten Zugang zu den als sensibel eingestuften Vorgängen.

Vor diesem Hintergrund möchte ich insbesondere den verschiedenen Verbandsebenen des Deutschen Roten Kreuzes danken. Die langjährige Mitarbeit als Vorstandsmitglied im Kreisverband Münster sowie die Projekt bezogene Einbindung im Generalsekretariat des DRK in Berlin hat mir wertvolle Einblicke in die komplexe Finanzierungsstruktur sowie das Controlling aber auch die finanziellen Probleme und Risiken eines modernen Wohlfahrtsverbands ermöglicht. Hier gilt mein besonderer Dank der Leiterin des operativen Controlling im Generalsekretariat, Frau Petra Gude. Ihr analytischer, betriebswirtschaftlich geprägter Blick auf die Vorgänge in einer NPO waren gerade in der Anfangsphase von großer Bedeutung. Ihren Gesprächen verdanke ich tiefgehende Einblicke in die Probleme der Institutionalisierung eines Finanzmanagements sowie den Erfolgs- und Risikofaktoren des NPO-Finanzmanagements.

Eine praxisorientierte Auseinandersetzung mit dem Thema ermöglichte mir insbesondere auch die Mitarbeit am Forschungsschwerpunkt Dritter Sektor/ Wohlfahrtsverbände der Fachhochschule Düsseldorf. Im Gespräch mit Prof. Dr. Karl-Heinz Boeßenecker wurden mir immer wieder die Besonderheiten der Finanzierung von NPOs sowie deren praktische Konsequenzen deutlich. Mit seinem Archiv stand mir darüber hinaus ein großer Umfang an themenrelevanter Fachliteratur sowie ansonsten nur schwer erhältlicher Verbandspublikationen – auch jenseits offizieller Ausleihfristen und -zeiten – zur Verfügung.

Der Erfolg einer wissenschaftlichen Arbeit hängt jedoch immer auch von weiteren Faktoren ab. Stellvertretend für viele, die mich unterstützt und begleitet haben, möchte ich den folgenden Personen besonders danken:

Steuerberaterin Astrid Müller (Dipl.-Betr.) verdanke ich neben hilfreichen Hinweisen zum Steuerrecht auch beträchtliche alltagspraktische Unterstützung bei der Realisierung des Projekts. Mit Geduld und Hingabe hat sie die Höhen und Tiefen meiner Arbeit begleitet und manch organisatorische Hürde beseitigt, die einer berufsbegleitenden Promotion im Wege steht.

Wertvolle Anregungen zu allen rechtlichen Fragestellungen verdanke ich den Diskussionen mit Martin Barfuß (Ass. Jur.). Seine Korrekturbemerkungen halfen mir, juristische Fußangeln zu erkennen und zu vermeiden. Ebenso danke ich ihm für die Unterstützung bei der abschließenden Formatierung der Arbeit. Herzlichen Dank schließlich auch an Dr. Axel-Bernd Kunze (Dipl.-Theol. und Dipl.-Päd.) dessen Hinweise zur Lesbarkeit des Textes, zu den Spezifika kirchennaher Einrichtungen und zum Verständnis der Zielgruppe erheblich beigetragen haben.

Diesen und zahlreichen weiteren Personen, die mich mit Auskünften und Informationen unterstützt haben, verdanke ich, dass meine Arbeit in einer geringfügig veränderten Fassung von der Philosophischen Fakultät der Westfälischen Wilhelms-Universität Münster im Oktober 2004 als Dissertation angenommen werden konnte und jetzt als Publikation vorliegt.

Gewidmet ist dieses Buch meiner Familie, die in den zurück liegenden Jahren gerade auch in Zeiten privater Schicksalsschläge eine starke Stütze für mich selbst wie auch für meine Arbeit waren.

Münster, den 30.10.05
Michael Vilain

# Teil A: Braucht das Nonprofit-Management eine eigene Finanzierungslehre?

# 1 Nonprofit Finanzierungsmanagement vor dem Hintergrund aktueller Problemlagen

In Zeiten leerer öffentlicher Kassen und wechselhafter Spendenbereitschaft arbeiten die meisten Nonprofit-Organisationen (NPOs)[5] unter beträchtlichem finanziellem Druck. So geben gemäß den Daten einer von der Westfälischen Wilhelms-Universität Münster und vom Wissenschaftszentrum Berlin durchgeführten Organisationserhebung rund 49 % der ostdeutschen und 35 % der westdeutschen NPOs an, in den letzten Jahren in finanzielle Schwierigkeiten geraten zu sein.[6] Auch wenn die finanzielle Situation nicht gerade als kritisch beschrieben wird, klagen doch die Vertreter zahlreicher Vereine, Verbände und Stiftungen über chronischen Geldmangel. Immer wieder fehlen die Mittel zur Bewältigung wichtiger Aufgaben und zur Umsetzung der Organisationsziele. Angesichts dieser Umstände verwundert es, dass sich die meisten NPOs bisher nur am Rande mit dem Thema „Finanzierung" auseinandersetzen. Ein eigenes Finanzmanagement gar existiert trotz grundsätzlicher Einsicht in dessen Notwendigkeit nur selten.

Die Veränderungen der jüngsten Zeit legen jedoch die Vermutung nahe, dass es in der Bundesrepublik sowohl in der Lehre als auch in der Praxis zu einem beträchtlichen Bedeutungszuwachs von Finanzierungsthemen im Kontext von steuerbegünstigten Organisationen kommen wird.

Dazu tragen nicht zuletzt die aktuell neu entstehenden universitären **Studiengänge** zum „Nonprofit-Management" bei, die sich den Anschluss an internationale Entwicklungen suchend zwischen den bisherigen Angeboten der Betriebswirtschafts- und Verwaltungslehre und den teilweise existierenden Schwerpunkten eines Kultur-, Sport- oder Sozialmanagements positionieren.[7] Sie

---

[5] Aus der Vielzahl möglicher Schreibweisen wird im Folgenden ganz pragmatisch die sich immer stärker durchsetzende Form „Nonprofit-Organisation" oder das Akronym „NPO" gewählt. Der Plural des Akronyms soll der einfacheren Lesbarkeit wegen durch ein angehängtes „-s" gekennzeichnet werden. Damit wird dem im Angelsächsischen weit verbreiteten Sprachgebrauch gefolgt. Dort, wo ein Bezug zu den Unternehmen, den Organisationen des Marktes, hergestellt wird, soll in Analogie zu dieser Terminologie auch von „Forprofit-Organisationen" gesprochen werden.

[6] Priller, Eckhard/Zimmer, Annette (2001a), S. 209.

[7] Während es in den Vereinigten Staaten bereits mehr als 90 Studiengänge und -schwerpunkte mit Bezug zum Nonprofit-Management gibt, bestehen solche Angebote an deutschen Universitäten – sieht man von vereinzelten Schwerpunkten im Bereich der Betriebswirtschaftslehre oder Soziologie ab – bisher nicht. Vgl. Behr, Markus (2004). Derzeit werden jedoch gleich an mehreren Universitäten (z. B. WWU Münster oder Europa Universität Viadrina Frankfurt a. O.) parallel entsprechende

bewegen sich damit im Vergleich zu diesen spezifischen Angeboten, auf einem höheren Abstraktionsniveau, das Studierenden über die konkrete Finanzierung eines Kindergartens oder Sportvereins hinaus Erklärungs-, Deutungs- und Verhaltenmuster an die Hand geben sowie eine größere berufliche Mobilität zwischen den Organisationen des Dritten Sektors gewährleisten soll. Gleichzeitig ist davon auszugehen, dass die Studiengänge ähnlich wie in den USA stärker interdisziplinär ausgerichtet sein werden.

In der Praxis ist sicherlich die **rückläufige Staatsfinanzierung** in fast allen Bereichen der Gesellschaft eine zentrale Ursache für diesen Bedeutungszuwachs. Große Teile des bundesdeutschen Dritten Sektors zeichneten sich in der Vergangenheit durch eine hohe Staatsnähe aus.[8] Als relativ sicher geltende und großzügig vergebene Zuwendungen sowie Leistungsentgelte prägten dabei die Finanzierungssituation in den großen NPOs, vor allem im Sozial- und Gesundheitsbereich.[9] Hand in Hand mit dem sinkenden Staatsanteil an der Finanzierung verändert sich die Situation jedoch grundlegend. Zum einen müssen fehlende monetäre Leistungen kompensiert werden. Die hohe Staatsabhängigkeit des Sektors verringert sich zwangsläufig und weicht heterogeneren Finanzierungsstrukturen.[10] Dadurch erhöht sich für das Management in NPOs der Innovations- und Kompetenzdruck.[11] Die dadurch ausgelöste Suche nach alternativen Finanzierungsformen jenseits der gewohnten Strukturen erfordert eine intensivere und systematischere Auseinandersetzung mit Finanzierungsfragen.

Zum anderen tragen **veränderte Finanzierungsmodalitäten** zu den neuen unübersichtlichen Risiko- und Entscheidungssituationen bei. Mit dem Verlassen des Kostendeckungsprinzips bei der Erbringung öffentlich nachgefragter Dienstleitungen beispielsweise ist die Verantwortung für wirtschaftliches Handeln in

---

Angebote im Bereich der grundständigen Ausbildung und Weiterbildung vorbereitet, sodass von einer sich schließenden Lücke auszugehen ist. An den Fachhochschulen ist die Situation dagegen unübersichtlicher. Hier wird das Bild vor allem durch eine Vielzahl bereichspezifischer Studiengänge die unter Bezeichnungen wie „Kulturmanagement" oder „Sozialmanagement" firmieren geprägt. Zum Überblick über die zahlenmäßig verbreiteten Sozialmanagement-Studiengänge vgl. Boeßenecker, Karl-Heinz/Markert, Andreas (2003).

[8] Vgl. Anheier, Helmut K./ Priller, Eckhard/ Zimmer, Annette (2000).

[9] Andere Tätigkeitsfelder wie Kultur oder Sport weisen demgegenüber schon traditionell einen geringeren Anteil der staatlichen Finanzierung am organisationalen Finanzierungsmix auf. Vgl. Priller, Eckhard/ Zimmer, Annette (2001c), S. 209 ff.

[10] Vgl. Haibach, Marita (2000), S. 69 f.

[11] Die verfügbaren empirischen Befunde bestärken diese Hypothese deutlich. Gemäß einer Umfrage der Westfälischen Wilhelms-Universität Münster und des Wissenschaftszentrums Berlin prägen insbesondere finanzielle Probleme das Management in NPOs. Beklagt werden vor allem die unzureichende Finanzierung durch die öffentliche Hand und in der Folge die zu starke Abhängigkeit von öffentlichen Geldgebern, die mangelnde Erfahrung in der Mitteleinwerbung, Ratlosigkeit hinsichtlich der Erschließung zusätzlicher Einnahmequellen und fehlende steuerliche Anreize für Spenden. Vgl. Zimmer, Annette/Priller, Eckhard (2004), S. 104 f.

vielen Bereichen von den Kosten- auf die Einrichtungsträger übergegangen.[12] Die Unsicherheit der Entscheidungssituationen steigt dadurch beträchtlich und verlangt nach höherer Entscheidungskompetenz. Um das langfristige Überleben der Organisation unter diesen veränderten Rahmenbedingungen gewährleisten zu können, wird ein planvolles und Risiko bewusstes Handeln erforderlich.

Verschärft werden die finanziellen Probleme für NPOs auch durch das anhaltende Wachstum der Anzahl der Spenden werbenden Organisationen. Immer mehr Vereine, Stiftungen, Bürgerstiftungen und auch eine steigende Zahl steuerbegünstigter Kapitalgesellschaften drängen auf einen stagnierenden Spendenmarkt. Dieser Tendenz wird durch eine fortschreitende „Drittsektorisierung"[13] kommunaler Einrichtungen zusätzlich Vorschub geleistet. Der Effekt knapper werdender Finanzmittel und die dadurch **verstärkte Konkurrenzsituation** trifft viele der auf die Einwerbung von Spenden angewiesenen Organisationen hart und unvorbereitet.

Vor dem Hintergrund dieser Befunde wird deutlich, warum der Professionalisierungsdruck in NPOs in der jüngsten Zeit gewachsen ist. Als Hilfsindikator für diese Entwicklung kann die stark steigende Nachfrage nach kommerziellen und nicht kommerziellen Bildungsangeboten, vor allem mit Bezug zur Finanzsphäre von Nonprofit-Organisationen, gesehen werden.[14] Dabei geht es häufig um konkrete **Aufgaben-** und Problemstellungen, die dem Finanzierungsmanagement in NPOs zugleich einen praxisorientierten Referenzrahmen zuweisen:

- Jede NPO braucht Geld, um ihre Mission erfüllen zu können. Wie kann das Finanzmanagement die Aufbringung und Verwaltung der Mittel unterstützen?

- Der finanzielle Status ist ein wichtiger Gradmesser für die Seriosität und die Glaubwürdigkeit einer NPO. Angesichts zahlreicher Skandale kommt der finanziellen Situation in den Augen von Politik und Verwaltung aber auch von potenziellen Spendern wachsende Bedeutung zu. Eine solide Finanzierung soll die Vertrauensbasis für Marketing- und Fundraisingaktivitäten schaffen und so das Ansehen der Organisation nachhaltig sichern helfen.

---

[12] Vgl. Vilain, Michael (2000).
[13] Dabei werden insbesondere bürgernahe, serviceorientierte und in der Regel defizitär betriebene Einrichtungen wie Hallen- und Freibäder, Bibliotheken oder Einrichtungen die mit freiwilligen Aufgaben der Kommunen betreut sind, zunehmend in Form von Stiftungen, gGmbHs oder Vereinen unter mehr oder weniger umfangreicher Bürgerbeteiligung weitergeführt. Da die öffentliche Finanzierung in der Regel beträchtlich zurückgefahren wird, sind diese Einrichtungen zusehends auf Spenden oder selbstwirtschaftete Mittel angewiesen.
[14] Dazu lässt sich ein Anstieg bei den Veröffentlichungen zu Finanzierungsthemen in fach- und verbandsspezifischen Periodika konstatieren.

- Der effiziente Umgang mit Ressourcen kann allein schon zu Einsparungen oder Mehreinnahmen führen, indem beispielsweise der Zahlungsverkehr gestrafft, die Mittelverteilung optimiert oder das Investitionsverhalten verbessert werden. Finanzierungsmanagement soll helfen, durch effizienteren Umgang mit den Ressourcen mehr Mittel für die Ziele der NPO zu erwirtschaften.

- NPOs arbeiten nicht selten in großem Umfang mit öffentlichen oder zweckgebundenen Mitteln, deren Management mitunter hohe Anforderungen an ihre Leitung stellt. Dies gilt insbesondere dann, wenn Auflagen zu berücksichtigen und Geldmittel innerhalb bestimmter Fristen abzurufen sind oder die Verwendung und der Verbleib des Geldes dokumentiert werden müssen. Durch eine professionelle Mittelbewirtschaftung soll das Finanzierungsmanagement Rückforderungen ausschließen und zukünftige Förderungsausschlüsse vermeiden.

- Private und öffentliche Geldgeber stellen oftmals Bedingungen an die Vergabe ihrer Geldmittel. Finanzmanagement muss dazu beitragen die Vereinbarkeit solcher Bedingungen mit den eigenen Vorstellungen und Möglichkeiten zu prüfen und falls Zusagen gemacht wurden, für deren Einhaltung Sorge zu tragen.

- Finanzierung soll bei der Risikobegrenzung helfen. Da Finanzanlagen, Spenden, Zuwendungen und Kredite durch das Finanzierungsmanagement auch auf ihre Risiken hin überprüft werden, lassen sich Schäden durch Verluste aus Finanztransaktionen vermeiden oder begrenzen.

- Zusammenfassend lässt sich sagen, dass eine solide Finanzierung die Grundlage für das ökonomische Überleben der Organisation ist. Dadurch dass der Cashflow[15] fortlaufend analysiert und mit den Daten der Finanzplanung abgeglichen wird, werden mögliche Gefahren und Liquiditätsengpässe früher erkannt. Ein aktives Finanzierungsmanagement kann so teuren Engpässen oder einer drohenden Illiquidität aktiv begegnen.

Die Aufzählung zeigt: Finanzierung ist nicht nur ein akademisches oder theoretisches Thema, sondern vielmehr eine handfeste, alltägliche Herausforderung auf die immer mehr Führungskräfte in NPOs eine Antwort suchen. Die so artikulierte Nachfrage trifft jedoch in weiten Teilen auf ein unstrukturiertes Angebot mit deutlichen Lücken und Theoriedefiziten.[16] Dies verwundert um so mehr, als sich sowohl für das „klassische" Finanzmanagement des Forprofit-Sektors als auch für das Nonprofit-Management in anderen Kulturkreisen, namentlich im anglo-

---

[15] Vgl. zum Begriff des Cashflow Teil B Kapitel 3.1.1
[16] Vgl. Mayrhofer, Wolfgang/ Scheuch, Fritz (2002).

amerikanischen Raum, ein hinreichender Literaturbestand mit umfangreichen theoretischen und empirischen Kenntnissen ausmachen lässt.

Vor diesem Hintergrund ist das Anliegen der vorliegenden Arbeit zu verstehen, eine inhaltliche Bestandsaufnahme für eine eigenständige Nonprofit-Finanzierungslehre zu erstellen.[17] Erreicht wird dies methodisch durch die empirische Ermittlung relevanter Konzepte und Theorien in der vorhandenen Literatur in Verbindung mit einer darauf fußenden **theoriebasierten Exploration**.[18] Die Synthese und Integration bisheriger Erkenntnisse zu einem Nonprofit-Finanzierungsmanagement muss dabei zwei Problemkreise berücksichtigen:

Erstens, muss sich eine Finanzierungslehre, die sich inhaltlich derart eng an einem Organisationstypus orientiert, der als „Sammelbegriff" für unterschiedliche Rechtsformen und Betätigungsfelder dient, mit dessen Bestimmung und den daraus folgenden Implikationen beschäftigen. Zu diesem Zweck erfolgt zunächst eine Begriffsdefinition sowie die Analyse der finanzwirtschaftlichen Strukturbesonderheiten von NPOs (Kapitel 2). Zweitens, müssen bisherige Ansätze der Finanzierungslehre durchleuchtet und derart aufgefächert werden, dass mögliche Anknüpfungspunkte deutlich werden. Dabei muss ein besonderes Augenmerk auf die Integrationsfähigkeit der so ermittelten Systematiken und Inhalte gelegt werden. Das Kriterium dafür bilden die zuvor aus den Strukturbesonderheiten abgeleiteten Erkenntnisse und Forderungen (Kapitel 3). Aus dieser Gegenüberstellung der Strukturbesonderheiten und theoretischen Zugangsoptionen lassen sich schließlich synthetisierend Aufbau und Bausteine einer Nonprofit-Finanzierungslehre herleiten, die schließlich auch die weitere Gliederung der Arbeit strukturieren und determinieren (Kapitel 4).

Das Vorhaben wird dadurch erschwert, dass alle existierenden Ansätze einem mehrdimensionalen Analyseraum zugewiesen werden können:

- <u>Handlungsebene</u>: Finanzierung spezifischer Teileinheiten einer NPO (z. B. Kindertagesstätte) und Finanzierung der NPO als Gesamtorganisation (z. B. Wohlfahrtsverband),
- <u>Bereichsspezifik</u>: Finanzierung im Bereich Kultur, Gesundheitswesen, Wohlfahrtsverbände, Sport etc.

---

[17] Aufgrund des interdisziplinären Charakters und der unterschiedlichen fachlichen Hintergründe der Zielgruppe einer solchen Finanzierungslehre wird auf eine allzu umfangreiche mathematisch-formale Darstellungen, wie sie vor allem für weitergehende Vertiefungen im Finanzierungsmanagement charakteristisch ist, daher bewusst verzichtet. Wo nötig, werden jedoch die in Theorie und Praxis verbreiteten mathematischen Hintergründe vorgestellt.

[18] Unter „theoriebasierter Exploration" soll nach Bortz/Döring die „Analyse [...] wissenschaftlicher Theorien mit dem Ziel durch Synthese und Integration neue Erklärungsmodelle zu entwickeln" verstanden werden. Vgl. Bortz, Jürgen/ Döring, Nicola (1995), S. 341.

- Rechtsform: Finanzierung von Vereinen, Kapitalgesellschaften, Bürgerinitiativen, Stiftungen etc.
- Zielbezug: Gewinnorientierung, Bedarfsdeckung, Mischformen.
- Zeitbezug: Finanzierung als dauerhafte Aufgabe, Projektfinanzierung, Anlass bezogene Finanzierung
- Nationaler Rahmen: Bundesrepublik, USA etc.
- Methodischer Zugang: Institutionenökonomie, neoklassische Kapitalmarkttheorie, deskriptive Formenlehre, Behavioral Finance etc.
- Inhaltlicher Bezug: Gesamtperspektive, spezifische Instrumente und Aufgabenbereiche

Die Ausprägungen dieser Dimensionen sind dabei nicht überschneidungsfrei. Vielmehr überlagern sie sich wechselseitig und weisen gleichermaßen Gemeinsamkeiten wie Unterschiede auf. So unterscheiden sich die Finanzierungsformen in Abhängigkeit der gewählten Rechtsform (z. B. Stiftung und Verein) zwar deutlich, weisen jedoch auch beträchtliche Schnittmengen auf. Die Analyse erfolgt daher vor dem Hintergrund einer spezifischen Folie, die sich aus der Positionierung in diesem mehrdimensionalen „Koordinatensystem" ergibt: Ziel ist es, eine Finanzierungslehre auf der Ebene der Gesamtorganisation über verschiedene, noch zu spezifizierende Bereiche des bundesdeutschen Dritten Sektors hinweg zu erstellen. Der dabei eintretende Verlust an bereichsspezifischer Tiefe wird zu Gunsten einer bereichsübergreifenden Breite der Darstellung in Kauf genommen werden. Betrachtet werden ferner nur diejenigen Rechtsformen, die als steuerbegünstigte Organisationen den Dritten Sektor in Deutschland überwiegend prägen: der Verein, die Stiftung und als junge aber dynamische Organisationsform die (g)GmbH.[19] Da sich das Feld sowohl in der Praxis als auch in der Lehre stark interdisziplinär gestaltet, müssen sich die Ausführungen auch an Nicht-Betriebswirte richten.

---

[19] Obwohl sie in der Regel zu den Organisationen des Dritten Sektors gezählt werden, sollen Genossenschaft aufgrund ihres stark an dem wirtschaftlichen Nutzen ihrer Mitglieder orientierten Organisationszwecks und ihrer unternehmensähnlichen Erscheinung nicht berücksichtigt werden. Vgl. Betzelt, Sigrid (2000), S. 44.

# 2 Nonprofit-Organisationen und ihre finanzwirtschaftlichen Strukturbesonderheiten

Die Eigenschaften von Nonprofit-Organisationen sowie die Rahmenbedingungen in die sie sich eingebettet finden, determinieren die Anforderungen an das Finanzierungsmanagement maßgeblich. Aus diesem Grund erfolgt im Anschluss an eine kurze Begriffsbestimmung die Diskussion der für das Finanzierungsmanagement relevanten Strukturbesonderheiten.

## 2.1 Zum Begriff der „Nonprofit-Organisation"

Ausgangspunkt für die Ermittlung der Anforderungen an eine Nonprofit-Finanzierungslehre ist ein bestimmter Organisationstypus: die Nonprofit-Organisation. Ein erstes Problem zeigt sich dabei in der Heterogenität des dem NPO-Begriffs gegenüberstehenden Signifikats, welches eine Evokation zwischen Bezeichnung und Bezeichnetem nicht automatisch hervorruft und somit einer weitergehenden Begriffsbestimmung bedarf.

Dabei leidet die Nonprofit-Finanzierungslehre wie auch die Forschung zum Nonprofit-Management insgesamt vor allem darunter, dass es der Disziplin an einer eigenständigen, allgemein anerkannten Positivdefinition ihres Untersuchungsgegenstandes fehlt: „Trotz vielfältiger Definitions- und Abgrenzungsversuche in der wissenschaftlichen Literatur hat sich bislang kein Einvernehmen herausgebildet, wie NPOs begrifflich befriedigend gefaßt werden können."[20] Im alltäglichen Sprachgebrauch erscheinen Begriffe wie „Dritter Sektor" oder „Nonprofit-Organisationen" zwar immer häufiger, sind jedoch immer noch nicht allgemein geläufig.[21] Kompliziert wird die terminologische Situation dadurch, dass sich eine ganze Reihe weiterer Bezeichnungen, die kaum als synonym bezeichnet werden können, etabliert haben. So betont die Bezeichnung „Organisation ohne Erwerbszweck", wie sie in der Wirtschaftsstatistik anzutreffen ist, vor allem einen negativ abgrenzenden funktionalen Aspekt. Die Begriffe „Verein" oder „Verband" als Etikett für die zu beschreibenden Phänomene sind in der Alltagssprache häufig anzutreffen. Während ersterer auf die Rechtsform Bezug nimmt und damit andere Organisationen wie Stiftungen oder Genossenschaften

---

[20] Larisch, Mathias (1999), S. 9.
[21] Vgl. Anheier, Helmut K./Seibel, Wolfgang/Priller, Eckhard/Zimmer, Annette (2002), S. 19 f.

ausschließt, stellt letzterer eine Organisationsform privater oder öffentlicher Interessenvertretung in den Mittelpunkt. Durch den Begriff der „freiwilligen Vereinigung"[22] wird eine Strukturbesonderheit – das ehrenamtliche Engagement – fokussiert. Freiwillige Vereinigungen sind demnach Organisationen, in denen überwiegend Menschen freiwillig und unentgeltlich tätig sind.

Wird hingegen von „gemeinnützigen Organisationen" gesprochen, so liegt dieser Einschätzung der steuerrechtliche Status einer Organisation zugrunde. Streng genommen gehören dann nur solche Organisationen zu dieser Kategorie, die den steuerrechtlichen Tatbestand der Gemeinnützigkeit erfüllen.[23]

Davon abzugrenzen sind wiederum die „gemeinwirtschaftlichen Unternehmen", mit denen ehemals die gewerkschaftseigenen Unternehmen bezeichnet wurden.

Insbesondere in der politikwissenschaftlichen Diskussion haben sich eine Reihe weiterer Begriffe durchgesetzt, die in enger Beziehung zu dem hier beschriebenen Objektbereich stehen. Abgesehen davon, dass es sich auch bei den Begriffen *„non-governmental-organization"* und *„non-business-organization"* (nicht-staatliche oder nicht-kommerzielle Organisationen) um Negativabgrenzungen handelt, spiegeln sie darüber hinaus eine jeweils eindimensionale Perspektive wider. Entweder erfassen sie das Verhältnis zwischen jenen Organisationen und dem Staat oder sie konstituieren eine Abgrenzung zwischen Wirtschaftsbetrieben und Nicht-Wirtschaftseinheiten. NGOs könnten dann streng genommen alle Subjekte sein, die nicht dem staatlichen Bereich angehören (auch Unternehmen).[24]

Das Problem der begrifflichen Vielfalt und des fehlenden Einvernehmens kann an dieser Stelle zwar problematisiert, nicht jedoch gelöst werden. Vielmehr soll die folgende Begriffsbestimmung eher pragmatisch am Ziel der vorliegenden Untersuchung ausgerichtet sein. Den Kriterien des *Johns Hopkins Comparative Nonprofit Sector Project*[25] folgend sollen Nonprofit-Organisationen definiert

---

[22] Vgl. beispielsweise Horch, Heinz-Dieter (1983).

[23] Das bedeutet, dass beispielsweise ein Drachenflug-Verein oder ein Filmverein nicht dazu gehören, da sie keinen gemeinnützigen Charakter haben. Vgl. StEK AO 1977 § 52 Nr. 81 und StEK AO 1977 § 52 Nr. 22 und 77. Ferner umfasst der Begriff genau genommen auch solche Organisationen nicht, deren steuebegünstigter Status auf der Grundlage kirchlicher oder mildtätiger Zwecke basiert.

[24] Diese Vorstellung entspricht in besonderem Maße einem seitens liberaler Kreise angenommenen Dualismus zwischen Staat und Gesellschaft und kann bisweilen durchaus den Charakter eines Kampfbegriffes gegen eine als zu groß vermutete staatliche Einflussnahme annehmen. Vgl. Raeder, Linder C. (2000).

[25] Vgl. Salamon, Lester M./Anheier, Helmut K. (1992), S. 125-151. Ein Vorteil dieser Vorgehensweise ist die Akzeptanz dieser im Rahmen eines diskursiven Verfahrens gewonnenen Definition im Zusammenhang mit dem größten bisherigen internationalen Projekt der Nonprofit Forschung. Ein weiterer Vorteil ist der ausgesprochen operative Charakter der Kriterien, der eine praxisorientierte

werden, als nach außen mehr oder weniger offene, formal strukturierte und von direkter staatlicher Einflussnahme unabhängige soziotechnische Gebilde, die zur Erreichung eines selbst gesetzten, nicht primär an der Erwirtschaftung eines Residualeinkommens orientierten Ziels (Gewinn) freiwillige Leistungen und verschiedene materielle und immaterielle Ressourcen generieren und kombinieren, um dadurch materielle und immaterielle Leistungen für sich selbst und andere zu erzeugen.

Der Grad der Öffnung nach außen ist dabei weder hinsichtlich seines Umfangs noch in Bezug auf seine Qualität festgelegt. Die Definition schließt lediglich ein, dass Einflüsse von außen wirksam sind und auch die Organisation ihr Umfeld gezielt oder unbeabsichtigt beeinflusst. Den Zielen der NPO (Mission) kommt eine besondere Bedeutung zu. Sie müssen durch die Organisation selbst (z.b. durch die Gründungsmitglieder in der Satzung) festgelegt werden. Eine NPO führt damit keine Anweisungen Dritter aus (wie beispielsweise Verwaltungen) oder ist Bestandteil eines Zwangsverbandes. Sie ist ferner ihrem Gepräge nach nicht daran orientiert, einen eventuell zustande kommenden finanziellen Überschuss an Mitglieder abzugeben (Unternehmen). Sowohl die Ressourcen als auch die Leistungen können materieller (Geld, Sachmittel) oder immaterieller (Freizeitgestaltung, ehrenamtliche Arbeit, Prestige) Natur sein. Sie können von Mitgliedern oder Dritten stammen oder an diese abgegeben werden (Eigen- und Fremdleistungs-NPO). In jedem Fall umfassen sie freiwillig erbrachte Anteile (ehrenamtliche Arbeit). Die Art und Weise der Faktorenkombination bleibt offen und umschließt so jede Form der Verwendung und Verarbeitung von Ressourcen.

Ausgeschlossen werden in der Folge ausdrücklich erwerbswirtschaftliche Unternehmen, öffentliche Unternehmen, Regiebetriebe und öffentlich-rechtliche Anstalten sowie Produktions- und Verbrauchergenossenschaften. Darüber hinaus werden nicht erfasst: politische Parteien[26], Kirchenverwaltungen sowie Glaubensgemeinschaften, Sekten und Kulte sowie Organisationen mit kriminellem

---

Konkretisierung befördert. Vgl. Zimmer, Annette/Priller, Eckhard/Strachwitz, Rupert Graf (2000), S. 88 f.

[26] Politische Parteien verfügen in Teilen über einen sehr ähnlichen Finanzierungsmix wie andere NPOs. Sie erheben beispielsweise Mitgliedsbeiträge, sammeln Spenden oder betreiben Sponsoring. Vor dem Hintergrund einer durch das Parteiengesetz geschaffenen besonderen Rechtssituation und ihrer herausgehobenen Rolle im Staat sollen sie an dieser Stelle jedoch ausgeklammert werden. Die Diskurse zur Parteienfinanzierung wurden unter dem Eindruck zahlreicher Skandale auch weitaus eher und intensiver geführt als die zur Finanzierung von Nonprofit-Organisationen. Zur Parteienfinanzierung vgl. u. a. Landfried, Christine (1990), Wewer, Gättrik (1990), Naßmacher, Karl-Heinz (1989) und (1992), Kaltefleiter, Werner/Naßmacher, Karl-Heinz (1992) oder Krönes, Gerhard (2001).

Hintergrund[27]. Formen und Tätigkeitsfelder der Organisationen des Dritten Sektors weisen jedoch auch nach Ausschluss dieser Organisationen eine beträchtliche Heterogenität auf. Es bleiben dann immer noch so unterschiedliche Organisationen wie rechtsfähige und nichtrechtsfähige Vereine[28], Stiftungen und Bürgerstiftungen, steuerbegünstigte Kapitalgesellschaften (GmbH und AG), Einrichtungen der freien Wohlfahrtspflege, Wirtschafts- und Berufsverbände[29], Verbraucherorganisationen, Selbsthilfegruppen und Bürgerinitiativen[30].

Steuerbegünstigte Organisationen sind vom kirchlich-religiösen, sportlichen und wissenschaftlichen über den sozialen, ökonomischen und politischen bis hin zum kulturellen Bereichen der Gesellschaft aktiv.[31] Ihrem Charakter nach produzieren sie entweder Eigenleistungen für ihre Mitglieder (Selbsthilfeorganisation, Interessenvertretung, Freizeitverein) oder Dienstleistungen für Dritte (z. B. soziale oder medizinische Dienste).[32] Sie sind als Berater und Interessenvertreter, als Anwälte für Benachteiligte, als Dienstleistungsproduzenten aktiv oder fördern das Gemeinwesen durch gemeinsame Freizeitaktivitäten. Diese Unübersichtlichkeit prägt zusammen mit den Problemen der Erfolgsmessung und -kontrolle die Eigenart des Nonprofit-Finanzierungsmanagements.

## 2.2 Finanzielle Strukturbesonderheiten von NPOs in Abgrenzung zu Unternehmen

Sowohl Nonprofit-Organisationen als auch Unternehmen sind zielorientierte sozio-technische Systeme, für die Geld gleichermaßen eine zentrale Ressource darstellt. Ebenso wie Unternehmen müssen NPOs auf lange Sicht ihre laufenden Ausgaben durch Einnahmen decken, also dauerhaft mindestens den *Break-Even-Point* erreichen. NPOs und Unternehmen müssen Mittel beschaffen, verwalten, investieren und ausgeben. Aus dieser verkürzten Perspektive scheint es zunächst

---

[27] Zur Abgrenzung von NPOs und Organisationen mit kriminellem Hintergrund vgl. Kohl, Andreas (2002).

[28] Mit Ausnahme von Wirtschaftsvereinen.

[29] Zur Zugehörigkeit von Wirtschaftsverbänden zum Kreis der Nonprofit-Organisationen vgl. Grichnik, Dietmar (1998).

[30] Letztere sind zwar eindeutig Nonprofit-Organisationen, weisen jedoch in der Regel sehr spezifische und oftmals kurzfristige Finanzierungsnotwendigkeiten auf, die hier nur am Rande thematisiert werden können. Bei der Finanzierung spielen insbesondere informelle, emotionale, zwischenmenschliche Beziehungen sowie situationsbezogene und sehr spezifische, oft akute Anlässe eine viel größere Rolle als dies im Rahmen der Finanzierung anderer Organisationen der Fall ist. Vgl. Hicks, John (2001).

[31] Vgl. Teil A Kapitel 2.3.

[32] Sie nehmen ferner öffentliche, paraöffentliche und private Aufgaben wahr. Vgl. Goll, Eberhard (1991), S, 38 ff.

keinen Anlass zu geben, sich gesondert mit der Finanzierung von NPOs zu beschäftigen. Tatsächlich existieren jedoch auch eine Reihe von Unterschieden, die sich auf den Strukturbesonderheiten von NPOs gründen und eine eingehende Betrachtung erforderlich machen (vgl. Tabelle 1).

Diese werden bereits bei der Betrachtung des **institutionellen Rahmens**, der sich für die meisten NPOs deutlich von dem idealtypischer Märkte unterscheidet, deutlich. Während Unternehmen marktfähige Individualgüter produzieren, bieten NPOs ihren Sachzielen folgend ein ganzes Spektrum von Leistungen an, das meritorische, Individual- und Kollektivgüter umfassen kann.[33]

Entsprechend ihres Hauptzwecks lässt sich der Erfolg von Unternehmen leicht anhand von Kennzahlen wie Umsatz, Gewinn oder Rendite beziffern. NPOs fehlt ein solcher Indikator für die Gesamteffizienz hingegen. „Dies erschwert vor allem das Messen der Zielerreichung und setzt eine entsprechend präzise und strategisch orientierte Zielformulierung voraus."[34]

*Tabelle 1:* NPO und Unternehmen: Strukturmerkmale im Vergleich.

| Strukturmerkmale | Ausprägung bei | |
| --- | --- | --- |
| | **Unternehmen** | **NPO** |
| **1. Hauptzweck** | Ertrag auf investiertes Kapital (Gewinn/ Rendite) = Formalziel-Dominanz | Erbringung spezifischer Leistungen für Mitglieder oder Dritte = Sachziel-Dominanz |
| **2. Zielgruppe der Aktivitäten** | Deckung des Fremdbedarfs von Nachfragern auf Märkten (Kunden) | Deckung des Eigen- (Mitglieder) und Fremdbedarfs (zum Teil abhängige Klienten) und Interessenvertretung |
| **3. Bezugsgröße für Steuerung und Entscheidung** | Markt-, Kunden- und Konkurrenzverhalten | Mitglieder bestimmen demokratisch, Bedürfnisorientierung und staatliche Normierung. Marktsteuerung häufig nicht existent oder sekundär |
| **4. Produzierte Güter** | Private, marktfähige Individualgüter | Kollektiv- und Individualgüter, meritorische Güter |
| **5. Finanzmittel** | Leistungsentgelte und Kapitaleinlagen, z. T. Subventionen | Mitgliedsbeiträge, Steuervergünstigungen, staatliche Zuwendungen, Leistungsentgelte, Verrechnungssätze, Pflegesätze, Spenden, Gebühren = *Finanzierungsmix* |

---

[33] Vgl. Horch, Heinz-Dieter (1992), S. 50 f.
[34] Horak, Christian/Heimerl, Peter (2002), S. 193.

| 6. Arbeit | Hauptamtlich angestellte Mitarbeiter | Freiwillige und hauptamtliche Mitarbeiter, Zivildienstleistende, Honorarkräfte |
|---|---|---|
| 7. Erfolgskontrolle | Dominanz marktbestimmter Größen: Gewinn, ROI, Umsatz | Kein Indikator für Gesamteffizienz, problematische Zieloperationalisierung und Nutzenmessung |
| 8. Rechtsformen | Aktiengesellschaft (AG), Gesellschaft mit beschränkter Haftung (GmbH), KG, OHG, KG, KgaA | Überwiegend Vereine und Stiftungen, Bürgerstiftungen, Genossenschaften, GmbH und gemeinnützige GmbH (gGmbH), selten AG |

*In Anlehnung an: Schwarz, Peter (1996), S. 25 f.*

Während Unternehmen diese Güter vor allem zur Deckung des Fremdbedarfs von Nachfragern auf Märkten produzieren, erstellen NPOs Leistungen sowohl für den Eigenbedarf als auch für den Fremdbedarf auf Märkten und Quasi-Märkten. Mit der Entkopplung von Leistungsbeziehern und Kostenträgern kommt es zur Entstehung nichtschlüssiger Tauschbeziehungen, bei der monetäre, nicht-monetäre und emotionale Leistungen in einem bisweilen unübersichtlichen Verhältnis zueinander „gehandelt" werden.[35] Angebot und Nachfrage regeln sich daher nicht wie bei Unternehmen (idealtypisch) über den Preis, sondern regelmäßig auch über eine Reihe verschiedener anderer Regulierungsmechanismen.[36]

Bevorzugte Rechtsformen für Unternehmen sind Personen- und Kapitalgesellschaften. NPOs organisieren sich dagegen zumeist in Form von Vereinen, (Bürger-) Stiftungen und seltener als Kapitalgesellschaft (und dann vor allem als gGmbH).[37] Strukturelle Unterschiede sind damit bereits durch die Wahl der Rechtsform angelegt.[38]

Das Leitungspersonal setzt sich in NPOs im Gegensatz zu Unternehmen ganz überwiegend aus ehrenamtlichen Vorständen zusammen. Dort, wo hauptamtliches Personal beispielsweise im Rahmen der Geschäftsführung tätig ist, ist dieses in der Regel formal den ehrenamtlichen Leitungskräften untergeordnet. Aufgrund der intensiveren Auseinandersetzung mit der NPO erlangt das hauptamtliche Management nicht selten einen bedeutenden Wissensvorsprung vor den

---

[35] Vgl. Öhlschläger, Rainer (1995), S. 32.

[36] Angebot und Nachfrage werden hier neben dem Preis (z. B. kommerzielle Sportkurse) regelmäßig auch durch den Grad der Bedürftigkeit (z. B. Katastrophenhilfe), das Windhundprinzip (z. B. Hilfeleistungen oder Förderung durch Stiftungen), die Mitgliedschaft (z. B. Beratungsleistungen) oder auf der Basis staatlicher Vorschriften (z. B. Leistungen der Jugendhilfe) reguliert.

[37] Wenn also im Folgenden verkürzend von Nonprofit-Organisationen (NPO) die Rede ist, sind überwiegend diese drei Organisationsformen angesprochen.

[38] Mit der stärkeren Präsenz von Kapitalgesellschaften im Dritten Sektor verschwimmen die Unterschiede zwischen NPOs und POs an dieser Stelle stärker.

übergeordneten ehrenamtlichen Leistungskräften. Auch deshalb sind Konflikte, die auch das Finanzmanagement berühren, an dieser Schnittstelle vorprogrammiert.

Die Strukturbesonderheiten von NPOs sind in der Literatur bereits hinlänglich diskutiert worden.[39] Was aber bedeuten sie konkret für die Finanzierung? Welche Hinweise geben sie zur Gestaltung einer Finanzierungslehre? Um den Antworten auf diese Fragen näher zu kommen, sollen im Folgenden drei zentrale Problemkreise und ihre Implikationen für das Finanzierungsmanagement erörtert werden.

## 2.2.1 Der Finanzierungsmix

NPOs finanzieren sich aus einer Reihe verschiedener Einnahmequellen wie staatlichen Zuwendungen bzw. Subventionen[40], Zuwendungen von Stiftungen, Lotterien und anderen Organisationen, Leistungsentgelten, dem Verkauf von Waren und Dienstleistungen, Sponsoring und Merchandising, aus Spenden, Zustiftungen, Erbschaften sowie Gebühren und Mitgliedsbeiträgen. Die Vielfalt der Finanzierungsquellen führt zu einer für NPOs spezifischen **Finanzstruktur**, die auch als „Finanzierungsmix" oder „Finanzierungsportfolio" bezeichnet wird.[41] Über den gesamten Dritten Sektor hinweg gesehen spielen dabei Leistungsentgelte, Zuwendungen und selbsterwirtschaftete Mittel mit einem Anteil von zusammen rund zwei Dritteln des gesamten Finanzierungsvolumens eine herausragende Rolle. Spenden und Mitgliedsbeiträge, die gemeinhin als zentrale Einnahmenquellen steuerbegünstigter Organisationen angesehen werden, sind dagegen von untergeordneter Bedeutung (Abbildung 1)[42]

---

[39] Vgl. Horch, Heinz-Dieter (1983), Schwarz, Peter (1996), Horak, Christian/Heimerl, Peter (2002), S. 192 ff., Nährlich, Stefan/Zimmer, Annette (2000a), S. 11-13, oder für die Wohlfahrtsverbände vgl. Grunwald, Klaus (2000) oder Öhlschläger, Rainer (1995), S. 28 ff.

[40] Zum Begriff der „Zuwendung" und „Subvention" vgl. Kapitel 4.

[41] Vgl. z. B. Goll, Eberhard (1991), S. 160 ff.; Boeßenecker, Karl-Heinz (1998), S., 167 ff.; Schneider, Hubert/Halfar, Bernd (1999), S. 65 - 77.

[42] Die Zusammensatzung des Finanzierungsmix variiert innerhalb der Bereiche des Dritten Sektors jedoch sehr stark . Vgl. Teil A Kapitel 2.3.

*Abbildung 1:*   Einnahmestruktur des Dritten Sektors in Deutschland.

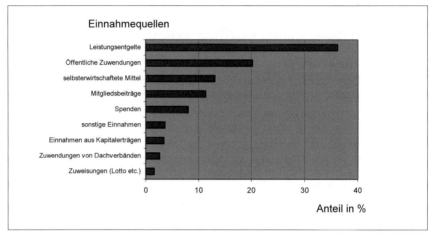

*Aus: Zimmer, Annette/Priller, Eckhard (2004), S. 81.*

Das Finanzierungsmanagement einer NPO ist in erheblichem Maße von der Struktur ihres Finanzierungsmixes, d.h. der Bedeutung und Art ihrer Finanzierungsquellen, abhängig.[43] Die verschiedenen Finanzierungsquellen und deren Eigenarten erzeugen dabei eine komplexe Struktur, die auch als mehrdimensionale Mischfinanzierung bezeichnet werden kann.[44] Im Folgenden werden einige Aspekte dieser Mehrdimensionalität diskutiert:

**a) Heterogenität der Finanzumwelt und Managementarenen**
Verschiedene Finanzierungsquellen lassen sich bestimmten Finanzumwelten (*Settings*) zuordnen, die jeweils durch ihre unterschiedliche Rahmenbedingungen geprägt werden. Je nach *Setting* variieren die vorherrschenden Methoden und Instrumente sowie die Interaktionspartner und die Rolle der NPO.

In einem ersten Setting interagieren NPOs überwiegend mit institutionellen Partnern wie Ministerien, Ämtern und Behörden und gelegentlich auch anderen NPOs. Die Grundlage dieser Interaktion sind meist formalisierte und standardisierte Antrags- und Beratungsprozesse auf der Grundlage rechtlicher Vorgaben[45].

---

[43] Vgl. Dropkin, Murray/Hayden, Allyson (2001), S. 7.
[44] Vgl. Goll, Eberhard (1991), S. 161 ff. Mit Blick auf deren Heterogenität wird die Summe der unterschiedlichen zufließenden monetären und nicht monetären Mittel auch als Ressourcenpool bezeichnet. Vgl. Wilkens, Ingrid (1996).
[45] Dazu zählen auch satzungsrechtliche Vorgaben.

32

Ein Anspruch auf diese Finanzmittel besteht seitens der NPO dabei in der Regel nicht.

Zweitens arbeiten NPOs auch in einem marktlichen Umfeld. Sie treten hier als Anbieter von Produkten und Dienstleistungen auf. In diesem Umfeld gelten die Gesetze von Angebot und Nachfrage. Eine NPO ist hier nur dann erfolgreich, wenn es ihr gelingt, ihren Kunden einen marktfähigen Mehrwert zu beschaffen, Marketing und Preiskalkulation zu betreiben und Gewinne in einer bestimmten Größenordnung zu erwirtschaften. Die Leistungen werden von privaten Haushalten oder Unternehmen nachgefragt und im Rahmen eines mehr oder weniger intensiven Wettbewerbs zwischen anderen Anbietern vergleichbarer Leistungen erbracht.

Drittens handeln NPOs in einem als philanthropisch zu bezeichnenden Setting, in dem sie in erster Linie versuchen, Spenden einzuwerben. Dabei setzen sie die Instrumente des Fundraising ein. Partner in dieser Arena sind überwiegend die privaten Haushalte, aber durchaus auch Unternehmen. NPOs bieten hier keine marktfähigen Gegenleistungen an. Zentraler Vermarktungsgegenstand ist vielmehr die Erfüllung der eigenen Mission. Die Konkurrenzbeziehungen im Bereich der Spendenakquisition sind diffus. Letztendlich stehen alle NPOs unabhängig von ihren Zielsetzungen in einem intensiven Wettbewerb um die knappen Spendenmittel.

NPOs sind viertens auf Kapitalmärkten aktiv. Hier stehen sie in Kontakt mit Banken und anderen Finanzintermediären, die für NPOs angemessene Investitionen auswählen oder Kredite vermitteln. NPOs übernehmen dabei die Rolle von Nachfragern für Finanzdienstleistungen.

Mit den unterschiedlichen *Settings* sind verschiedene Transaktionspartner, Austauschmechanismen, Finanzierungsinstrumente sowie verschiedenartige rechtliche, ethische und technische Probleme verbunden, die es rechtfertigen, jeweils von einer eigenen Managementarena zu sprechen.

Tabelle 2 fasst die Arenen und ihre Charakteristika zusammen. Mit dieser Perspektive unterschiedlicher Handlungsrationalitäten und Aufgaben, die auch im Folgenden als Einteilungskriterium zugrunde gelegt wird, wird insbesondere zu einer managementorientierten Sichtweise der Finanzierung beigetragen.

*Tabelle 2:* Managementarenen bei der Finanzierung von NPOs

| Managementarena | Partner | Typische Finanzierungsarten und -instrumente | Tauschgrundlage |
|---|---|---|---|
| **Zuwendungs-management** | EU, Bund, Länder, Gemeinden, Stiftungen | Zuwendungs-förderung Stiftungsförderung | Rechtliche Grundlagen (BHO/LHO /Satzungen) ohne garantierte Ansprüche |
| **Management selbsterwirtschafteter Mittel** | Nachfrager/ Kunden auf verschiedenen Märkten | Verkauf von Leistungen auf Märkten und Quasi-Märkten: Leistungsentgelte, Merchandising, Sponsoring, Wertstoffrecycling | Marktfähige Leistung und Gegenleistung (Koordination über Marktmechanismus oder Vereinbarungen) |
| **Spendenmanagement** | Spender private Haushalte Unternehmen | Mailing, Mitgliedsbeiträge, Sammlungen, Zustiftungen | Leistung gegen nicht marktfähige emotionale oder kognitive Gegenleistung |
| **Kreditmanagement** | Anbieter von Krediten Kreditinstitute Öffentliche Hand Sonstige Personen und Institutionen | Kontokorrentkredit, Darlehen, Kunden- und Lieferantenkredite | Zinsen gegen Kapital (Marktmechanismus) |
| **Vermögens-management** | Anbieter von Vermögensanlagen, Finanzintermediäre | Erträge aus Wertpapieren und Geldanlagen | Kapital gegen Zinsen oder Ertragsbeteiligung |

*Eigene Darstellung*

## b) Finanzmittelsurrogate und Transformationsproblematik

Zu den Aufgaben der Ressourcenallokation in NPOs gehört auch die Beschaffung nicht monetärer Güter wie Sachspenden im Rahmen von Wertstoffsammlungen (z. B. Kleider- oder Medikamentensammlung) oder Geschenken (z. B. gebrauchte Büromöbel oder Computer). Weiterhin haben so genannte Zeitspenden in Form dauerhafter ehrenamtlicher oder projektbezogener Mitarbeit eine fundamentale Bedeutung für die Arbeit vieler NPOs. Neben geldliche Zuflüsse treten damit geldwerte Zuflüsse, die auch als **Finanzmittelsurrogate** bezeichnet werden können und zum charakteristischen Nebeneinander von monetären und nicht monetären Finanzierungsmitteln führen.[46]

Der besondere Nachteil nicht-monetärer Ressourcen liegt aus einer Managementperspektive betrachtet vor allem in deren eingeschränkter Funktionalität. Während monetäre Finanzierungsquellen allenfalls eine fehlende Kongruenz zwischen Aufgaben, Ausgaben und Einnahmen aufweisen können[47], treten bei Finanzmittelsurrogaten weitere Probleme hinzu. Solche Transformationsprobleme entstehen durch Diskrepanzen zwischen dem Verwendungsziel und den tatsächlichen Eigenschaften der eingeworbenen Ressourcen. So können Sachmittel oder Zeitspenden häufig nur mittelbar einen Nutzen für die Organisation erbringen. Um beispielsweise Altkleider direkt abgeben zu können (zum Betrieb einer Bekleidungskammer) muss die Kleidung zunächst auf ihre Brauchbarkeit hin untersucht werden. Danach wird sie gereinigt und so sortiert und präsentiert, dass den Bedürftigen der Zugriff ermöglicht wird. Um diese Finanzierungsquelle also nutzbar zu machen, müssen zunächst weitere Ressourcen eingesetzt werden. In manchen Fällen kann die erworbene Ressource selbst überhaupt nicht für die Organisation genutzt werden (z.B. Antiquitäten). Sie muss im Rahmen eines sich anschließenden Verwertungsprozesses liquidiert werden (z. B. durch Verkauf der Antiquitäten).

Bestimmte Spenden sind für die NPO letztendlich gar nicht zu verwerten. So haben Hobby-Sammlungen oder Mobiliar für einen Spender oftmals einen hohen ideellen Wert. Nicht selten werden sie der NPO als Zeichen der Dankbarkeit oder Anerkennung für die geleistete Arbeit gespendet oder vererbt. Kann die Organisation diese Spenden dann nicht unmittelbar nutzen oder liquidieren, bleibt ihr nur noch die Entsorgung – auf eigene Kosten.

Ursache solcher **Transformationsprobleme** sind bestimmte Disparitäten, die durch die Eigenschaften von Finanzmittelsurrogaten hervorgerufen werden:

- Räumliche Disparitäten
- Temporale Disparitäten
- Quantitative Disparitäten
- Funktionale Disparitäten

**Räumlichen Disparitäten** entstehen, wenn der Ort der Mittelbeschaffung und -verwendung auseinander fällt. Beispiele hierfür sind ehrenamtliche Kräfte, die in einem Stadtteil benötigt, aber in einem anderen zur Verfügung stehen oder Wertstoffsammlungen bei denen die Sachspenden vom Spender abzuholen sind (Kleidersammlung). Räumliche Disparitäten verursachen in der Regel Trans-

---

[46] Vgl. Krönes, Gerhard (2001), S. 83.
[47] Vgl. Goll, Eberhard (1991), S. 163.

portkosten durch den Einsatz von Transportmitteln, Personal (Fahrtkostenerstattungen) oder Beauftragung von Logistikunternehmen.

Von **temporalen Disparitäten** kann gesprochen werden, wenn Frequenz oder Dauer der Verfügbarkeit der Mittel von den benötigten Zeitplanungen abweichen. Dies können beispielsweise Räume sein, die einer NPO von der Kommune kostenlos zur Verfügung gestellt werden, aber zu benötigten Zeiten häufig belegt sind. Weitere typische Beispiele für temporale Disparitäten sind Zeitspenden am Abend zur Deckung des Bedarfs am Vormittag oder fehlende Blutspenden in den Sommerferien. Zeitliche Disparitäten verursachen dem Management Aufwand durch die Beschaffung von Ausweich- oder Ersatzalternativen.

Bei einer positiven oder negativen Differenz zwischen der Anzahl oder Menge der benötigten und erhaltenen Ressourcen liegen **quantitativen Disparitäten** vor. So muss beispielsweise ein Medikamententransport in ein Entwicklungsland storniert werden, weil zu wenig Medikamente gespendet wurden oder eine Suppenküche bzw. Tafel erhält zu viele Nahrungsmittelspenden und muss diese daher entsorgen. Solche Disparitäten führen zu zusätzlichen Kosten in Form von Lagerhaltung oder zur Beschaffung zusätzlicher Ressourcen zu erhöhten Kosten.

**Funktionale Disparitäten** ergeben sich, wenn die Funktionen einer Ressource nicht mit den benötigten Funktionen übereinstimmen. So ist ein gespendeter Computer nicht in jedem Fall vorteilhaft für eine Organisation. Handelt es sich beispielsweise um ein veraltetes Modell, das mit der vorhandenen und benutzten Software nicht kompatibel ist, ist der Rechner nicht nur nutzlos, sondern muss unter Umständen sogar noch entsorgt werden. Weitere Beispiele für funktionale Disparitäten sind die Spende eines Kleinwagens als Mannschaftswagen für einen Fußballverein oder der Erhalt nicht kindgerechter Möbel für einen Kindergarten.

Neben solchen Transformationsproblemen verursacht die Einschätzung des Wertes von Finanzmittelsurrogaten Probleme. Dieses **Bewertungsproblem** entsteht durch das Fehlen eines einheitlichen Maßstabes für empfangene oder abgegebene Ressourcen. Was ist eine ehrenamtliche Arbeitsstunde wert oder die Erklärung der Stadtverwaltung, sich für die Ziele der Organisation einzusetzen? Welchen Wert hat ein geerbtes Haus, das zweckgebunden ist, also nicht vermietet oder verkauft werden darf? Das Bewertungsproblem entsteht überall dort, wo kein Markt existiert, an dem sich Preise für gewisse Ressourcen über Angebot und Nachfrage bilden können und auch ansonsten Vergleichsmaßstäbe fehlen.

Die Beschäftigung mit Finanzmittelsurrogaten aus einer Managementperspektive setzt profunde Kenntnisse möglicher Verwertungsprozesse im jeweiligen Einzelfall voraus. Im Folgenden wird daher auf eine spezifische Berücksichtigung bis auf wenige Ausnahmen verzichtet. Das gilt insbesondere für Zeitspenden (ehrenamtliche Arbeit), die ja unmittelbar an die menschliche Arbeitskraft gebunden sind und deren „Akquisition" und „Verwertung" damit eher ein personalpolitisches als finanzwirtschaftliches Problem ist.

## c) Interdependenz der Finanzierungsquellen

Die einzelnen Quellen im Finanzierungsmix von NPOs werden in der Regel isoliert voneinander betrachtet. Modellhafte Erkenntnisse und empirische Befunde legen jedoch nahe, dass es eine ganze Reihe von Interdependenzen zwischen den verschiedenen Einkommensquellen gibt. So zeigt *Kingma* beispielsweise auf, dass es eine negative Korrelation zwischen den Preisen bei bzw. Gewinnen aus selbsterwirtschafteten Mitteln sowie dem Spendenaufkommen von NPOs gibt.[48] Demnach können steigende Gewinne zu einem sinkenden Spendenaufkommen führen, durch welches der positive Effekt partiell kompensiert wird.[49] Im Umkehrschluss können aber auch Spenden Einfluss auf die Höhe der Einnahmen durch selbsterwirtschaftete Mittel haben.[50] *Abrams/Schmitz* sowie *Steinberg* belegen ferner theoretisch und empirisch, dass es auch zwischen staatlichen Zuwendungen und Spenden zu einem wechselseitigen *crowding out* kommen kann.[51] Einen möglichen Grund dafür nennt *Goll*, wenn er im Zusammenhang mit der Zuwendungsfinanzierung auf die Streichung von Mitteln bei der Akquisition zusätzlicher Eigenmitteln aufmerksam macht.[52]

Dieser bisher nur wenig erforschte und beachtete **Interdependenzfaktor** zwischen verschiedenen Finanzierungsquellen steht in engem Zusammenhang mit Management- und Spenderpräferenzen und verweist auf Deutungs- und Handlungsmuster, die der klassischen Forprofit-Finanzierung eher fremd sind. Die Konsequenzen für das Finanzmanagement sind jedoch nicht zu unterschätzen. So produzieren finanziell in Not geratene NPOs regelmäßig höhere Zuwendungen, Mitgliedsbeiträge oder Spendenergebnisse mit dem Argument der Dringlichkeit und kompensieren somit einen Teil der entfallenden Ressourcen.

---

[48] Vgl. Kingma, Bruce R. (1995).

[49] So berichten Praktiker, dass Menschen dem Deutschen Rote Kreuz Spenden unter Verweis auf die hohen Erträge im Blutspendedienst („Ihr verdient doch genug") oder die beträchtlichen staatlichen Transferleistungen verweigern.

[50] Jacobs und Wilder belegen anhand des Blutspendedienstes des Amerikanischen Roten Kreuzes, dass ein Anstieg im Spendenaufkommen zu einer Preissenkung bei den Blutkonserven führt. Vgl. Jacobs, Philip/Wilder, Ronald P. (1984). Eckel und Steinberg schlagen eine ganz ähnliche Richtung ein, wenn sie vermuten, dass das Management einer NPO höhere Erträge aus selbsterwirtschafteten Mitteln nutzt, um entweder die Preise für öffentliche Güter zu subventionieren und damit deren Preise zu senken oder den eigenen Konsum zu erhöhen. Vgl. Eckel, Catherine C./Steinberg, Richard (1993).

[51] Vgl. Abrams, Burton A./ Schmitz, Mark D. (1985) und Steinberg, Richard (1991).

[52] Vgl. Goll, Eberhard (1991), S. 164.

## d) Quersubventionierung

Neben diesen nicht intendierten und begrenzt steuerbaren Interdependenzen stehen weit verbreitete Praktiken der Mischfinanzierung, bei denen Aufgaben bewusst auch aus aufgabenfremden Finanzierungsquellen mitfinanziert werden. Kulturangebote können beispielsweise häufig nicht allein aus eigenen Einnahmen bestritten werden. Zusätzlich werden dann z. B. Spenden oder Einnahmen von anderen Aktivitäten zur „Subventionierung" des Angebotes eingesetzt. Diese Form der Quersubventionierung stellt nicht zuletzt aufgrund ihrer steuerrechtlichen Reglementierung erhöhte Anforderungen an das Management.

### 2.2.2 Implikationen unterschiedlicher rechtlicher Rahmenbedingungen

Ein augenfälliger Unterschied zwischen dem For- und dem Nonprofit-Bereich liegt in den jeweils dominierenden Rechtsformen sowie den entsprechenden organisations- und steuerrechtlichen Bestimmungen.

### a) Fehlende Eigentümerinteressen

Vereine und Stiftungen sind im Gegensatz zu Kapitalgesellschaften nicht an Eigentümer oder Gesellschafter gebunden. Damit geht einher, dass bestimmte Finanzierungsformen (wie Kapitalerhöhungen durch Einlagen) von vornherein ausgeschlossen sind. Gleichzeitig wirken die fehlenden Eigentümerinteressen in gemeinnützigen Organisationen häufig einschränkend auf die Verfolgung und Umsetzung finanzieller Ziele, welche auf sparsame Mittelverwendung ausgerichtet sind.

### b) Mangelnde Publizität

NPOs (ausgenommen gGmbHs) unterliegen keiner Publizitätspflicht. Während die GmbH qua Rechtsform zu einer den Grundsätzen ordnungsgemäßer Buchführung (GoB) entsprechenden Finanzbuchhaltung verpflichtet ist, unterliegen Stiftungen einer begrenzten Rechenschaftspflicht durch ein nur geringen formalen Ansprüchen unterliegendem Prozedere der Stiftungsaufsicht der Länder. „Bis heute lehnen es einzelne Stiftungen ausdrücklich ab, über sich und ihre Tätigkeit irgendeine Auskunft zu geben. Nur ganz wenige genügen einer Publizitätspflicht, wie sie für ein Wirtschaftsunternehmen selbstverständlich ist."[53] Ähnlich ist auch die Situation in der großen Mehrzahl der Vereine. In der Konsequenz wirkt das Finanzgebaren von NPOs häufig undurchsichtig und bietet beträchtliche Freiräume für Manipulationen.

---

[53] Strachwitz, Rupert Graf (2001), S. 870.

38

### c) Unzureichendes Berichts- und Rechnungswesen

Mangelnde Publizitätspflicht und Eigentümerkontrolle wirken sich ferner negativ auf das Rechnungs- und Berichtswesen in NPOs aus. Kein Wunder also, dass diese traditionell nur sehr schwach ausgeprägt sind. *Weber* und *Hamprecht* stellen dazu in einer Praxisuntersuchung fest, dass knapp zwei Drittel aller Organisationen (64,5 %) keine Kennzahlenvergleiche durchführen. Nicht einmal ein Zehntel (8,9 %) aller befragten NPOs verfügen über eine eigene Controlling-Abteilung in ihrer Organisation.[54] Diese Befunde werfen ein Licht auf den Zustand der Entscheidungsinformationen in NPOs. Sie haben folgenreiche Auswirkungen für die Finanzplanung und -analyse. Die Verwendung von Kennzahlen, die in der Wirtschaft ganz selbstverständlich zum Instrumentarium des Finanzmanagements gehört, kann in NPOs aufgrund fehlender Daten meist nicht erfolgen. Die für das Finanzierungsmanagement zur Verfügung stehenden Daten variieren beträchtlich je nachdem, ob sie einer Einnahmeüberschussrechnung (EÜR) auf der Grundlage eines Kassenbuches, einem kameralistischen Buchhaltungssystem, einer den Ansprüchen des GoB genügenden Finanzbuchhaltung oder einer modernen Kostenrechnung entstammen. Ein gewisser Normierungsdruck ist jedoch bei den größeren Dienstleistungsorganisationen durch arbeitsfeldspezifische rechtliche Regelungen (z. B. Pflegebuchführungsverordnung (PBV) oder Krankenhausbuchführungsverordnung (KHBV)) ausgelöst worden. Daneben erzeugen freiwillige Selbstverpflichtungen, z. B. im Rahmen von Mitgliedschaften in Dachverbänden, im Spendenrat oder Deutschen Zentralinstitut für Soziale Fragen (DZI), auch in den Bereichen der Aufzeichnungs- und Nachweisverpflichtungen einen zunehmenden Handlungsdruck in Richtung auf ein ordnungsgemäßes Rechnungswesen.

### 2.2.3 Auswirkung des Missionsprimates auf das Finanzierungsmanagement

Finanzierung ist lediglich eine Hilfsfunktion zur Realisierung der Mission einer NPO und ist ihr daher untergeordnet. Aus diesem Unterordnungsverhältnis ergeben sich für NPOs zahlreiche Konsequenzen.

### a) Partieller Widerspruch zwischen Mission und ökonomischer Notwendigkeit

Die Mission kann die Auswahl von Geldgebern oder Investitionen beträchtlich beeinflussen: Umweltvereine nehmen Kredite von Banken mit ökologischer

---

[54] Vgl. Weber, Jürgen/Hamprecht, Martin (1994), S. 44 f.

Zielorientierung zu erhöhten Zinssätzen auf, NPOs vergeben Kredite unterhalb des üblichen Marktzinssatzes an Bedürftige, vermieten Wohnungen für weniger als den marktüblichen Mietzins oder akzeptieren aus Gründen der Unabhängigkeit keine staatlichen Zuwendungen. NPOS entscheiden sich demnach in der *trade-off*-Beziehungen zwischen Mission und Rentabilität regelmäßig zu Gunsten ihrer Mission. Die kurze Aufzählung lässt sich beliebig fortsetzen, sie zeigt jedoch, dass sich Finanzierung dem Missionsprimat unterzuordnen hat. Weder die Finanzziele noch die Art und Weise ihrer Verfolgung können losgelöst von dem übergeordneten Ziel verfolgt werden. Das Management steht fortlaufend vor dem Problem, das Spannungsfeld zwischen ökonomischer Notwendigkeit und Mission lösen zu müssen. Diesem Umstand muss auch eine Nonprofit-Finanzierungslehre nicht zuletzt durch Einbeziehung ethisch-moralischer Überlegungen Rechnung tragen.

**b) cultural vulnerabilities**
Die Sachzieldominanz führt in NPOs zu einer weit verbreiteten Geringschätzung und Vernachlässigung finanzieller Aspekte. Finanzierung wird nicht selten als ein notwendiges Übel angesehen. Aus dieser Sichtweise resultieren in Bezug auf das Finanzierungsmanagement unterschiedliche Verhaltensweisen, die als cultural vulnerabilities bezeichnet werden können und obwohl in der gleichen ablehnenden Haltung gegenüber Finanzfragen begründet durchaus sehr unterschiedliche Ausprägungen annehmen können:

> "One can be described as wary risk avoidance behavior. In this case, management will place no trust in financial advisors, and it will only invest in low-risk investments or borrow money from well-known institutions. This risk-averse behavior often results in under-average rates of return or relatively high loan costs. NPOs also tend to focus on doing good, rendering services to the needy, or lobbying on behalf of their clients. This can produce an atmosphere of gentleness and a desire to please, resulting in an increased propensity for the organization to trust financial "sharks." [55]

**c) Qualitative Informationen, Ziel- und Steuerungsprobleme**
Der Wegfall des Gewinn- bzw. Rentabilitätsziels als primäres Organisationsziel hat auch weitreichende Auswirkungen auf das Finanzcontrolling. „Die bereits angesprochene Problematik der qualitativen Informationen, die in diesem System erfasst werden müssen, überfordert traditionelle Kennzahlen oder Rechnungswesensysteme [...]"[56] Die im Gegensatz zum Unternehmen veränderte Zielsetzung

---

[55] Pajas, Petr/ Vilain, Michael (2004), S. 362.
[56] Horak, Christian/Heimerl, Peter (2002), S. 193.

muss sich zwangsläufig auch auf die in der Finanzierung zur Leistungsmessung herangezogen Kennzahlen auswirken. Fragwürdig werden dabei vor allem jene Kennzahlen, die in einem unmittelbaren Zusammenhang zum Gewinn- oder Renditemaximierungsziel stehen. Die Entwicklung alternativer Kennzahlen für den Nonprofit Sektor ist noch nicht weit gediehen. In der Praxis größerer NPOs werden daher oftmals Zu den angesprochenen Problemen bei der Datenermittlung tritt daher noch das Problem der Aussagefähigkeit existierender Kennzahlen. In der Praxis wird aktuell mit den unterschiedlichsten Instrumenten und Kennzahlen operiert. Als Ersatzziel wird häufig das Ziel der Liquiditätssicherung unter Wahrung des Wirtschaftlichkeitsprinzips eingesetzt.[57] Während das Liquiditätsziel noch einigermaßen klar zu umreißen ist, ergibt sich jedoch regelmäßig ein Problem bei der Definition der Wirtschaftlichkeit.[58]

**d) Wertgebundene Programm- und Investitionspolitik**
Nonprofit Organisationen sind ebenso wie Unternehmen dazu gezwungen, nach einer gewissen Zeit ihre Rechnungen durch ausreichende Einnahmen zu begleichen: „Like business, nonprofit organizations must break even financially."[59] Das Ziel die Liquidität zu sichern kann als Break-Even über alle Produkt- und Dienstleistungsbereiche hinweg gesehen werden. Das schließt nicht aus, dass einzelne Teilbereiche dauerhaft mit Verlust geführt werden. Die Elimination solcher Tätigkeitsfelder kann im Gegensatz zu Unternehmen jedoch nicht allein mit Verweis auf den fehlenden Zielbeitrag zum Formalziel „Gewinnerhöhung" vorgenommen werden. Ebenso wenig können neue Tätigkeitsfelder nicht allein aufgrund positiver Gewinnerwartungen aufgenommen werden. Vielmehr bedarf es dabei meist programmpolitischer Entscheidungen, die häufig normativ, emotional und machtpolitisch aufgeladen sind.

**e) Beschränkte Innenfinanzierung**
Der Verkauf von Waren und Dienstleistungen auf freien Märkten spielt – sieht man einmal von der Finanzierung über Entgelte auf Quasi-Märkten ab – eine eher untergeordnete Rolle bei der Finanzierung von NPOs. In der Konsequenz ist die „Innenfinanzierung, definiert als Beschaffung von Finanzmitteln durch den Umsatz von Realgütern und durch Desinvestition sowie durch die Ersparnis von Nominalgütern (Finanzmittel) auf Grund von Rationalisierungsmaßnahmen [...] naturgemäß bei NPOs nur begrenzt möglich."[60] Auch bieten NPOs zahlreiche

---

[57] Littich, Edith (2002), S. 366 ff.
[58] Vgl. dazu Teil B Kapitel 3.1.2.
[59] Young, Dennis R./ Steinberg, Richard (1995), S. 19.
[60] Littich, Edith (2002), S. 368. Die Definition der Innenfinanzierung stammt im Originalzitat von Eilenberger, Guido (1985), S. 280.

Leistungen wie beispielsweise Pflegedienstleistungen, Sport- oder Weiterbildungskurse auch oder sogar ausschließlich zu nicht kostendeckenden Preisen an. Bei manchen Angeboten (z.b. Kleiderkammer, Suppenküche für Arme, Entwicklungshilfe) führen selbst kleinste Preise bereits zu einem vollständigen *crowding out* der Nachfrage. „Soweit dies zutrifft, fällt die Innenfinanzierung weitgehend oder gänzlich aus. Daher können Erkenntnisse über die unternehmerische Finanzierung [in diesem Bereich] nur sehr eingeschränkt übertragen werden."[61]

**f) Öffentliche Verantwortung**
Ein weiterer wichtiger Unterschied zwischen NPOs und Unternehmen ist in der Verantwortung gegenüber der Öffentlichkeit zu sehen. Unternehmen setzen das private Kapital ihrer Geldgeber ein. Sie tun dies in der Regel mit dem Ziel, den Geldgebern (Unternehmer, Aktionär, Anteilseigner, Gesellschafter) einen Mehrwert durch Gewinne zu erzeugen. Das Risiko fehlgeschlagener Transaktionen tragen dabei die Geldgeber selbst. Der Erfolg in Form der Rendite lässt sich ganz genau bemessen, so dass hier eine starke Kontrollmöglichkeit besteht. Das Management muss sich und seinen Erfolg vor den Eigentümern verantworten.

NPOs hingegen setzen öffentliche und steuerbegünstigte Mittel ein und profitieren bei ihren Aktivitäten von den Privilegien, die ihnen der Gesetzgeber im Rahmen des Steuerrechts einräumt. An der Finanzierung ihrer Aktivitäten sind auch dort, wo es keine öffentlichen Zuwendungen gibt, neben den Spendern somit immer auch die Steuerzahler und damit eine erweiterte Öffentlichkeit unmittelbar oder mittelbar beteiligt. Die Leistungen lassen sich häufig nicht ausreichend quantifizieren oder kontrollieren und haben folglich den Charakter eines Vertrauensgutes. Dem finanziellen Gebaren einer NPO fällt in dieser Situation eine symbolische Kontrollfunktion zu. In der Folge sind Finanzierungsvorgänge in NPOs in weitaus höherem Umfang moralisch aufgeladen. Finanzskandale erschüttern leicht sowohl die Finanzgrundlage der einzelnen NPO als auch das Vertrauen in die Arbeit steuerbegünstigter Organisationen insgesamt. Vor dem Hintergrund dieser ethisch-moralischen Messlatte sind auch die zahlreichen Bemühungen der Selbst- und Fremdkontrolle durch das Finanzamt oder Drittorganisationen zu verstehen.[62]

---

[61] Krönes, Gerhard (2001), S. 81.
[62] Vgl. Teil B Kapitel 5.5 und 8.4.

## 2.3 Das Problem der Binnendifferenzierung des Dritten Sektors

Mit der Wahl von „Nonprofit-Organisationen" zum zentralen Gegenstand eines Managementansatzes wurde das Untersuchungsfeld bewusst weit angelegt. NPOs sind in ganz unterschiedlichen Bereichen des Dritten Sektors tätig. Daraus ergeben sich für das Management eine Vielzahl unterschiedlicher Rahmenbedingungen, die aus der hohen Bereichsspezifik der einzelnen Tätigkeitsfelder resultieren.[63] Der Versuch, die Heterogenität des Sektors zu erfassen, hat zu zahlreichen Systematisierungsversuchen geführt.[64] Den in Tabelle 3 genannten Beispielen wurde eine an das ICNPO-Klassifikationssystem angelehnte Einteilung zugrunde gelegt.[65]

Eingeschlossen in diese Definition sind demnach Vereine, Stiftungen und Kapitalgesellschaften aus so unterschiedlichen Bereichen wie Kultur, Sport, Gesundheit, Soziales, Politik, Freizeit etc. Die Finanzierungsformen und Instrumente variieren zwischen diesen Bereichen teilweise beträchtlich. So dominieren in den Bereichen Gesundheit und Soziales große NPOs, die fester Bestandteil der subsidiär organisierten staatlichen Leistungsproduktion sind. Ihre Finanzierung erfolgt daher ganz wesentlich durch Leistungsentgelte und Zuwendungen.

---

[63] Vgl. Zimmer, Annette/Priller, Eckhard (2004), S. 117.

[64] In den 1980er Jahren wurde vom National Center für Charitable Statistics die *National Taxonomy of Exempt Entities* (NTEE) zu statistischen Zwecken geschaffen. Dabei werden 10 Kategorien und 26 Gruppen von Nonprofit-Organisationen unterschieden. Vgl. Hodgkinson, Virginia A./Toppe, Christopher M. (1991) oder Grönbjerg, Kristen A. (1994). Daneben existieren international eine Reihe weiterer Klassifikationssysteme wie beispielsweise die im *System of National Accounts* (SNA) enthaltene *Classification of the Purposes of Non-Profit Institutions Serving Households* (COPNI) der Vereinten Nationen. Vgl. Vereinte Nationen (1993). In der Bundesrepublik werden NPOs lediglich im Rahmen der Volkswirtschaftlichen Gesamtrechnung als „private Organisationen ohne Erwerbszweck" erfasst. Im Vergleich zur Klassifikation beispielsweise im amerikanischen Steuerrecht kann diese Einteilung allerdings als sehr grob und unscharf bezeichnet werden.

[65] Die International Classification of Nonprofit Organizations (ICNPO-Klassifikation) ist im Zusammenhang mit dem Johns Hopkins Comparative Nonprofit Sector Project entstanden. Sie fußt auf einem System der Vereinten Nationen, das im Rahmen eines diskursiven Prozesses von Teilnehmern aus 13 Ländern weiterentwickelt wurde. Vgl. Salamon, Lester M/Anheier, Helmut K. (1992), S. 125 - 151.

*Tabelle 3:* Bereiche des Dritten Sektors nach ICNPO

| Tätigkeitsfeld von Nonprofit-Organisationen | Beispiele |
|---|---|
| 1. Kultur und Erholung | Musikvereine, Kulturvereine, Sportvereine |
| 2. Bildung und Wissenschaft | Volkshochschulen (z.T.), Deutsche Verkehrswissenschaftliche Gesellschaft |
| 3. Gesundheitswesen | Johanniter, Malteser, Rotes Kreuz |
| 4. Soziale Dienste | Caritas, Diakonie, Volkssolidarität |
| 5. Umwelt | Greenpeace, BUND, NABU |
| 6. Entwicklung und Wohnen | Sparvereine, Wohnungsbauverein Neukölln eG |
| 7. Rechtswesen, Bürger- und Verbraucherinteressen sowie Politik | (Parteien), Bürgerinitiativen, Weißer Ring, Aktion Mensch, Mieterschutzverein |
| 8. Stiftungswesen, Spendenwesen, Ehrenamtlichkeit, Intermediäre Organisationen | Bürgerstiftungen Hannover, Robert-Bosch-Stiftung, Freiwilligenzentrale |
| 9. Internationale Aktivitäten | Internationales Rotes Kreuz, amnesty international, Care |
| 10. Religion | Kirchen, Kirchenstiftungen, Missionsgesellschaften |
| 11. Wirtschafts- und Arbeitsleben | Deutscher Gewerkschaftsbund, Hauptverband der Deutschen Bauindustrie, Bund Deutscher Architekten |

*Systematik in Anlehnung an: Anheier, Helmut K./Salamon, Lester M. (1993)*

Die Bereiche Kultur und Erholung, Umwelt und Naturschutz sowie Wohnungs-wesen finanzieren sich dagegen erheblich stärker aus selbstwirtschafteten Mit-teln. Spenden sind vor allem im Internationalen Bereich von großer Relevanz. Aus Tabelle 4 lassen sich die dominierenden Finanzierungsquellen der verschie-denen Handlungsfelder ablesen. Nicht nur die tendenziell grobe Einteilung nach der Mittelherkunft offenbart Unterschiede, sondern auch die Analyse der präfe-rierten Finanzierungsinstrumente. Während im Sport der Verkauf eigener Leis-tungen (z. B. Kurse) und die Mitteleinwerbung mittels Sponsoring eine heraus-ragende Rolle spielen, bezieht ein bundesdeutscher Wohlfahrtsverband neben staatlichen Mitteln vor allem Spenden.

*Tabelle 4:* Finanzierungsstruktur von NPOs in Deutschland, nach Bereichen

| Bereich | Öffentliche Hand | Spenden | Selbstwirt-schaftete Mittel |
|---|---|---|---|
| | (in Prozent) | (in Prozent) | (in Prozent) |
| Kultur und Erholung | 20,4 | 13,4 | 66,2 |
| Bildung und Forschung | 75,4 | 1,9 | 22,6 |
| Gesundheitswesen | 93,8 | 0,1 | 6,1 |
| Soziale Dienste | 65,5 | 4,7 | 29,8 |
| Umwelt- und Naturschutz | 22,3 | 15,6 | 62,1 |
| Wohnungswesen | 0,9 | 0,5 | 98,6 |
| Bürger- und Verbraucherinteres-sen | 57,6 | 6,6 | 35,8 |
| Stiftungen | 10,4 | 3,4 | 86,2 |
| Internationale Aktivitäten | 51,3 | 40,9 | 7,8 |
| Wirtschafts- und Berufsverbän-de | 2,0 | 0,8 | 97,2 |
| **Insgesamt** | 64,3 | 3,4 | 32,3 |

*Quelle: Priller, Eckhard/Zimmer, Annette (2001a), S. 213*

Die Komplexität erhöht sich weiter, wenn zusätzlich zum Tätigkeitsbereich die verschiedenen Rechtsformen von NPOs berücksichtigt werden. Stiftungen erhal-ten ihre Einkünfte aus den Erträgen des investierten Stiftungskapitals. Für sie ist daher ein Vermögensmanagement unerlässlich. Vereine auf der anderen Seite können Vermögen nur in sehr begrenztem Umfang akkumulieren, so dass ein Vermögensmanagement für sie in der Praxis weniger relevant ist. GmbHs unter-liegen im Gegensatz zu Stiftungen und Vereinen einer strengen Publizitäts-pflicht, die ein Mindestmaß an professioneller Buchhaltung und Finanzmanage-ment erzwingt.

Die finanzierungstechnischen Spezifika von derart unterschiedlichen Betrieben wie einem Theater, Fußballverein oder Wohlfahrtsverband in einer Abhandlung detailliert abbilden zu wollen, scheint vor diesem Hintergrund unmöglich. Gleichwohl sollte bedacht werden, dass es durchaus viele das Untersuchungsfeld übergreifende Gemeinsamkeiten gibt.[66] Eine Nonprofit-Finanzierungslehre kann, soll sie möglichst viele Merkmale der sehr unterschiedlichen Organisationstypen und Arbeitsbereiche erfassen, ohne gleichzeitig ihre Praxisrelevanz einzubüßen daher nur auf einem mittleren Abstraktionsniveau gelingen. Ähnlich den branchenspezifischen Erfordernissen in der Forprofit-Finanzierung werden im Folgenden nur die wesentlichen Grundlagen des Finanzierungsmanagements skizziert. Handlungsleitend ist dabei die Vorstellung, dass es mit der Beschreibung einer breit gefächerten Auswahl von Methoden und Instrumenten möglich ist, große Teile des Finanzmanagements über alle Bereiche hinweg, im Sinne eines Baukastensystems abzubilden.

---

[66] Vgl. Zimmer, Annette/Priller, Eckhard (2004)

# 3 Theoretische Zugangsoptionen zur Nonprofit Finanzierung

Die Charakteristika einer NPO – soviel steht nach der bisherigen Untersuchung fest – rechtfertigen den Versuch, eine eigene Nonprofit-Finanzierungslehre zu entwickeln. Inwiefern dabei bereits vorhandene Ansätze genutzt werden können, ist jedoch noch offen. Daher sollen zunächst einmal die bereits vorhandenen Forschungs- und Lehransätze zum Finanzierungsmanagement gesammelt und analysiert werden. Dabei wird die Frage zu stellen sein, inwiefern sie sich auf die spezifische Situation von NPOs in der Bundesrepublik beziehen lassen. Zwei Zugangsoptionen bieten sich dabei an:

1. Zugangsoption: Analyse möglicher Anknüpfungspunkte an bereits bestehende Elemente aus dem Bereich der Nonprofit Finanzierung.

2. Zugangsoption: Analyse möglicher Anknüpfungspunkten in der Forprofit-Finanzierungslehre.

## 3.1 Zugangsoption I: Nationale und internationale Ansätze zur Nonprofit-Finanzierung

Die Auseinandersetzung mit Fragen des Finanzierungsmanagements ist in der Praxis bundesdeutscher NPOs keineswegs selbstverständlich und auch der Stand der Fachdebatte hinkt hierzulande deutlich hinter dem anderer Länder wie den USA her. Die Aufmerksamkeit, die dem Thema in der Bundesrepublik überhaupt entgegengebracht wird, ist vor allem der Frage der Mittelbeschaffung durch Spenden zu verdanken, die unter dem Stichwort „**Fundraising**" in den letzten Jahren verstärkt diskutiert wird. Ansätze, die sich in der deutschsprachigen Literatur und Praxis mit der monetären Sphäre einer NPO beschäftigen, differenzieren nur selten zwischen den Begriffen „Fundraising" und „Finanzierung". Häufig werden die Begriffe synonym verwendet oder stehen in ungeklärter Relation nebeneinander.[67]

Die späte Auseinandersetzung mit einem integrierten Finanzierungsgedanken im Zusammenhang mit steuerbegünstigten Organisationen mag hierzulande

---

[67] Vgl. z. B. Littich, Edith (2002), S. 361-380 oder Scheibe-Jaeger, Angela (1998).

47

sicherlich auf die allzu strikte gedankliche Festschreibung von Funktionen und Finanzierungsquellen unter dem Gesichtspunkt standardisierter sektorieller Verhaltensweisen zurückzuführen sein. Danach finanzieren sich NPOs als Organisationen des Dritten Sektors aus Spenden und Zuwendungen, Unternehmen aus dem Verkauf von Waren und Dienstleistungen und öffentliche Einrichtungen aus Steuern und Abgaben. Dieser Überlegung folgend ist es für NPOs entscheidend, Spenden zu akquirieren und zu verwalten. Diese Konzentration auf das Fundraising ist um so erstaunlicher als nach neueren Befunden gerade in der Bundesrepublik nur der kleinste Teil der NPO-Finanzierung durch Spenden bestritten werden.[68]

Angeregt durch die angelsächsischen Publikationen zum Thema hat sich vor allem in den letzten zehn Jahren auch in der Bundesrepublik ein breites Spektrum an Literatur zum Feld entwickelt.[69] Das Tätigkeitsfeld ist dabei so eng mit dem Marketing-Begriff verknüpft, dass eine Differenzierung oftmals schwer fällt. Eine theoretische Klärung des Verhältnisses zueinander findet in der Regel nicht statt. Fundraising wird inhaltlich mit (Spenden)werbung oder Spendenmarketing gleichgesetzt oder als Marketingprinzip[70] verstanden. *Fabisch* definiert Fundraising sogar als Oberbegriff, der „das gesamte Beschaffungsmarketing einer nichtkommerziellen Organisation" umfasst, ohne freilich anzugeben, warum dieses Tätigkeitsgebiet nicht auch mit „Beschaffungsmarketing" benannt werden kann.[71] Vielleicht ist es der große Einfluss vor allem der US-amerikanischen Literatur und Praxis, der die Disziplin sehr stark zu einer „Praxisdisziplin" hat werden lassen. Dies spiegelt sich auch in der deutschsprachigen Literatur wider, die von Praxisratgebern, Checklisten, Daumenregeln etc. dominiert wird , dabei aber definitorische Klarheit allzu oft umgeht.

Finanzierung und Fundraising sollen hier jedoch unterschieden werden. Während sich Fundraising in erster Linie auf die Erzielung von Einkommen bezieht, beschäftigt sich die Finanzierungslehre mit dem effizienten Management von Ein- und Auszahlungen. Nach dieser Definition gehören z. B. auch Fragen des Kredit- oder Cash- und Vermögensmanagements zum Bereich der Finanzierung, nicht aber zum Fundraising. Der Begriff des „Finanz- oder Finanzierungsmanagements"[72] ist somit einerseits allgemeiner und erheblich umfassender als der des Fundraising. Andererseits ist Fundraising stark durch die Konzepte des Marketings und der Psychologie des Konsumenten- bzw. Spenderverhaltens

---

[68] Vgl. Zimmer, Annette/Priller, Eckhard (2004), S. 80 ff und Ausführungen in Teil A Kapitel 2.2.
[69] Vgl. Urselmann, Michael (2002), Brenner, Gerd/Nörber, Martin (1996), Brückner, Margrit (1996), Burens, Peter-Claus (1998), Fundraising Akademie (Hrsg.) (2002) oder Haibach, Marita (2002).
[70] Vgl. Haibach, Marita (2000), S. 65.
[71] Fabisch, Nicole (2002), S. 7.
[72] Beide Begriffe sollen im Folgenden gleichbedeutend verwendet werden.

geprägt worden, die den Rahmen der Finanzierungslehre sprengen. Der Fundraisingbegriff erweist sich somit als sperrig gegenüber einer vollständigen Integration in die Finanzierungslehre. Im Verlauf dieser Arbeit werden große Teile des Fundraisings der Spendenmanagementarena zugeordnet. Andere Teilbereiche wie das Sponsoring oder Merchandising werden dem Management selbsterwirtschafteter Mittel oder wie die Bußgeldeinwerbung dem Zuwendungsmanagement zugeordnet. Hier findet demnach eine Reorganisation der klassischerweise unter „Fundraising" subsumierten Methoden und Instrumente statt.

Zu einzelnen Teilaspekten des Fundraisings hat sich mittlerweile ein umfangreicher Literaturbestand entwickelt. Fundraising wird darin zum einen auf bestimmte Organisationstypen wie Vereine[73], Stiftungen[74], Initiativen[75] oder unterschiedliche Organisationsgrößen[76] bezogen. Darüber hinaus kann sich Fundraising auch auf spezifische Bereiche des Dritten Sektors wie Kultur, Sport, Umwelt oder Soziales beziehen.[77]

Zum anderen werden ganz spezifische Methoden und Instrumente wie vor allem das Sponsoring[78], Events[79] oder Mailings[80] behandelt. Besonders große Aufmerksamkeit ist in den letzten Jahren dem Begriff des „Sponsoring" zu Teil geworden. Der Begriff wird ganz unterschiedlich verwendet und wurde in einigen Publikationen sogar als Synonym zum Fundraising insgesamt genutzt. Mittlerweile kristallisiert es sich in der Literatur immer deutlicher als spezifische Methode des Fundraising heraus. Sponsoring wird auf eine Vielzahl von Tätigkeitsbereichen bezogen. Dabei wird der Begriff „Sponsoring" in der Regel um die Bereichsbezeichnung erweitert und schließlich als „Sport-Sponsoring"[81],

---

[73] Vgl. Brückner, Margrit (1996).

[74] Vgl. Neuhoff, Klaus (o. J.), Weger, Hans-Dieter (1997).

[75] Vgl. Schöffmann, Dieter (1993).

[76] Vgl. Crole, Barbara/Fine, Christiane (2003).

[77] Zu den einzelnen Bereichen vgl. exemplarisch Kulturbereich: Zimmermann, Olaf (1997), Umwelt: Hassler, Robert/Geißler, Gerald/Radloff, Jacob/Schwander, Harald (1994). Soziales: Staubach, Annett (2000).

[78] Vgl. zum Sponsoring allgemein: Hermanns, Arnol (1997), Bortoluzzi Dubach, Elisa/Frey, Hansrudolf (1997).

[79] Vgl. Brockes, Hans-Willy (Hrsg.) (1995).

[80] Vgl. Crole, Barbara (1998) oder Dietrich, Klaus M. (1997).

[81] Vgl. Hermanns, Arnold/Riedmüller, Florian (Hrsg.) (2003), Trosien, Gerhard/Haase, Henning/Mussler, Dieter (2001).

„Kultur-Sponsoring"[82], „Umwelt-" bzw. „Öko-Sponsoring"[83], „Wissenschafts-Sponsoring"[84] oder „Sozial-Sponsoring"[85] bezeichnet.

Beiträge, die über den Rahmen des reinen Spendenmanagements hinausweisen, sind in der Bundesrepublik bisher rar. Meist beziehen sie sich auf einzelne Teilbereiche des Dritten Sektors und weisen damit einen hohen Einrichtungs- oder Tätigkeitsfeldbezug auf. Solche Beiträge setzen sich dann mit der Finanzierung des Sports[86] oder sozialer Dienste[87] auseinander. Gerade im Bereich sozialer Einrichtungen gibt es eine breit gefächerte einrichtungsspezifische Finanzierungsliteratur, die sich mit der Finanzierung von Kindertageseinrichtungen, stationären Pflegeeinrichtungen oder Werkstätten für Behinderte etc. auseinandersetzt.[88]

Die kurze Betrachtung zum Stand der Literatur macht das Problem der Finanzierung deutlich. Es gibt eine Fülle einrichtungs- oder methodenspezifischer Abhandlungen bei gleichzeitig fehlendem Gesamtrahmen. Letzterer ist jedoch insbesondere aus der Perspektive eines bereichs- und methodenübergreifenden Nonprofit-Managements sowohl für die Praxis als auch für die Lehre unerlässlich. In Deutschland eröffnet zunächst *Scheibe-Jaeger* in Ihrem „Finanzierungshandbuch für Non-Profit-Organisationen" den Horizont hin zu einer erweiterten Finanzierungsperspektive. Sie nimmt weitergehende Elemente des Finanzierungsmanagements in die Fundraisingperspektive auf und überschreitet dabei die bis dahin vorherrschende Vorstellung von Fundraising in Teilen, ohne allerdings die dominierende Außenperspektive um die finanztechnische Binnenschau zu ergänzen. Instrumente der Finanzplanung und des Finanzcontrollings, der Vermögensverwaltung und -mehrung aber auch der Kreditbeschaffung und Organisation des Finanzwesens fehlen hier noch. Mittlerweile ergänzen jedoch erste Überlegungen zur Anpassung der Instrumente des Finanzierungsmanagements an die Rahmenbedingungen im Nonprofit Sektor diesen Ansatz.[89]

---

[82] Vgl. z. B. Bruhn, Manfred./Dahlhoff, Dieter (Hrsg.) (1989), speziell für den Kunstbereich vgl. Loock, Friedrich (1990)

[83] Vgl. Bruhn, Manfred (1990) oder zu den Erfahrungen mit Umweltsponsoring aus der Sicht der Unternehmen und Verbände Zillessen, Renate./Rahmel, Dieter (Hrsg.) (1990).

[84] Vgl. Hermanns, Arnold/Suckrow, Carsten (1995). Westebbe, Achim/Winter, Ekkehard/Trost, Oliver (1997) ziehen dagegen den Bezeichnung des Hochschul-Sponsoring vor.

[85] Vgl. Bundesverband der Verbraucherzentralen und Verbraucherverbände – Verbraucherzentrale Bundesverband e. V. (Hrsg.) (o. J.), Lang, Reinhard/Haunert, Friedrich (1999), Leif, Thomas/Galle Ullrich (1993), Schiewe, Kerstin (1995), Zeller, Christa (2001).

[86] Vgl. Horch, Heinz-Dieter/Heydel, Jörg (2003), Andeßner, Rene C./Schmid, Christian (1997).

[87] Vgl. Halfar, Bernd (1999), Kolhoff, Ludger (2002)

[88] Beispielhaft seien hier für Kindertageseinrichtungen Bock-Famulla, Kathrin (1999), für vollstationäre Pflegeeinrichtungen Brückel, Markus (1999), für den Teilbereich der Jugendhilfe Kröger, Rainer (Hrsg.) (1999), für Behindertenwerkstätten Kröselberg, Michael (1999) genannt.

[89] Vgl. z. B. Littich, Edith (2002), Krönes, Gerhard (2001).

Anders gestaltet sich das Bild international.[90] Die Entwicklung einer eigenen Finanzierungslehre hat sich in der US-amerikanischen Literatur bereits vor mehreren Jahrzehnten vollzogen.[91] Dementsprechend findet sich dort bereits eine intensivere Auseinandersetzung mit der Finanzierung von NPOs, die sich in einer unüberschaubaren Vielfalt an Finanzierungsliteratur sowohl zur übergeordneten Nonprofit-Management-Perspektive als auch zu einer Fülle von Spezialfragen der Finanzierung wie dem Fundraising, dem Finanzcontrolling, Banking Relations, Finanzbuchhaltung, dem Cash- oder Investmentmanagement für NPOs zeigt.[92] Zahlreiche Aufsätze thematisieren Spezialfragen der Nonprofit-Finanzierung, auf die in den entsprechenden Kapiteln verwiesen wird. Ähnlich der deutschen Entwicklung fächert sich die Finanzierungslehre auch bereichsspezifisch auf.

Der Transfer dieser Erkenntnisse auf die bundesdeutsche Situation ist jedoch nicht immer ohne weiteres möglich. Erklärungsversuche hierfür können am unterschiedlichen Verständnis ansetzen, das für die Beziehung zwischen Wirtschaft und Drittem Sektor in den beiden Ländern besteht. Während gemeinnütziges und wirtschaftliches Handeln in den USA häufig nicht als Widerspruch empfunden werden, entspricht es der bundesdeutschen Tradition eher, gesellschaftliche deutlich von wirtschaftlichen Aktivitäten abzugrenzen und hier einen Konflikt zu unterstellen. Vor diesem Hintergrund stoßen Methoden wie das Finanzmanagement, denen der Beigeschmack ökonomischer Handlungsrationalität anhaftet, bisweilen auf Desinteresse oder Ablehnung.[93]

Hinsichtlich des Spendenverhaltens kann auf eine umfangreiche bürgerschaftliche Tradition in den USA verwiesen werden, die einer Art staatlicher Allzuständigkeitsvermutung in der Bundesrepublik gegenübersteht. Entsprechend der als hoch empfundenen Steuern und Abgaben sehen viele Bürger auch

---

[90] Um die Untersuchung einzugrenzen und aufgrund der führenden Stellung der US-amerikanischen Nonprofit-Forschung und -Lehre, wird der Gegenstandsbereich der internationalen Betrachtung auf die englischsprachige Literatur vorwiegend aus den Vereinigten Staaten eingeengt.

[91] Vgl. unter anderem Frederiksen, Chris P. (1979), Connors, Tracy D./Callaghan, Christopher T. (1982), Crane, Dwight B. (1983), Braswell, Ronald/Fortin, Karen/Osteryoung, Jerome S. (1984), Brinckerhoff, Peter C. (1998) oder Hankin, Jo Ann/Seidner, Alan G./Zietlow, John T. (1998) oder Bryce, Herrington J. (2000).

[92] Vgl. z. B. zu Banking Relations: Stevens, Susan K./Anderson, Lisa M. (1997); zum Financial Accounting: Cutt, James/Murray, Vic (2000), Richmond, Betty J./Mook, Laurie/Quarter, Jack (2003); zur Finanzplanung: Blazek, Jody (2000); zur Evaluation und Performance-Messung: Campbell, David (2002), Ritchie, William J./ Kolodinsky, Robert W. (2003); zum Nonprofit Investmentmanagement: Fry, Robert P. (1998).

[93] Dies wird am abwehrenden Charakter von Formulierungen wie „Ökonomisierung der (sozialen) Arbeit" oder dem Vorwurf eines ökonomischen Imperialismus deutlich. Zur Problematik und Impräzision des Begriffs vgl. Hermsen, Thomas (2000), S. 33.

den Staat in der Verantwortung, die Aufgaben vieler NPOs selbst umzusetzen oder mindestens zu finanzieren.

Neben solchen „Image- und Zuständigkeitsproblemen", die ihre Wurzeln zum Teil in historischen Entwicklungen haben, treten jedoch noch einige handfeste Unterschiede wie der unterschiedlich geregelte Zugang zu Kapital- und Geldmärkten, die Differenzen im Bankensystem sowie eine verschiedenartige steuer-, organisations- und haftungsrechtliche Gesetzgebung und Praxis hinzu. Schließlich ist der Transfer von Managementerkenntnissen auch angesichts der bisher sehr schlechten Daten- und Erkenntnislage zur Nonprofit-Finanzierung hierzulande nur vorsichtig möglich. Im Gegensatz zu den USA sind umfassendere empirische Erkenntnisse über die Finanzstruktur, die Bedeutung von Eigen- und Fremdkapital sowie Innen- und Außenfinanzierung in Deutschland bisher nicht erhältlich.[94]

Zusammenfassend lässt sich festhalten, dass einerseits zahlreiche Teilaspekte einer Nonprofit-Finanzierungslehre in der Bundesrepublik bereits vorhanden sind, dass diese jedoch andererseits häufig in ungeklärter Relation nebeneinander stehen, einer übergeordneten Systematik entbehren und Lücken aufweisen. In der englischsprachigen Literatur hingegen gibt es bereits umfangreiche Diskurse zum Nonprofit-Management, die sich aufgrund des stark nationalen Bezugs jedoch nur beschränkt auf die hiesige Situation übertragen lassen. Damit ergibt sich ein buntes Mosaikbild verschiedener Instrumente, Methoden und forschungstheoretischer Zugänge. Von einer zusammenhängenden Nonprofit-Finanzierungslehre für bundesdeutsche NPOs kann vor diesem Hintergrund bisher noch keine Rede sein.


## 3.2 Zugangsoption II: Forprofit-Finanzierungslehre

Kommerzielle Unternehmen, im Sinne von güter- und dienstleistungsproduzierenden Betrieben mit Erwerbscharakter, erkennen in der Finanzierung bereits seit langem eine zentrale Managementfunktion mit strategischer Bedeutung. Als solche ist sie aus der betriebswirtschaftlichen Forschung und Lehre nicht mehr wegzudenken und hat eine entsprechende Fülle an Literatur hervorgebracht.

---

[94] Mit der nach dem gleichnamigen Geldgeber (Lilly Endowment, Inc.) benannten Lilly-Studie wurde beispielsweise in den USA zwischen 1992 und 1994 der Stand des Finanzierungsmanagements vor allem in religiösen Organisationen untersucht. Befragt wurden über 1000 NPOs mit religiösem Hintergrund. Bei einem Rücklauf von ca. 30 % konnten so umfangreiche Erkenntnisse über verbreitete Managementverfahren und die Bedeutung verschiedener Finanzierungsinstrumente gewonnen werden. Vgl. Hankin, Jo Ann/Seidner, Alan/Zietlow, John (1998), S. 52 f.

Wissenschaftlich betriebene Finanzierungslehre bezieht sich unter Stichworten wie „Finanzierung"[95], „Finanzmanagement"[96] oder „Finanzwirtschaft"[97] im Rahmen der Betriebswirtschaftslehre bisher ganz überwiegend auf das Unternehmen oder im Rahmen der Volkswirtschaftslehre und Politikwissenschaft in Form der Finanzwissenschaft[98] auf öffentliche Haushalte[99]. Nonprofit-Organisationen spielen dabei in beiden Ausrichtungen bisher keine oder lediglich eine untergeordnete Rolle. *Mayrhofer* und *Scheuch* konstatieren in diesem Zusammenhang für die Behandlung von NPOs in der Betriebswirtschaftslehre:

> „Zusammenfassend bleibt festzuhalten, dass neben der quantitativ höchst bescheidenen Behandlung von NPOs in allgemeinen betriebswirtschaftlichen Standardwerken vor allem eines überrascht: die Beschränkung auf letztlich einen betriebswirtschaftlichen Funktionsbereich, das Marketing. Damit bleiben wenigstens so etablierte und für die Leistungserstellung und den Erfolg unerlässliche weitere Aufgabenstellungen praktisch völlig ausgeklammert. Weder <klassische> Funktionen wie etwa die Finanzierung oder die Handhabung der Personalressourcen [...] werden thematisiert."[100]

Im Bereich der interdisziplinär ausgerichteten Nonprofit-Forschung wird das Finanzierungsmanagement erst aktuell stärker thematisiert. In der Konsequenz lassen sich insbesondere im deutschsprachigen Raum bisher nur wenige Beiträge[101] ausmachen, die sich mit den Besonderheiten der Nonprofit-Finanzierung beschäftigen: „Zum Thema Finanzmanagement von NPOs gibt es nur wenig einschlägige deutschsprachige Literatur. Die meisten Standardwerke stammen

---

[95] Beispielsweise: Olfert, Klaus/ Reichel, Christopher (2003) oder Drukarczyk, Jochen (1999).

[96] Vgl. Süchting, Joachim (1995) oder Ertl, Manfred (2000).

[97] Stellvertretend für andere: Perridon, Louis/ Steiner, Manfred (2002) oder Fischer, Edwin O. (2002).

[98] Vgl. Pfeffekoven, Rolf (1996), Brümmerhoff, Dieter (2000) oder Zimmermann, Horst/ Heinke, Klaus-Dirk (2001).

[99] Vgl. Blankart, Charles B. (2004).

[100] Mayrhofer, Wolfgang/ Scheuch, Fritz (2002), S. 94 f.

[101] Als Indiz für die große Diskrepanz zwischen dem Bestand an deutsch- und englischsprachiger Literatur kann aus quantitativ bibliographischer Sicht die Zahl der im Fachhandel erhältlichen Bücher zum Thema gesehen werden. So bietet der Internethändler Amazon in seiner deutschsprachigen Variante (www.amazon.de) zum Stichwort „Nonprofit-Management" (auch unter wechselnden Schreibweisen) gerade einmal 37 Einträge an. In der englischsprachigen Variante (www.amazon.com) werden 13.335 Publikationen angezeigt. Für das Finanzierungsmanagement zeigt sich diese Diskrepanz noch deutlicher. Die Anfrage „Nonprofit-Finanzierung" ergab gerade einmal einen Treffer (andere Schreibweisen waren ohne Ergebnis). Der Begriff „nonprofit financing" ergab bei amazon.com hingegen 6.227 Werke (Stand: 18.02.04).

aus dem angloamerikanischen Raum und beziehen sich folglich auf US-amerikanische bzw. englische Rahmenbedingungen."[102]

Nimmt man diese Erkenntnisse als Ausgangspunkt einer neu zu konstituierenden Finanzierungslehre, so stellt sich zunächst die Frage, wo sich in der Forprofit-Finanzierungslehre Anknüpfungspunkte bieten können. *Perridon/ Steiner* differenzieren das Forschungsprogramm der auch innerhalb der Betriebswirtschaftslehre noch vergleichsweise jungen Disziplin[103] in drei große Stränge, die zusammen als das Basisinventar der modernen Finanzierungslehre gesehen werden können:[104]

(1) Klassische Finanzierungslehre

(2) Neoklassische Finanzierungstheorien

(3) Neoinstitutionalistische Finanzierungstheorien

(1) Die klassische oder traditionelle Finanzierungslehre stellt den frühesten Zweig des Faches dar. In ihr wird im Sinne einer **Formenlehre** das Basisinventar möglicher Finanzierungsformen erfasst und beschrieben. Die Systematisierung kann dabei nach unterschiedlichen Kriterien erfolgen. Besonders weit verbreitet ist die Differenzierung der Finanzierungsformen nach Kapitalherkunft und rechtlicher Stellung des Kapitalgebers.[105] Geht man von der Herkunft der zufließenden Mittel aus, so kann danach unterschieden werden, ob sie der Unternehmung von außen zugeführt (Außenfinanzierung) oder ob sie aus eigener Kraft „von innen" heraus umgesetzt werden (Innenfinanzierung). Die Außenfinanzierung kann über Beteiligungen, Kredite oder Einlagen der Unternehmenseigner erfolgen. Die Innenfinanzierung erfolgt durch einbehaltene Gewinne (Selbstfinanzierung), Abschreibungen, aus der Auflösung langfristiger Rückstellungen oder Kapitalfreisetzung – zum Beispiel aus Rationalisierungsmaßnahmen.

Gemäß Rechtsstellung der Kapitalgeber kann zwischen Eigen- und Fremdfinanzierung unterschieden werden. Eigenkapital (z.B. Einlagen, einbehaltene Gewinne) ist eng mit der Eigentümerstellung verbunden. Es begründet meist Anteile am Gewinn eines Unternehmens, wird aber auch zur Haftung herangezo-

---

[102] Littich, Edith/ Wirthensohn, Christian/ Culen, Monica E./ Vorderegger, Michaela/ Bernhard, Stefan (2003), S. 214.

[103] In der Hochschullehre spielt Finanzierung als Teilbereich der Betriebswirtschaftslehre erst seit Ende der 1960er bzw. Anfang der 1970er Jahre eine zunehmende Rolle. Vgl. Bitz, Michael/ Niehoff, Karin/ Terstege, Udo (2000), S. 2.

[104] Vgl. Perridon, Louis/ Steiner, Manfred (2002), S. 16 ff.

[105] Vgl. Drukarczyk, Jochen1 (1999), Förschle, Gerhart/Kropp, Manfred (1995) oder Olfert, Klaus/Reichel, Christopher (2003).

gen. Fremdkapital (z.B. Kredite) dagegen begründet für den Kapitalgeber eine Gläubigerstellung. Es wird normalerweise zeitlich begrenzt zur Verfügung gestellt, während der Laufzeit verzinst und anschließend mindestens in voller Höhe zurückgezahlt.

Neben dieser objekt- oder instrumentenfokussierten Herangehensweise kann eine als situations- oder projektbezogen zu bezeichnende Perspektive ausgemacht werden, die an spezifische Situationen im Lebenszyklus eines Betriebes anknüpft. Untersucht wird bei diesen normativ oder deskriptiv ausgestalteten Ansätzen, die mitunter auch als Finanzpolitik bezeichnet werden[106], die Finanzierung im Rahmen ganz spezifischer Anlässe wie der Gründung, Sanierung, Liquidation oder dem Verkauf des Unternehmens.[107]

Auch die Nonprofit Publikationen aus dem englischsprachigen Untersuchungsgebiet verfolgen diesen Ansatz ganz überwiegend. Dabei werden jedoch sehr unterschiedliche Systematisierungskriterien zugrunde gelegt. Neben einer wissenschaftlich orientierten Einteilung, die Instrumente entsprechend bestimmter Merkmalsähnlichkeiten gruppiert, gibt es eine ausgesprochen breite Literaturbasis zu einem als *Managerial Approach* zu bezeichnenden Ansatz. Die Darstellung orientiert sich bei diesem Ansatz an den aus der Sicht der Autoren für notwendig gehaltenen Aufgaben des Finanzmanagements und erzeugt so ein betont praxisorientiertes Verständnis von Finanzierung.[108] In den wenigen deutschen Publikationen zum Finanzierungsmanagement in NPOs spielt der als klassisch bezeichnete Zugang im Sinne einer Formenlehre eine zentrale Rolle.[109]

Ein weiterer Teilbereich dieser klassischen Finanzierungslehre ist die **Finanzanalyse**, deren Gegenstand die Gewinnung aussagefähiger Kennzahlen und Kennzahlensysteme insbesondere aus den Daten des Jahresabschlusses ist.[110] Kennzahlen dienen sowohl internen als auch externen Informationsinteressen. Zentraler interner Adressat eines Unternehmens ist das eigene Management, für welches Kennzahlen eine wichtige Grundlage der Steuerung und Kontrolle ist. Externe Interessenten (z.B. Geldgeber wie Anleger oder Kreditinstitute) nutzen Kennzahlen zur Kontrolle des Unternehmens. Überprüft werden dabei unter anderem die Rendite, Liquidität oder Kapitalstruktur mit dem Ziel, Aussagen über die finanzwirtschaftliche Stabilität eines Unternehmens zu gewinnen. Sol-

---

[106] Vgl. z.B. Garhammer, Christian (1998).
[107] Vgl. Süchting, Joachim (1995), S. 1. Darüber hinaus kann die Projektfinanzierung im Sinne einer Lehre der Finanzierung einzelner, abgeschlossener Vorhaben als spezifischer Sonderfall verstanden werden.
[108] Vgl. z. B. Hankin, Jo A./Seidner, Alan/Zietlow, John (1998).
[109] Vgl. bspw. Littich, Edith (2002), Kern, Markus/Haas, Oliver/Dworak, Alexander (2002) oder Wieneke, Werner (1993).
[110] Vgl. Matschke, Manfred Jürgen/Hering, Thomas/Klingelhöfer, Heinz Eckart (2002).

che Erkenntnisse werden insbesondere auch in Rahmen der Bonitätsanalyse von Kreditinstituten benötigt.

Dass es eine Notwendigkeit gibt, Kennzahlen zur Messung und Prognose des Finanzgeschehens auch für NPOs zu entwickeln, ist mit der steigenden Zahl von Konkursen steuerbegünstigter Organisationen sowohl in Deutschland als auch anderswo deutlich geworden. Unter diesem Vorzeichen kommt vor allem der Bestimmung und Prognose der finanzwirtschaftlichen Stabilität einer NPO auch in der Theorie wachsende Bedeutung zu.[111] Dieser Faden wurde in jüngster Zeit vor allem in englischen Fachpublikationen aufgenommen. Im Gespräch ist dabei die Übertragbarkeit und die Konstruktion angemessener neuer Kennzahlen auch für Nonprofit Organisationen.[112] Hierzulande wird die Debatte nicht ganz so intensiv betrieben. Während nicht selten auf die veränderte Zielfunktion von NPOs verwiesen wird, bilden doch erstaunlich oft die aus der Wirtschaft bekannten Kennzahlen weiterhin den Anwendungsrahmen. Dort, wo Finanzkennzahlen thematisiert werden, steht die Diskussion häufig in engem Zusammenhang zu Fragen des (strategischen) Controllings. Dabei wurden auch die Finanzkennzahlen nicht selten im Zusammenhang mit strategisch-qualitativen Controllinginstrumenten wie der Balanced Scorecard verortet.[113] Eigene, anerkannte Kennzahlensysteme für NPOs stehen jedoch weithin aus: „Consensus about financial performance measurement remains elusive for nonprofit organization [...] researchers and practitioners alike, due in part to an overall lack of empirical tests of existing and new measures."[114]

Die **Finanzplanung** ist neben der Formenlehre und Finanzanalyse ein weiterer Teilbereich der Finanzierung. Sie steht im Dienste der Liquiditätssicherung des Unternehmens. Als zentrale Planung integriert und koordiniert sie andere betriebliche Teilplanungen und bestimmt den zukünftigen Kapitalbedarf sowie Möglichkeiten diesen zu decken.[115] Sie überwindet damit die deskriptive, vergangenheitsbezogene Betrachtung von Finanzierungsvorgängen zu Gunsten einer prospektiven, planerischen Sichtweise.[116]

---

[111] In diesem Zusammenhang werden weiter unten die auf den Überlegungen von Tuckman und Chang aufbauenden Kennzahlen von *Greenlee* und *Trussel* vorgestellt. Vgl. Greenlee, Janet S./Trussel, John M. (2000).

[112] Vgl. Herman, Robert D./Renz, David O. (1999), ebd. (1998), Jackson, Douglas K./Holland, Thomas P. (1998), Murray, Vic./Tassie, Bill (1994).

[113] Vgl. Scherer, Andreas G./Alt, Jens M. (Hrsg.) (2002). Zur Balanced Scorecard vergleiche Kaplan, Robert S./Norton, David P. (1997).

[114] Ritchie, William J./Kolodinsky, Robert W. (2003), S. 367.

[115] Vgl. Matschke, Manfred Jürgen/Hering, Thomas/Klingelhöfer, Heinz Eckart (2002), S. 95.

[116] Mit diesem deutschen Ansatz vergleichbar ist der in den USA entwickelte Traditional Approach. Vgl. z.B. Dewing, A. S. (1920).

Den Mittelpunkt des Planungsprozesses bildet dabei der Finanzplan, der die in einer zukünftigen Periode geplanten Finanzmittelverwendungen und -beschaffungen abbildet und gegenüberstellt.[117] Die zentrale Bedeutung der Finanzplanung wird in der Literatur weitgehend anerkannt. Während die Vorschläge zur konkreten Ausgestaltung von Finanzplänen durchaus differieren, bildet deren wesentliche Grundlage die Erfassung von ein- und ausgehenden Zahlungsströmen.

Formenlehre, Finanzplanung und Finanzanalyse bilden den Kern dieser traditionellen Finanzierungslehre und sind bis heute die Grundlage zahlreicher Fachpublikationen.[118] Vielen dieser Ansätze ist gemein, dass sie sich auf langfristige Kapitalbeschaffung fokussieren. Darüber hinaus stehen meist Kapitalgesellschaften und hier insbesondere Aktiengesellschaften im Mittelpunkt der Betrachtung. Es werden externe Perspektiven bevorzugt, welche die Sichtweise des Investors vor allem in seiner Eigenschaft als Anleger in Effekten thematisieren.[119] Ein solcher Zuschnitt erweist sich für den Transfer auf das Nonprofit-Management als ungünstig. Ansonsten lassen sich jedoch zahlreiche Elemente dieser Ansätze gewinnbringend für eine Nonprofit-Finanzierungslehre anwenden.

(2) Die Fokussierung auf Kapitalmärkte wird im Rahmen so genannter **neoklassischer Ansätze** weiter verstärkt. Ausgangspunkt ist die modellhafte Abbildung von Kapitalmärkten. Neoklassische Theorien fußen auf der Prämisse des vollkommenen Marktes. Angenommen werden demnach Märkte ohne Steuern, Marktzu- oder -austrittsbarrieren und Transaktionskosten. Eine hohe Informationseffizienz sorgt für gleichen Informations- und Kenntnisstand und in der Konsequenz gleiche Erwartungen aller Anleger. Diese verhalten sich in der Regel risikoscheu. Die Modelle sind darüber hinaus meist statisch, berücksichtigen also keine Veränderungen im Zeitablauf.

Unterschiede zwischen verschiedenen Ansätzen lassen sich dabei insbesondere hinsichtlich des Grades der angenommenen Vollkommenheit des Marktes festmachen. Eine der wesentlichen Erkenntnisse besteht darin, dass die Bewertung eines Finanztitels von zwei zentralen Größen, die sich aus dem Marktzusammenhang herleiten lassen, abhängig sind: dem Risiko und der Rendite. Zahlreiche aus diesem Kontext hervorgegangenen Theorien wie die Portfoliotheorie

---

[117] Vgl. Littich, Edith (2002), S. 365.
[118] Vgl. z. B. Olfert, Klaus/Reichel, Christopher (2003) oder Drukarczyk, Jochen (1999).
[119] Vgl. Süchting, Joachim (1995), S. 3.

oder das *Capital Asset Pricing Model (CAPM)* können heute als Standardwissen der Finanzierungslehre gesehen werden. [120]

Ausgangspunkt der **Portfoliotheorie**[121] ist ein bestimmter zur Verfügung stehender Geldbetrag, der in alternative risikobehaftete Wertpapiere (z.b. Aktien) investiert werden kann.[122] Dabei zeigt sich, dass das Risiko des gesamten Portfolios bei Streuung in mehrere Wertpapiere im Gegensatz zur Geldanlage in nur einem Wertpapier verringert werden kann (Diversifikationseffekt).[123] Modelliert wird die Entscheidung eines risikoaversen Anlegers. Dieser versucht bei einer gegebenen Rendite, diejenige Kombination von Wertpapieren zu realisieren, die das geringste Risiko birgt. Dieses Portfolio wird auch als risikoeffizient bezeichnet.[124] Ordnet man nunmehr jedem möglichen Ertrag ein solches risikoeffizientes Portefeuille zu, so entsteht in einem Raum aus allen möglichen Risiko-Rendite-Kombinationen eine Effizienzkurve als Ort aller risikoeffizienten Portfolioalternativen. Ziel eines Geldanlegers sollte es demnach sein, eines der Portfolios auf dieser Effizienzkurve zu realisieren. Diese Erkenntnisse der Portfoliotheorie hatten weitreichende Auswirkungen. In der Praxis bildete insbesondere der Gedanke der Diversifikation die Grundlage für das moderne Fondsmanagement und dessen Instrumente und hat zu einem beachtlichen Wachstum dieses Kapitalmarktinstrumentes beigetragen.[125]

In der Theorie hat sie eine Reihe weiterer Ansätze und Theorien befruchtet[126], zu denen auch das *Capital Asset Pricing Model* gehört, welches unmittelbar an die Portfoliotheorie anknüpft.[127] Es geht der Frage nach, welcher Zusammenhang zwischen der Renditeerwartung eines einzelnen Wertpapiers innerhalb des Marktportfeuilles und seinem marktbezogenen Risiko besteht. Zugrunde

---

[120] Zur Geschichte der Risikoforschung und insbesondere der Portfoliotheorie vgl. Bernstein, Peter L. (1993).

[121] Unter „Portfolio" oder „Portefeuille" kann hier ein bestimmter Bestand an Wertpapieren verstanden werden.

[122] Als Begründer der Portfoliotheorie gilt Harry M. Markowitz mit seinem 1952 veröffentlichtem Aufsatz zur Portfolio Selection 1952. Vgl. Markowitz, Harry M. (1952).

[123] Zur Risikoerfassung wird dabei das $\mu\sigma$-Prinzip verwendet. Dabei wird die erwartete Portfoliorendite über die Summe der entsprechend ihrer Anteile am Portfolio gewichteten Einzelrenditen bestimmt. Die Bestimmung des Risikos erweist sich dagegen als komplexer. Neben der gewichteten Summe der Einzelvarianzen, muss auch die stochastische Abhängigkeit der einzelnen Wertpapiere mittels der Kovarianzen berücksichtigt werden. Vgl. Perridon, Louis/ Steiner, Manfred (2002), S. 261 f.

[124] Effizient ist ein Portefeuille immer dann, wenn es bei gleichem Ertrag kein anderes Portefeuille mit geringerem Risiko bzw. bei gleichem Risiko kein anderes Portefeuille mit höherer Rendite gibt.

[125] Zur Anwendung der Portfoliotheorie in der modernen Investment Praxis vgl. Grinold, Richard C./Kahn, Ronald N. (1999) und Fabozzi, Frank J./Markowitz, Harry M (2002).

[126] Dazu zählt auch das Arbitrage Pricing Theory (APT) von Ross, Stephen A. (1977) u. a.

[127] Vgl. Sharpe, William F. (1964), Lintner, John (1965) und Mossin, Jan (1966)

gelegt werden die Bedingungen des Kapitalmarktgleichgewichts.[128] Ausgehend von der Effizienzlinie der Portfoliotheorie wird die Betrachtung durch Einführung einer risikofreien Kapitalmarktanlage erweitert. Aus der Verbindung von risikobehaftetem Marktportfolio und risikoloser Kapitalmarktanlage wird die Kapitalmarktlinie als Ort aller risikoeffizienten Mischungen zwischen diesen beiden Anlageformen definiert. Risikoeffiziente Portfolios bestehen dementsprechend aus einer Mischung von Wertpapieren, die dem Marktportfolio entsprechen und einer entsprechend der Risikoneigung des Investors festgelegten Höhe von risikolosen Kapitalmarktanlagen.

Einige wenige Versuche wurden bisher unternommen, die aus der Kapitalmarkttheorie bekannten Überlegungen zum optimalen Wertpapierportfolio auf den Finanzierungsmix von NPOs zu übertragen. In der ursprünglichen Theorie geht es um die Frage, wie durch die Diversifikation von Finanzanlagen deren Risiko verringert werden kann. Im Mittelpunkt neuerer Überlegungen steht der risikooptimierte Finanzierungsmix einer NPO. An die Stelle der betrachteten Risiko-Rendite-Kombinationen treten dabei aufgrund der fehlenden Gewinnerzielungsabsicht Risiko-Einkommens-Kombinationen. Statistisch gesehen ergibt sich das gesamte Einkommen einer NPO dann als Summe der gewichteten Erwartungswerte der einzelnen Einkommensquellen. Das Risiko einer NPO wird in der mangelnden Vorhersagbarkeit der Stabilität ihrer Finanzierungsquellen gesehen, die sich anhand der Summe der Varianzen und Kovarianzen der einzelnen Finanzquellen bestimmen lässt.[129] Wenngleich sich durch diese Überlegungen interessante Implikationen für das Management und die Risikomessung in NPOs ergeben, bleibt ihnen der bahnbrechende Erfolg, den sie bei den Wertpapierbörsen hatten, wohl verwehrt. Zu unterschiedlich scheinen Modellannahmen und Referenzobjekt.

Der als „Finanzchemie" bzw. „**Financial Engeneering**" bezeichnete, recht junge Teilbereich der Finanzierungslehre zielt darauf ab, aufbauend auf kapitalmarkttheoretischen Erkenntnissen Finanztitel wie beispielsweise Optionen und Futures zu bewerten und optimale Finanzierungen zu entwerfen. Dabei werden komplexe Finanztitel entweder aus anderen Komponenten zusammengesetzt (Replicating) oder in ihre jeweiligen Einzelbestandteile zerlegt und analysiert (Stripping).[130] Aus den zugrunde liegenden Zahlungsreihen, Zins- und Tilgungsmodalitäten und Handlungsoptionen lassen sich auf diese Weise komplexe und auf die jeweilige Finanzierungssituation zugeschnittene Finanzierungsinstrumente gewinnen oder aber auch vorhandene Instrumente analysieren. Die hier betrachteten Finanzierungsinstrumente spielen für NPOs jedoch in der Regel

---

[128] Vgl. Schierenbeck, Henner (1993), S. 381 ff., Perridon, Louis/Steiner, Manfred (2002), S. 269 ff.
[129] Vgl. Kingma, Bruce R. (1993), S. 109.
[130] Vgl. Perridon, Louis/ Steiner, Manfred (2002), S. 23 f.

weder zur eigenen Finanzierung noch zur Kapitalanlage im Rahmen der Vermögensverwaltung eine Rolle. Vor diesem Hintergrund ist wohl auch die Abstinenz der Nonprofit-Forschung bei dieser theoretischen Ausrichtung zu verstehen.

(3) Ausgehend von der Kritik an den rigiden Modellannahmen neoklassischer Modelle geht die neoinstitutionalistische Finanzierungstheorie davon aus, dass es sehr wohl Informationsasymmetrien auf den Kapitalmärkten gibt. Diese bringen Rechtsformen und Finanzinstrumente sowie Finanzintermediäre wie Makler oder Informationsdienste hervor, die auf vollständigen Kapitalmärkten nicht entstehen könnten und mittels neoklassischer Modelle nicht erklärbar wären. Unter Rückgriff auf das Instrumentarium der Neuen Institutionenökonomie[131] wie dem *Principal-Agent*-Ansatz, der Transaktionskostentheorie sowie der *Property Rights* Theorie werden instrumentelle und institutionelle Arrangements untersucht und Gestaltungsempfehlungen ausgesprochen.

Im Rahmen der **Transaktionskostentheorie** weist Coase[132] auf die Existenz von Informations- und Koordinationskosten auf Märkten hin und entwickelt darauf aufbauend eine zur neoklassischen Theorie alternative Betrachtungsweise, die bis heute zahlreiche Ergänzungen erfahren hat.[133]

Gegenstand der *Principal-Agent*-**Theorie** ist die Untersuchung von Auftraggeber-Auftragnehmer-Verhältnissen.[134] Der *principal* ist in dieser Beziehung der Auftraggeber (z. B. Vereinsvorstand, Spender, Mitglied, Aktionär), der *agent* der Auftragnehmer (z.B. Geschäftsführer, Spendenempfänger, Vorstand der AG). Kennzeichnend für die Beziehung zwischen diesen beiden Akteuren ist ihre Verwobenheit. Die Aktivitäten des *agent* haben dabei nicht nur Konsequenzen für ihn selbst, sondern betreffen vielmehr auch den *principal*, der durch ineffizientes, fahrlässiges oder bewusst schädigendes Verhalten seines Auftragnehmers Nutzeneinbußen erfahren kann. Verursacht durch prohibitiv hohe Informationskosten entstehen diskretionäre Verhaltensspielräume seitens des *agent*, die dieser auf Kosten des *principals* zu seinem eigenen Vorteil ausnutzen kann.

Ausgangspunkt des *Property-Rights*-**Ansatzes** ist die Überlegung, dass jedem Wirtschaftsgut bestimmte Handlungs- und Verfügungsrechte zugeordnet

---

[131] Die Untersuchung der Rolle von Institutionen ist erst in den 60er und 70er Jahren des 20. Jahrhunderts Gegenstand umfassender ökonomischer Betrachtung geworden. Im Gegensatz zur neoklassischen Mikrotheorie, stellt die Neue Institutionenökonomie (NIÖ) den institutionellen Rahmen in den Mittelpunkt ihrer Überlegungen, statt ihn als gegeben anzunehmen. Dabei verbindet sie diese Analyse von Institutionen derart mit den Konzepten der Mikroökonomie, dass eine Verknüpfung von Wirtschafts- und Organisationstheorie miteinander in Aussicht gestellt wird. Vgl. u. a. Schuhmann, Jochen (1987), S. 391 ff.

[132] Vgl. Coase, Ronald H. (1973).

[133] Vgl. u. a. Williamson, Oliver E.(1983).

[134] Vgl. u. a. Ross, Stephen A. (1973) und Jensen, Michael C./Meckling, William H. (1976).

sind. Diese werden mittels Verträgen – oder innerhalb von Organisationen mittels organisatorischer Regelungen – übertragen.[135] Das zentrale Konstrukt des *Property-Rights*-Ansatzes ist die „Institution des Verfügungsrechts", die regelt, in welcher Weise der Inhaber einer Ressource diese nutzen kann. Nach dem Grad der Nutzbarkeit werden die folgenden Verfügungsrechte unterschieden: Das Recht auf Gebrauch der Ressource (*usus*), Aneignung der Erträge (*usus fructus*), Veränderung der Substanz (*abusus*), Übertragung (Übertragungsrecht).[136] Eigentum wird so als ein Bündel von Rechten definiert. Mit steigender Anzahl der Verfügungsrechte in einer Hand wächst auch der Grad der möglichen Nutzung und sinkt das Konfliktpotenzial. Damit ist angesprochen, dass es auch zu einer Stückelung und Beschränkung der Verfügungsrechte kommen kann. So sind die einzelnen Verfügungsrechte häufig auf mehrere Akteure aufgeteilt oder aber mehrere Akteure teilen sich ein Verfügungsrecht (z.b. eine Erbengemeinschaft teilt sich den Ertrag einer Immobilie). Je nach Teilbarkeit des zugrunde liegenden Gutes, kann sich die Ausübung des Rechts unterschiedlich problematisch gestalten (während sich bei der Erbengemeinschaft die Aufteilung des Ertrags auf die einzelnen Personen noch recht einfach darstellt, ist eine Übertragung oder Änderung der Immobilie, aufgrund mangelnder Teilbarkeit, erheblich komplexer).

Aus dem Grad der Vollständigkeit der *Property-Rights*-Zuordnung und der Anzahl der Verfügungsrechtsträger lassen sich zwei Dimensionen gewinnen, denen verschiedene Organisationsformen zugeordnet werden können. Dabei wird deutlich, dass es sich beim Untersuchungsgegenstand „Nonprofit Organisation" um eine aus *Property-Rights* Sicht problematische Verfügungsrechtssituation handelt. Die Entkopplung von Geldgebern, Entscheidern sowie Leistungsempfängern verringert den Grad der Vollständigkeit der Verfügungsrechte in einer Hand. Verschiedene Problemlagen sind dabei vorprogrammiert. Erschwerend kommt insbesondere im Verein hinzu, dass auch die Zahl der Verfügungsrechtsträger recht hoch sein kann. Die hohe Anzahl von Verfügungsrechtsträgern und der niedrige Grad der Vollständigkeit der Rechte führen dabei zu einer stark verdünnten Verfügungsrechtsstruktur, die zu den für das Finanzierungsmanagement in NPOs typischen Problemlagen führen. Die Situation wird insbesondere durch rechtliche Regelungen (Gewinnverwendungsverbot, zeitnahe Mittelverwendung) weiter verschärft. Die so skizzierten Vertragsarrangements spielen für die Organisationen im Dritten Sektor eine erhebliche Rolle. Sie unterscheiden sich deutlich von den Verfügungsrechten in Unternehmen und eignen sich daher in besonderer Weise zur Begründung und Beschreibung etwaiger Unterschiede zwischen den Organisationen der verschiedenen Sektoren.

---

[135] Vgl. u. a. Alchian, Armen A. (1961) und Demsetz, Harold (1967).
[136] Vgl. dazu auch: Furubotn Eirik G./ Pejovich, Svetozar (1972), S. 1140.

Neoinstitutionalistische Ansätze spielen im Bereich der englischsprachigen Nonprofit-Forschung bereits eine beträchtliche Rolle und werden auch im Bereich der Nonprofit-Finanzierung gewinnbringend eingesetzt.[137] Ein Ausgangspunkt ist dabei die Überlegung, dass NPOs häufig als finanzielle Makler (Agent) zwischen ihren Geldgebern (Prinzipal) und Leistungsempfängern (z.B. Klienten, Patienten) fungieren. So vertrauen Spender ihre Ressourcen einer Hilfsorganisation wie dem Roten Kreuz, der Welthungerhilfe, oder Unicef an, um Bedürftigen in aller Welt dadurch Unterstützung zukommen zu lassen. Die Kontrolle darüber zu erhalten, ob die jeweilige Hilfsorganisation diese Funktionen effizient erfüllt, ist für den Spender jedoch mit unverhältnismäßig hohen Transaktionskosten verbunden und daher deutlich erschwert.

Eine ähnliche Situation entsteht auch für das Angebot komplexer Güter wie beispielsweise Leistungen im Bereich Sozialer Dienste (z.B. Seniorenheim, Kindergarten) oder Gesundheit (z.B. Krankenhaus, Rettungsdienst, Pflegeheim). Der Kunde kann die Qualität dieser Leistungen und damit das Preis-Leistungs-Verhältnis bzw. die Effizienz der Leistungserstellung nur schwer beurteilen. Im Gegensatz zu weniger komplexen Dienstleistungen trifft dies sogar häufig noch nach der Leistungserstellung zu, insbesondere wenn die Leistungen für Dritte (pflegebedürftiger Patient, Kinder, behinderte Menschen) erbracht werden. Es kommt zu einem Marktversagen. NPOs haben nach *Hansmann* in dieser Situation für die Geldgeber aufgrund ihrer Gewinnverwendungsbeschränkung[138] einen Vertrauensvorteil gegenüber Unternehmen.[139] Eine asymmetrischen Informationsverteilung erhöht die Möglichkeit für den Mittler, seine Position auszunutzen, indem er die Mittel für seine eigenen Zwecke entfremdet. In einer derartigen Situation gibt der Prinzipal solchen Organisationen den Vorzug, denen er nicht die Absicht unterstellt, lediglich den Gewinn der Organisation zu Lasten Dritter erhöhen zu wollen.

Obwohl der Ansatz wichtige Hinweise auf Verhaltensweisen und die Gestaltung des Finanzmanagements in NPOs liefert, ist er nicht ohne Widerspruch geblieben.[140] Vor allem aus der Perspektive eines praxisorientierten Finanzmanagements kann diese Erklärung allein nicht ganz befriedigen, zumal sie auch nicht den Erfahrungen entspricht: „However, the nondistribution constraint in and of itself may not be sufficient [to render nonprofits trustworthy], and nonpro-

---

[137] Einen Überblick zum Einsatz ökonomischer Theorien in der Nonprofit-Forschung findet sich Hansmann, Henry (1987).
[138] In Anlehnung an die englische Bezeichnung gelegentlich auch als „nondistributional constraint" bezeichnet.
[139] Vgl. Hansmann, Henry (1980) und (1986).
[140] Kritsche Anmerkungen zu diesen Überlegungen finden sich bei James, Estelle (1986) und Zimmer, Annette (1996), S. 173 f. Ortmann und Schlesinger hinterfragen speziell Hansmanns Vertrauenshypothese. Vgl. Ortmann, Andreas/Schlesinger, Mark (1997).

fits must actively gain public trust."[141] Bei der Beschaffung von Finanzmitteln können sich NPOs also nicht allein auf diese Strukturbesonderheit verlassen. Sie müssen sich vielmehr zusätzlicher Instrumente bedienen, um das Vertrauensproblem, das sich aus der so beschriebenen *principal-agent*-Konstellation ergibt, zu lösen. *Handy* geht davon aus, dass dies eine zentrale Voraussetzung zur erfolgreichen Beschaffung von Spenden ist: „It is critical that charities signal their trustworthiness when they engage in begging for donations."[142] NPOs versuchen, zusätzliches Vertrauen durch die Verwendung bestimmter Signale, die als Ersatzkriterien für fehlende Effizienzkriterien herangezogen werden, zu erhalten. Solche Signale können sein: die Benennung bekannter Persönlichkeiten im Vorstand eines Vereins, das Alter der Organisation oder die eigenen Erfolge der Vergangenheit. Auch die Notwendigkeit von Spendensiegeln oder ähnlichen Vertrauenssymbolen lässt sich vor dem Hintergrund der *agency*-Theorie diskutieren. [143]

Zusammenfassend kann festgehalten werden, dass die Forschungsansätze der Forprofit-Finanzierung eine ganze Reihe von Anknüpfungspunkten für die Erstellung einer Nonprofit-Finanzierungslehre bieten. Gemessen an den Erfordernissen die durch die Strukturbesonderheiten von NPOs definiert werden, liefern die verschiedenen Ansätze dabei bisher Beiträge mit unterschiedlicher Erklärungsreichweite. Während sich neoinstitutionalistische Ansätze durch ihren sehr allgemein gefassten Institutionenbegriff leichter auf die Rahmenbedingungen einer NPO übertragen lassen, bereitet dieser Transfer bei den kapitalmarkttheoretisch fundierten neoklassischen Ansätze deutlich größere Probleme. Welchen Wert die Überlegungen zur optimalen Struktur des Finanzierungsmixes in NPOs haben, wird zu sehen sein. In Bezug auf die Erklärung von Teilbereichen des Nonprofit-Finanzierungsmanagements wie dem Vermögensmanagement lässt sich der Wert der Erkenntnisse jedoch kaum in Frage stellen.

---

[141] Handy, Femida (2000), S. 439.

[142] Ebd., S. 444 f.

[143] Für das Nonprofit-Finanzmanagement schließen sich hier weitere zukünftig zu erörternde Fragestellungen an. Die institutionenökonomische Sichtweise kann dabei zum Beispiel Hinweise auf die Gestaltung der internen Finanzorganisation geben. Das betrifft insbesondere Fragestellungen der Zentralisierung oder Dezentralisierung von Finanzierungsfunktionen sowie der Aufgabenteilung zwischen Geschäftführung und Vorständen.

# 4 Aufbau der Arbeit

Die Analyse möglicher Zugangsoptionen macht deutlich, dass es bisher eine ganze Reihe verschiedener Diskussionsstränge zur Nonprofit-Finanzierung gibt. Dabei zeigte sich, dass vor dem Hintergrund der Strukturbesonderheiten von NPOs einerseits sowie der nationalen Besonderheiten in der Bundesrepublik andererseits Transferprobleme ausgemacht werden können. Eine eigenständige Nonprofit-Finanzierungslehre jenseits der intensiven Diskussion um das Fundraising existiert in Deutschland bisher nicht. Diese scheint allerdings aufgrund der multiplen finanzökonomischen und rechtlichen Problemlagen des Sektors und der dadurch gestiegenen Bedeutung der Finanzierung für die Sicherung der Aufgabenwahrnehmung in der Zukunft dringend notwendig.

Angesichts des frühen Stadiums, in dem sich die Nonprofit-Finanzierungslehre derzeit befindet, wird jedoch zunächst ein wesentlicher Schwerpunkt auf der Bildung einer Taxonomie sowie der deskriptiv ausgelegten Erfassung der Finanzierungsinstrumente und ihrer Eigenschaften im Sinne der traditionellen Finanzierungslehre liegen müssen. Dabei soll gleichsam als „Filter" immer wieder auf die Strukturbesonderheiten von NPOs rekurriert werden. Die bisher in der Forprofit-Finanzierung eingesetzten forschungstheoretischen Zugänge können in begrenztem Umfang unterstützend eingesetzt werden.

Aus den bisherigen Überlegungen lässt sich nunmehr eine Definition des Finanzmanagements ableiten. Unter Finanzmanagement wird im Folgenden nicht nur die reine Mittelbeschaffung (Finanzierung im engeren Sinne), sondern ein die gesamte Organisation umspannender Managementprozess verstanden:

**Finanzmanagement ist die zielgerichtete, situationsadäquate Planung, Steuerung und Kontrolle aller Zahlungsströme einer NPO, die sowohl Finanzierungs- als auch Investitionsentscheidungen umfasst** (Finanzierung im weiteren Sinne).[144]

Der Konkretisierung der so bestimmten Definition ist der folgende Hauptteil der Arbeit gewidmet (Teil B): Das Finanzierungsmanagement einer NPO ist in erheblichem Maße von der Struktur ihres Finanzierungsmixes, d.h. der Bedeutung und Art ihrer Finanzierungsquellen, abhängig.[145] Dieser ist wiederum eng

---

[144] Fundraising wird bei dieser Begriffsbestimmung weitgehend unter dem Begriff des „Spendenmanagements" subsumiert

[145] Vgl. Dropkin, Murray/Hayden, Allyson (2001), S. 7.

an externe Rahmenbedingungen gekoppelt. Dazu zählen sowohl nationale und regionale Traditionen und Institutionen als auch die Eigenschaften der relevanten Finanzmärkte. Darüber hinaus wird der Handlungsspielraum des Finanzierungsmanagements durch die Gesetzgebung – und hier vor allem durch die organisationsspezifischen Vorschriften und Charakteristika – sowie das Steuer- und Gemeinnützigkeitsrecht geprägt (Kapitel 1).

Im folgenden Kapitel werden die verschiedenen Dimensionen des Finanzmanagements behandelt. Dabei stehen zunächst die Ziele und Funktionen des Finanzmanagements im Vordergrund. Neben dieser normativen Dimension werden die Charakteristika des Finanzmanagements und damit ist die strukturelle Dimension angesprochen, wesentlich davon beeinflusst, wie und in welchem Maße dieses in die Organisation eingebettet ist. Finanzierungsaufgaben müssen organisatorischen Einheiten wie Stellen, Stäben oder Abteilungen zugeordnet und in sinnvolle Verantwortungsbereiche unterteilt werden. Schließlich bedarf es beim Finanzmanagement auch eines gewissen „Handwerkszeugs". Dazu gehören eine Reihe von Fachbegriffen und Methoden der Finanzierungslehre und Rechnungslegung. Da Finanzierung immer auch mit „Rechnen" zu tun hat, werden an dieser Stelle einige zentrale mathematische Konzepte wie die Zins- und Zineszinsrechnung oder die Verfahren der Investitionsrechnung in ihren Grundzügen dargestellt, sofern dies für die Anwendung in NPOs für sinnvoll gehalten wird. Insbesondere soll eine Beschreibung solcher Zahlungsströme, die eine Grundlage für das Verständnis von Finanzierungsvorgängen bilden, vorgenommen werden (Kapitel 2).

Finanzierungsmanagement wird gemäß obiger Definition als Prozess verstanden, der den gesamten Kreislauf des Geldes in einer Organisation planvoll begleitet (Prozessdimension). Eine NPO muss danach:

1. ermitteln, wie viel Kapital sie benötigt (Kapitalbedarfs- und Finanzplanung: Kapitel 3),
2. dieses Kapital durch Zuwendungen, Spenden, eigene wirtschaftliche Aktivitäten (Kapitel 4 bis 6) oder durch Aufnahme von Fremdkapital (Kapitel 7) beschaffen,
3. überschüssiges Kapital anlegen (Investition/Vermögensmanagement: Kapitel 8) und
4. die Verwendung von Kapital überwachen und optimieren (Zahlungswege und Bank-Relations: Kapitel 9).

Bei der Darstellung dieser Managementaufgaben wird auf das oben entwickelte Konzept der Managementarenen zurückgegriffen. Ähnliche Managementaufgaben werden dabei jeweils zu einem eigenen Komplex zusammengefasst. Gleich-

zeitig sollen spezifische Herausforderungen des Nonprofit-Managements gegenüber Unternehmen kritisch diskutiert werden.

Teil C fasst schließlich die dabei gewonnenen Erkenntnisse zusammen (Kapitel 1). Dabei soll auch auf Probleme und Lücken in Theorie und Forschung
hingewiesen werden (Kapitel 2). Den Abschluss bildet ein Ausblick auf die
Rahmenbedingungen der Nonprofit-Finanzierung. Damit wird wieder auf die
Makroebene verwiesen und Probleme der Finanzierung von NPOs vor dem Hintergrund gesellschaftlicher, politischer und rechtlicher Rahmenbedingungen
reflektiert (Kapitel 3).

**Teil B: Bausteine einer modernen Nonprofit-Finanzierungslehre**

# 1 Rahmenbedingungen des Finanzmanagements in der Bundesrepublik Deutschland

Das Finanzmanagement von NPOs ist zu einem beträchtlichen Teil abhängig von den institutionellen Rahmenbedingungen, in die es eingebettet ist. Hiermit sind insbesondere die nationalen Handlungszusammenhänge angesprochen, diejenigen Strukturen und Akteure also, die in einem engen wechselseitigen Verhältnis zum Finanzierungsmanagement von NPOs stehen: Staat, gewerbliche Wirtschaft und private Haushalte als wichtige Ressourcengeber und -nehmer sowie Finanz- und Kapitalmärkte als bedeutende Orte für Finanztransaktionen.

Darüber hinaus prägen auch die rechtlichen Rahmenbedingungen das Finanzmanagement. Von besonderer Bedeutung sind dabei die organisationsformbezogenen juristischen Regelungen wie Vereins-, GmbH- und Stiftungsrecht einerseits und das Steuer- und Gemeinnützigkeitsrecht andererseits. Sie werden daher den Ausführungen zum Finanzmanagement vorangestellt. Auf weitere Rechtsvorschriften wie etwa das Wettbewerbs-, Zivil-, Urheber-, Presse- und Verwertungsrecht, den Datenschutz oder spezielle Rechtsgebiete wie das Sammlungs- und Lotterierecht, wird, sofern sie für das Finanzmanagement relevant sind, in den entsprechenden Kapiteln verwiesen werden.

## 1.1 Institutionelle Rahmenbedingungen

Der stark nationale Bezug des Finanzierungsmanagements wird deutlich, wenn man international vergleichende Studien betrachtet. Diese belegen, dass die Zusammensetzung des Finanzierungsmixes bei NPOs sowohl national als auch tätigkeitsfeldbezogen variiert. Gleiches gilt für den rechtlichen Rahmen.[146] Die nachfolgend für die Bundesrepublik Deutschland aufgewiesenen Strukturen sind daher keineswegs typisch für andere Länder.

### 1.1.1 Finanzierungsstruktur und Finanzierungsquellen von NPOs

Ebenso wie für viele andere Lebensbereiche lässt sich in der Bundesrepublik auch für das Handeln steuerbegünstigter Organisationen eine hohe Regelungs-

---

[146] Vgl. Salamon, Lester M./Anheier, Helmut K. und Mitarbeiter (Hrsg.) (1999).

dichte feststellen. Dabei existiert für die einzelnen Handlungsfelder wie Umwelt-schutz, Kultur, Soziale Dienste etc. keine einheitliche Rechtsgrundlage. Mehr noch: Die Vielfalt gesetzlicher Bestimmungen auf unterschiedlichen Regelungs-ebenen weist keine Konsistenz gegenüber den Organisationen auf.[147]

Einige grundsätzliche Überlegungen zur Bedeutung des Verhältnisses von Staat zu NPOs sind jedoch möglich. Die rechtlichen Rahmenbedingungen, die den Organisationen des Dritten Sektors ihren Handlungsspielraum zuweisen, sind traditionell von zwei Grundgedanken geprägt: einerseits durch den vom Staat zu definierenden Nutzen für die Gemeinschaft, „der allerdings allzu oft als Nutzen für die staatliche Verwaltung interpretiert wird"[148], andererseits durch die staatliche Kontrolle, wie sie nicht zuletzt auch im Vereins- und Stiftungsrecht zum Ausdruck kommt.

Als Grundpfeiler der NPO-Tätigkeit können die in der Verfassung festge-haltenen Rechte der Versammlungs- und Vereinigungsfreiheit gesehen werden. Das Recht, eine Stiftung zu gründen, lässt sich ferner auf das Grundrecht der freien Entfaltung der Persönlichkeit zurückführen.[149] Neben diesen Grundrechten hatten und haben aber insbesondere drei Prinzipien Einfluss auf die Arbeit von NPOs:[150]

- Das Subsidiaritätsprinzip besagt, „daß der Staat im Verhältnis zur Gesell-schaft nicht mehr, aber auch nicht weniger tun soll, als Hilfe zur Selbsthilfe anzubieten."[151] Immer dann, wenn die jeweils kleinere Gliederung in der Lage ist, eine Aufgabe aus eigener Kraft zu lösen, verbietet dieses Prinzip eine Intervention der übergeordneten Einheit (Kompetenzanmaßungsver-bot). Gleichzeitig verpflichtet es die jeweils übergeordnete Gliederung dazu, immer dann Hilfe für die kleineren und untergeordneten Einheiten zu leis-ten, wenn diese selbst dazu nicht in der Lage sind (Hilfestellungsgebot). Der starke Abwehrcharakter dieses Prinzips gegenüber dem Staat lässt sich bes-ser vor dem Hintergrund seiner Entstehung im Kontext säkular-religiöser Spannungen verstehen. „In seiner Anwendung auf den Nonprofit-Sektor wird das Subsidiaritätsprinzip in Deutschland stark bereichsspezifisch inter-

---

[147] Vgl. Betzelt, Sigrid (2000), S. 37 f.

[148] Strachwitz, Rupert Graf (1999), S. 27.

[149] Vgl. ebd., a. a. O.

[150] Vgl. zum Folgenden auch Anheier, Helmut K./Seibel, Wolfgang (1999), S. 19-41, hier vor allem S. 19-27.

[151] Spieker, Manfred (1997), S. 548. Die ursprüngliche Formulierung des Subsidiaritätsprinzips findet sich in Ziffer 79 der Sozialenzyklika „Quadragesimo anno" von Papst Pius XI., die 1931 unter dem Eindruck expandierender totalitärer Systeme wie Kommunismus, Faschismus und Nationalsozialis-mus veröffentlicht wurde. Vgl. auch Anzenbacher, Arno (1998).

pretiert."[152] Dabei hat es insbesondere im sozialen und Gesundheitssektor eine weitreichende Interpretation und Bedeutung erfahren und sorgt in der Folge für eine breite staatliche Finanzierung dieser Aktivitäten.

- Nach dem Selbstverwaltungsprinzip werden zahlreiche öffentliche Aufgaben eigenverantwortlich durch öffentlich-rechtliche Körperschaften wahrgenommen. In einem erweiterten Verständnis umfasst dieses Prinzip auch die ehrenamtliche Mitwirkung von Bürgern bei der Erfüllung öffentlicher Aufgaben. Vor diesem Hintergrund konnte sich ein hochstrukturiertes System von Verbänden des Wirtschafts- und Berufslebens sowie zahlreicher kommunaler und regionaler Organisationen und Körperschaften entwickeln (z. B. Industrie- und Handelskammern, Handwerkskammern, Universitäten, Sozialversicherungsträger).

- Das Prinzip der Gemeinwirtschaft stellt auf eine nicht gewinnorientierte, zum Wohle einer Gemeinschaft erstrebte Bedarfsdeckung ab. Historisch ist es stark beeinflusst durch die Suche nach wirtschaftlichen Alternativen zu den beiden großen Ideologien des (vor)letzten Jahrhunderts, dem Kapitalismus und dem Sozialismus. Seinen Niederschlag hat dieses Prinzip ganz besonders im Wohnungs- und Genossenschaftswesen gefunden.

Das Verhältnis zwischen Staat und Nonprofit-Sektor ist in Deutschland durch ein ausdifferenziertes und komplexes Beziehungsgeflecht von Normen und Regelungen gekennzeichnet. Unter dem Gesichtspunkt der Finanzierung lässt es sich jedoch vereinfacht danach differenzieren, ob eine NPO

- hoheitliche Aufgaben erfüllt (z. B. Zivil- und Katastrophenschutz),
- Leistungen für den Staat produziert, die dieser ansonsten selbst anbieten müsste (Soziale Arbeit und Gesundheitsdienste),
- Leistungen für den Markt produziert (Sportkurse, Festivals, Konzerte)
- andere freiwillige Leistungen im Sinne des Gemeinwohls erbringt (z. B. Sport- oder Kulturvereine) oder
- ihre Aktivitäten lediglich einem eingeschränkten Personenkreis zur Verfügung stellt (z. B. Freizeitaktivitäten, Reiseverein, Kegel- oder Skatklub).

Tendenziell lässt sich festhalten: Je geringer das Interesse von Politik und Verwaltung an der Erbringung der Aufgaben ist, desto niedriger fällt die Förderung und Finanzierung der Aktivitäten aus. Was aber genau „das Interesse" des Staa-

---

[152] Zimmer, Annette (1997), S. 75-98.

tes ist, lässt sich nicht immer ganz leicht bestimmen.[153] In einer Demokratie werden diese Interessen im Rahmen politischer Entscheidungsprozesse festgelegt und sind im Zeitablauf durchaus Schwankungen unterworfen. Dementsprechend verwundert es nicht, dass die Einwerbung öffentlicher Mittel häufig eng mit Lobbyaktivitäten und Beziehungen der NPO zu Entscheidungsträgern in Politik und Verwaltung verwoben ist. Umgekehrt führt die Nähe zu originär staatlichen Aufgaben nicht selten zu einem Rationalitätstransfer und in der Folge zum Eindringen staatlicher Handlungsweisen und -logiken (z.B. Verwaltungsstrukturen) in die NPO. Zu den typischen Formen staatlicher Förderung gehören Zuwendungen und Leistungsentgelte aber auch steuerliche Privilegien als indirekte Form der Förderung.[154]

Daneben betätigen sich viele Organisationen als „Spendensammler". Zielgruppe sind in diesem Bereich Private Haushalte und Unternehmen. Dem Wesen nach werden Spenden der NPO ohne konkrete Gegenleistungen zur Verfügung gestellt. Spenden sind steuerbefreite Einnahmen, die NPOs nur dann zugestanden werden, wenn sie einer steuerbegünstigten Tätigkeit nachgehen. Die Beziehungen zwischen NPOs und Unternehmen und Haushalten sind deutlich national, ja sogar regional geprägt. Der „gesellschaftliche Stellenwert der Philantropie und der Entwicklungsstand des Fundraising [können als] Ausdruck der politischen Kultur und des Staatverständnisses in einem Land"[155] gesehen werden. Zivilgesellschaftliche Traditionen, Wertvorstellungen und eingeübte Verhaltensweisen haben nicht zuletzt auch Einfluss auf die öffentliche Meinung und das Spendenverhalten. Im Gegensatz zu anderen Ländern ist das Spendenaufkommen in der Bundesrepublik, gemessen am Bruttosozialprodukt, eher gering. Die Gründe dafür werden häufig in der fehlenden „Spenderkultur" oder in zu hohen Steuersätzen gesehen. Danach ist die Förderung des Gemeinwohls in den Augen vieler Bürger durch die Steuern bereits abgegolten. Für gesellschaftliche Aufgaben ist dann der Staat zuständig.

---

[153] Vgl. dazu Betzelt, Siegrid (2000), S. 48 ff.
[154] Vgl. Teil B Kapitel 4.
[155] Haibach, Marita (1998), S. 359.

*Abbildung 2:* NPOs im System gesamtwirtschaftlicher Zahlungsströme.

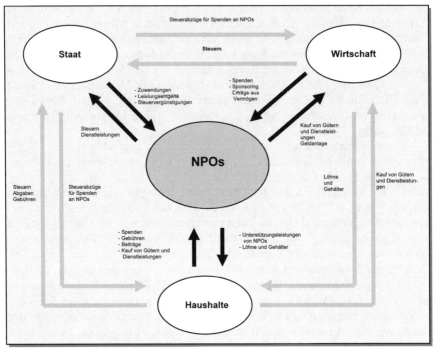

*Aus: Pajas, Petr/Vilain, Michael (2003)*

Schließlich sind auch NPOs, sofern sie Produzenten von Gütern und Dienstleistungen sind, auf Märkten tätig. Sie agieren dort ebenso wie Unternehmen als Anbieter und Nachfrager. Im Detail ergeben sich jedoch in ihrem Verhalten mitunter deutliche Unterschiede zu erwerbswirtschaftlich geprägten Organisationen.[156]

Unter den Zahlungsströmen, die NPOs verlassen, nehmen Löhne und Gehälter sowie die Bezahlung von erworbenen Gütern und Dienstleistungen eine herausragende Position ein. Daneben zahlen NPOs einen Teil ihrer Einnahmen zur Unterstützung ihrer Zielgruppen (z. B. Obdachlose, Familien in Not etc.) wieder aus. Diesen Zahlungen stehen häufig keine konkreten Leistungen der Empfänger gegenüber. Fasst man die Zahlungsströme in Abbildung 2 nach ihren

---

[156] Diese lassen sich insbesondere bei der Preiskalkulation und dem Kommunikationsverhalten ausmachen.

Eigenarten zusammen, so lassen sich drei grundlegende Finanzierungsquellen für NPOs unterscheiden: die Finanzierung durch Zuwendungen, Spenden und eigenwirtschaftliche Aktivitäten.

In der Bundesrepublik nimmt dabei die Finanzierung durch Mittel der öffentlichen Hand – gerade auch im internationalen Vergleich – eine dominante Stellung ein.[157] Circa zwei Drittel der gesamten Einnahmen des Dritten Sektors bestehen aus Zuwendungen, Leistungsentgelten und anderen Formen der staatlichen Unterstützung – allerdings mit abnehmender Tendenz. Daneben machen selbsterwirtschaftete Mittel, z. B. aus Gebühren, Mitgliedsbeiträgen, Verkaufserlösen oder Vermögensverwaltung, immerhin rund ein Drittel aller Einnahmen aus. Spenden spielen insgesamt nur eine untergeordnete Rolle. Nach wie vor liegt der Anteil von Spenden diverser Art zwischen drei und vier Prozent aller in diesem Sektor erwirtschafteten Mittel.

Die für das Finanzmanagement einer NPO zur Verfügung stehenden Ressourcen variieren je nach Größe, Alter und Tätigkeitsfeld der NPO. Dabei zeigt sich mit Bezug zur eingangs erwähnten Studie[158], dass kleine Strukturen die Landschaft dominieren. So haben rund 40 % der NPOs in Westdeutschland (56 % in Ostdeutschland) weniger als 100 Mitglieder und lediglich 10 % (3 % in Ostdeutschland) mehr als 10.000 Mitglieder. Ein ähnliches Bild zeichnet sich auch bei der Einnahmesituation ab. Während 36 % (44 % in Ostdeutschland) weniger als 100.000 DM Jahreseinnahmen im Jahr 1996 vorweisen konnten, brachten es 41 % (38 % in Ostdeutschland) auf 500.000 bis zwei Millionen DM und 22 % (17 % in Ostdeutschland) auf über zwei Millionen DM. Deutliche Unterschiede zwischen Ost- und Westdeutschland ergeben sich auch beim durchschnittlichen Alter der Organisationen. Bedingt durch die gravierenden gesellschaftlichen Umwälzungen sind 75 % der ostdeutschen NPOs nach 1989 gegründet worden, während dies nur auf 11 % der westdeutschen zutrifft.

### 1.1.2 Märkte, Institutionen und Akteure des bundesdeutschen Finanzsystems

Ergänzend zu den in Abbildung 2 dargestellten Zusammenhängen großer gesellschaftlicher Aggregate muss bei der Betrachtung der Rahmenbedingungen noch die spezifische Handlungsumwelt des Finanzierungsmanagements in Form des nationalen oder internationalen Finanzsystems einbezogen werden. Das Finanzsystem der Bundesrepublik weist eine komplexe Struktur auf. Die Aktivitäten

---

[157] Vgl. Salamon, Lester M./Anheier, Helmut K. (1999 o. 2000).
[158] Vgl. Priller, Eckhard/Zimmer, Annette (2001a), S. 208 f.

der zahlreichen Institutionen und Akteure lassen sich jedoch im Wesentlichen auf drei Vorgänge reduzieren:

1. Personen oder Institutionen stellen ihr (überschüssiges) Geld zur Verfügung und erwarten dafür eine Gegenleistung (**Anbieter**). Dies können Zinsleistungen oder Gewinnbeteiligungen sein.
2. Personen oder Institutionen benötigen Geld und fragen es auf dem Markt nach (**Nachfrager**). Als Gegenleistung erbringen sie die vom Geldgeber geforderten Leistungen.
3. Personen und Institutionen übernehmen verschiedene Aufgaben bei der Vermittlung von Angebot und Nachfrage (**Finanzintermediäre**). Für die erbrachten Leitungen verlangen sie Gebühren, Entgelte und Provisionen.

Als Ergebnis des Wechselspiels von Angebot und Nachfrage haben sich verschiedene Märkte ausgebildet, die das elementare Kernstück einer jeden Marktwirtschaft sind. [159] Traditionell werden Finanzmärkte nach der Fristigkeit der gehandelten Güter in einen Geld- und einen Kapitalmarkt unterschieden. [160] Während **Kapitalmärkte** Märkte für langfristige Kapitalanlagen (Aktien und festverzinsliche Wertpapiere) sind, werden auf **Geldmärkten** kurz- und mittelfristige Anlagen, überwiegend zwischen verschiedenen Banken, gehandelt. [161] Als kurzfristig werden dabei Anlagen unter einem Jahr, als mittelfristig Anlagen bis zu fünf Jahren und als langfristig solche von mehr als fünf Jahren angesehen.

Märkte können ebenfalls nach der Art der dort gehandelten Wertpapiere unterschieden werden: Aktiengesellschaften beschaffen sich einen Teil ihres Eigenkapitals durch die Ausgabe von Unternehmensanteilen am **Aktienmarkt**. Der Geldgeber wird durch den Kauf einer Aktie zum Anteilseigner am Unternehmen. In der Regel steht ihm daher ein bestimmter Anteil am Gewinn des Unternehmens zu (Dividende). Der Kurs der Aktie spiegelt in einem gewissen Umfang die Erwartungen der Anleger hinsichtlich der Gewinnsituation der Gesellschaft wider. So ist tendenziell zu erwarten, dass bei steigenden Gewinnaussichten eines Unternehmens auch die Nachfrage nach Unternehmensanteilen höher sein wird und dadurch der Kurs steigt. [162] Der Anteilseigner kann dabei von den gewinnabhängigen Dividenden, vom steigenden Marktwert und von möglichen Kursgewinnen des Unternehmens profitieren. Andererseits besteht jedoch das Risiko von ausbleibenden Dividenden und Kursverlusten. Für den Nonprofit-Bereich ist

---

[159] Beike, Rolf/Schlütz, Johannes (2001), S. 4 ff.

[160] Vgl. Perridon, Louis/Steiner, Manfred (2002), S. 169.

[161] Gräfer, Horst/Beike, Rolf/Scheld, Guido A. (2001), S. 35.

[162] Neben der erwarteten Gewinnsituation spielen jedoch gerade kurzfristig zahlreiche andere Faktoren eine Rolle.

der Aktienmarkt aufgrund seiner Bindung an die Organisationsform der Aktiengesellschaft weniger zur Beschaffung als vielmehr zur Anlage von Kapital interessant.[163]

Der **Zinsmarkt** umfasst, vereinfacht gesagt, Geschäfte, bei denen es um das Leihen und Verleihen von Geld geht. Sparer stellen hier Nachfragern zwar ebenso wie bei Aktienmärkten Geld zur Verfügung, die Geldgeber haben jedoch im Gegensatz zum Aktienmarkt einen Anspruch auf die Rückzahlung des ausgeliehenen Betrages zuzüglich einer vorher vereinbarten Zinszahlung. Die Kapitalgeber erwerben keine Teilhaberschaft und haben somit keinen Anteil an den wirtschaftlichen Chancen und Risiken der Organisation. In der Grundkonstruktion bestehen die meisten Instrumente dieses Marktes daraus, dass ein Verleiher (Gläubiger) einem Leiher (Schuldner) Geld in einer bestimmten Höhe zur Verfügung stellt. Es wird vorab vereinbart, wie und wann das Geld mit welchem Aufschlag zurückgezahlt werden muss (siehe Kapitel 9.2.1).

Immer dann, wenn Nonprofit-Organisationen Transaktionen im oder mit dem Ausland außerhalb der Europäischen Währungsgemeinschaft führen, benötigen sie Devisen. Auf **Devisenmärkten** werden Währungen gegeneinander getauscht. Wenn eine deutsche Entwicklungshilfeorganisation beispielsweise Güter oder Dienstleistungen in einem afrikanischen Land nachfragt, so müssen diese in der Regel in der lokalen Währung oder in US-Dollar bezahlt werden. Sie wird damit zum Nachfrager nach der entsprechenden Währung. Im Gegenzug bietet sie die eigene Währung an. Ebenso wie beim Aktienmarkt steigt der Kurs einer Währung, wenn die Nachfrage nach ihr zunimmt. Dieser durch das Zusammenwirken von Angebot und Nachfrage zustande kommende Kurs wird dann als Wechselkurs bezeichnet.

Von nachrangiger Bedeutung für die NPO-Finanzierung sind die **Terminmärkte**. Hier werden Termingeschäfte zu aktuell festgelegten Bedingungen abgeschlossen, aber im Gegensatz zu so genannten „Kassageschäften" erst später in Form von Lieferung oder Zahlung erfüllt.[164] Dabei gibt es zwei Grundformen: Bei unbedingten Termingeschäften (z. B. Futures) gehen Käufer und Verkäufer eine unlösbare Beziehung ein. Das heißt, der Verkäufer muss dem Käufer zu einem festgelegten Termin eine bestimmte Ware zu einem vorher vereinbarten Preis bereitstellen. Bei bedingten Termingeschäften (z. B. Optionen) hat eine der beteiligten Parteien ein Ausübungswahlrecht. Sie kann dann zwischen der Erfül-

---

[163] In den letzten Jahren ist der Aktiengesellschaft als rechtlicher Form für Nonprofit-Aktivitäten in Theorie und Praxis jedoch mehr Aufmerksamkeit entgegengebracht worden. Dies umso mehr, als typische NPO-Aktivitäten zunehmend in der Form einer AG geführt werden. Neben einer ganzen Reihe von Krankenhäusern wie den Marseille- und Rhön-Kliniken hat in diesem Zusammenhang besonders der Börsengang des Fußballerstligisten Borussia Dortmund für Aufmerksamkeit gesorgt.
[164] Mühlbradt, Frank W. (1998), S. 331.

lung oder Aufgabe des Geschäftes wählen. Nahezu jede Ware von Wertpapieren über Devisen und Edelmetallen bis hin zu landwirtschaftlichen Produkten werden dabei gehandelt.

Kapital- und Geldmärkte erfüllen verschiedene **Funktionen**. Über die bloße Bereitstellung von Eigen- und Fremdkapital sowie Devisen sorgen sie dafür, dass die entsprechenden Mittel mit den Wünschen der Anbieter und Nachfrager übereinstimmen.

Sie stellen die gewünschten Geldmittel in der gewünschten Höhe zur Verfügung (Losgrößentransformation). So fragen beispielsweise der Staat oder große Unternehmen in der Regel hohe Beträge an den Märkten nach, die bei weitem die Mittel durchschnittlicher Sparer überschreiten. Auf Märkten werden die angebotenen Geldbeträge gebündelt und in der gewünschten Größenordnung zur Verfügung gestellt. Umgekehrt können sie auch das Angebot einzelner großer Sparer auf viele kleinere Nachfrager herunter brechen.

Weiterhin werden Geldbeträge in der Regel mit unterschiedlichen Fristen zur Verfügung gestellt und nachgefragt. So stellen viele Sparer ihre Ersparnisse für wenige Tage oder Monate zur Verfügung. Im Falle einer großen Investition wird jedoch Geld für Jahre oder Jahrzehnte benötigt. Märkte stellen mittels verschiedenster Instrumente Beträge für die gewünschte Dauer zur Verfügung (Fristentransformation).

Schließlich helfen Märkte bei der Verteilung von Risiken (Risikotransformation). Dadurch, dass selbst ein kleiner Anleger die Möglichkeit hat, über Aktien oder Fonds Anteile an verschiedenen Unternehmen zu erwerben, kann er sein Risiko im Verhältnis zur Anlage seines Geldes in nur einem Unternehmen deutlich mindern. Außerdem stehen in den verschiedenen Märkten unterschiedlichste Instrumente zur Verfügung, die je nach Risikoneigung gewählt und kombiniert werden können.

Um all diese Aufgaben erfüllen zu können, gibt es eine ganze Reihe von **Institutionen**, die Geld und Dienstleistungen in unterschiedlichem Umfang zur Verfügung stellen (vgl. Abbildung 3).

*Abbildung 3:* Zentrale Akteure der bundesdeutschen Kapital- und Finanzmärkte

| Kapitalanbieter | Finanzintermediäre | Kapitalnachfrager |
|---|---|---|
| •Private Haushalte<br>•NPOs und Unternehmen mit Liquiditätsüberschüssen<br>•Bausparkassen<br>•Investmentfonds<br>•Versicherungsgesellschaften | •Börse<br>•Makler<br>•Kreditinstitute<br>•Investmentbanken<br>•„Stiftungen"<br>•Sonstige | •Unternehmen<br>•NPOs<br>Private Haushalte<br>•Staat<br>•Ausländische Unternehmen und Staaten |

*Eigene Darstellung*

Dazu zählen neben den Anbietern und Nachfragern von Kapital vor allem die Finanzintermediäre als Institutionen, die zwischen Anbietern und Nachfragern von Kapital vermitteln. Aufgrund ihres breiten Leistungsangebotes sind **Kreditinstitute** für die meisten Nonprofit-Organisationen die wichtigsten Finanzinstitutionen. Mit ihrem breit gestreuten Sortiment an verschiedenen Finanzdienstleistungen sind sie gleichzeitig die wohl allgemein bekanntesten Akteure auf den Finanzmärkten. Ihre wichtigste Aufgabe ist es, das Geld von Sparern und Anlegern gegen Bezahlung eines Entgelts (Zins) entgegenzunehmen und Nachfragern zur Verfügung zu stellen. Dabei verlangen sie von den Nachfragern einen höheren Zinssatz als den, den sie den Sparern zur Verfügung stellen. Die Differenz zwischen diesen Zinssätzen benutzt die Bank zur Deckung ihrer eigenen Kosten und zur Erwirtschaftung eines Gewinns für ihre Anteilseigner.[165]

---

[165] Während die Vermittlung von Geld beispielsweise über die Vergabe von Krediten zum Aktivgeschäft eines Kreditinstitutes zu rechnen ist, werden die Refinanzierungsbemühungen der Bank zum Passivgeschäft gezählt. Daneben bieten Kreditinstitute eine Reihe von Dienstleistungen, wie die Abwicklung des Zahlungsverkehrs, die Durchführung und Verwaltung von Wertpapiergeschäften und andere Tätigkeiten an. Abbildung 3 zeigt einen Ausschnitt wichtiger Bankdienstleistungen.

*Abbildung 4:*  Leistungsangebote von Kreditinstituten

## Angebote der Kreditinstitute

| **Aktivgeschäfte** | **Dienstleistungsgeschäfte** | **Passivgeschäfte** |
|---|---|---|

Zahlungsverkehrsgeschäfte:

**Aktivgeschäfte**
- Wechselkredite
- Lombardkredite
- Avalkredite
- Investitionskredite
- Baufinanzierungen
- Ratenkredite
- Kontokorrrentkredite

**Dienstleistungsgeschäfte**

Zahlungsverkehrsgeschäfte:
- Barverkehr
- Überweisungsverkehr
- Inkassogeschäft
- Sorten- und Devisenge-schäft

Wertpapiergeschäfte:
- Depotgeschäfte
- Emissionsgeschäfte

Sonstige Bankgeschäfte
- Vermögensverwaltung
- Beratung
- Vermittlungen
- Handel mit Edelmetallen
- Immobiliengeschäft
- Versicherungen

**Passivgeschäfte**
- Aufnahme von Gelddarlehen
- Bankschuldverschreibungen
- Einlagengeschäft
  Sichteinlagen
  Termineinlagen
  Spareinlagen

In Anlehnung an: Gräfer, Horst/Beike, Rolf/Scheld, Guido A. (2001), S. 51

In den letzten Jahrzehnten sind vor ganz unterschiedlichen Hintergründen eine Reihe von Kreditinstituten entstanden, die sich zum Teil oder vollständig auf die Finanzierung und Beratung von Nonprofit-Aktivitäten spezialisiert haben:

- **Die Kreditanstalt für Wiederaufbau (KfW)** wurde nach dem Zweiten Weltkrieg gegründet und ist eine gemeinsame Bank des Bundes und der Länder. Mit einer Bilanzsumme von mehr als 250 Milliarden Euro gehört die KfW mittlerweile zu den zehn größten Banken in Deutschland. Ihr öffentlicher Förderauftrag ist im KfW-Gesetz verankert und findet sich im Leitbild als „Engagement für Kreativität, Humanität, Verantwortung, Marktwirtschaft, Nachhaltigkeit, Leistung und Toleranz" wieder; dieses Engagement bezieht sich auf Wirtschaft, Gesellschaft und Ökologie. Mit ihren langfristigen, zinsgünstigen Krediten fördert die KfW zum Beispiel den Mittelstand, will Innovationen und den Beteiligungskapitalmarkt anregen, den Umweltschutz vorantreiben und den Ausbau der kommunalen Infrastruktur unterstützen. Darüber hinaus ist sie auch im Ausland, insbesondere in der Export- und Projektfinanzierung, der Förderung der Entwicklungsländer sowie in Beratung und anderen Dienstleistungen tätig. Die Kreditanstalt für Wiederaufbau fusionierte am 22.08.2003 rückwirkend zum 01.01.2003 mit der **Deutschen Lasten- und Ausgleichsbank (DtA)**. Als Förderinstitut des Bundes hatte diese ihren Schwerpunkt in der Unterstützung des unternehmerischen Mittelstandes (z. B. Gründungsdarlehen). Dazu bot sie eine ganze Reihe üblicher Finanzierungs- und Beratungsdienstleistungen an. 1997 wurden Umweltschutz und Sozialorientierung auch in ihrem Unternehmensleitbild verankert. So arbeitete die DtA zum Beispiel eng mit verschiedenen Stiftungen zusammen und vergab im Rahmen ihres „Sozialprogramms" Fördermittel für die Behinderten- und Altenhilfe sowie sonstige für soziale Einrichtungen. Im Zuge der Fusion wurde das DtA-Sozialprogramm in die Infrastrukturförderung der KfW integriert.

- Vor einem ganz anderen Hintergrund ist die **Bank für Sozialwirtschaft (BFS) AG** entstanden. Sie wurde bereits 1923 als Kreditinstitut der Spitzenverbände der Freien Wohlfahrtspflege gegründet und ist auf die Betreuung von Einrichtungen und Organisationen des Sozial- und Gesundheitswesens spezialisiert. Insbesondere die Spitzenverbände der Freien Wohlfahrtspflege und die ihnen angeschlossenen Einrichtungen und Verbände sind die Zielgruppe dieser Bank, die neben dem breiten Dienstleistungsangebot einer Universalbank, wie z. B. Factoring für Pflegeeinrichtungen oder Spezialkredite für die Anschaffung von Rettungsdienstfahrzeugen, nicht zuletzt über ihre Tochterunternehmen eine Reihe weiterer für diese NPOs interessante Angebote vorhält. Daneben unterstützt die BFS den Zugang zu öffentlichen, insbesondere auch EU-Fördermitteln.

Neben den staatlichen und wohlfahrtsverbandlich ausgerichteten Kreditinstituten existieren eine Reihe weiterer Banken, die vor einem religiös-christlichen Kontext zu sehen sind und aus den beiden großen Kirchen hervorgegangen sind. Meist haben sie diese selbst sowie die angeschlossene Einrichtungen (z. B. Diakonie oder Caritas) und deren Mitarbeiter als Zielgruppe vor Augen.

- Die **Bank für Kirche und Diakonie eG (BKD)** wurde 1953 als Selbsthilfeeinrichtung für Körperschaften der evangelischen Kirchen und Diakonie gegründet. Die Dienste können sowohl von institutionellen Kunden wie auch von Privatkunden, z. B. von Mitarbeitern und Mitwirkenden dieser Einrichtungen, in Anspruch genommen werden. Die Angebote der BKD werden in den Bereichen „Geld- und Kapitalmarkt" sowie „Investition und Finanzierung" und „Zahlungsverkehr und Service" zusammengefasst und zeigen damit die typische Dienstleistungspalette einer Universalbank. In 2003 fusionierte die BKD mit der **Evangelischen Darlehensgenossenschaft eG Münster (DGM)** zur **KD-Bank eG – die Bank für Kirche und Diakonie**.[166]

- Auch auf der katholischen Seite hat sich ein eigenes spezialisiertes Bankenwesen etabliert. So versteht sich beispielsweise die **Liga Bank eG** als Standesbank des katholischen Klerus, der Diözesen, der Caritas, der Ordensgemeinschaften, aller kirchlichen Einrichtungen und ihrer Mitarbeiter. Einen ähnlichen Anspruch mit einer mehr oder weniger identischen Zielgruppe hat auch die **Pax Bank eG**.

---

[166] Folgende Daten geben einen Eindruck von der ungefähren Größe dieses neuen Institutes. So wird die KD-Bank rund 6.000 institutionelle und 21.000 private Kunden betreuen und eine Bilanzsumme von rund vier Milliarden Euro vorweisen können. Vgl. o. N. (2003a), S. RWI 1.

- Mit unterschiedlicher Zielgruppe und Angebotspalette werben neben diesen beiden Kreditinstituten eine Reihe weitere Banken um die christlich orientierte Kundschaft, z. B. die **ACREDOBANK eG**, die **Evangelische Darlehensgenossenschaft eG (EDG)**, die **Evangelische Kreditgenossenschaft eG (EKK)** und die **Landeskirchliche-Kreditgenossenschaft Sachsen eG (LKG)**.

Vor dem Hintergrund der ökologischen Bewegung und ihrer Bemühung um nachhaltiges Wirtschaften, haben sich einige kleinere, aber beständig wirkende Finanzintermediäre gebildet. Sie zeichnen sich vor allem durch ihr Streben nach sozialer Gerechtigkeit und Nachhaltigkeit aus. Daher lehnen sie meist Investitionen in und Kredite an Atomstrom oder Rüstung produzierende Unternehmen ab und achten darüber hinaus auf die Einhaltung gewisser ökologischer und sozialer Standards. Dementsprechend werden besonders Projekte und Investitionen für alternative Stromgewinnung und zur Reduktion von Schadstofferzeugung und Energieverbrauch unterstützt.

- Die in der Schweiz ansässige **Alternative Bank (ABS)** ist Ende der 80er-Jahre aus Kreisen ökologischer, selbst verwalteter und entwicklungspolitischer Organisationen und Bewegungen entstanden. Die ABS distanziert sich ausdrücklich vom unternehmerischen Prinzip der Gewinnmaximierung und arbeitet alternativ rein nach dem Kostendeckungsprinzip. Ihrem Leitbild gemäß versteht sie sich als Alternative zur herrschenden ökonomischen Logik. Finanziert bzw. gefördert werden insbesondere Vorhaben, die den Zielen menschen- und umweltverträglicher Produktion oder Verkehrsgestaltung dienen. Ferner unterstützt die Bank soziale und demokratische Betriebe, soziales und ökologisches Bauen und Wohnen, Frauenprojekte, Projekte mit speziell sozialem Charakter, Dritte-Welt-Projekte, sowie Bildungs-, Kultur-, Medien- und Friedensprojekte.

- Die **Gemeinschaftsbank für Leihen und Schenken eG (GLS)** ist in den 70er Jahren gegründet worden und nach eigenen Angaben die älteste ethisch-ökologische Bank Deutschlands. Bereiche, in denen die GLS-Bank arbeitet, sind: „Geldanlage", „Kredite", „Beteiligungen" und „Stiften". Hier entwickelt sie Instrumente, die ihrem speziellen Kundenkreis angepasst sind und unterstützt engagierte kulturelle, soziale und ökologische Ideen und Projekte, die nicht aus den Bereichen Rüstung oder Atomenergie kommen oder auf der Basis von diskriminierenden Arbeitsverhältnissen beruhen. Seit 2003 hat die GLS-Gemeinschaftsbank auch die Bankgeschäfte der 1999 in Schwierigkeiten geratenen **Ökobank** übernommen. Die Ökobank hatte ihre Wurzeln in der Friedens-, Frauen- und Umweltbewegung der frühen 80er Jahre und erfreute sich lange Zeit großer öffentlicher Aufmerksamkeit.

- Die **Umwelt Bank AG** ist hingegen beträchtlich jünger. Sie wurde erst 1997 gegründet. Seit dem ersten Geschäftsjahr arbeitet sie wirtschaftlich erfolgreich und zahlt ihren Aktionären bisher regelmäßig eine Dividende aus. Seit Juni 2001 ist das Unternehmen im Freiverkehr der Frankfurter Börse notiert. Die Umwelt Bank AG ist auf das Gebiet der ethisch-ökologischen Geldanlage spezialisiert und bietet die üblichen Bankleistungen mit einem ökologischen Schwerpunkt an.

Die zentralen Institutionen zur Abstimmung von Angebot und Nachfrage im Finanzbereich sind die **Börsen**. Das sind organisierte Marktveranstaltungen für vertretbare Güter, die hinsichtlich des Ortes, den Zeiten, der Marktteilnehmer und des Ablaufs genau geregelt sind. Je nach gehandelten Gütern werden

- Wertpapierbörsen (Handel mit Aktien und festverzinslichen Wertpapieren)
- Devisenbörsen (Handel mit Devisen/Währungen)
- Terminbörsen (Handel mit Optionen und Futures) und
- Warenbörsen (Handel mit Produkten wie Weizen, Soja oder Schweinebäuchen)

unterschieden.[167] Die Preise auf diesen Märkten ergeben sich dabei durch Angebot und Nachfrage. Für das Finanz- bzw. Investitionsmanagement in NPOs sind die Wertpapierbörsen mit Abstand die wichtigsten Börsen. Daneben sind Termin- und Devisenbörsen von untergeordneter Bedeutung, Warenbörsen haben in der Regel keinerlei Relevanz.

Als Händler sind in der Bundesrepublik im Gegensatz zu anderen Ländern nur die Vertreter der Kreditinstitute zugelassen. Diese handeln vor Ort, auf dem Parkett des Börsensaals, im Rahmen des so genannten „Präsenz- oder Parketthandels". Daneben sind aber auch vollautomatische Handelssysteme wie Xetra[168] nicht mehr wegzudenken. Allerdings benötigt der normale Anleger auch hier einen Zugang über ein Kreditinstitut. Meist ist dies die Hausbank.

Der Ablauf eines Wertpapiergeschäfts gestaltet sich dabei wie folgt: Eine NPO erteilt ihrer Bank einen Kauf- oder Verkaufsauftrag für Wertpapiere – auch Order genannt. Voraussetzung ist, dass die Bank für ihren Kunden ein Wertpapierdepot unterhält und dass der Kunde über ein Referenzkonto für die Zahlungsabwicklung verfügt. Die Bank leitet diese Order an einen an der Börse zugelassenen Händler weiter oder gibt es in das elektronische Xetra-System ein. An der Börse selbst werden dann vollautomatisch oder über amtliche Kursmakler die Kurse durch Gegenüberstellung von Angebot und Nachfrage ermittelt.

In Deutschland existieren Wertpapierbörsen in Berlin, Bremen, Düsseldorf, Frankfurt am Main, Hamburg, Hannover, München und Stuttgart. Der größte und wichtigste Handelsplatz ist dabei die Frankfurter Wertpapierbörse (FWB). Dieser spielt eine zentrale Rolle für den Finanzstandort Deutschland und ist

---

[167] Vgl. Gräfer, Horst/Beike, Rolf/Scheld, Guido A. (2001), S. 40.
[168] Xetra ist ein elektronisches Börsenhandelssystem, das 1997 das bis dahin genutzte Ibis-System ablöste. Das Kennzeichen dieses Systems ist, dass keine Händler mehr benötigt werden, um die eingehenden Aufträge zu bearbeiten und auszuführen. Die Annahme von Aufträgen ist damit auch nicht mehr an Öffnungs- oder Börsenzeiten gebunden.

neben dem elektronische Handelssystem Xetra und der Derivatenbörse Eurex.[169] das Kernstück der „Deutsche Börse AG". Als bedeutender Anbieter von Finanzdienstleistungen ist die „Deutsche Börse AG" ein Zusammenschluss der wichtigsten deutschen Kreditinstitute an dem indirekt auch die sieben anderen Regionalbörsen beteiligt sind.

Neben den Kreditinstituten spielen bei der Finanzierung von NPO-Aktivitäten weitere, wenngleich nicht auf institutionalisierten Märkten tätige Finanzintermediäre eine wichtige Rolle. Hier sind insbesondere auch **Stiftungen** zu nennen, die NPOs nicht nur mit „Rat und Tat", sondern auch mit finanziellen Mitteln zur Seite stehen. So vergeben Förderstiftungen unter Umständen Kredite zu normalen und auch zu günstigeren Konditionen oder unterstützen Aktivitäten, Einrichtungen und Personen, die ihrem Stiftungszweck dienen, unmittelbar durch finanzielle Zuwendungen. Stiftungen erzielen ihr Einkommen überwiegend nicht durch das Angebot von Finanzdienstleistungen, sondern durch die Anlage ihres gestifteten Kapitals. Die Erträge dieser Anlage werden dann für die Satzungszwecke verwendet. Sie können im weitesten Sinne daher auch als eine „Kapitalsammelstelle des Dritten Sektors" gesehen werden. Sie „sammeln" Geld von Stiftern und Spendern und verteilen ihre Erträge entsprechend ihrer Ziele auch an andere NPOs weiter.

Schließlich gibt es eine Reihe von Institutionen, die nur spezielle Bankgeschäfte oder Dienstleistungen anbieten. Zu diesen **„Institutionen des paramonetären Sektors"**[170] gehören die Investmentgesellschaften, Versicherungsgesellschaften, Leasing-, Factoring-, Forfaitierungs- und Kapitalbeteiligungsgesellschaften sowie Kreditgemeinschaften, Wertpapiersammelbanken, Versandhäuser, Banken der Automobil- und Konsumgüterhersteller und Kreditkartenorganisationen.


## 1.2 Organisationsrechtliche Rahmenbedingungen

Die Wahl der Rechtsform gehört zu den grundlegenden Entscheidungen im Leben einer Organisation. Nach der Festlegung bleibt sie lange, oft sogar bis zum Ende des Lebenszyklus bestehen. Im Gegensatz zu ihrer fundamentalen Bedeutung steht die Nachlässigkeit mit der diese Entscheidung oftmals getroffen wird. Häufig ist dies durch die Art der Entstehung einer NPO bedingt:

---

[169] Die Eurex (European Exchange) ist 1998 aus dem Zusammenschluss der Deutschen und der Schweizer Terminbörse (DTB und SOFFEX) entstanden. Sie ist eine vollelektronische Handelsplattform für Optionen und Futures.
[170] Gräfer, Horst/Beike, Rolf/Scheld, Guido A. (2001), S. 63.

„Gerade im Nonprofit Sektor ist das Phänomen zu beobachten, daß zunächst **spontane** und **singuläre Aktivitäten** (wie etwa die Organisation von Sammlungen oder Spenden bei einer Naturkatastrophe), die ohne jeden rechtlichen Rahmen – informell – begonnen werden, eine gewisse Nachhaltigkeit und auch Weitläufigkeit erreichen."[171]

Die Entscheidung für eine Organisationsform fällt dann meist früh zugunsten des Vereins. Dies, obwohl die Zahl der rechtlich möglichen und relevanten Organisationsformen viel größer ist. Vier Rechtsformen prägen die Organisationen des Dritten Sektors:[172]

- Die mit Abstand die verbreitetste Form ist der eingetragene Verein (e. V.). Die genaue Zahl der aktiven Vereine in der Bundesrepublik lässt sich nur schätzen. Sie beläuft sich auf ca. 350.000.
- Daneben gibt es eine unbestimmte Zahl gemeinnütziger GmbHs (gGmbH) und wirtschaftlich arbeitender GmbHs. Die Zahl der gemeinnützigen GmbHs ist nicht bekannt. Bei den wirtschaftlich arbeitenden GmbHs kann von ca. 300.000 ausgegangen werden, von denen jedoch lediglich ein kleiner Teil zum Dritten Sektor zählt.
- Die dritte Form ist die mit ca. 12.000 Organisationen weitaus weniger verbreitete Stiftung. Nicht mitgezählt sind dabei die rund 50.000 reinen Kirchenstiftungen, „die lediglich Eigentümerfunktion für Kirchen und deren meist land- oder forstwirtschaftlichen Besitz ausüben [...]"[173]. Die erheblich jüngere Bürgerstiftung ist dabei bisher, sowohl was ihre Zahl als auch ihre finanzielle Ausstattung angeht, von untergeordneter Bedeutung.
- Die vierte Rechtsform ist schließlich die Genossenschaft (e. G.).[174] Die Zahl der Genossenschaften ist seit Anfang der 70er Jahre rückläufig und liegt derzeit bei etwas über 8.000.[175]
- Andere Organisationsformen gemeinnützigen Handelns, wie etwa Aktiengesellschaften, sind bisher nur von untergeordneter Bedeutung.

---

[171] Ettel, Mathias/Nowotny, Christian (1999), S. 183.
[172] Bei den nachfolgenden Zahlenangaben handelt es sich um grobe Schätzungen. Sie beziehen sich auf Strachwitz, Rupert Graf (2001), S. 863 f.
[173] Daneben gibt es weitere 50.000 Kirchenpfründenstiftungen, die zur Besoldung der Pfarrer beitragen. Vgl. Strachwitz, Rupert Graf (2001), S. 863.
[174] Genossenschaften sind häufig als Produktions- oder Vertriebsgemeinschaften konzipiert und weisen dann große Ähnlichkeit mit Unternehmen auf. Daher soll im Hinblick auf diese Organisationsform auf die bereits vorhandene Forschung und Literatur verwiesen werden. Vgl. Bauer, Heinrich (1999), Zerche, Jürgen (1998) oder Aschhoff, Gunther (1995).
[175] Vgl. Stechow, Friederich-Leopold Freiherr von (2003).

Für das Finanzmanagement bedeutet dies, dass häufig die Aktivitäten, gerade bei großen Dienstleistungs-NPOs nicht immer in der optimalen „Hülle" zu finden sind. Die wesentlichen Kriterien, die zur Beurteilung der rechtlichen Rahmenbedingungen herangezogen werden, sind: die Betreiberstruktur, Möglichkeiten und Grenzen der Zielerreichung, Haftungsfragen und für das Finanzmanagement insbesondere die Rahmenbedingungen für die Mittelbeschaffung, Finanzierung, Besteuerung und Kontrolle der Finanzen.

## 1.2.1 Vereine

Vereine sind Zusammenschlüsse von Personen zu einer körperschaftlichen Struktur zum Zwecke der Erreichung gemeinsamer Ziele. Da Vereine Gebilde mit eigener Rechtspersönlichkeit sind, ist ihr Bestand im Gegensatz zu den Personengesellschaften nicht an die Zugehörigkeit konkreter Mitglieder gebunden. Die rechtlichen Regelungen zum Verein, oft als Vereinsrecht bezeichnet, finden sich in den §§ 21-79 des Bürgerlichen Gesetzbuches (BGB).

Grundsätzlich kann zwischen dem rechtsfähigen und nicht rechtsfähigen sowie dem Wirtschafts- und Idealverein unterschieden werden. Ein Verein erlangt seine Rechtsfähigkeit durch Eintragung in das Vereinsregister (Idealverein nach § 21 BGB) oder durch Verleihung (wirtschaftlicher Verein nach § 22 BGB oder ausländischer Verein nach § 23 BGB). Obwohl der Idealverein im Gegensatz zum Wirtschaftsverein nicht auf die Führung eines wirtschaftlichen Geschäftsbetriebes ausgerichtet ist, bedeutet dies nicht, dass er keine Erlöse aus wirtschaftlicher Betätigung erzielen darf. Er darf sogar einen kaufmännisch geprägten Betrieb führen, wenn dies letztendlich den Zielen des Vereins dient. So kann beispielsweise ein steuerbegünstigter Sportverein eine gewinnorientierte Vereinsgaststätte unterhalten. Für die Finanzierung von Vereinen ist dieses „Nebenzweckprivileg" von hoher praktischer Bedeutung.[176]

Die zentralen Organe des Vereins sind der Vorstand und die Mitgliederversammlung. Die Mitgliederversammlung entscheidet dabei als höchstes Organ über die zentralen Belange des Vereins. Üblicherweise – es kann durchaus auch andere Regelungen geben – muss die Versammlung über Satzungsänderungen und die Auflösung des Vereins entscheiden sowie den Vorstand in regelmäßigen Abständen entlasten und wählen. Dieser wiederum kümmert sich in kleineren Vereinen meist um die täglichen Geschäftsbelange. Das gilt sowohl für Entscheidungen im Innenverhältnis als auch für die Vertretung nach außen. Das

---

[176] Ettel, Mathias/Nowotny, Christian (1999), S. 193. Grenzen werden dem Betrieb von wirtschaftlichen Geschäftsbereichen jedoch vor allem durch das Gemeinnützigkeitsrecht gesetzt (vgl. Kapitel 1.3).

Ausmaß der Entscheidungsbefugnisse richtet sich nach den Satzungsbestimmungen und den Zielen der Organisation. Eventuelle Entscheidungsbeschränkungen, insbesondere gegenüber Dritten, sind aber nur insofern wirksam, als sie im zuständigen Vereinsregister eingetragen wurden. Größere Vereine bedienen sich oft einer hauptamtlichen Geschäftsführung für die Wahrnehmung der täglichen Aufgaben. Der Vorstand nimmt in diesen Fällen überwiegend strategische Führungs- und Kontrollaufgaben wahr.

Grundsätzlich beschränkt sich die Haftung des Vereins auf das Vereinsvermögen. Eine persönliche Haftung der Mitglieder ist nicht vorgesehen. Der Vorstand kann aber für die Folgen grober Pflichtverletzungen durchaus zur Rechenschaft gezogen werden. Dabei spielt es im Übrigen keine Rolle, ob die Vorstandsmitglieder ihre Position haupt- oder ehrenamtlich erfüllen.

Die Verantwortung für das Finanzmanagement obliegt in Vereinen meist dem Vorstand. Dessen Mitglieder sind überwiegend ehrenamtlich tätig und verfügen sowohl über sehr unterschiedliche Berufshintergründe als auch Organisationssozialisierungen. So bestehen Vorstände je nach Vereinszweck häufig aus Theologen, Kulturschaffenden oder Sportlern. Andere Vorstände werden mit einflussreichen Personen des öffentlichen Lebens wie Politikern, hohen Verwaltungsbeamten, Richtern, Ärzten o. ä. besetzt. In der Folge variieren die Qualifikationen in Bezug auf die Organisationsfinanzen zwischen verschiedenen Organisationen beträchtlich. Häufig ist jedoch kein einziges Vorstandsmitglied mit den Aufgaben des Finanzmanagements vertraut.[177] Werden hingegen Quereinsteiger – Vorstandsmitglieder die nicht aus der Organisation stammen – speziell als Schatzmeister oder Kassierer rekrutiert, hat dies oft den Nachteil, dass sie nicht mit dem spezifischen Finanzumfeld des eigenen Vereins vertraut sind.

Obschon grundsätzlich möglich, gibt es in den meisten Vereinen kein Kontrollorgan (z. B. Aufsichtsrat o. ä.) für den Vorstand. Bestenfalls werden so genannte Revisoren oder Kassenprüfer eingesetzt. Die gelegentlich einberufene Mitgliederversammlung (meist ein- bis zweimal pro Jahr) erweist sich immer wieder als schwache Kontrollinstanz. Dies gilt besonders für Finanzfragen, denn das Vereinsrecht sieht keine Publizitätspflicht gegenüber den Mitgliedern und der Öffentlichkeit vor. Tatsächlich weisen auch die jährlich vorgelegten Berichte vieler Schatzmeister oder Kassierer große Schwächen auf und sind für Mitgliedern und Außenstehende kaum verständlich.

Im Zusammenhang mit gemeinnützigen Aktivitäten genießt der Verein als Organisationsform einen guten Ruf. Dies liegt sicherlich an der Möglichkeit der Mitglieder, sich am Vereinsgeschehen aktiv beteiligen und Einfluss auf wesentliche Fragen nehmen zu können. Dazu kommt die Wirkung der strengen Ge-

---

[177] Vgl. Betzelt, Sigrid (2000), S. 39 f.

winnverwendungsbeschränkung. Etwaige aus den Aktivitäten resultierende Gewinne und Überschüsse des steuerbegünstigten Vereins dürfen nur für satzungsmäßige Zwecke verwendet werden. Sieht man einmal von den sehr beschränkten Möglichkeiten der Rücklagenbildung ab, ist der Vermögensaufbau in steuerbegünstigten Vereinen kaum möglich. Der Anreiz, Gewinne oder Vermögen auf Kosten der Öffentlichkeit zu produzieren, ist damit deutlich herabgesetzt, da niemand (legal) einen unmittelbaren persönlichen Vorteil daraus ziehen kann. Andererseits wird durch die fehlenden Anreiz- und Sanktionsmechanismen in Verbindung mit dem kollektiven Entscheidungsgremium an der Spitze auch das Gefühl und die Zurechenbarkeit von Verantwortung verwässert. Die zahlreichen Finanzskandale der jüngsten Zeit sprechen hier eine deutliche Sprache.[178]

### 1.2.2 Stiftungen und Bürgerstiftungen

Die Entstehung erster Stiftungen reicht bis in das Mittelalter zurück. Sie gehört somit zu den ältesten heute noch existierenden Organisationsformen. Gleichwohl spricht die hohe Zahl junger Stiftungen für die Modernität und Aktualität dieser rechtlichen Form.[179]

Im Gegensatz zum Verein handelt es sich bei der Stiftung nicht um einen Personenzusammenschluss, sondern um eine Vermögensmasse, die ein Stifter (Geldgeber) zur Verfolgung eines bestimmten Zwecks errichtet hat. Die Stiftung hat eine eigene Rechtspersönlichkeit. Sie unterliegt grundsätzlich der staatlichen Genehmigung und Kontrolle. Ein Recht auf Zulassung besteht nicht, sie hängt vielmehr von dem ab, was die Genehmigungsbehörde als öffentliches Interesse definiert. Dabei bestehen beträchtliche Spielräume. Das Stiftungsrecht ist nicht einheitlich geregelt. Zwar sind die grundlegenden Bestimmungen zur privatrechtlichen Stiftung in den §§ 80-88 BGB niedergelegt, die Verfahren staatlicher Genehmigung und die Stiftungsaufsicht unterliegen jedoch den Ländern. Diese unterscheiden sich sowohl hinsichtlich der Ausformung der rechtlichen Vorschriften als auch in der Art und Weise ihrer Umsetzung. Die rechtsfähige Stiftung entsteht durch das so genannte Stiftungsgeschäft[180] und die Anerkennung der zuständigen Landesbehörde.

---

[178] Man denke z. B. an die Bestechungsgeldaffäre des Bayerischen Roten Kreuzes, an die Geschäftspraktiken des Deutschen Ordens oder an die Rolle zahlreicher Stiftungen oder Vereine als „Geldwaschanlagen" im Zusammenhang mit den beiden großen Parteispendenaffären.

[179] Die älteste noch existierende Stiftung stammt zwar aus dem Jahr 900. „Andererseits sind zwei Drittel aller heute bestehenden Stiftungen nach 1945 entstanden, davon 60 % nach 1980 [...]"(Strachwitz, Rupert Graf (2001), S. 864).

[180] Das Stiftungsgeschäft ist eine einseitige Willenserklärung eines oder mehrerer Stifter, mit einem bestimmten Vermögen und zu einem bestimmten Zweck eine rechtsfähige Stiftung zu errichten.

Jede Stiftung hat einen Vorstand. Dieser wird gemäß Verfassung der Stiftung oder Landesstiftungsrecht bestellt und besteht aus mindestens einer Person. Der Stifter kann sich zu Lebzeiten selbst zum Vorstand bestellen oder sich das Recht zur Bestellung vorbehalten. Art und Umfang der Vertretungsmacht des Stiftungsvorstandes entsprechen dem eines Vereinsvorstandes und auch hinsichtlich der Haftung gelten die Bestimmungen des Vereinsrechts. Neben dem Stiftungsvorstand können eine Geschäftsführung oder weitere fakultative Organe wie ein Stiftungsrat oder Kuratorium zur fachlichen und administrativen Unterstützung, für Repräsentations- oder Kontrollaufgaben eingesetzt werden. Daneben können bei der traditionellen Stiftung Destinatäre bestimmt werden. Das sind die von einem Stifter in der Satzung vorgesehenen Begünstigten des Stiftungsvermögens. Häufig handelt es sich dabei um Verwandte des Stifters, die über die Erträge aus dem Stiftungkapital finanziell unterstützt werden.

Für steuerbegünstigte Stiftungen gelten im Wesentlichen auch die Regelungen des Gemeinnützigkeitsrechts. Eine Besonderheit ist jedoch, dass die Stiftung für den Unterhalt des Stifters und seiner nächsten Angehörigen sowie für die Pflege des Stiftergrabes bis zu einem Drittel ihres Einkommens verwenden darf, ohne dabei ihre Gemeinnützigkeit zu gefährden.[181]

Das Stiftungskapital wird Im Gegensatz zum Verein nur mittelbar zur Realisierung der Stiftungsziele eingesetzt. Vielmehr sind die Erträge aus dem Kapital die Grundlage der Stiftungsaktivitäten. Das heißt, das Stiftungskapital muss zunächst investiert werden. Je ertragreicher die Anlage ist, desto höher sind die Mittel zur Erfüllung der Satzungszwecke.

**Beispiel:** Eine Stiftung besitzt ein Stiftungskapital von einer Million Euro. Dieses Geld steht jedoch nicht unmittelbar zur Verfügung. Vielmehr muss es zunächst investiert werden. Bei einem Zinssatz von 5 % p. a. erhält die Stiftung einen Betrag von 50.000 Euro. Dieses Geld steht dann der Stiftung als jährliches Einkommen zur Verwirklichung der Ziele zur Verfügung.

Hinsichtlich der Aktivitäten von Stiftungen werden häufig operative und fördernde Stiftungen unterschieden.[182] Während erstere zur Erreichung ihrer Ziele selbst tätig werden, wirken letztere als Mittler und stellen ihre Ressourcen anderen aktiven Organisationen zur Verfügung.

---

Durch das Stiftungsgeschäft muss die Stiftung eine Satzung erhalten, die mindestens folgende Regelungen enthält: Name, Sitz, Zweck und Vermögen der Stiftung. Ferner muss ein Verfahren zur Bildung eines Vorstandes bestimmt werden.

[181] Vgl. § 58 Nr. 5 AO.

[182] Diese Unterteilung liegt mit Blick auf § 57 AO (operative Tätigkeiten) und § 58 Nr. 1-4 AO (fördernde Tätigkeiten) nahe. Zur Charakteristik und Problematik dieser Unterscheidung vgl. Adloff, Frank (2002) und Adloff, Frank/Velez, Andrea (2001).

Eine sehr junge Form der Stiftung ist die **Bürgerstiftung**. Getreu dem Motto „von Bürgern für Bürger" liegen die Arbeitsschwerpunkte von Bürgerstiftungen fast immer im lokalen Raum. Hier werben sie nicht nur finanzielle Mittel ein, sondern fördern darüber hinaus oftmals neue Möglichkeiten für freiwilliges, ehrenamtliches Engagement.[183] Ähnlich wie auch die traditionelle Stiftung sollen Bürgerstiftungen ihre Aktivitäten überwiegend aus den Erträgen ihres Vermögens finanzieren. Dabei ist das Vermögen von Bürgerstiftungen häufig gerade zu Beginn zu niedrig, um damit bereits sinnvolle Programme gestalten zu können. In dieser Situation müssen daher Spenden die fehlenden Kapitalerträge ergänzen. Im Gegensatz zur traditionellen Stiftung bemühen sich derzeit viele Bürgerstiftungen stärker um die Einbeziehung demokratischer Elemente, z. B. durch die Einberufung einer Stifterversammlung und ihre Ausstattung mit weitreichenden Entscheidungskompetenzen. Auf diese Weise sollen auch kleinere Zustiftungen attraktiver werden.[184]

Um die Ressourcen einer Stiftung zu erhöhen, bieten sich für Stifter bzw. Spender mehrere Möglichkeiten an (vgl. auch Kapitel 5.4.4):[185] **Zustiftungen** sind Geldbeträge, die in das Stiftungsvermögen eingehen und von denen nur die Erträge zur Zweckverwirklichung benutzt werden dürfen. Solche Zustiftungen können wiederum frei oder zweckgebunden sein. Bei ersteren geht das Geld in das allgemeine Stiftungsvermögen ein und die Erträge werden für beliebige Stiftungszwecke verwendet. Bei letzteren werden meist zusätzliche Fonds eingerichtet und verwaltet. Diese Mittel dürfen nur entsprechend der vorgegebenen Ziele der Zustiftung verwendet werden.

Eine Stiftung kann aber durchaus wie bereits angedeutet auch **Spenden** annehmen. Diese gehen im Gegensatz zu Zustiftungen in den laufenden Haushalt ein und unterliegen dem Gebot der zeitnahen Mittelverwendung. Der Spender kann auch hier eine Zweckbindung vorsehen. Die Spende muss in diesem Fall einem bestimmten Vorhaben oder konkreten Förderzweck zugeordnet werden, sodass es im Anschluss keine Interpretationsunterschiede bei der Mittelverwendung gibt.

Ebenso wie bei den Vereinen gibt es auch für Stiftungen keine Publizitätspflicht. Da Stiftungen auch keine Rechenschaftspflicht gegenüber irgendwelchen Mitgliedern haben, ist ihre Informationspolitik in der Folge noch erheblich re-

---

[183] Schlüter, Andreas/Walkenhorst, Peter (2004).

[184] Die in Einzelfällen weitreichende „Demokratisierung" der Bürgerstiftungen ist nicht im Sinne des Stiftungsrechts, stellt aber eine interessante Verschränkung der Merkmale des Vereins und der Stiftung dar.

[185] Vgl. Schmied, Alexandra (2002), S. 6 f.

striktiver und wenig zufrieden stellend.[186] Sie unterliegen jedoch im Gegensatz zu Vereinen einer staatlichen Aufsicht durch die zuständigen Verwaltungseinheiten oder Gerichte. Im Wesentlichen wird dabei im Sinne einer Rechtsaufsicht die Einhaltung des Stifterwillens und die Vereinbarkeit mit dem Gemeinwohl überprüft. Diese Stifteraufsicht kann hinsichtlich ihrer Kontrollfunktion als Pendant zur Mitgliederversammlung des Vereins gesehen werden.

Die Übersichtlichkeit der Organisationsstruktur und die Kontinuität der Entscheidungsträger trägt bei der Stiftung zur dauerhaften Sicherung des Stiftungszweckes bei. In der breiten Bevölkerung gelten vor allem die traditionellen Stiftungen aufgrund der wenig demokratischen Entscheidungsstrukturen und der oftmals mangelnden Transparenz und Publizität des Finanzgebarens, gepaart mit großen Vermögensmassen, immer als etwas „geheimnisumwittert" und als „Spielwiese für Vermögende".[187]

### 1.2.3 Gesellschaft mit beschränkter Haftung (GmbH)

Die GmbH hat in den letzten Jahren als Rechtsform für Nonprofit-Organisationen einen regelrechten Boom erlebt. Insbesondere bei Outsourcing-Aktivitäten[188] großer NPOs war die GmbH aufgrund ihrer speziellen Eigenschaften die bevorzugte Form der Auslagerung strategischer Betriebsteile.

Ihrem Wesen nach ist sie „eine juristische Person mit einem Stammkapital, auf das die Gesellschafter mit Stammeinlagen beteiligt sind, ohne persönlich für die Verbindlichkeiten der Gesellschaft zu haften"[189]. Die Rechtsgrundlage ist das „Gesetz betreffend die Gesellschaften mit beschränkter Haftung" (GmbHG). Zur Errichtung einer GmbH ist ein Gesellschaftsvertrag notwendig. Dieser enthält den Namen (Firma) und Sitz der Gesellschaft sowie die Höhe des Stammkapitals und den Anteil jedes einzelnen Gesellschafters am Stammkapital. Daneben muss der Gegenstand, mit dem sich die Gesellschaft beschäftigt, erläutert werden. Das Stammkapital beträgt in der Bundesrepublik mindestens 25.000 Euro und kann als Geld- oder Sacheinlage geleistet werden. Sind all diese Bedingungen erfüllt,

---

[186] Nach Auskunft des Maecenata-Instituts geben lediglich 36 % der Stiftungen freiwillig Auskunft über ihr Vermögen. Vgl. Strachwitz, Rupert Graf (1998), S. 37.

[187] Vgl. Betzelt, Sigrid (2000), S. 42.

[188] Aus Gründen der Haftung, zur Senkung von Personalkosten und zur besseren Trennung der ideellen von wirtschaftlichen Bereichen wurden in der jüngsten Vergangenheit viele Betriebsteile ausgegliedert (outgesourct). Dazu zählen vor allem Sozialstationen, stationäre Einrichtungen der Jugend- und Altenhilfe (z.B. Pflege- und Seniorenheime) und Krankenhäuser. Daneben wurden auch bestimmte Aufgabenfelder wie Großküchen und Kantinen, Reinigungsdienste oder Beschaffungs- und Vermarktungsstellen in eine eigene Rechtsform ausgegliedert.

[189] Wagner, Christoph (2001), S. 1079.

wird die Gesellschaft nach einer formalen Prüfung in das Handelsregister eingetragen. Damit wird sie, unabhängig davon ob sie steuerbegünstigte oder kaufmännische Zwecke verfolgt, zum Kaufmann (früher Formkaufmann) im Sinne des Handelsgesetzbuches (HGB). In der Konsequenz finden zusätzliche rechtliche Vorschriften wie die des HGB oder Publizitätsgesetzes (PublG) Anwendung und gestalten so die rechtlichen Rahmenbedingungen des Finanzmanagements beträchtlich schwieriger. Unter anderem sind GmbHs auch zur Anwendung der Grundsätze ordnungsmäßiger Buchführung und zur Erstellung eines Jahresabschlusses nach anerkannten kaufmännischen Grundsätzen (GoB) verpflichtet. Im Ergebnis werden an das Finanzgebaren der GmbH insgesamt deutlich höhere Ansprüche gestellt als an das eines Vereins.

Die vorgeschriebenen Organe einer GmbH sind ein oder mehrere Geschäftsführer sowie die Gesellschafterversammlung. Zusätzlich kann ein Aufsichtsrat als Kontrollorgan vorgesehen werden. Die Gesellschafterversammlung ist dabei das oberste Organ. Im Gegensatz zum Verein sind jedoch die Stimmrechte nicht pro Kopf, sondern nach dem Verhältnis der Anteile der Gesellschafter am Gesellschaftsvermögen gewichtet. Der oder die Geschäftsführer werden durch die Satzung oder die Gesellschafterversammlung bestimmt. Das Gesetz sieht für den Geschäftsführer einen hohen Autonomiegrad vor, was einerseits zwar die Handlungsfähigkeit erhöhen, andererseits aber die Kontrolle der Gesellschafter erschweren kann.

Die gerade im Sozial- und Gesundheitsbereich häufig zu findende so genannte „gemeinnützige GmbH" unterscheidet sich gesellschaftsrechtlich nicht von einer gewerblichen GmbH. „Wie im Vereinsrecht auch, ist die Anerkennung als gemeinnützige Körperschaft alleine eine Verwaltungsentscheidung der unteren Finanzbehörden [...]"[190] Dementsprechend muss auch die gGmbH eine Satzung vorweisen können und in ihrem tatsächlichen Verhalten den Anforderungen des Gemeinnützigkeitsrechts entsprechen.

Die besondere Bedeutung der GmbH als Rechtsform für unternehmerische und gemeinnützige Zwecke liegt in der Haftungsbegrenzung. Im Gegensatz zu Personengesellschaften, deren Eigentümer auch mit ihrem Privatvermögen haften, und Vereinen, die immerhin noch mit ihrem gesamten Vereinsvermögen haftbar gemacht werden können, ist die Haftung bei der GmbH auf das eingelegte Stammkapital beschränkt. Auf diese Weise können riskantere Tätigkeiten und der Betrieb größerer Einrichtungen im Hinblick auf mögliche negative finanzielle Folgen beschränkt werden. In der Folge können sich jedoch insbesondere bei der Kreditfinanzierung Nachteile ergeben. Vor allem junge GmbHs besitzen bei

---

[190] Ebd., S. 1084.

Banken nur eine geringe Kreditwürdigkeit.[191] Die rechtlichen Grundlagen haben auch Auswirkungen auf die Eigenkapitalfinanzierung. Die einzelnen Gesellschafteranteile sind zwar grundsätzlich verkehrsfähig, das heißt, sie können veräußert und gehandelt werden. Da an diesen Vorgang jedoch gewisse Formvorschriften geknüpft sind, gestaltet sich der Transfer von Gesellschaftsanteilen und damit auch die Beschaffung von Eigenkapital schwieriger als bei der Aktiengesellschaft.

Ausgliederungen von Teilaktivitäten vor allem in der Form von GmbHs haben in den letzten Jahren unter anderem im Bereich der großen Wohlfahrtsverbände zu konzernähnlichen Verflechtungen und Holdingstrukturen geführt. Die Vorteile einer Trennung von satzungszweckorientiertem Idealverein und den operativen Tätigkeiten des Zweck- und wirtschaftlichen Geschäftsbetriebs sind in der besseren Aufgabenbewältigung, den geringeren Personalkosten durch die Umgehung von Tarifstrukturen und der Haftungsbegrenzung zu sehen. Allerdings geht hier die Rechtsprechung unter bestimmten Bedingungen, z. B. einer Personalunion der Entscheidungsträger in GmbH und Muttergesellschaft, zunehmend zu einer Durchgriffshaftung auf die Gesellschafter über. Mit dieser Konzernstruktur, die über die Rechtsform der GmbH ermöglicht wird, entstehen jedoch auch ganz neue Probleme. Aufgrund der hohen Selbstständigkeit der einzelnen Betriebseinheiten und der hohen Autonomie ihrer Entscheidungsträger werden zunehmend starke Zentrifugalkräfte innerhalb einer solchen Holdingstruktur spürbar. Diese geben stärker als im Bereich kommerzieller Unternehmen Anlass zur Sorge. Dies umso mehr, wenn originäre Sachziele der Muttergesellschaft oder des Vereins gefährdet oder missachtet werden.[192]

## 1.3 Steuer- und Gemeinnützigkeitsrecht

Das Steuerrecht gehört zu den wichtigsten Rahmenbedingungen für das Finanzmanagement in NPOs, denn bei den meisten Finanzierungs- und Investitionsüberlegungen werden steuerrechtlich relevante Vorgänge berührt. Die Bedeutung steuerrechtlicher Regelungen hat nicht zuletzt aufgrund der zulasten gemeinnütziger Organisationen veränderten Rechtsprechung und Gesetzgebung in den

---

[191] Häufig wird bei der Kreditvergabe die private Besicherung der Darlehen von den Kreditinstituten verlangt. Durch diese Vorgehensweise wird die Haftung auch auf das Privatvermögen ausgeweitet und ähnelt damit der Kredithaftung in Personengesellschaften.

[192] Sowohl die rechtlichen als auch finanzwirtschaftlichen Implikationen solcher nationaler und internationaler Nonprofit-Konzernstrukturen sind bisher in der Forschung nur am Rande aufgegriffen worden. Die Reflektion solcher Konglomerate unter den Aspekten der Steuerung und Kontrolle aber auch der Partizipation und des finanziellen Risikos stellen somit ein gleichermaßen offenes wie interessantes Forschungsfeld dar.

letzten Jahren weiter zugenommen. So verwundert es nicht, dass immer mehr NPOs über Schwierigkeiten mit dem Finanzamt berichten oder von größeren, unter Umständen sogar Existenz bedrohenden Steuernachforderungen betroffen sind.

Grundsätzlich unterliegen NPOs derselben Steuergesetzgebung wie alle anderen Körperschaften auch. Relevante Steuerarten sind unter anderem die Körperschaft- und Einkommen-, die Gewerbe-, Erbschaft- und Schenkungsteuer, die Umsatz-, Vermögen-[193] sowie die Grund- und Grunderwerbsteuer. Diese werden in den entsprechenden Steuergesetzen und den zugehörigen Richtlinien und Durchführungsverordnungen geregelt:

- Einkommensteuergesetz (EStG)
- Umsatzsteuergesetz (UStG)
- Körperschaftsteuergesetz (KStG)
- Gewerbesteuergesetz (GewStG)
- Erbschaftsteuergesetz (ErbStG)
- Schenkungsteuergesetz (SchenkStG)

Drei zentrale Steuerarten für NPOs sind die Körperschaft-, Gewerbe- und Umsatzsteuer. Sie sollen hier kurz dargestellt und anhand eines Rechenbeispiels erläutert werden.

Die **Gewerbesteuer** ist eine bundeseinheitlich geregelte Steuer, deren Erlöse jedoch den Gemeinden zufließen.[194] Jeder stehende Gewerbebetrieb unterliegt der Gewerbesteuer. Rechtsfähige und nicht rechtsfähige Vereine zählen dabei nur dann als Gewerbebetrieb, wenn sie einen wirtschaftlichen Geschäftsbetrieb unterhalten. Besteuerungsgrundlage ist der Gewerbeertrag.[195] Die Berechnung der Gewerbesteuer ist nicht zuletzt aufgrund der Selbstabzugsfähigkeit der Steuer und der umständlichen Erhebungsweise sowie den lokal unterschiedlichen Hebesätzen recht kompliziert.

Die **Körperschaftsteuer** ist als „Einkommensteuer für juristische Personen"[196] die wichtigste Steuer für Vereine überhaupt. Vereine mit dem Sitz im Inland sind unbeschränkt körperschaftsteuerpflichtig. Die Höhe der Steuer bemisst sich nach dem Einkommen des Vereins innerhalb eines Kalenderjahres. Dabei ist unter Umständen zwischen steuerfreien und nicht steuerbefreiten Einkommen zu unterscheiden. Im folgenden Beispiel wird die Berechnung der Gewerbe- und Körperschaftsteuerrückstellung veranschaulicht. Dabei ist zu berück-

---

[193] Seit 1998 wird die Vermögensteuer faktisch nicht mehr erhoben.
[194] Rechtsgrundlagen sind das Gewerbesteuergesetz (GewStG) und die Gewerbesteuer-Durchführungsverordnung (GewStDV).
[195] Die Gewerbekapitalsteuer mit der Bemessungsgrundlage des Gewerbekapitals wird seit dem Veranlagungszeitraum 1997 nicht mehr erhoben.
[196] Ott, Sieghart (1998), S. 207.

sichtigen, dass die Gewerbesteuer als Betriebsausgabe abzugsfähig ist und somit vor der Körperschaftsteuer ermittelt werden muss:

**Beispiel: Bestimmung der Gewerbe- und Körperschaftsteuerrückstellung.**

**A. Gewerbesteuerrückstellung**
Der vorläufige Gewinn eines Vereins aus wirtschaftlicher Betätigung beträgt im Wirtschaftsjahr 78.544 Euro. Die Gewerbesteuerrückstellung berechnet sich daraufhin wie folgt: Zum Gewinn vor Steuern werden bestimmte Beträge wie z. B. 50 % der Dauerschuldzinsen nach § 8 GewStG hinzugerechnet. Andere Beträge werden nach § 9 GewStG abgezogen. Der so korrigierte Gewinn wird um einen Freibetrag von 3.900 Euro vermindert, um so den Gewerbeertrag vor Gewerbesteuer zu erhalten. Die Gewerbesteuer ist eine Betriebsausgabe und als solche von sich selbst abzugsfähig. Aus diesem Grund wird der Gewerbeertrag auf 9/10 des Betrages gekürzt[197] und auf volle 100 Euro abgerundet. Die Multiplikation mit 5 % führt zum Steuermessbetrag. Dieser wird schließlich mit dem von der jeweiligen Gemeinde festgelegten Hebesatz (im Beispiel 440 %) multipliziert. Das Ergebnis ist dann die Gewerbesteuerrückstellung.

| | | |
|---|---|---|
| Gewinn vor Steuern | 78.544 Euro | |
| + Hinzurechnungen | 0 Euro | |
| - Kürzungen | 0 Euro | |
| = | 78.544 Euro | |
| - Freibetrag nach § 11 (1) GewStG | 3.900 Euro | |
| = | 74.644 Euro | Gewerbeertrag vor Gewerbesteuer |
| 74.644 x 9/10 | 61.179 Euro | (Selbstabzugsfähigkeit) |
| Abrundung auf volle 100 | 61.100 Euro | Gewerbeertrag nach Gewerbesteuer |
| | | |
| 61.100 * 5 % | 3.055 Euro | Steuermessbetrag |
| 3.055 * 440 % | 13.442 Euro | Gewerbesteuerrückstellung |

**B. Körperschaftsteuerrückstellung**
Ausgehend vom gleichen Gewinn soll nun die Körperschaftsteuer berechnet werden. Da die Gewerbesteuer als Betriebsausgabe steuerlich abzugsfähig ist, soll sie zunächst vom vorläufigen Gewinn subtrahiert werden. Danach wird der Betrag durch einen Freibetrag in Höhe von 3.835 Euro gemindert. Das Ergebnis ist das zu versteuernde Einkommen. Durch Multiplikation mit dem Körperschaftsteuersatz erhält man die Körperschaftsteuer. Der Solidaritätszuschlag wird dagegen ermittelt, indem die Körperschaftsteuer mit dem Solidaritätszuschlagsatz (5,5 %) multipliziert wird. Aus der Addition der Körperschaftsteuer und des Solidaritätszuschlages erhält man schließlich die Steuerschuld der NPO.

| | | |
|---|---|---|
| Gewinn vor Steuern | 78.544 Euro | |
| - Gewerbesteuerrückstellung | 13.442 Euro | Abzug der Gewerbesteuer (siehe oben) |
| = | 65.102 Euro | |
| - Freibetrag § 24 KStG | 3.835 Euro | |
| = | 61.267 Euro | zu versteuerndes Einkommen |
| | | |
| 61.267 x 25 % (Körperschaftsteuersatz) | 15.316 Euro | festzusetzende Körperschaftsteuer |
| 15.316 x 5,5 % (Solidaritätszuschlag) | 841 Euro | festzusetzender Solidaritätszuschlag |
| | 16.157 Euro | Steuerschuld (KSt-Rückstellung) |

---

[197] Neben diesem als 9/10-Methode bezeichneten Verfahren kann auch die Divisormethode angewendet werden.

Die umfangreichen Regelungen des Umsatzsteuergesetzes (UStG) und der entsprechenden Durchführungsverordnung (UStDV) sowie die spezifische Erhebungssystematik führen nicht selten zu Problemen bei der Finanzbuchhaltung und dem Finanzmanagement. Grundsätzlich unterliegen alle Lieferungen und sonstige Leistungen, die ein Unternehmer im Inland gegen Entgelt im Rahmen seines Unternehmens ausführt, der Umsatzsteuer. Körperschaften sind dabei grundsätzlich dann als Unternehmer anzusehen und damit umsatzsteuerpflichtig, wenn „sie eine selbständige nachhaltige Tätigkeit zur Erzielung von Einnahmen ausüben [...]"[198]. Die Umsatzsteuer ist eine Allphasensteuer. Ihr liegt die Vorstellung zugrunde, dass die Erzeugung von Gütern und Dienstleistungen über mehrere Stufen erfolgt. In jeder Wirtschaftsstufe entsteht dabei ein Mehrwert. Die Steuer zielt darauf ab, diesen Mehrwert zu erfassen. Dies wird erreicht, indem die Steuer bei jedem Umsatzakt vom Leistenden auf den Leistungsempfänger umgewälzt wird. Der Leistende zahlt die von ihm einbehaltene Umsatzsteuer an das Finanzamt. Dabei kann er jedoch die selbst gezahlte Mehrwertsteuer als Vorsteuer abziehen. Das Prozedere wiederholt sich auf jeder Ebene der Leistungserstellung bis zum Endverbraucher. Ist dieser kein Unternehmer bzw. nicht vorsteuerabzugsberechtigt, trägt er schließlich die gesamte Last der Umsatzsteuer. Das folgende Beispiel zeigt die Bestimmung der Umsatzsteuer und Vorsteuer.

**Beispiel Umsatzsteuer**
a) Abzug der Vorsteuer
Eine NPO ist vorsteuerabzugsberechtigt. Sie erhält eine Rechnung über 11.600 Euro. Diese setzt sich zusammen aus dem Nettopreis (10.000 Euro) und der Mehrwertsteuer (0,16 * 10.000 = 1.600 Euro). Die NPO kann in diesem Fall den Betrag von 1.600 Euro als Vorsteuer geltend machen.

b) Berechnung der Umsatzsteuer
Im gleichen Zeitraum verkauft die NPO Dienstleistungen für 20.000 Euro. Sie muss auf diesen Betrag Umsatzsteuer bezahlen, die sie den Kunden in Rechnung stellt:

| | |
|---|---|
| Nettobetrag: | 20.000 Euro |
| + Mehrwertsteuer | 3.200 Euro (20.000 * 0,16) |
| = Rechnungsbetrag | 23.200 Euro |

Im Ergebnis muss die steuerpflichtige Körperschaft für diesen Zeitraum 3.200 Euro (Umsatzsteuer) – 1.600 Euro (Vorsteuer) = 1.600 Euro Umsatzsteuer an das Finanzamt abführen.

Allerdings gibt es für NPOs bei vielen Steuerarten Sonderregelungen. Am bedeutendsten sind dabei die Steuervergünstigungen, die zur Förderung des Gemeinwohls gewährt werden. Bevorzugt werden dabei Aktivitäten unterstützt, die eine staatsentlastende oder staatsergänzende Wirkung haben und somit unter der

---

[198] Boochs, Wolfgang (2001), S. 202.

Maßgabe eines „kollektiven Eigennutzes" stehen.[199] Das ist immer dann der Fall, wenn sich aus der Satzung und der tatsächlichen Geschäftsführung ergibt, dass die Körperschaft einen steuerbegünstigten Zweck auf eine bestimmte Art und Weise verfolgt.[200] Was heißt das jedoch im Einzelnen?

Der Gesetzgeber gewährt Körperschaften[201] eine Steuervergünstigung, wenn sie gemeinnützige, mildtätige oder kirchliche Zwecke verfolgen.[202] **Gemeinnützigkeit**, liegt bei einer Körperschaft insbesondere dann vor, „[...] wenn ihre Tätigkeit darauf gerichtet ist, die Allgemeinheit auf materiellem, geistigem oder sittlichem Gebiet selbstlos zu fördern"[203]. Ein kleiner, fest abgeschlossener Personenkreis, der nach räumlichen oder beruflichen Merkmalen oder der Zugehörigkeit zu einer bestimmten Gruppe (Familie, Unternehmen) abgegrenzt ist, kann dabei nicht als Allgemeinheit bezeichnet werden.[204] Ferner ist die Menge der Aktivitäten, die als gemeinnützig anerkannt werden, durch § 52 Absatz 2 Nummern 1 - 4 AO beschränkt. Sie reichen von der Förderung von Wissenschaft und Forschung, Bildung und Erziehung über die Förderung der Jugend- und Altenhilfe bis zur Tier- und Pflanzenzucht. Zwar war diese Aufzählung ursprünglich „wohl als Beispielkatalog gedacht, wurde und wird von der Finanzverwaltung jedoch als abschließende Aufzählung verstanden"[205].

**Mildtätige** Zwecke verfolgen Körperschaften, wenn sie Personen selbstlos unterstützen, „ [...] die infolge ihres körperlichen, geistigen oder seelischen Zustandes auf die Hilfe anderer angewiesen sind [...]"[206].Des Weiteren gilt auch die selbstlose Unterstützung von Personen unterhalb gewisser Einkommensgrenzen als mildtätig.[207]

**Kirchliche** Zwecke schließlich werden bei einer Körperschaft angenommen, „[...] wenn ihre Tätigkeit darauf gerichtet ist, eine Religionsgemeinschaft,

---

[199] Der dritte Abschnitt des zweiten Teils der Abgabenordnung (AO) behandelt die Bedingungen, unter denen NPOs Steuervergünstigungen zugestanden werden.

[200] Vgl. § 59 AO.

[201] Der Begriff Körperschaften ist dabei in einem erweiterten Sinne zu verstehen und umfasst die Körperschaften, Personenvereinigungen und Vermögensmassen im Sinne des Körperschaftsteuergesetzes (§ 51 Satz 2 AO). Durch diese Erweiterung fallen zum Beispiel auch Stiftungen, die ja den Charakter einer Vermögensmasse haben, unter diese Regelungen.

[202] Vgl. § 51 Satz 1 AO.

[203] § 52 Absatz 1 Satz 1 AO.

[204] Vgl. § 52 Absatz 1 Satz 2 AO.

[205] Betzelt, Sigrid (2000), S. 48. Dieser Konfusion und den Inkonsistenzen sind wohl auch einige der vielzitierten „Merkwürdigkeiten" zuzurechnen. Während z. B. Modellflug, Amateurfunk und das Schachspiel als gemeinnützig anerkannt sind (§ 52 Absatz 2 Nummern 2 und 4) gilt dies nicht für Modellschifffahrt, CB-Funk und das Bridgespiel. Vgl. ebd.

[206] § 53 Nummer 1 AO.

[207] Vgl. § 53 Nummer 2 AO.

die Körperschaft des öffentlichen Rechts ist, selbstlos zu fördern"[208]. Dies betrifft insbesondere die beiden deutschen Amtskirchen und ihre angeschlossenen Organisationen. Unterstützt werden hierbei selbst so weitreichende Zwecke wie die Verwaltung des Kirchenvermögens oder die Besoldung der Geistlichen, Kirchenbeamten und Kirchendiener.

Begrifflich differenziert die Abgabenordnung damit sehr deutlich. Während „gemeinnützig" in der Praxis häufig gleichbedeutend oder gar als Oberbegriff zu „steuerbegünstigt" verwendet wird, sollen im Folgenden die steuerrechtlichen Bezeichnungen zugrundegelegt werden. Demnach stellen gemeinnützige neben kirchlichen und mildtätigen Zwecken lediglich eine Möglichkeit zur Erlangung der Steuerbegünstigung dar.

Darüber hinaus ist jedoch für die Beurteilung durch das Finanzamt auch die Frage danach, wie diese Zwecke verfolgt werden von Bedeutung. Die Abgabenordnung schreibt vor, dass die Ziele einer steuerbegünstigten Körperschaft selbstlos (§ 55 AO), ausschließlich (§ 56 AO) und unmittelbar (§ 57 AO) verfolgt werden müssen. **Selbstlos** ist eine Förderung oder Unterstützung immer dann, wenn nicht in erster Linie eigenwirtschaftliche Zwecke (z. B. Erwerbs- oder gewerbliche Zwecke) verfolgt werden.[209] Ferner müssen folgende Voraussetzungen erfüllt sein: Die Mittel der Körperschaft dürfen nur für satzungsmäßige Zwecke gebraucht werden.[210] „Auch der Gewinn aus Zweckbetrieben und aus dem steuerpflichtigen wirtschaftlichen Geschäftsbetrieb [...] sowie der Überschuss aus der Vermögensverwaltung dürfen nur für die satzungsmäßigen Zwecke verwendet werden."[211]

Beispiel: Ein gemeinnütziger Sportverein betreibt eine Vereinsgaststätte. Diese erwirtschaftet einen Gewinn von 60.000 Euro. Da es sich um einen wirtschaftlichen Geschäftsbetrieb handelt, muss der Verein diesen Gewinn zunächst versteuern. Über den verbleibenden Betrag kann der Verein jedoch nicht frei verfügen, sondern muss ihn zur Realisierung seiner gemeinnützigen Zwecke verwenden.

Entgegen einer weitläufigen Meinung dürfen steuerbegünstigte NPOs also durchaus Überschüsse bzw. Gewinne, erwirtschaften.[212] Diese sind jedoch im

---

[208] § 54 Absatz 1 AO. Entscheidend für das Vorliegen kirchlicher Zwecke ist, dass die Religionsgemeinschaft eine Körperschaft des öffentlichen Rechts ist. Dies trifft insbesondere auf die evangelische und katholische Kirche zu. Den meisten Religionsgemeinschaften bleibt in diesem Zusammenhang nur die Anerkennung als gemeinnützige Körperschaft nach § 52 AO. Vgl. dazu auch AEAO zu § 54 AO.

[209] Vgl. § 55 Absatz 1 AO.

[210] § 55 Absatz 1 Nummer 1 Satz 1 AO.

[211] AEAO zu § 55 AO.

[212] Die in der Literatur benutzte Terminologie ist in dieser Hinsicht auch nicht immer ganz aussagekräftig. Schon der Begriff „Nonprofit" provoziert eher die Assoziation eines Gewinnerwirtschaftungs- als die eines Gewinnverwendungsverbotes.

Sinne der Satzung zweckgebunden. Sie unterliegen also einer Gewinnverwendungsbeschränkung. Sie umfasst neben der sachlichen eine personelle Dimension, gemäß der die „Mitglieder oder Gesellschafter [...] keine Gewinnanteile und [...] auch keine sonstigen Zuwendungen aus Mitteln der Körperschaft erhalten"[213] dürfen. Auch ist es nicht gestattet, die Mittel zur Förderung oder Unterstützung politischer Parteien zu verwenden[214] oder Personen durch unverhältnismäßig hohe Vergütungen oder Ausgaben, die dem Zweck der Körperschaft fremd sind, zu begünstigen.[215] Die Vorschrift schließt damit insbesondere die unangemessene Vergütung für Freiwillige und Funktionäre aus.

Das Vermögen einer Körperschaft darf bei deren Auflösung oder Aufhebung oder bei Wegfall ihres bisherigen Zweckes im Wesentlichen nur für steuerbegünstigte Zwecke verwendet werden. „Diese Voraussetzung ist auch erfüllt, wenn das Vermögen einer anderen steuerbegünstigten Körperschaft oder einer Körperschaft des öffentlichen Rechts für steuerbegünstigte Zwecke übertragen werden soll."[216]

Die Verwendung von Mitteln unterliegt auch einer zeitlichen Restriktion. Gemeinnützige Körperschaften müssen ihre Mittel grundsätzlich zeitnah für die steuerbegünstigten satzungsmäßigen Zwecke einsetzen. „Die unzulässige Ansammlung der Mittel, ohne zu bestimmen, für welche Maßnahmen sie eingesetzt werden sollen, führt zum Verlust der Gemeinnützigkeit. Eine Bildung von Rücklagen ist grundsätzlich nur in den gesetzlichen Ausnahmefällen zulässig [...]"[217] Dazu zählt allerdings auch der Erwerb und die Herstellung von Vermögensgegenständen, die dem Satzungszweck dienen.

Beispiel: Ein Verein will ein Haus mit dem Ziel, dort seine Geschäftsstelle zu errichten, kaufen. Das Haus dient in diesem Fall der Verfolgung der Satzungsziele. Die dazu notwendige Bildung von Rücklagen über mehrere Jahre verstößt hier nicht gegen das Gebot der zeitnahen Mittelverwendung. Sammelt der gleiche Verein jedoch Spenden und Gewinne der zurückliegenden Jahre ohne konkrete Verwendungsabsicht, so verstößt dies gegen das Gebot der zeitnahen Mittelverwendung.

Das Kriterium der **Ausschließlichkeit** besagt, „dass [...] die Vereinstätigkeit auf die gemeinnützigen bzw. mildtätigen oder kirchlichen Zwecke beschränkt ist"[218]. Ergänzend klärt der Anwendungserlass (AEAO) zu § 56 AO, dass eine Körperschaft durchaus mehrere steuerbegünstigte Zwecke nebeneinander verfolgen

---

[213] § 55 Absatz 1 Nummer 1 Satz 2 AO.
[214] Vgl. § 55 Absatz 1 Nummer 1 Satz 3 AO.
[215] Vgl. § 55 Absatz 1 Nummer 3 AO.
[216] § 55 Absatz 1 Nummer 4 Satz 2 AO.
[217] Meyer, Holger (2000), S. 76. Die Wörter „gesetzliche Ausnahmefälle" sind im Original in fett gedruckt. Zur Bildung von Rücklagen vgl. § 58 Nummer 6 und 7 AO.
[218] Zimmer, Annette (1996), S. 26.

darf, ohne dass dadurch das Gebot der Ausschließlichkeit verletzt wird. In diesen Fällen müssen die steuerbegünstigten Zwecke allesamt satzungsmäßige Zwecke sein: „Will demnach eine Körperschaft steuerbegünstigte Zwecke, die nicht in die Satzung aufgenommen sind, fördern, so ist eine Satzungsänderung erforderlich, die den Erfordernissen des § 60 [AO] entsprechen muß."[219]

**Unmittelbarkeit** schließlich liegt immer dann vor, wenn die Körperschaft ihre steuerbegünstigten satzungsmäßigen Zwecke selbst oder durch Hilfspersonen[220] verwirklicht.

Inwiefern diese Erfordernisse erfüllt sind, prüft das zuständige Finanzamt anhand der Satzung der Körperschaft. „Die Satzungszwecke und die Art ihrer Verwirklichung im Rahmen der Geschäftsführung müssen so genau bestimmt sein, dass auf Grund der Satzung geprüft werden kann, ob die Voraussetzungen für Steuervergünstigungen gegeben sind."[221] Fällt eine Organisation unter die so definierten Tatbestände (Abbildung 5) und stellt einen entsprechenden Antrag bei der zuständigen Finanzbehörde, so kann diese die Steuervergünstigung in Form einer Freistellungsbescheinigung bis auf Widerruf erteilen.[222]

*Abbildung 5:* Voraussetzungen einer Steuerbegünstigung nach der Abgabenordnung

| Steuerbegünstigte Zwecke | | Zusätzliche Erfordernisse | | Beurteilungsgrundlage |
|---|---|---|---|---|
| Gemeinnützige | (§ 52 AO) | Selbstlosigkeit | (§ 55 AO) | Satzung |
| mildtätige | (§ 53 AO) | Ausschließlichkeit | (§ 56 AO) | Geschäftsführung |
| kirchliche | (§ 54 AO) | Unmittelbarkeit | (§ 57 AO) | |

*In Anlehnung an: Zimmer, Annette (1996), S. 24*

Allein die Freistellung sagt jedoch noch nichts über den Umfang der steuerbegünstigten Aktivitäten aus. So ist es durchaus verbreitet, dass innerhalb eines Vereins parallel zu den steuerbegünstigten Zwecken auch Aktivitäten stattfinden, welche die Voraussetzungen für eine Steuerbegünstigung nicht erfüllen. Verschiedene Aktivitäten begründen dann unterschiedliche steuerrechtliche Tatbe-

---

[219] AEAO zu § 56 AO.
[220] Dies gilt nur für den Fall, dass entsprechend der rechtlichen und tatsächlichen Beziehungen das Wirken der Hilfspersonen wie eigenes Wirken der Körperschaft anzusehen ist. Vgl. § 57 AO.
[221] § 60 Absatz 1 AO.
[222] Insbesondere kann die Steuerbegünstigung aufgrund gesetzeswidrigen Verhaltens zurückgezogen werden.

stände, die auch als „Sphären" einer steuerbegünstigten NPO bezeichnet werden können. Steuerrechtlich und finanzwirtschaftlich gesehen kann eine Körperschaft in vier solcher „Sphären" unterteilt werden (vgl. Abbildung 6).

*Abbildung 6:* Die vier Sphären steuerbegünstigter Körperschaften

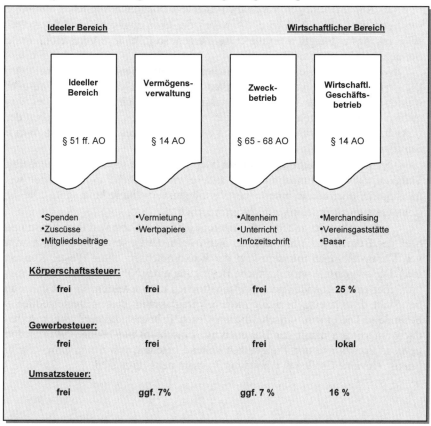

*Eigene Darstellung*

Der **ideelle Bereich** einer Körperschaft steht in engem Zusammenhang mit der Realisierung der originären steuerbegünstigten Satzungsziele einer NPO und ist gänzlich steuerbefreit. So braucht ein gemeinnütziger Sportverein, der eine Halle für Vereinsmitglieder betreibt, beispielsweise keine Grundsteuer dafür zu entrichten. Die Steuerbegünstigung gilt auch für einzelne Finanzierungsformen. So unterliegen Spenden und Mitgliedsbeiträge als typische Finanzierungsformen des ideellen Bereichs weder der Körperschaft- oder Umsatz- noch der Gewerbesteuer.

Ähnliches gilt auch für den Bereich der **Vermögensverwaltung**. „Eine Vermögensverwaltung liegt in der Regel vor, wenn Vermögen genutzt, zum Beispiel Kapitalvermögen verzinslich angelegt oder unbewegliches Vermögen vermietet oder verpachtet wird."[223] Nennt der eben angesprochene Sportverein ein Haus, das er lediglich vermietet, sein eigen, so fällt diese Vermietung in den Bereich der Vermögensverwaltung.

Neben den ideellen Bereich tritt der **wirtschaftliche Bereich** einer NPO. Dieser ist dadurch gekennzeichnet, dass Tätigkeiten „gegen Entgelt" ausgeübt werden. Hier gestaltet sich die Ausgangssituation deutlich komplexer. Dies umso mehr als der Gesetzgeber innerhalb der wirtschaftlichen Aktivitäten neben dem wirtschaftlichen Geschäftsbetrieb noch den Zweckbetrieb unterscheidet. Was ist damit gemeint?

Der **wirtschaftliche Geschäftsbetrieb**[224] „ist eine selbständige nachhaltige Tätigkeit, durch die Einnahmen oder andere wirtschaftliche Vorteile erzielt werden und die über den Rahmen einer Vermögensverwaltung hinausgeht. Die Absicht, Gewinn zu erzielen, ist nicht erforderlich."[225]

Dazu zählt unter anderem der Verkauf jedweder Güter und Dienstleistungen oder der Betrieb und Unterhalt von Vereinsgaststätten sowie die Durchführung von Veranstaltungen mit dem Ziel der Einkommenserzielung (Feste, Konzerte etc.). Die so geartete wirtschaftliche Betätigung einer NPO lässt sich häufig nicht von einer entsprechenden privatwirtschaftlichen unterscheiden. Es gibt daher aus der Sicht des Gesetzgebers auch keine Veranlassung, diese unterschiedlich zu behandeln. Die einem wirtschaftlichen Geschäftsbetrieb zuzuordnenden Aktivitäten unterliegen damit der Besteuerung. Einschränkend können NPOs jedoch gewisse Freibeträge und Freigrenzen geltend machen, von denen einige für die Praxis relevante Größen in Abbildung 7 zusammengefasst sind.

---

[223] § 14 Satz 3 AO.
[224] Der wirtschaftliche Geschäftsbetrieb ist nicht zu verwechseln mit dem wirtschaftlichen Verein, wie er im Rahmen des Vereinsrechts (BGB) definiert wird.
[225] § 14 Satz 1 und 2 AO. Zum Begriff der Nachhaltigkeit bei wirtschaftlichen Geschäftsbetrieben vgl. Urteil des Bundesfinanzhofes in BFH (1986), S. 88.

*Abbildung 7:* Ausgesuchte steuerliche Grenzen und Freibeträge für NPOs

**Körperschaftssteuergesetz (KStG)**
Freibetrag für Vereine (§ 24 Absatz 1 Nummer 1)                                                    3.835,-*

**Umsatzsteuergesetz (UStG)**
Obergrenze für Berechnung der Steuer nach eingenommenen Entgelten (§ 20)                125.000,-
Kleinunternehmergrenze nach Umsatz des Vorjahres (§19 Absatz 1 Nummer 1)              16.620,-
Kleinunternehmergrenze nach Umsatz des laufenden Jahres (§19 Absatz 1 Nummer 1)     50.000,-
Obergrenze für monatliche Umsatzsteuervoranmeldung (§ 18 Absatz 2)                        6.136,-
Obergrenze für vierteljährliche Umsatzsteuervoranmeldung (§18 Absatz 2)                     512,-

**Gewerbesteuergesetz (GewStG)**
Freibetrag für Vereine (§11 Absatz 1 Nummer 2)                                                     3.900,-

**Abgabenordnung (AO)**
Körperschaft- und Gewerbesteuerfreigrenze für wirtschaftliche Geschäftsbetriebe (§ 64)   30.700,-
Zweckbetriebsgrenze bei sportlichen Veranstaltungen (§ 67a)                                   30.700,-

*(Beträge in Euro)

*Eigene Darstellung*

So sind wirtschaftliche Geschäftsbetriebe nicht körperschaft- oder gewerbesteuerpflichtig, wenn die Einnahmen dieses Bereichs einschließlich Umsatzsteuer eine Freigrenze von insgesamt 30.700 Euro im Jahr nicht überschreiten. Im Gegensatz zu Freibeträgen, die vom zu versteuernden Einkommen abgezogen werden, wird bei Freigrenzen das Einkommen bei Überschreitung des angegebenen Betrages voll versteuert.[226]

Einschränkend zum wirtschaftlichen Geschäftsbetrieb ergänzt die Abgabenordnung: „[...] soweit der wirtschaftliche Geschäftsbetrieb kein Zweckbetrieb (§§ 65 bis 68) ist."[227] Beim **Zweckbetrieb** handelt es sich grundsätzlich um einen Sonderfall des wirtschaftlichen Geschäftsbetriebs im Sinne des § 14 AO. Die besondere Charakteristik ergibt sich insofern

„1. der wirtschaftliche Geschäftsbetrieb in seiner Gesamtrichtung dazu dient, die steuerbegünstigten satzungsmäßigen Zwecke der Körperschaft zu verwirkli chen,

---

[226] Eine NPO braucht demnach ihre Einnahmen aus wirtschaftlichem Geschäftsbetrieb bis zu einem Betrag von 30.700 Euro nicht zu versteuern. Bei einem Einkommen von 40.000 Euro muss jedoch das gesamte Einkommen abzüglich eines Freibetrages von 3.900 Euro bei der Gewerbesteuer und 3.835 Euro bei der Körperschaftsteuer versteuert werden.
[227] § 64 Absatz 1 AO.

2. die Zwecke nur durch einen solchen Geschäftsbetrieb erreicht werden können und
3. der wirtschaftliche Geschäftsbetrieb zu nicht begünstigten Betrieben derselben oder ähnlicher Art nicht in größerem Umfang in Wettbewerb tritt, als es bei Erfüllung der steuerbegünstigten Zwecke unvermeidbar ist."[228]

Es handelt sich also um einen wirtschaftlichen Geschäftsbetrieb, der unter den in § 65 AO geschilderten Bedingungen steuerlich dem begünstigten Bereich der Körperschaft zugerechnet wird. Beispiele für derartige Zweckbetriebe sind: Kindergärten, Jugendherbergen, Altenwohn- und Pflegeheime oder Mahlzeitendienste.

Das folgende Beispiel soll den Unterschied zwischen den einzelnen Bereichen einer NPO verdeutlichen:

Ein Kulturverein beschließt, im Rahmen einer Ausstellung, jungen, unbekannten Künstlern aus der Region eine Plattform für ihre Kunst zur Verfügung zu stellen. Da sie die gesamten Kosten nicht aus eigener Kraft finanzieren können, beschließen sie zusätzlich Spenden einzuwerben, indem sie eine Spendendose in Eingangsnähe aufstellen. Während der Ausstellung haben die Besucher die Gelegenheit, an einer Sektbar Speisen und Getränke zu kaufen.

Der zugrunde liegende Sachverhalt muss nunmehr differenziert betrachtet werden. Bei der Veranstaltung selbst handelt es sich grundsätzlich um einen Zweckbetrieb[229], dessen Einnahmen nicht steuerpflichtig sind. Dass die Besucher um eine Spende gebeten werden, ist dabei grundsätzlich nicht steuerschädlich. Sie spenden ja freiwillig und nicht als Leistung oder Preis für eine vereinbarte Gegenleistung, sodass dies als Einnahme im ideellen, steuerbefreiten Bereich gilt. Nicht steuerbegünstigt dagegen ist der Verkauf von Speisen und Getränken. Dieser unterscheidet sich nicht von privatwirtschaftlichen Aktivitäten und dient lediglich der Erzielung von Einnahmen, sodass gemäß obiger Definition ein wirtschaftlicher Geschäftsbetrieb vorliegt.

Nicht selten vereinen insbesondere größere NPOs alle vier Betätigungsfelder unter einem Dach. In diesen Fällen ist das Verhältnis untereinander zu untersuchen. Die Bewertung der Gesamtaktivitäten kann sich dabei als relativ schwierig erweisen. Entscheidend für die Beibehaltung der Steuervergünstigung ist dann die Frage, ob bei einer Gesamtbetrachtung die wirtschaftliche Tätigkeit der Körperschaft das Gepräge gibt. In diesem Fall ist die Gemeinnützigkeit zu versagen.[230] Die Gesamtbeurteilung hängt jedoch nicht allein vom Umfang der

---

[228] § 65 Nummern 1 bis 3 AO.
[229] Vgl. auch § 68 Nummer 7 AO.
[230] Vgl. Schreiben des Bundesfinanzministeriums vom 15.02.2002 (BMF (2002), S. 267).

wirtschaftlichen Aktivitäten ab. Diese können nach Ansicht des BFH im Verhältnis zu den gemeinnützigen Aktivitäten sogar ein beträchtliches Ausmaß annehmen, ja diese sogar übersteigen, ohne dass damit im Einzelfall die Steuerbegünstigung gefährdet wird.[231]

Im Hinblick auf die Gemeinnützigkeit ist ferner der Ausgleich von Verlusten des wirtschaftlichen Geschäftsbetriebs durch Mittel des ideellen Bereichs (vor allem Spenden, Zuschüsse, Mitgliedsbeiträge, Gewinne aus Zweckbetrieben oder Rücklagen) problematisch. Daneben kann es auch Schwierigkeiten bei der Finanzierung eines neuen wirtschaftlichen Betriebes aus Spendenmitteln geben (z. B. Sportverein baut Gaststätte mit Spendengeldern). Gemäß Schreiben des Bundesministeriums der Finanzen (BMF) vom 19.10.1998[232] ist eine solche Verrechnung grundsätzlich nicht zulässig.[233] Im Folgenden geht das Schreiben jedoch auf die Umstände ein, unter denen ein Verlustausgleich nicht schädlich ist. Daraus wird deutlich, dass eine zeitliche Überbrückung sowie eine Art „Anschubfinanzierung"[234] unter Einhaltung weiter gehender Regelungen durchaus kompatibel mit dem Aufrechnungsverbot ist.

Das Steuerrecht ist für das Finanzmanagement auch unter anderen Aspekten relevant: So sollte bei der Gestaltung von Finanzinstrumenten, insbesondere im Fundraising, an das Verbot überhöhter Vergütungen gedacht werden. Gemeinnützige Körperschaften dürfen danach ihren Hilfspersonen keine „unangemessen hohe" Vergütung bezahlen (z. B. Provisionen bei Spendeneinwerbung, Beratungs- und Vortragshonorare).[235]

Eng verknüpft mit der Frage überhöhter Vergütungen ist die Frage der Angemessenheit von Verwaltungskosten (Kosten für Geschäftsführung, Sekretariat, Hausmeisterei etc.). Der BFH geht davon aus, dass allgemeine Verwaltungskosten und Kosten für die Einwerbung von Spenden (z. B. durch professionelle Werber, Fundraisingagenturen oder andere Provisionen oder Honorare) nicht

---

[231] „Eine Körperschaft verfolgt nicht allein deswegen in erster Linie eigenwirtschaftliche Zwecke im Sinne des § 55 Abs. 1 AO 1977, weil sie einen wirtschaftlichen Geschäftsbetrieb unterhält und die unternehmerischen Aktivitäten die gemeinnützigen übersteigen." Urteil des Bundesfinanzhofs vom 15.7.1998 (BFH (2002), S. 162).

[232] Vgl. BMF (1998a), S. 1423.

[233] Maßgeblich für eine solche Verrechnung ist nicht der einzelne wirtschaftliche Geschäftsbetrieb, sondern vielmehr der einheitliche (über alle wirtschaftlichen Geschäftsbetriebe saldierte) Geschäftsbetrieb.

[234] Dazu heißt es in dem Schreiben des BMF: „Bei dem Aufbau eines neuen Betriebes ist eine Verwendung von Mitteln des ideellen Bereichs für den Ausgleich von Verlusten auch dann unschädlich für die Gemeinnützigkeit, wenn mit Anlaufverlusten zu rechnen war." (BMF (1998a), S. 1423). Da die entstandenen Verluste innerhalb von drei Jahren nach dem Ende des Entstehungsjahres des Verlustes dem ideellen Bereich wieder zuzuführen sind, kann auch von einer Art „Anschubfinanzierung" gesprochen werden.

[235] Das gilt für alle vier Sphären der Körperschaft.

unmittelbar der Verwendung für satzungsmäßige Zwecke dient. Eine genaue Festlegung hinsichtlich der Höhe der zulässigen Aufwendungen wird jedoch nicht bestimmt. Vielmehr ist das entscheidende Kriterium, ob bei Berücksichtigung der Umstände des Einzelfalles das Ausgabeverhalten der Körperschaft angemessen ist. Einige für das Finanzierungsmanagement relevante Grundsätze sind:[236]

- Die Kosten für die Mitgliederwerbung sollten 10 % der gesamten Mitgliedsbeiträge eines Jahres nicht überschreiten.
- In der Aufbauphase einer NPO kann auch eine überwiegende Verwendung der Mittel für Verwaltungsausgaben und Spendenwerbung unschädlich für die Gemeinnützigkeit sein. Die Länge der Aufbauphase hängt dabei von den Umständen des Einzelfalls ab (Obergrenze bei maximal vier Jahren).
- Hinsichtlich der Angemessenheit der Verwaltungskosten sind nicht nur die Aufwendungen der NPO insgesamt, sondern auch die jeden einzelnen Falles für sich genommen zu prüfen. So ist die Gemeinnützigkeit auch zu versagen, wenn bei einer einzigen Verwaltungsausgabe (z.B. Gehalt des Geschäftsführers oder Aufwand für Spendenwerbung) das Verhältnis der Verwaltungsausgaben zu den Ausgaben für steuerbegünstigte Zwecke nicht angemessen ist.

Daher ist jedes Instrument auf seine steuerlichen Folgen zu überprüfen. Das Finanzmanagement sollte daher vor der Durchführung einer Maßnahme überprüfen,

- zu welcher Sphäre das Vorhaben gehört. Damit wird bereits deutlich, ob und in welcher Höhe die Erträge zu versteuern sind.
- ob Transaktionen zwischen den einzelnen Sphären stattfinden. Insbesondere die Verwendung von steuerbegünstigten Mittel im wirtschaftlichen Geschäftsbereich sind dabei problematisch.
- wie hoch das Verhältnis von (Verwaltungs-)Aufwand zu Ertrag ist. Relevant ist dabei auch die Höhe von Honoraren, Provisionen und anderen Vergütungen.

Für die Gestaltung finanzwirtschaftlicher Abläufe ist das Steuerrecht von besonderer Bedeutung. Neben den rechtlichen Konsequenzen einer Missachtung sind die Regelungen des Steuerrechts auch zur Bestimmung der Vorteilhaftigkeit bei den Vorhaben und Instrumenten wichtig. Für den Laien ist die sichere Anwen-

---

[236] Vgl. Schreiben des BMF vom 15.05.2000 (BMF (2000), S. 814).

dung der komplizierten und umfangreichen Rechtsmaterie dabei oftmals schwierig. Es empfiehlt sich dann, in Zweifelsfragen rechtzeitig auf die Hilfe entsprechender Fachkräfte (z. B. Steuerberater) zurückzugreifen.

# 2 Grundlagen des Finanzmanagements

Bevor die einzelnen Managementarenen der Finanzierung erläutert werden, bedarf es der Klärung einiger grundlegender Fragen. Das gilt insbesondere für die Ziele und Funktionen des Finanzmanagements, aber auch für dessen Einbettung in die Organisation. Finanzierungsmanagement bedient sich ebenso wie andere wissenschaftliche Disziplinen einer eigenen Terminologie, die in NPOs nicht als geläufig vorausgesetzt werden kann. Daher werden zunächst zentrale Begriffe des Finanzmanagements mit Blick auf die Relevanz für die spätere Darstellung in der gebotenen Kürze erläutert. Neben einer spezifischen Fachsprache bedient sich die Finanzierungslehre auch besonderer Hilfswissenschaften. Damit sind insbesondere die Verfahren der Finanzmathematik angesprochen. Die meisten modernen Kalkulationsverfahren knüpfen dabei an die Vorstellung von Zahlungsreihen als im Zeitablauf betrachtete Reihe von Ein- und Auszahlungen an. Damit ist auch eine wichtige Grundlage für die Zins- und Zinseszinsrechnung und die (dynamischen) Verfahren der Investitionsrechnung sowie der später vorgestellten vollständigen Finanzplanung gelegt.

## 2.1 Ziele und Funktionen des Finanzmanagements

Ziele sind Referenzpunkte für die Sinnhaftigkeit des Handelns. Entscheidungen und Aktionen ergeben auch im Finanzierungsmanagement nur dann einen Sinn, wenn sie einem bestimmten Zweck dienen. In NPOs orientiert sich der Zweck des Handelns an der Mission, die als oberstes Organisationsziel und Daseinsberechtigung der Organisation verstanden werden kann. Dabei soll noch einmal daran erinnert werden, dass Ressourcen für NPOs in der Regel nicht der Einkommenserzielung von Eigentümern dienen, sondern den in der Satzung festgelegten Zwecken. Das Ziel der Gewinnmaximierung, das in Unternehmen die finanzwirtschaftlichen Ziele relativ problemlos in Einklang mit anderen betrieblichen Teilbereichen bringt, versagt seinen Dienst im gemeinnützigen Bereich weitgehend und muss folglich ersetzt werden. Finanzmanagement muss sich hier schwer messbaren Sachzielen (wie Menschen helfen, Sport oder Kunst fördern etc.) unterordnen. Die führende Stellung dieser Sachziele und die Strukturbesonderheiten von NPOs setzen die Maßstäbe und werfen eine Reihe spezifischer Probleme (z. B. die ethische Bewertung von Anlageformen oder der Gefährdung der Gemeinnützigkeit durch finanzielle Transaktionen) auf. Unter Berücksichtigung der Besonderheiten von NPOs können daher als zentrale Ziele des Finanzmanagements genannt werden: [237]

## a) Sicherung der Liquidität

Die Wahrung der Liquidität ist eine, wenn nicht sogar die zentrale Aufgabe des Finanzierungsmanagement. Das bedeutet, dass die Fähigkeit gesichert werden muss, jederzeit den eigenen Zahlungsverpflichtungen nachkommen zu können. Mangelnde Liquidität führt kurzfristig regelmäßig zu höheren Finanzierungskosten und im schlimmsten Fall – insbesondere bei länger anhaltenden Liquiditätsproblemen – zur Illiquidität und in der Folge zum Konkurs der Organisation. Das gilt gleichermaßen für gewerbliche Unternehmen wie NPOs. Um die Liquidität zu jedem Zeitpunkt gewährleisten zu können, bedarf es daher einer Abstimmung der Ein- und Auszahlungen im Rahmen der Finanzplanung (vgl. Kapitel 3.2)

## b) Rentabilität und Wirtschaftlichkeitsprinzip

Mit der Rentabilität geht eine Kennzahl in das Zielsystem des Finanzierungsmanagement ein, die den Erfolg einer Aktivität oder Periode ins Verhältnis zu den dafür benötigten Mitteln setzt (z. B. Gewinn in Beziehung zum eingesetzten Kapital) und so eine Einsatz-Ergebnis-Relation definiert. Sie ist im Gegensatz zum Gewinn keine absolute Erfolgsgröße, sondern drückt das Ergebnis als prozentualen Anteil der eingesetzten Mittel (z. B. Investitionskosten, Kosten einer Maßnahme oder einer Kampagne) aus. *Matschke*, *Hering* und *Klingelhöfer* zeigen jedoch, dass sich hinter der finanzwirtschaftlichen Zielsetzung „Rentabilität" in der Regel das allgemeine unternehmerische Oberziel „Gewinnmaximierung" verbirgt.[238] Damit ist der Einsatz von Rentabilitätskennzahlen als finanzwirtschaftliches Unterziel für NPOs zumindest kritisch zu hinterfragen: „Wenn die <Investitionen> von NPOs keine ausschüttbaren Netto-Rückflüsse erwirtschaften, kann dem ursprünglichen Rentabilitätsziel keine oder nur sehr eingeschränkte Bedeutung zukommen. Solange die Erlöse bzw. Spenden Verwendung finden, um die gemeinnützigen Vorhaben zu finanzieren, kann kein finanzieller Überschuss und somit auch keine Rentabilität ausgewiesen werden."[239]

Der Stand der aktuellen Fachdebatte liefert bisher noch keine eindeutige Antwort zu der Frage des sinnvollen Einsatzes der Rentabilität[240] und in der

---

[237] Vgl. Matschke, Manfred Jürgen/Hering, Thomas/Klingelhöfer, Heinz Eckart (2002), S. 95. Perridon, Louis/Steiner, Manfred (2002), S. 9 f.

[238] Vgl. ebd., S. 6.

[239] Littich, Edith (2002), S. 364.

[240] *Forbes* gibt einen Überblick über die Entwicklung der Diskussion zu den finanzwirtschaftlichen Kennzahlen und Zielen von NPOs der letzten Jahrzehnte. Vgl. Forbes, Daniel P. (1998).

Praxis zeigt sich derzeit noch ein unüberschaubares Feld von breiter Zustimmung bis hin zu grundsätzlicher Ablehnung der Rentabilität als Finanzziel. Denkbar wäre jedoch, dass eine differenziertere Betrachtung der verschiedenen Sphären oder Ebenen (Gesamtorganisation, Tätigkeitsfelder oder Projekte) neue Erkenntnisse hinsichtlich der Anwendbarkeit ergeben könnte.[241] Zielführend kann jedoch auch der Ersatz des Rentabilitätskriteriums durch das Prinzip der Wirtschaftlichkeit sein.[242] Dabei soll der Ressourceneinsatz derart optimiert werden, dass ein möglich günstiges Verhältnis zwischen Einsatz- und Ergebnisgrößen erreicht wird. Im Gegensatz zum Rentabilitäts- und Gewinnmaximierungsziel kann das Wirtschaftlichkeitsziel auch für NPOs Gültigkeit beanspruchen. Es soll daher im Folgenden weiter zugrunde gelegt werden.

**c) Erhöhung der Sicherheit bzw. Verringerung des Verlustrisikos**
Die Unvorhersehbarkeit von zukünftigen Entwicklungen birgt ein erhebliches finanzielles Gefahrenpotenzial. Insbesondere bei Investitionen besteht das Risiko, dass die Erträge nicht den Erwartungen entsprechen oder gar dass Verluste am eingesetzten Kapital entstehen. Aufgabe des Finanzmanagements ist es, hier mögliche Gefahrenquellen zu erkennen und diese zu vermeiden bzw. in ihren Konsequenzen abzuschwächen. Der Bedeutung von solchen Risiken wird zunehmend Rechnung getragen, indem ein eigenes Risikomanagement installiert wird, das z. B. im Zusammenhang mit Früherkennungssystemen finanzielle und andere betriebliche Risiken ausmacht und diesen frühzeitig gegensteuert.

**d) Bewahrung der Unabhängigkeit**
Eine Gefahr anderer Art ist der Verlust der Handlungsautonomie. Häufig verlangen Geldgeber als Gegenleistung für ihr finanzielles Engagement ein gewisses Maß an Einfluss auf die Entscheidungen der Organisation. Dieses Verhalten lässt sich sowohl für private als auch für institutionelle Geldgeber (Verwaltungen, Unternehmen, Banken, Politik) nachweisen. Ressourcen die an solche Bedingungen geknüpft sind, bedürfen der besonderen Beachtung. Finanzierungsmanagement muss hier dem Nutzen, den die Ressourcen einbringen, die Gefahren, welche durch eine Verringerung zukünftiger Handlungsspielräume entstehen, gegenüberstellen.[243] Ziel ist es, die Dispositionsfreiheit des Managements lang-

---

[241] So scheint das Rentabilitätsziel für die Sphären des wirtschaftlichen Geschäftsbetriebs und der Vermögensverwaltung sinnvoller als für die ideell geprägten Tätigkeiten.
[242] Vgl. Littich, Edith (2002), S. 364.
[243] Dem NPO Management stehen dazu eine ganze Reihe von Inklusions- und Exklusionsstrategien zur Verfügung. Die geschickte Auswahl und Kombination solcher Instrumente kann den Einfluss externer und interner Geldgeber auf das für die NPO gewünschte Ausmaß beschränken. Vgl. Vilain, Michael (2001), S. 16 ff.

fristig sicherzustellen.[244] Finanzierungsangebote, die dieses Ziel gefährden und den künftigen Entscheidungs- und Handlungsspielraum übermäßig einschränken, müssen demnach ausgesondert werden.

Speziell für NPOs soll ergänzend zu diesen klassischen Zielen des Finanzierungsmanagements auch die Wahrung der Gemeinnützigkeit und der Satzungszwecke als Ziel des Finanzmanagements hinzugefügt werden. Dies wird notwendig, da im Gegensatz zum Unternehmen die Finanzziele in NPOs nicht automatisch über das Ziel der Rentabilität an die Oberziele der Organisation angekoppelt werden.

**e) mission compliance**

Mit der mission compliance wird ein „softer", schwer messbarer Faktor in das Zielsystem des Nonprofit-Finanzmanagements einbezogen. Als Kriterium fordert die „Gewährleistung der Missionsangemessenheit" in besonderer Weise die Verantwortung des Managements für ein den Zielen und Idealen der Organisation entsprechendes Finanzgebaren ein. Für NPOs sind Ruf und ideelle Ziele oft das wichtigste „Kapital" überhaupt. Finanzierungsmanagement muss daher sicherstellen, dass diese nicht gefährdet werden. Dies wäre zum Beispiel der Fall, wenn sich eine aus der Friedensbewegung stammende NPO allein nach Renditegesichtspunkten für die Anlage ihres Geldes in einem Rüstungskonzern entschiede. Ebenso sollte es eine Anti-Drogen-Initiative – will sie ihre Glaubwürdigkeit behalten – vermeiden, auf die finanzielle Unterstützung einer Brauerei oder eines Tabakkonzerns zurückzugreifen. Eine Umweltorganisation kann auch in Umweltobjekte oder -projekte investieren, obwohl deren Rendite niedriger und deren Risiko höher ist als bei traditionellen Anlagen, wenn dies den Satzungszielen in besonderem Maße dient. In all diesen Fällen wirkt die mission compliance als Korrektiv zu anderen, eher quantitativen finanzwirtschaftlichen Zielen.

Innerhalb des Managementsystems einer NPO bilden diese Ziele als Bestandteile des **normativen Finanzmanagements** die oberste Entscheidungsebene. Damit sie wirksam werden können, müssen sie jedoch über die anderen Ebenen des Managements transponiert werden.

In einem ersten Schritt werden aus den Zielen der Organisation im Rahmen des **strategischen Finanzmanagement**s Handlungsprogramme entwickelt. Dabei stellt sich folgende Frage: Was ist zu tun, um die festgelegten Ziele dauerhaft sicherstellen zu können? Beim strategischen Finanzmanagement geht es um die Planung, Steuerung und Kontrolle langfristiger Handlungsoptionen sowie der

---

[244] Vgl. Förschle, Gerhart/Kropp, Manfred (1995), S. 9.

zugehörigen Strukturen, insbesondere der Erfolgs- und Risikopositionen der NPO. Damit stehen Fragen der Kapitalherkunft, -verwendung und -strukturierung im Vordergrund. Meist handelt es sich um langfristige Pläne mit weitreichenden Konsequenzen für die NPO. Entsprechend der Bedeutung der strategischen Planung wird die Zuständigkeit für solche Entscheidungen meist relativ hoch in der Organisationshierarchie angesiedelt.

Demgegenüber wird beim **operativen Finanzierungsmanagement** der Blick auf die kurzfristige Liquiditätssicherung und die Umsetzung von Finanz- und Investitionsentscheidungen im Rahmen der strategischen Maßnahmenplanung gelenkt. Operative Tätigkeiten haben damit einen stark ausführenden Charakter. Die Leitfrage ist hier: Wer macht was, bis wann, unter Einsatz welcher Mittel? Die Übersicht in Abbildung 8 verdeutlicht die Beziehungen der verschiedenen Entscheidungsebenen.

*Abbildung 8:*    Ebenen des Finanzierungsmanagements

*Eigene Darstellung*

## 2.2  Organisatorische Einbindung des Finanzmanagements

Die organisatorische Einbettung des Finanzierungsmanagements bereitet NPOs in der Praxis häufig Probleme. Der Umgang mit Geld hat in einer von Idealismus und Sachzielen dominierten Umgebung häufig einen faden Beigeschmack und erscheint vielen als schwierig. Aus diesem Grund haben zahlreiche NPOs Probleme, das dafür vorgesehene Amt des Kassierers oder Schatzmeisters zu besetzen. Die Bedeutung, die Finanzierungsfragen innerhalb der NPO beigemessen wird, ist jedoch eine wichtige, wenn nicht die zentrale Voraussetzung für den Aufbau eines professionellen Finanzmanagements. *Bernhardt* definiert in diesem Zusammenhang drei Stadien der Wertschätzung von Finanzierungsfragen:[245]

- Finanzierungsmanagement ist ein notwendiges Übel.
- Finanzierungsmanagement ist ein bewährtes Instrument der Existenzabsicherung der NPO.
- Finanzierungsmanagement ist ein strategischer Erfolgs- bzw. Wachstumsfaktor.

Der Grad der Wertschätzung hat unmittelbare Auswirkungen auf die Aufmerksamkeit, die man finanzwirksamen Vorgängen innerhalb und außerhalb der NPO entgegenbringt und beeinflusst in der Konsequenz auch die Höhe der Mittel, die dem Aufbau eines professionellen Finanzierungsmanagements zur Verfügung gestellt werden.

Die Positionierung des Finanzierungsmanagements im betrieblichen Gesamtgeschehen kann jedoch nicht losgelöst von anderen **betrieblichen Teilfunktionen** betrachtet werden. Schnittstellen existieren vor allem zum Marketing bzw. zur Öffentlichkeitsarbeit. Wenngleich die Ziele und Aufgaben dieser Bereiche nicht dieselben sind, beeinflussen sie sich doch in vielerlei Hinsicht. Insbesondere die Konzeption und Umsetzung von Fundraisingaktivitäten weist sowohl Elemente des Absatz- wie des Beschaffungsmarketings auf und erfordert daher grundlegende Kenntnisse in diesen Bereichen (z. B. Gestaltung des Kommunikationsmix für Spender). Dazu gehören auch die Erstellung von Werbematerialien oder die Gestaltung der Absatzkonditionen beim Verkauf von Waren- und Dienstleistungen. Darüber hinaus ist der Erfolg der Mittelbeschaffung in hohem Maße von der Öffentlichkeitsarbeit und deren Leistungen in der Vergangenheit abhängig. Eine in der Öffentlichkeit gut positionierte NPO kann durch einen hohen Bekanntheitsgrad und ein positives Image erheblich leichter Mittel einwerben als eine unbekannte.

Einen engen Bezug gibt es auch zur Datenverarbeitung. Gerade in großen NPOs sind professionelle Fundraisingaktivitäten ohne edv-basierte Unterstützung kaum noch denkbar. Der Anwendungsbereich reicht dabei von der Verwaltung von Spender- und Mitgliederdateien über elektronische Zahlungs- und Abrechnungssysteme (z.B. Cash-Management-Systeme) bis hin zu komplexer Software, die verschiedene Teilbereiche des Finanzmanagements integriert.

---

[245] Vgl. Bernhardt, Stefan (1999), S. 304.

111

Im Rahmen der Finanzplanung und -analyse ist das Finanzierungsmanagement auf Informationen aus dem Rechnungswesen angewiesen. Andererseits liefert es wiederum selbst Informationen, die z. B. im Rahmen der Liquiditätsplanung und der Mittelbeschaffung anfallen, an das Rechnungswesen zurück.[246]

Schließlich ist Finanzierungsmanagement auch Bestandteil des organisationalen Planungs-, Entscheidungs- und Führungssystems. Daher steht es in einem engen interdependenten Verhältnis zum Zielsystem und zur Organisationsstrategie und ist fest in die jeweilige (hierarchische) Organisationsstruktur eingebunden.

Bei den Finanzierungsaufgaben innerhalb einer NPO lassen sich, wenn man den Grad der Spezialisierung und die organisatorische Integration der Aufgaben und Funktionen berücksichtigt, vier Grundmodelle unterscheiden (vgl. Abbildung 9).[247]

---

[246] Das Rechnungswesen besteht bei großen NPOs aus Kostenrechnung, Buchhaltung (Jahresabschluss, Lohn- und Finanzbuchhaltung etc.), den Statistiken (Mitglieder, Spendenaufkommen etc.) und Controlling.

[247] Weiterhin gibt es Organisationen, die aufgrund eines rein projektorientierten Aufbaus keinerlei Finanzierungsfunktion in ihren Organisationsstrukturen berücksichtigen. „Dass eine derartige Vorgangsweise für ein professionelles Finanzmanagement nicht dienlich ist und zu einer Diskrepanz zwischen Finanzierung als existenzieller Notwendigkeit und ihrem tatsächlichen Stellenwert führt, liegt auf der Hand." Littich, Edith (2002), S. 363.

*Abbildung 9:* Strukturtypen des Finanzmanagements

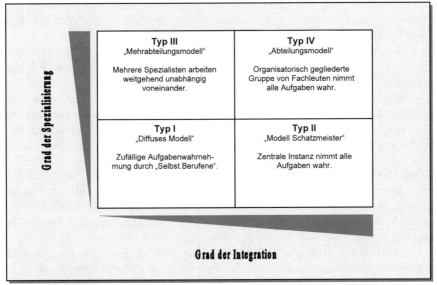

*Eigene Darstellung*

Der „**Grad der Spezialisierung**" drückt dabei aus, wie umfangreich die Aktivitäten sind, die einer bestimmten organisatorischen Einheit (z. B. Stelle oder Abteilung) zugeordnet sind. Während sich Spezialisten ausschließlich mit einem oder einigen wenigen Teilbereichen des Finanzierungsmanagement beschäftigen, bearbeiten Generalisten viele oder alle Aufgaben. Ein möglicher Vorteil einer spezialisierten Vorgehensweise gegenüber einer generalisierten ist die Erzielung von Lerneffekten, die sich im Aufbau von Expertenwissen niederschlagen kann. Gleichzeitig entsteht jedoch durch die Zusammenarbeit mehrerer Spezialisten eine Schnittstellenproblematik. Die Kommunikation wird erschwert und der Überblick über die Gesamtaktivitäten geht schneller verloren.

Bei der „**Integration**" geht es um den Zusammenschluss unterschiedlicher Finanzierungsfunktionen und -tätigkeiten zu einer organisatorischen Einheit (z. B. Arbeitskreis, Beirat oder Abteilung). Die Integration verschiedener Tätigkeiten hat den Vorteil, dass die fachliche Abstimmung für das Finanzierungsmanagement erheblich vereinfacht und die Schnittstellenproblematik einer spezialisierten Arbeitsteilung somit verringert wird. Die Zuständigkeiten und Ansprechpartner sind bei integrierten Varianten bekannt und als Verantwortungsbereich leichter identifizierbar. Werden alle Entscheidungskompetenzen an einer Stelle zusammengeführt, kann von einer Zentralisierung gesprochen werden. Diese hat

113

den Vorteil einer schnellen und abgestimmten Vorgehensweise. Nachteilig ist eine Zentralisierung aber dann, wenn der Umfang der Aktivitäten sehr groß ist und es zu einer fachlichen oder quantitativen Überlastung der zentralen Entscheidungsinstanz kommt.

Zahlreiche aus der Praxis bekannte **Organisationstypen** des Finanzmanagements lassen sich anhand dieser beiden Kriterien mit ihren zwei Merkmalsausprägungen klassifizieren.[248]

Bei Typ I handelt es sich um eine Form, die häufig in kleinen NPOs oder organisch gewachsenen Verbänden zu finden ist. Ein spezifisches Finanzmanagement ist organisatorisch nicht ausgeprägt. Vielmehr nehmen verschiedene Personen Finanzierungsaufgaben wahr. Da es keine zentrale Entscheidungsinstanz für Finanzfragen gibt, werden die Aufgaben einerseits oftmals sehr lückenhaft wahrgenommen und weisen andererseits Dopplungen und Überschneidungen auf. Die Qualität der Ausführung ist vom Willen, den Fähigkeiten und der Zusammenarbeit einzelner Personen abhängig und damit willkürlich.[249] Im Zeitablauf betrachtet tendiert dieses Modell zu weit unterdurchschnittlichen Ergebnissen.

Auch der Typ II ist durch ein geringes Maß an Spezialisierung gekennzeichnet. Allerdings werden hier die meisten Finanzierungsaufgaben auf eine oder wenige Personen konzentriert. Üblicherweise gliedert sich dieses Modell um einzelne Personen in Entscheidungsgremien wie Schatzmeister oder Kassierer, die dann für alle Fragen des Finanzmanagements zuständig sind. Durch die Auswahl entsprechender Berufsgruppen – bevorzugt werden Bankangestellte, Steuerberater oder Betriebswirte angeworben – kann dabei durchaus ein beträchtliches Maß an fachlichem Input erfolgen. Häufig können sich jedoch aufgrund der fehlenden Spezialisierung Lerneffekte erst nach längerer Zeit einstellen. Die Aufgaben werden in diesem Modell häufig noch ehrenamtlich wahrgenommen.

Typ III ist durch ein hohes Maß an Spezialisierung bei geringer Integration gekennzeichnet. Bei der Betrachtung gängiger Organisationsstrukturen wird deutlich, dass das Finanzmanagement aufgrund der oben erläuterten funktionellen Parallelen mit anderen Managementbereichen den Bereichen Öffentlichkeitsarbeit oder Marketing (besonders das Spendenmanagement/Fundraising), dem betrieblichen Rechnungswesen (v. a. das Cash-Management und das Finanzcontrolling) und schließlich auch dem EDV-Bereich (Daten- und Mitgliederverwaltung) oder den Entscheidungsgremien wie Vorstand, Stiftungsrat oder Geschäfts-

---

[248] Eine empirische Überprüfung der hier anhand von Beobachtungen und theoretischen Überlegungen gebildeten Typisierung ist derzeit noch nicht erfolgt.
[249] Betzelt weist im Zusammenhang mit Managementkompetenzen auf die fehlende Fachkompetenz vieler Vereinsvorstände hin. Vgl. Betzelt, Sigrid (2000), S. 40.

führung (Kreditmanagement, Einwerbung von großen Einzelspendern und Zustiftungen, Vermögensmanagement) zugeordnet wird. Die jeweiligen Aufgaben können dabei meist durchaus professionell wahrgenommen werden. Sie stehen jedoch immer unter der Dominanz der jeweils vorherrschenden Sachlogik. So mögen Mitarbeiter der elektronischen Datenverarbeitung ein Interesse an der reibungslosen Abwicklung der Mitgliederverwaltung haben, die persönliche Betreuung oder Umsetzung einer Fundraisingmaßnahme übernehmen sie in der Regel jedoch nicht. Das vielleicht dafür zuständige Marketingteam muss sich wiederum auf die Daten der Techniker verlassen und ist auf deren Kooperation angewiesen. Das Problem dieser Organisationsform wird schnell deutlich: Es bilden sich umfangreiche Schnittstellen- und Kommunikationsprobleme. Schon bei einfachen Vorhaben sind mehrere Personen aus unterschiedlichen Abteilungen involviert. So gut jede einzelne Verrichtung auch sein mag, ein Optimum für die Gesamtorganisation zu erzeugen, bleibt schwierig.

Bei Typ IV handelt es sich schließlich um ein zugleich integriertes und spezialisiertes Finanzmanagement. Die zentralen Aufgaben werden alle in einer organisatorischen Einheit gebündelt. Dabei kann es sich um eine eigene Finanzabteilung oder eine institutionalisierte Arbeitsgruppe mit klaren Verantwortungsstrukturen handeln. Die verschiedenen Mitarbeiter haben ein konkretes Aufgabengebiet und profitieren von Spezialisierungseffekten. Gleichzeitig sorgt die enge organisatorische Einbindung für kurze Kommunikationswege und bessere Abstimmungsprozesse.

Abgesehen davon, wie und wo finanzwirtschaftliche Verrichtungen in der NPO organisiert werden, muss für ein wirksames Finanzmanagement auch die Frage nach der **Entscheidungskompetenz** beantwortet werden: Wer darf was entscheiden?

*Abbildung 10:* Entscheidungsebenen und -kompetenzen im Finanzmanagement

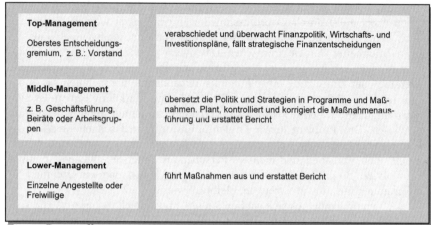

| **Top-Management** | |
| --- | --- |
| Oberstes Entscheidungs-gremium, z. B.: Vorstand | verabschiedet und überwacht Finanzpolitik, Wirtschafts- und Investitionspläne, fällt strategische Finanzentscheidungen |
| **Middle-Management** | |
| z. B. Geschäftsführung, Beiräte oder Arbeitsgruppen | übersetzt die Politik und Strategien in Programme und Maßnahmen. Plant, kontrolliert und korrigiert die Maßnahmenausführung und erstattet Bericht |
| **Lower-Management** | |
| Einzelne Angestellte oder Freiwillige | führt Maßnahmen aus und erstattet Bericht |

*Eigene Darsetellung*

In hierarchisch organisierten NPOs ist diese Frage leichter zu beantworten Die Gesamtverantwortung soll hier möglichst bei den Gremien liegen, denen der Gesetzgeber und die Mitglieder die Verantwortung für das Wohlergehen auferlegt haben. Im Verein ist dies meist der Vorstand, bei den Stiftungen können das der Stiftungsvorstand oder aber auch der Stiftungsrat und bei der GmbH die Geschäftsführung oder teilweise auch die Gesellschafterversammlung sein. Auf dieser Ebene sollten vor allem politische und strategische Entscheidungen des Finanzmanagements angesiedelt werden.[250]

In der Regel werden Teilaufgaben an Mitarbeiter, Geschäftsführer, Arbeitskreise oder Beiräte delegiert. Dabei müssen die Vorgaben und Strategien zunächst in Vorgehensweise und Programme und dann in konkrete Maßnahmen übersetzt werden (siehe oben). In der Managementsprache wird bei einer solchen Aufteilung meist von Top-, Middle- und Lower-Management gesprochen. Dabei steigt mit zunehmender Höhe in der Hierarchie das Ausmaß der zugeordneten Entscheidungskompetenz während der Anteil der ausführenden Tätigkeiten sinkt.

Schwieriger gestaltet sich die Aufteilung von Finanzmanagementaufgaben in egalitär oder basisdemokratisch ausgerichteten Organisationen, in denen auch Finanzfragen kollektiv nach dem „*one-man-one-vote*"-Muster getroffen wer-

---

[250] In kleinen NPOs muss das Entscheidungsgremium meist auch Teile der Umsetzung selbst übernehmen.

116

den.[251] Um Spezialisierungseffekte erzielen zu können, sollten Aufgaben grundsätzlich auch hier aufgeteilt werden. Je nach Grad der Autonomie der Finanzmanager werden diese ihre Ideen und Konzepte dann von den Mitgliedern der Organisation genehmigen lassen. Es empfiehlt sich, gerade die strategischen, für die Organisationsentwicklung bedeutsamen Fragen (z. B. Einrichtung eines wirtschaftlichen Geschäftsbetriebes zur Finanzierung der gemeinnützigen Zwecke), im Rahmen von Mitgliederversammlungen o. ä. zu legitimieren. Angesichts fehlender direktiver Kraft von Vorgesetzten kommt gemeinsamen Handlungsvorschriften oder Werten in solchen Strukturen besondere Bedeutung zu. Ergänzend sollte es aber auch hier eine schriftlich festgehaltene Finanzpolitik geben, die wichtige Leitgedanken zur Umsetzung von Finanzierungsmanagement verbindlich festschreibt.

Je nach Status- und Machtbewusstsein der Entscheidungsträger und nach Struktur der NPO kann die Delegation von Finanzentscheidungen Probleme bereiten. Finanzen sind organisationspolitisch gesehen nicht neutral. Die Hoheit über die Finanzen wird in zahlreichen Organisationen regelmäßig aufgrund fehlender Transparenz der Ziel- und Strategieabsprachen heimlich oder auch ganz offensichtlich als verbandspolitisches Lenkungsinstrument eingesetzt. So werden Organisationen in hohem Maße über die Vergabe von Mitteln für bestimmte Inhalte oder Projekte gesteuert. Da diese Entscheidungen immer auch konfliktträchtig sind, kommt dem Finanzierungsmanagement unter dem Aspekt der Mittelverwendung eine große **organisationspolitische Bedeutung** zu. Anlässe für Auseinandersetzungen können sich aber auch bei der Mittelbeschaffung ergeben. So ist an den möglichen Konflikt zu denken, der zwischen einer Erhöhung der Mitgliedsbeiträge mit dem Ziel, Mehreinnahmen zu erzielen, und dem Wunsch des Vorstandes, wieder gewählt zu werden, besteht. Ein anderer Konflikt könnte sich ergeben, wenn ein potenter Geldgeber als Gegenleistung für zukünftige Spenden eine Vorstandsposition verlangt. Finanzmanagement ist dann auch hier in hohem Maße politisch aufgeladen.

### 2.3 Zentrale Begriffe des Finanzmanagements

Die Finanzierungslehre stammt ursprünglich aus der gewerblichen Wirtschaft und ist in der Folge durch viele kaufmännische Bezüge geprägt worden. Dies spiegelt sich auch in der Terminologie wider. Die Vielfalt der Fachbegriffe im Finanzierungsmanagement ist ohne betriebswirtschaftlichen Hintergrund schnell

---

[251] Eine solche Organisationsstruktur lässt sich häufiger bei kleineren Initiativen, jedoch nur sehr selten bei Großorganisationen finden.

verwirrend. Aus diesem Grund sollen zunächst einige ausgewählte, gleichwohl zentrale Konzepte des Finanzmanagements erörtert werden.

### 2.3.1 Stromgrößen des finanz- und güterwirtschaftlichen Bereichs

Wie bereits ausgeführt, sind NPOs fest in gesamtwirtschaftliche Geld- und Warenströme eingebunden. Bestimmte Güter gelangen in die Organisation und andere Güter verlassen die Organisation. Zwei Betrachtungsweisen, die sich an diesen Bewegungsrichtungen des Geldes festmachen und sich auch in den Begriffspaaren der Abbildung 11 widerspiegeln, können zunächst einmal grundsätzlich unterschieden werden.

Das Verhältnis von herein- und herausströmenden Gütern entscheidet über das Wohlergehen der Organisation. Dabei haben die Güter ganz unterschiedliche Effekte. Bekommt eine NPO beispielsweise gebrauchte Büromöbel gespendet, so kann sie mit diesen keine Rechnungen bezahlen. Die einströmenden Güter sind damit nicht liquiditätswirksam, sie erhöhen oder mindern nicht den Bestand an Zahlungsmitteln. Sie sind aber dennoch nützlich und stehen der Organisation für ihre Tätigkeiten zur Verfügung. Umgekehrt führt der Kauf eines Computers zu einem Zugang an Sachmitteln und einem Abgang an Zahlungsmitteln. Der Vorgang ist damit liquiditätswirksam. In Abbildung 11 sind eine Reihe zentraler Begriffe des betrieblichen Rechnungswesens zu finden, die in der Praxis häufig synonym gebraucht werden.

*Abbildung 11:*  Betriebswirtschaftliche Grundbegriffe

| Auszahlungen | Einzahlungen | Finanzierungs-, Investitions- und Liquiditätsplanung |
|---|---|---|
| Ausgaben | Einnahmen | |
| Aufwand | Ertrag | Finanzbuchhaltung |
| Kosten | Betriebsertrag | Kostenrechnung |

*In Anlehnung an: Haberstock, Lothar (1987 ), S. 27*

Die Finanzierungslehre unterscheidet diese Begriffe jedoch sorgfältig, da sie der Erfassung der unterschiedlichen Wirkungen der Güter und Geldströme dienen.

So stellt das Begriffspaar „**Auszahlung**" und „**Einzahlung**" auf die Liquiditätswirksamkeit von Finanztransaktionen ab. Eine Auszahlung ist dementsprechend ein Abgang von Zahlungsmitteln (liquider Mittel), eine Einzahlung ein Zugang liquider Mittel.

Beispiel: Ein Kulturverein bezahlt eine Rechnung für gelieferte Bücher per Banküberweisung oder in bar. Das Bar- oder Bankguthaben nimmt in diesem Fall ab. Bei seiner Veranstaltung „Dichter der Klassik" nimmt der Verein durch Eintrittsgelder und den Verkauf von Getränken wiederum einen stattlichen Betrag ein. Der Barbestand des Vereins erhöht sich durch diese Einzahlungen.

Mit dem Begriffspaar „**Ausgabe**" und „**Einnahme**" tritt eine zeitliche Komponente dazu. Ausgaben können vereinfacht als sofortige oder spätere Auszahlungen und Einnahmen als sofortige oder spätere Einzahlungen verstanden werden. Was sich im ersten Moment kompliziert anhört, erweist sich eigentlich als sehr einfacher und allgemein bekannter, auch im Privatleben verbreiteter Sachverhalt.

Der Kulturverein kauft einen PC für seine Buchhaltung. Der Computerhändler schickt dem Verein mit dem Gerät eine Rechnung, die eine Bezahlung innerhalb von 30 Tagen vorsieht (Zahlung auf Ziel). In diesem Moment entstehen dem Verein bereits Ausgaben, obwohl er noch keinerlei Zahlung geleistet hat. Nach 30 Tagen begleicht der Verein schließlich wie vorgesehen seine Rechnung durch Banküberweisung. Erst jetzt kommt es zu einem liquiditätswirksamen Vorgang, der eine Auszahlung darstellt. Hätte der Verein den Computer sofort bezahlt, wäre es gleichermaßen zu einer Auszahlung und Ausgabe gekommen.

Mit dem Kauf einer Ware oder Dienstleistung entsteht die Verpflichtung zur Zahlung der vereinbarten Gegenleistung. Solche Verpflichtungen (oder Schulden) werden im betrieblichen Rechnungswesen als „Verbindlichkeit" bezeichnet. Der Zeitpunkt der Entstehung einer Verbindlichkeit und ihrer tatsächlichen Begleichung fällt häufig auseinander. In dem Moment, in dem die Verbindlichkeit entsteht, kommt es zu einer Ausgabe. Zu einer Auszahlung kommt es jedoch erst bei Begleichung dieser Verbindlichkeit. Verbindlichkeiten zeigen dementsprechend an, dass noch ein zukünftiger Mittelabfluss bevorsteht.

Umgekehrt entstehen durch den Verkauf von Waren, Dienstleistungen oder Rechten **Forderungen** gegenüber dem Käufer. Der Verkäufer kann in dem Augenblick, in dem die Forderung entsteht, eine Einnahme verbuchen. Die Einzahlung kann dann aber zu einem oder mehreren späteren Zeitpunkten erfolgen.

Die Ebene der Auszahlungen (Einzahlungen) und Ausgaben (Einnahmen) ist die Ebene mit dem sich das Finanzierungsmanagement vorwiegend beschäftigt. Auf dieser Betrachtungsebene werden die Veränderungen im Geldvermögen einer NPO angezeigt.

Neben den rein zahlungswirksamen Vorgängen ist auch der gesamte Werteverzehr einer Organisation von Interesse. Als „**Aufwand**" wird der in der Finanzbuchhaltung erfasste Werteverzehr bezeichnet. Aufwand führt zu einer Verringerung des Geld- und/oder Sachvermögens. Beim „**Ertrag**" handelt es sich umgekehrt um einen Zufluss an Geld- und/oder Sachvermögen. Die Veränderungen im Geld- und Sachvermögen werden unabhängig davon erfasst, ob sie für die Arbeit der NPO erforderlich gewesen wären oder nicht. Zu den Aufwendungen gehören z. B. auch **Abschreibungen** als buchhalterisch vorgenommene Wertminderungen. Sie sollen der Tatsache Rechnung tragen, dass die meisten Anlagegüter (Maschinen, PKW, Büroausstattung etc.) im Laufe der Zeit durch technisches Veralten oder Gebrauch an Wert verlieren. Der Werteverzehr und damit der Aufwand fallen hier also nicht zum Zeitpunkt und in der Höhe der bezahlten Rechnung an, sondern in Höhe der jährlich in der Finanzbuchhaltung vorgenommenen Wertminderung. Das Begriffspaar wird durch handels- und steuerrechtliche Bestimmungen definiert und bildet die Grundlage des Jahresabschlusses (Erstellung einer Gewinn- und Verlustrechnung und einer Bilanz).

Das macht deutlich, dass diese Begriffsebene an den Informationsinteressen externer Personen oder Institutionen orientiert ist. Hauptadressat für diese Daten ist das Finanzamt, welches auf der Grundlage dieser Daten die Steuerlast bestimmt. Daneben sind jedoch vor allem Gesellschafter (bei der GmbH) oder Mitglieder (beim Verein) sowie Spender und andere Geldgeber, aber unter Umständen auch die breite Öffentlichkeit an den Informationen über den Verbrauch von Ressourcen und den Gewinn der Organisation interessiert.

Im Gegensatz dazu dient die Kostenrechnung eher internen Zwecken. Sie stellt in erster Linie Information als Entscheidungsgrundlage für interne Entscheidungsträger (Vorstand, Geschäftsführung etc.) zur Verfügung. Bei „**Kosten**" und „**Erlösen**" werden jedoch nur die unbedingt betriebsnotwendigen Vorgänge erfasst. So stellt der Erwerb einer Immobilie, die für die Arbeit der NPO nicht benötigt wird und lediglich im Rahmen der Vermögensverwaltung vermietet wird, auf jeden Fall Aufwand dar. Es handelt sich jedoch nicht um Kosten, da die Ausgaben zum Betrieb der Organisation nicht erforderlich waren. Zusätzlich werden jedoch auch solche Ressourcen, die zwar betriebsnotwendig sind, aber in der Finanzbuchhaltung nicht erfasst werden (können) berücksichtigt. Dies ist z. B. bei ehrenamtlicher Arbeit oder kostenlos zur Verfügung stehenden Räumen oder Sachmitteln etc. der Fall. Dieser Ressourcenverbrauch stellt Kosten, aber keinen Aufwand dar. Die Eigenarten von NPOs verursachen insbesondere bei der Kostenrechnung mitunter beträchtliche Bewertungs- und Entscheidungsprobleme.

## 2.3.2 Kapital und Vermögen

Ein weiteres Begriffspaar der Finanzwirtschaft ist „Kapital" und „Vermögen". Beide Begriffe stehen sich in der Bilanz einer NPO spiegelbildlich gegenüber. Beim **Kapital** handelt es sich um die „Gesamtheit der Verbindlichkeiten eines Unternehmens gegenüber Eigentümern und Gläubigern"[252]. Nach der rechtlichen Stellung des Kapitalgebers wird in der Regel zwischen Eigen- und Fremdkapital unterschieden. **Fremdkapital** ist Geld, das einer NPO leihweise überlassen wird. Beispiele dafür sind Bankkredite oder die Überziehung eines Kontos. Der Verleiher des Geldes hat einen Anspruch auf die Rückzahlung des verliehenen Betrages. Darüber hinaus verlangt er üblicherweise als Gegenleistung für das zur Verfügung gestellte Geld eine Entschädigung in Form von Zinsen. Der Verleiher des Geldes ist normalerweise, sieht man einmal von der Zahlungsunfähigkeit der Organisation ab, weder direkt am Risiko noch an der Geschäftsführung der NPO beteiligt.

Dies ist beim Eigenkapitalgeber anders. **Eigenkapital** steht einem Unternehmen langfristig oder unbegrenzt zur Verfügung. Der Eigenkapitalgeber wirkt an der Leitung des Unternehmens mit und ist in der Regel an dessen wirtschaftlichem Risiko beteiligt. Er hat deshalb keinen festen Anspruch auf Rückzahlung seines eingebrachten Kapitals. Im Gegensatz zum Fremdkapitalgeber ist er jedoch in kommerziellen Unternehmen meist am Gewinn zu einem gewissen Prozentsatz beteiligt.

In steuerbegünstigten NPOs ergibt sich bei dieser Definition jedoch ein Problem. Genau genommen fällt es hier schwer, überhaupt von Eigenkapital zu sprechen. Gemeinnützige Vereine und Verbände haben Mitglieder, Spender, Stifter, aber sie haben keine Eigentümer. Sie unterliegen einer Gewinnverwendungsbeschränkung, sodass eventuelle Überschüsse zwar gemäß den zugrunde liegenden Satzungszielen verwendet werden dürfen, nicht aber ohne weiteres an natürliche Personen als Gegenleistung für eingebrachtes Kapital ausgezahlt werden dürfen.[253] Darüber hinaus verfügen NPOs mit Spenden über Einnahmequellen, für die keine unmittelbaren monetären Gegenleistungen (weder das Recht auf Gewinnbeteiligung oder Mitsprache noch das Recht auf Verzinsung) erbracht werden müssen. Spenden werden der Organisation jedoch mit dem Anspruch überlassen, bestimmte Projekte, mindestens jedoch satzungsmäßige und nicht erwerbsorientierte Ziele zu verfolgen. So gesehen müssen Spenden wieder ausgezahlt werden – allerdings nicht zurück an die Geldgeber. Da sie der Organisation nur begrenzte Zeit zur Verfügung stehen und zumindest eine moralische

---

[252] Olfert, Klaus/Reichel, Christopher (2002), S. 12.
[253] Ausnahmen ergeben sich innerhalb gewisser Grenzen bei gGmbHs und Stiftungen.

Schuld begründen, können Spenden auch als „moralisches Fremdkapital" gesehen werden. Andererseits stehen Spenden, wenn sie einmal eingegangen sind und zu keinem konkreten Zweck hingegeben wurden, der NPO unter Umständen – trotz Gebot der zeitnahen Mittelverwendung – längerfristig zur Verfügung und müssen nicht verzinst werden. Sie weisen somit auch den Charakter von Eigenkapital auf.[254] Zwei Beispiele verdeutlichen noch einmal die Facetten des Problems:

1. Eine Spende wird zweckgebunden zur Verfügung gestellt. Man denke dabei an Spenden für eine Hilfsorganisation zur Unterstützung von Katastrophen- oder Flutopfern oder an Spenden zum Bau einer neuen Sporthalle. Die eingehenden Zahlungen sind also an die Verpflichtung einer gewissen Gegenleistung gebunden. Eigentlich stehen die Finanzmittel zeitlich befristet zur Verfügung und sollen nicht für andere als den angegebenen Zweck verwendet werden.[255] In jedem Fall ergibt sich aus dem Erhalt der Zahlung jedoch eine moralische und gesetzliche Verpflichtung. Auch wenn dieses Kapital buchungstechnisch als Eigenkapital (oftmals unter den Rücklagen) geführt wird, sollte es als **„moralisches Fremdkapital"** verstanden werden.[256]

2. Einnahmen aus dem wirtschaftlichen Geschäftsbetrieb (z. B. Verkauf von Waren oder Sponsoring) sind selbsterwirtschaftete Mittel, die dem Eigenkapital der NPO zufließen. Aber auch sie können nicht beliebig verwendet und erst recht nicht ausgeschüttet werden, sondern müssen für die in der Satzung festgelegten Zwecke genutzt werden. Sie sind somit lediglich **eingeschränkt nutzbares Eigenkapital**.

Unter **Vermögen** werden in der Finanzierungslehre die von der NPO benötigten Produktionsfaktoren verstanden. Diese können in der Form von Sachmitteln (Gebäude, Fahrzeuge, Büroausstattung), Rechten (Patente, Lizenzen) und Geld (Forderungen, Bankguthaben) vorliegen. Vermögen, das der NPO langfristig zur Verfügung steht, wird auch als **Anlagevermögen** bezeichnet. Dazu gehören z. B. Sachanlagen, Gebäude, Beteiligungen. **Umlaufvermögen** ist hingegen nicht zum längeren Verbleib in der Organisation bestimmt. Meistens handelt es sich dabei auch um kurzfristig veräußerbare Gegenstände sowie um Bank- und Kassenguthaben.

Die Darstellung von Kapital und Vermögen erfolgt im Rahmen des Jahresabschlusses. Dieser besteht im Wesentlichen aus der Bilanz und der Gewinn- und Verlustrechnung (GuV).[257]

---

[254] Bestimmte Instrumente des Fundraisings wie das so genannte „Spendenparlament" betonen stärker den Eigenkapitalcharakter der Spende. Den Geldgebern wird dabei ein Mitbestimmungsrecht über die Verwendung des Geldes eingeräumt. Sie werden somit in beschränktem Maße zum „Mitunternehmer".

[255] Die Problematik der Verwendungskontrolle kann hier als typisches Transaktionskosten- und agency-Problem gesehen werden, soll an dieser Stelle jedoch nicht weiter vertieft werden.

[256] Zu den Konsequenzen dieser Erkenntnis für das Management von Spenden vgl. Kapitel 6.3.2.

[257] Dazu kommen bei großen Kapitalgesellschaften noch der Anhang mit Erläuterungen und der Lagebericht.

*Abbildung 12:* Grundstruktur einer Bilanz

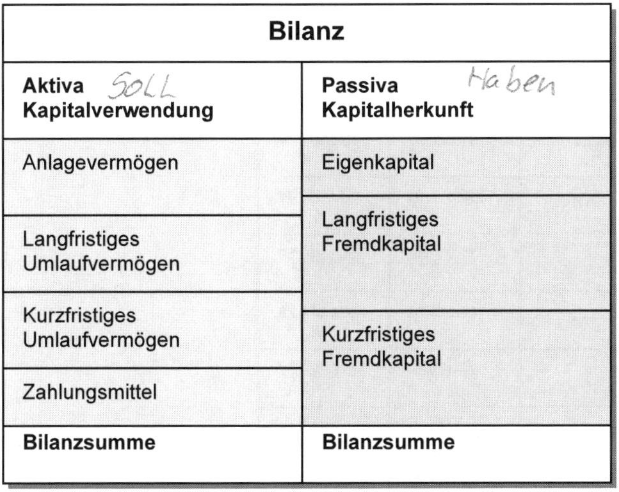

| Bilanz | |
|---|---|
| **Aktiva** Soll **Kapitalverwendung** | **Passiva** Haben **Kapitalherkunft** |
| Anlagevermögen | Eigenkapital |
| Langfristiges Umlaufvermögen | Langfristiges Fremdkapital |
| Kurzfristiges Umlaufvermögen | Kurzfristiges Fremdkapital |
| Zahlungsmittel | |
| **Bilanzsumme** | **Bilanzsumme** |

*Eigene Darstellung*

Eine **Bilanz** ist eine Gegenüberstellung des Vermögens (linke Seite, Aktiva, "Soll") und des Kapitals (rechte Seite, Passiva, "Haben") einer Organisation zu einem bestimmten Stichtag. Die Bilanz stellt damit die Mittelherkunft (Passiva) und Mittelverwendung (Aktiva) einander spiegelbildlich gegenüber. Aufsummiert müssen beide Seiten der Bilanz identisch sein, was zum Ausdruck bringt, dass das gesamte Vermögen einen Ursprung hat und das gesamte Kapital in irgendeiner Form verwendet wird. Die Abbildungen 12 und 13 zeigen den Aufbau einer Bilanz und das konkrete Beispiel einer NPO.

*Abbildung 13:* Bilanz eines DRK Kreisverbandes (in Euro)

|  | **2001** | **2000** |
|---|---|---|
| Anlagevermögen | 667.360,60 | 662.912,74 |
| Langfristiges Umlaufvermögen | 31.272,26 | 38.949,54 |
| Kurzfristiges Umlaufvermögen | 305.107,10 | 317.803,41 |
| Zahlungsmittel | 703.17380 | 556.946,09 |
| **Summe Aktiva** | **1.706.913,76** | **1.576.611,78** |
| Eigenkapital | 1.522.895,12 | 1.449.380,89 |
| Langfristiges Fremdkapital | 0 | 0 |
| Kurzfristiges Fremdkapital | 184.018,64 | 127.230,89 |
| **Summe Passiva** | **1.706.913,76** | **1.576.611,78** |

*Eigene Darstellung*

Die **Gewinn- und Verlustrechnung (GuV)** ist eine Gegenüberstellung der Erträge und Aufwendungen einer NPO in einer Periode (Wirtschaftsjahr). Ausgehend von den Umsatzerlösen wird das Jahresergebnis durch Abzug des entstandenen Aufwands als Gewinn oder Verlust ermittelt. Die GuV ist damit die zentrale Darstellung des Erfolgs einer Organisation. Steuerbegünstigte NPOs streben an dieser Stelle jedoch nicht nach möglichst hohen Gewinnausweisungen, da sie ja nicht gewinnmaximierend arbeiten. Das Idealziel der meisten NPOs ist es, hier eine „schwarze Null" zu erreichen. Als solche werden minimale Überschüsse bezeichnet. Auf diese Weise soll dokumentiert werden, dass die NPO eine gesunde und erfolgreiche Ertragsstruktur hat (keine Verluste), dass sie aber die ihr anvertrauten Mittel tatsächlich für Satzungszwecke verwendet (keine allzu hohen Gewinnausweisungen).[258] Diese Vorgehensweise ist nicht zuletzt aufgrund steuerrechtlicher Vorschriften und der Wirkung in der Öffentlichkeit empfehlenswert. Tabelle 5 zeigt das Beispiel einer GuV.

---

[258] Auf die Möglichkeit, den Gewinnausweis über die Auflösung und Einstellung von Rücklagen zu beeinflussen, soll hier nicht weiter eingegangen werden.

*Tabelle 5:* Gewinn- und Verlustrechnung eines DRK Kreisverbandes (in Euro)

| Gewinn- und Verlustrechnung | | |
|---|---|---|
| **Positionen** | **2000** | **2001** |
| 1. Erträge aus satzungsmäßiger Betätigung | | |
| a) Erträge aus Beiträgen, Sammlungen und anderen Spenden | 628.998,20 | 688.117,22 |
| b) Zuwendungen zur Verwendung eigener Verwaltungs- aufgaben/ satzungsmäßiger Ausgaben | 768.539,22 | 739.674,92 |
| c) Erträge aus Zweckbetrieben | 2.283.076,26 | 2.674.561,77 |
| 2. Erträge aus allgemeinen Pflegeleistungen gem. PflegeVG | 616.701,36 | 613.995,89 |
| 3. Erhöhung oder Verminderung des Bestandes an fertigen/unfertigen Erzeugnissen und Leistungen | -1.749,79 | -4.504,17 |
| 4. Sonstige betriebliche Erträge | 10.523,67 | 25.273,90 |
| 5. Personalaufwand | -3.282.674,85 | -3.647.533,87 |
| 6. Materialaufwand | -355.122,15 | -397.779,53 |
| 7. Steuern, Abgaben, Versicherungen | -37.044,12 | -33.962,19 |
| 8. Mieten, Pacht, Leasing | -130.666,23 | -119.475,55 |
| 9. Erträge aus öffentlicher und nichtöffentlicher Förderung von Investitionen | 33.697,87 | 35.436,71 |
| 10. Erträge aus der Auflösung von Sonderposten | 0,00 | 16.988,35 |
| 11. Abschreibungen | -122.597,95 | -138.230,08 |
| 12. Aufwendungen für Instandhaltung und Instandsetzung | -48.622,40 | -82.557,43 |
| 13. sonstige ordentliche und außerordentliche Aufwendungen | -324.805,53 | -327.086,10 |
| 14. Erträge aus Finanzanlagen | 22.782,23 | 4.941,20 |
| 15. Zinsen und ähnliche Erträge | 13.047,98 | 18.012,36 |

125

| | | |
|---|---|---|
| 16. Zinsen und ähnliche Aufwendungen | -146,29 | -789,99 |
| **17. Ergebnis der gewöhnlichen Geschäftstätigkeit** | **73.937,48** | **65.083,41** |
| 18. außerordentliche Erträge | 28.157,42 | 16.202,75 |
| 19. außerordentliche Aufwendungen | -19.388,81 | -7.771,93 |
| **20. Jahresüberschuss** | **82.706,09** | **73.514,23** |
| 21. Entnahmen aus satzungsmäßigen Rücklagen | 135.399,92 | 86.046,70 |
| 22. Einstellung in satzungsmäßigen Rücklagen | -218.053,33 | -159.082,94 |
| **23. Bilanzgewinn** | **52,68** | **477,99** |

*Eigene Darstellung*

## 2.3.3 Klassifikationskriterien für Finanzierungsarten und -quellen

Die Zahl möglicher Finanzierungsinstrumente im Nonprofit-Sektor ist mittlerweile unüberschaubar geworden. Zur systematischeren Darstellung werden im Folgenden einige einfache Kriterien zur besseren Unterscheidung verschiedener Finanz- und Investitionsinstrumente und -quellen erläutert.

So können Finanzierungsinstrumente nach der Herkunft des Kapitals in eine Innen- und Außenfinanzierung unterschieden werden. Bei der **Außenfinanzierung** werden der NPO Mittel von organisationsfremden Personen oder Institutionen zugeführt. Typische Instrumente sind die Kreditfinanzierung, Spenden oder Zuwendungen. Dagegen stammen Mittel der **Innenfinanzierung** aus der Organisation selbst. Dies können selbsterwirtschaftete Mittel, Mitgliedsbeiträge oder Mittel aus dem Verkauf von Betriebsvermögen sein.

Die Außen- und Innenfinanzierung ist jedoch nicht mit der **Eigen-** oder **Fremdfinanzierung** zu verwechseln. Während diese nach dem Status des Geldgebers (Eigentümer oder Gläubiger) bzw. der Art des Kapitals (Eigen- oder Fremdkapital) differenziert wird, stellt jene lediglich auf die Organisationszugehörigkeit der Mittel ab. Dabei lassen sich durchaus Bezüge zwischen beiden Kriterien herstellen. Über Beteiligungen an Unternehmen wird einer Organisation beispielsweise Eigenkapital von außen zugeführt (Beteiligungsfinanzierung) und über Kredite von Banken Fremdkapital von außen (Fremdfinanzierung). Eigenkapital entsteht durch Innenfinanzierung, wenn Überschüsse/Gewinne der Organisation nicht ausgeschüttet werden (Selbstfinanzierung). Fremdkapital kann im Zusammenhang mit der Bildung und Auflösung von Rückstellungen auch Innenfinanzierung sein (Finanzierung aus Rückstellungen).[259] [260]

Nach der Häufigkeit von Finanzierungsanlässen (Frequenz) können einmalige, wiederkehrende und laufende Finanzierungen unterschieden werden. **Einmalige Finanzierungen** stehen oftmals in Zusammenhang mit besonderen Ereignissen der NPO wie Gründung oder Bau einer Einrichtung oder Start eines großen Projektes. **Wiederkehrende Finanzierungen** begründen sich durch in bestimmten Abständen stattfindende Ereignisse (z. B. jährliche Großveranstaltungen oder Beschaffung von Autos oder Geräten). Sie können regelmäßig oder unregelmäßig stattfinden. Die **laufende Finanzierung** erfordert eine durchgehende Mittelbeschaffung. Sie steht meist im Zusammenhang mit einer geschaffenen und aufrecht zu erhaltenden Infrastruktur (z. B. Löhne und Gehälter, Miete).

Schließlich können Finanzierungsquellen und Investitionen nach der Dauer der Kapitalbereitstellung oder Mittelbindung eingeteilt werden. **Befristete Mittel** stehen der Organisation danach im Gegensatz zu **unbefristeten** nur für einen begrenzten Zeitraum zur Verfügung. Bei der Befristung können folgende Zeithorizonte unterschieden werden: Danach sind Finanzierungen

- **kurzfristig**, wenn ihre Laufzeit weniger als ein Jahr beträgt
- **mittelfristig**, wenn die Laufzeit zwischen einem und fünf Jahren liegt, sowie
- **langfristig** bei Laufzeiten von über fünf Jahren.[261]

Aufgrund der sehr begrenzten Diskriminierungseigenschaften der Begriffe Innen- und Außen- sowie Fremd- und Eigenkapitalfinanzierung bei NPOs soll hier die oben erläuterte Einteilung nach **Managementarenen** als Kriterium zur Systematisierung der Finanzinstrumente herangezogen werden. Die Kriterien ergeben sich aus den spezifischen Managementerfordernissen und Finanzierungspartnern in den jeweiligen Arenen. Die Berücksichtigung interner und externer Adressaten und Kooperationspartner trägt somit in besonderer Weise den Managementerfordernissen in NPOs und der Offenheit des „Systems NPO" Rechnung.

---

[259] So zum Beispiel, wenn es im Bereich langfristiger Rückstellungen zu Steuerstundungen kommt, die bei der Auflösung der Rückstellung jedoch abgeführt werden müssen. Die enthaltene Steuerschuld ist in diesem Fall als Fremdkapital zu sehen.

[260] Zur Zuteilung der verschiedenen Finanzierungsinstrumente zu den jeweiligen Bereichen vgl. Pajas, Petr/Vilain, Michael (2003).

[261] Die Einteilung der Fristen unterscheidet sich in der Literatur. Die hier vorgenommene Einteilung lehnt sich an die im HGB vorgesehenen und 1999 auch von der Deutschen Bundesbank übernommenen Fristen an.

## 2.4 Zahlungsströme als zentraler Gegenstand des Finanzmanagements

„Zeit ist Geld", sagt der Volksmund und trifft damit den Kern einer zentralen Erkenntnis der Finanzierung. Eine wichtige Grundlage für das Verständnis der Finanzierungslehre ist das Wissen um den Zusammenhang dieser beiden Größen. Zwei Beispiele sollen deutlich machen, worum es geht:

1. Nicht investiertes Geld verliert in der Regel im Laufe der Zeit an Kaufkraft. Dies hängt u. a. mit der fortlaufenden Wertminderung der meisten Währungen zusammen, sodass sich das Verhältnis zwischen dem nominalen Wert des Geldes und dem Gegenwert, der dafür erhältlich ist, im Laufe der Zeit verringert:

Der Schatzmeister eines Kulturvereins hatte im vorletzten Jahr 1.000 Euro in seiner Kasse verfügbar. Er hätte davon 100 Künstlerkalender zu je 10 Euro drucken lassen können. Der Vorstand entschied sich jedoch, noch ein Jahr zu warten. Das Geld des Vereins hat im Laufe des Jahres nur in der Kasse gelegen. Das Statistische Bundesamt meldete für diesen Zeitraum eine Inflationsrate von 2 % . Die Druckerei hatte ihre Preise entsprechend dieser Inflationsrate angehoben. Ein Kalender kostete daher nunmehr 10,20 Euro. Zwar hatte der Verein am Ende des Jahres immer noch einen Betrag von 1.000 Euro in seiner Kasse, er kann davon jedoch nur noch 98 Kalender kaufen. Der Gegenwert in Waren ist also um ca. 20 Euro gesunken. Der reale (inflationsbereinigte) Wert des Kassenbestandes beträgt daher nur noch rund 980 Euro.

2. Geld kann investiert werden. Auf diese Weise vermehrt es sich im Zeitablauf:

Dem Kassierer des Kultur-Vereins bietet man 1.000 Euro an. Er kann sie sofort oder erst in einem Jahr erhalten. Wie soll sich der Kassierer entscheiden? Wahrscheinlich würden sich alle klugen Kassierer gleich entscheiden. Sie nähmen das Geld lieber sofort als später. Denn das Geld kann dann sofort investiert werden. So wäre aus diesem Geldbetrag bei einem Jahreszins von 4 % nach einem Jahr bereits ein Betrag von 1.040 Euro geworden.
In beiden Fällen ist es also günstiger, das Geld sofort zu nutzen, anstatt zu warten.

Meistens verlaufen Finanzierungen oder Investitionen über mehrere Perioden, so dass es notwendig wird, den Verlauf der Maßnahmen übersichtlich darzustellen. Ein- und Auszahlungen werden daher in der Regel im Zeitablauf dargestellt. Dies kann vereinfacht anhand eines Zeitstrahls ausgedrückt werden. Die horizontale Achse (X-Achse) symbolisiert dabei den Ablauf der Zeit (t). Die einzelnen Abschnitte auf diesem Zeitstrahl können Tage, Monate oder Jahre etc. sein. In einer allgemeinen Ausdrucksweise wird jeder Abschnitt nummeriert. Handelt es sich beispielsweise um eine Betrachtung über vier Zeitabschnitte, würde der Ausgangszeitpunkt mit $t_0$ gekennzeichnet, der erste Abschnitt könnte als $t_1$, der zweite als $t_2$, der dritte als $t_3$ und der vierte als $t_4$ bezeichnet werden.

Angenommen eine Stiftung will eine Investition tätigen: Sie würde zum Ausgangszeitpunkt $t_0$ zunächst eine Auszahlung in Höhe von 10.000 Euro tätigen. Dieser Betrag steht dem Verein nun nicht mehr für andere Zwecke zur Verfügung und wird deshalb mit einem negativen Vorzeichen gekennzeichnet. In den Zeiträumen danach fließen unterschiedliche Erträge als Ergebnis der Investition wieder zurück ($t_1 = + 2.000$ Euro, $t_2 = + 4.000$ Euro, $t_3 = + 5.000$ Euro und $t_4 = + 5.000$ Euro). Abbildung 14 zeigt den Verlauf einer typischen Investition.

*Abbildung 14:* Idealtypischer Zahlungsstrom einer Investition

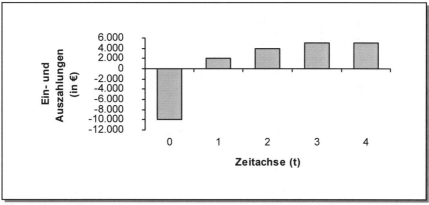

*Eigene Darstellung*

Eine Kreditfinanzierung stellt sich dann als umgekehrter Zahlungsstrom dar. Am Anfang steht eine Einzahlung (die Aufnahme des Kredites bringt zunächst einmal mehr Liquidität), die dann in einer oder mehreren Phasen zurückgezahlt wird (vgl. Abbildung 15).

*Abbildung 15:* Idealtypischer Zahlungsstrom eines Kredites

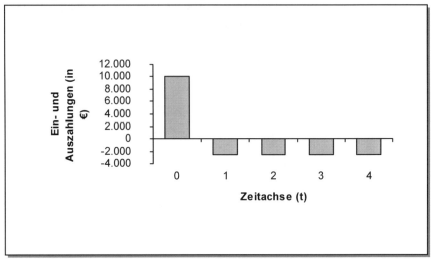

*Eigene Darstellung*

Eine solche Abfolge von Ein- und Auszahlungen für einen gewissen Betrachtungsgegenstand (z. B. Investition, Kredit, Projekt) über einen gewissen Zeitraum wird auch als **Zahlungsreihe** bezeichnet. Weil es bei größeren Berechnungen übersichtlicher und einfacher zu handhaben ist, werden solche Zahlungsreihen meist in Tabellenform angegeben. Tabellen eignen sich darüber hinaus in besonderer Weise für die Bearbeitung durch elektronische Hilfsmittel (z. B. mit PC-Tabellenkalkulationsprogrammen wie Excel oder Lotus).

Die Anordnung der Zahlungsreihe in Tabellenform ist der erste Schritt zu einem Instrument, dem im Rahmen der Planung und Beurteilung von Finanzierungs- und Investitionsvorhaben große Bedeutung zukommt: dem **Finanzplan.** Finanzpläne stellen die Ein- und Auszahlungen eines Vorhabens einander tabellarisch gegenüber und zeigen so an, wo Finanzierungslücken und Liquiditätsüberschüsse entstehen. Dabei lassen sich im Gegensatz zu den meisten Verfahren der Investitionsrechnung (vgl. Kapitel 2.6) auch komplexe Zusammenhänge relativ einfach und überschaubar abbilden. Tabelle 6 zeigt das Beispiel eines Finanzplans.[262]

---

[262] Für weitergehende Hinweise zur Finanzplanung und Investitionsrechnung vgl. Grob, Heinz Lothar (2001).

*Tabelle 6:* Finanzplanung in tabellarischer Form

|  | t = 0 | t = 1 | t = 2 | t = 3 | t = 4 |
|---|---|---|---|---|---|
| Zahlungsreihe | -10.000 | 2.000 | 4.000 | 5.000 | 5.000 |
| Eigene Mittel | 4.000 | 0 | 0 | 0 | 0 |
| Kredit |  |  |  |  |  |
| + Aufnahme | 6.000 | 0 | 0 | 0 | 0 |
| - Tilgung |  | 1.700 | 3.785 | 515 | 0 |
| - Zinsen (5 %) |  | 300 | 215 | 25,75 | 0 |
| Anlage |  |  |  |  |  |
| - Anlage |  |  |  | 4459,25 | 5.089,19 |
| +Auflösung |  |  |  |  |  |
| + Erträge (2 %) |  |  |  |  | 89,19 |
| Finanzierungssaldo | 0 | 0 | 0 | 0 | 0 |
| **Bestandsgrößen:** |  |  |  |  |  |
| Kreditbestand | 6.000 | 4.300 | 515 | 0 | 0 |
| Guthabenbestand |  |  |  | 4459,25 | 9548,44 |

*Eigene Darstellung*

Ausgangspunkt der Planung ist die bekannte oder geschätzte Zahlungsreihe einer Investition (erste Zeile). Bei der Planung von Investitionen und Liquidität spielt das Verhältnis zwischen Einzahlungen und Auszahlungen eine wichtige Rolle. Die Summe von Ein- und Auszahlungen wird auch **Finanzierungssaldo** genannt. Ist die Summe der Einzahlungen in einer Periode größer als die Summe der Auszahlungen, so entsteht ein positiver Saldo, der auch Liquiditätsüberschuss genannt wird. Umgekehrt entsteht ein Liquiditätsengpass. Aufgabe der Finanzplanung ist es, zu jedem Zeitpunkt ein Finanzierungssaldo von null herzustellen. Der Finanzmanager erreicht dies, indem er mögliche Engpässe durch weitere Mittel wie Kredite vermeidet und mögliche Überschüsse z. B. in einer Finanzanlage investiert. Im Beispiel werden die Auszahlungen für die Investition von 10.000 Euro in $t_0$ durch eigene Mittel in Höhe von 4.000 Euro und durch Kredite in Höhe von 6.000 Euro gedeckt. Am Ende der Periode 1 hat die NPO einen Kreditbestand von 6.000 Euro (vgl. letzte Zeile). Für diesen Kredit fallen in der folgenden Periode Zinsen in Höhe von 300 Euro (5 % von 6.000) an.

Gleichzeitig ergibt sich aus der Investition eine Einzahlung von 2.000 Euro. Diese wird verwendet, um die Zinsen zu bezahlen und einen Teil des Kredites zu tilgen. Der Kreditbestand sinkt und damit auch die Zinslast für $t_2$ (215 Euro). In der dritten Periode wird der Kredit schließlich vollständig getilgt. Der entstehende Überschuss fließt dabei in eine Geldanlage, die sich zu 2 % verzinst. Am Ende der Laufzeit wurde der eingesetzte Betrag wieder zurückgewonnen und darüber hinaus ein Betrag von 9.548,44 Euro erwirtschaftet.

## 2.5 Zins- und Zinseszinsrechnung

Das Beispiel im vorhergehenden Kapitel (vgl. Tabelle 6) beinhaltete die Bestimmung von Zinszahlungen. Diese können als Gegenleistung für die Überlassung von Geld gesehen und somit auch als „Preis des Geldes" bezeichnet werden. Dafür, dass eine Person einer anderen Liquidität zur Verfügung stellt, verlangt sie eine Entschädigung.[263] Dies ist sinnvoll, weil dem Verleiher ja selbst die Möglichkeit genommen wird, mit diesem Geld eigene Projekte oder Geldanlagen zu verfolgen und ihm somit Opportunitätskosten entstehen. Daneben wird ein Verleiher auch abschätzen, ob er sein Geld wieder zurück bekommt. Hat er bereits schlechte Erfahrungen mit einem Schuldner gemacht oder vermutet er, dass die Rückzahlungsfähigkeit eingeschränkt ist, wird er das Geld gar nicht verleihen oder den Preis für den Verleih anheben. Ferner wird er auch darauf achten, dass sein Geld langfristig nicht an Wert verliert. Das heißt, dass ein Zinssatz unterhalb der Inflationsrate für ihn dauerhaft nicht interessant ist. Schließlich orientiert sich die Höhe des Zinssatzes auch an dem Gesamtangebot des Geldes am Markt. All diese Aspekte fließen in die Bestimmung der Zinshöhe ein.

Die Zins- und Zinseszinsrechnung gehört zu den wichtigsten Grundlagen der Finanzierungsrechnung überhaupt. Für das Verständnis von Finanzinstrumenten, beim Vergleich von Investitionserträgen oder bei der Berechnung der Kosten von Krediten ist die Zinseszinsrechnung zu einem unverzichtbaren Handwerkszeug geworden. Dabei tauchen einige Größen immer wieder auf: Das eingesetzte Kapital ist der Geldbetrag, der angelegt oder geliehen wird. Er wird im Folgenden mit „K" bezeichnet. Daneben gibt es einen Zinssatz, der üblicherweise in % p.a. (Prozent per annum bzw. pro Jahr), angegeben wird. Hier wird

---

[263] Vgl. Ihrig, Holger/Pflaumer, Peter (2003), S. 1. f.

die Abkürzung „p" für Zinssätze, die als Prozentzahlen ausgedrückt werden, oder „q" für solche, die in Dezimalzahlen dargestellt werden, gewählt.[264] Die Zinsen für ein Jahr berechnen sich danach wie folgt: Das eingesetzte Kapital wird mit dem Zinssatz multipliziert:

$$Zinsen = K * q$$

Beispiel: Eine Stiftung will für ein Jahr 10.000 Euro bei einer Bank anlegen. Die Bank zahlt einen Zinssatz von 5 %. Wie hoch werden die Zinsen sein?
Zinsen = 10.000 * 0,05 = 500
Die Stiftung bekommt also 500 Euro Zinsen für die Geldanlage. Aus den ursprünglichen 10.000 Euro werden somit nach einem Jahr 10.500 Euro.

Da es unwahrscheinlich ist, dass Geldanlagen oder Kredite immer genau über einen Zeitraum von einem Jahr laufen, muss es möglich sein, weitere Perioden in die Berechnung einzubeziehen. Zwei wichtige Fälle sind dabei zu unterscheiden: Zum einen können Zinsberechnungen über mehrere Jahre bzw. Perioden nötig sein, zum anderen müssen Berechnungen für Zeiträume, die kleiner als ein Jahr sind, ermöglicht werden.

Beispiel: Die Stiftung legt ihr Geld zu den gleichen Konditionen wie zuvor an. Anders als zuvor soll der Zeitraum dieses Mal drei Jahre betragen. Die jährlichen Zinsen sollen jedoch entnommen werden. Die Zinsberechnung erfolgt Jahr für Jahr nach obiger Formel:

$t_0$: Investition von 10.000 Euro
$t_1$: 10.000 x 0,05 = 500
$t_2$: 10.000 x 0,05 = 500
$t_3$: 10.000 x 0,05 = 500. Zusätzlich erhält der Anleger das investierte Geld zurück

Über alle drei Jahre hinweg betrachtet, erhält die Stiftung also 1.500 Euro Zinsen für ihr eingesetztes Kapital. Im nächsten Beispiel entschließt sich der Verein, die anfallenden Zinsen nicht zu entnehmen. Es ergibt sich folgende Rechnung:

$t_0$: Investition von 10.000 Euro
$t_1$: 10.000 x 0,05 = 500
$t_2$: 10.500 x 0,05 = 525
$t_3$: 11.025 x 0,05 = 551,25. Zusätzlich erhält der Anleger das investierte Geld zurück

---

[264] Prozent bedeutet so viel wie „pro Hundert". Beim Rechnen mit Prozentzahlen wird jedoch meist eine Dezimalzahl gebraucht, die ein Hundertstel der Prozentzahl ist. Beispiele: p = 4,5 % dann ist q = 0,045 oder p = 10 % , dann ist q =0,10 oder p =100 %, dann ist q = 1,0 etc.

In diesem Fall erhält die Stiftung nach Ablauf der drei Jahre 1576,25 Euro über ihr eingesetztes Kapital hinaus. Mit dem ursprünglich investierten Betrag ergibt sich eine Auszahlung von 11.576,25 Euro. Das sind 76,25 Euro mehr als bei der regelmäßigen Entnahme im vorigen Beispiel. Diese Mehreinnahme kommt dadurch zustande, dass die Zinsen eines jeden Jahres das zu verzinsende Kapital im folgenden Jahr erhöhen. Man spricht hier auch vom Zinseszinseffekt. Festzuhalten bleibt, dass der Zinseszinseffekt nur zustande kommt, wenn die Zinsen einer jeden Periode thesauriert (einbehalten) werden. Konnte man für das Beispiel die jährlichen Zinszahlungen jeweils durch wiederholte Anwendung der einfachen Basisformel berechnen (3 * K * q), so ist die Formel für den Zinseszinseffekt schon etwas komplexer. Neben den bekannten Abkürzungen muss jetzt auch die Zahl der Jahre (hier: „n") berücksichtigt werden.

$$K_n = K * (1 + q)^n$$

Die folgende Beispielrechnung zeigt, dass sich unter den beschriebenen Bedingungen mit dieser Formel der gleiche Betrag ergibt:

K = 10.000;

q = p/100 = 5/100 = 0,05;

n = 3.

$$K_3 = 10.000 * (1 + 0,05)^3 = 10.000 * 1,05^3 = 11.576,25$$

Schließlich ist noch der Fall einer Verzinsung für einen Zeitraum von weniger als einem Jahr (unterjährig) zu betrachten. Tageszinsen können mit Hilfe folgender Formel errechnet werden:

$$Zinsen = K * q * \frac{Tage}{360}$$

Beispiel: Ein Verein benötigt kurzfristig 5.000 Euro. Das Geld wird für sechs Monate (=180 Tage)[265] benötigt. Die Bank bietet einen Kredit für 11 % p. a. an:

---

[265] Anmerkung: Das finanzwirtschaftliche Jahr umfasst im Gegensatz zum Kalenderjahr nur 360 Tage. Jeder Monat wird dabei mit 30 Tagen berechnet.

$$Zinsen = 5.000 * 0,11 * \frac{180}{360} = 5.000 * 0,11 * \frac{1}{2} = 275$$

Der Verein muss in diesem Fall 275 Euro Zinsen für den halbjährlichen Kredit bezahlen.

Auch hier lässt sich die Grundformel „Zinsen = K * q" wiedererkennen. Sie wird lediglich durch einen Faktor korrigiert, der die Zahl der zugrundeliegenden Tage ins Verhältnis zum gesamten Jahr setzt.

Die Zins- und Zinseszinsrechnung bildet die Grundlage für viele finanzmathematische Verfahren, insbesondere für die dynamischen Investitionsrechnungsverfahren. Sie lässt sich leicht anwenden, und der Aufwand bei Betrachtung längerer Perioden oder komplexer Investitionsmuster kann im Zusammenhang mit dem Einsatz moderner EDV stark begrenzt werden.

## 2.6 Methoden der Investitionsrechnung

Investitionen sind – vereinfacht ausgedrückt – Anschaffungen oder Geldanlagen. Die meisten NPOs stehen irgendwann einmal vor der Entscheidung, eine Investition tätigen zu müssen. Dies kann erforderlich werden, weil sie zur Verfolgung ihrer Satzungsaufgaben eine Einrichtung (z. B. eine Sportstätte oder einen Kindergarten) oder Sachausstattung benötigen. Darüber hinaus kann es sinnvoll sein, überschüssiges Geld ertragreich anzulegen. Investoren können folglich in Sachmittel (Maschinen, Fahrzeuge, Geschäftsausstattung etc.) oder in Geldmittel (Aktien, Vergabe von Krediten, Anleihen etc.) investieren, sodass man grundlegend von **Sach-** oder **Finanzinvestitionen**[266] sprechen kann. Für den Investor ergibt sich dabei in Bezug auf die Finanzierung eines konkreten Vorhabens eine Reihe von Fragen: Was kostet die Investition? Wie viel Gewinn wird sie einbringen? Wie lange braucht es, bis sie sich gerechnet hat?

Antworten auf diese Fragen gibt die Investitionsrechnung als Bezeichnung für „alle Verfahren zur Beurteilung von Investitionsvorhaben bezüglich quantifizierbarer Unternehmensziele"[267]

---

[266] Sachinvestitionen werden auch als leistungswirtschaftliche Investitionen oder Realinvestitionen bezeichnet. Finanzinvestitionen dagegen werden auch finanzwirtschaftliche Investitionen oder Nominalinvestitionen genannt.

[267] Perridon, Louis/Steiner, Manfred (2002), S. 37.

Daneben muss bei der Entscheidung berücksichtigt werden, dass es immer eine Alternative zum geplanten Vorhaben gibt. Diese besteht mindestens darin, die Investition zu unterlassen und das eingesetzte Kapital alternativ anzulegen bzw. notwendige Kredite einzusparen. Um die Vorteilhaftigkeit einer Investition beurteilen zu können, bedarf es eines Vergleichs zwischen den möglichen Alternativen. Diejenige, die bei diesem Vergleich am Besten abschneidet, sollte dann ausgewählt werden. Die Aufgabe zwischen zwei oder mehreren alternativen Anlagen auswählen zu müssen, wird in der Investitionsrechnung auch als Auswahlproblem bezeichnet.[268] Die Verfahren der Investitionsrechnung streben die systematische Lösung dieser Problemstellung an. Ihre Anwendung lohnt sich häufig schon bei kleineren Vorhaben und kann der NPO kostspielige Fehlentscheidungen ersparen.

## 2.6.1 Verfahren zur Beurteilung von Sachinvestitionen

Um die Vorteilhaftigkeit von Sachinvestitionen beurteilen zu können, wurden in der Investitionsrechnung zahlreiche Verfahren (vgl. Abbildung 16) entwickelt. Grundsätzlich können diese danach unterschieden werden, ob sie den Eingang von Zahlungen bzw. Kosten und Erlösen im Zeitablauf berücksichtigen (dynamische Verfahren) oder nicht (statische Verfahren).

---

[268]Neben dem Auswahlproblem stellt sich bei einigen Investitionen darüber hinaus die Frage des Ersatzes eines in der Nutzung befindlichen und durchaus weiter verwertbaren technischen Investitionsobjektes (Ersatzproblem) und der optimalen Nutzungsdauer eines Objektes. Auf diese Fragestellung soll hier ebenso wenig wie auf die Bestimmung der kritischen Auslastung von Investitionsobjekten weiter eingegangen werden. Vgl. dazu Olfert, Klaus/Reichel, Christoph (2002), S. 108 ff.

*Abbildung 16:* Verfahren der Investitionsrechnung

| Statische Verfahren | Dynamische Verfahren |
|---|---|
| Kostenvergleichsrechnung | Kapitalwertmethode |
| Gewinnvergleichsrechnung | Interne-Zinsfuß-Methode |
| Rentabilitätsrechnung | Annuitätenmethode |
| Amortisationsrechnung | |

Eigene Darstellung

### 2.6.1.1 Statische Verfahren

Statische Verfahren werden so genannt, weil sie typischerweise den Zeitfaktor bei einer Investition nicht oder nur unvollkommen abbilden, d. h. Änderungen der in die Rechnung eingehenden Kosten- oder Ertragsgrößen im Zeitablauf werden nicht berücksichtigt.[269] Sie unterstellen vielmehr, die Investition würde in einer Periode abgewickelt.

Da Liquiditätswirkungen nicht berücksichtigt werden und es um den Vergleich von Erfolgsgrößen geht, arbeiten diese Verfahren konsequenterweise mit dem Begriffspaar „Kosten"/„Leistungen" und nicht mit Ein- bzw. Auszahlungen (vgl. Kapitel 2.3.1). Als Folge werden hier auch zahlungsunwirksame Vorgänge wie Abschreibungen berücksichtigt. Der Betrachtungszeitraum beträgt in der Regel ein Jahr. Weil sich aber der Kostenverlauf für eine Investition in der Regel nicht in dieser Zeit abbilden lässt, greifen die statischen Verfahren zu einem Trick. Sie versuchen aus den vorliegenden Daten einen repräsentativen Durchschnitt zu berechnen. Da die Verfahren im Grunde sehr überschaubar sind und daher weite Verbreitung in der Praxis gefunden haben, werden sie auch als „Hilfsverfahren der Praxis" bezeichnet.

Die **Kostenvergleichsrechnung** gehört zu den einfachsten Verfahren der Investitionsrechnung überhaupt. Zählt die umfangreiche Kritik an diesem Verfahren auch zum Standard eines jeden Lehrbuchs[270], so muss doch berücksichtigt

---

[269] Vgl. Wöhe, Günter (1986), S. 683.
[270] Vgl. Perridon, Louis/Steiner, Manfred (2002), S. 48 f.

werden, dass dieses Verfahren eine große Verbreitung in NPOs gefunden hat. Dies hängt nicht zuletzt mit der häufig fehlenden Ertrags- oder Gewinnperspektive gemeinnütziger, kirchlicher oder mildtätiger Maßnahmen zusammen. So ist der Kauf einer Suppenküche für Bedürftige, die kostenlos verpflegt werden sollen, mit keinerlei Einnahmen verbunden. Wenn Erträge jedoch nicht zu erwarten sind, werden die Kosten zum entscheidenden Maßstab.

Wichtige Kostengrößen, die in diesem Zusammenhang berücksichtigt werden müssen, sind neben Personal-, Material-, Instandhaltungs-, Raum- und Betriebskosten auch kalkulatorische Abschreibungen und kalkulatorische Zinsen. Abschreibungen berücksichtigen die Wertminderung der Investition.[271] Die kalkulatorischen Zinsen werden hingegen als Kosten berücksichtigt, um das durch die Investition gebundene Kapital zu repräsentieren.[272] Die Kosten alternativer Investitionen werden so aufsummiert und dann miteinander verglichen. Das Entscheidungskriterium lautet hier: Wähle diejenige Investition, welche die geringsten Kosten verursacht! Die NPO im voran gegangenen Beispiel würde sich in diesem Fall also für die günstigere von zwei zur Verfügung stehenden Suppenküchen entscheiden. Die Erlöse oder Gewinne der Investition bleiben bei dieser Betrachtung außer Acht, sodass das Verfahren immer dann, wenn die Investition auch Erlöse hervorbringt, versagen muss (siehe Beispiel weiter unten).

Mit der **Gewinnvergleichsrechnung** wird die Aussagefähigkeit der Kostenvergleichsrechnung erweitert, indem neben den Kosten auch die Erlöse einer Investition berücksichtigt werden. Zunächst werden bei diesem Verfahren alle Kosten aufsummiert und von den gesamten Erlösen subtrahiert. Die Entscheidungsregel lautet dann: Wähle die Investition, die den höchsten Gewinn erwirtschaftet!

Wie unterschiedlich die Beurteilung durch die beiden Verfahren sein kann, zeigt folgendes Beispiel: Die Kosten einer Investition A werden für die Nutzungsdauer mit 5.000 Euro veranschlagt, die Erlöse mit 10.000 Euro. Bei Investition B ergeben sich Kosten von 3.000 Euro und Erlöse von 5.000 Euro.
Nach der Kostenvergleichrechnung wäre damit Investition B zu wählen, da hier die Kosten um 2.000 Euro niedriger sind als bei A. Nach der Gewinnvergleichsrechnung wäre allerdings Alternative A zu wählen. Der Gewinn beträgt hier 10.000 - 5.000 = 5.000 Euro. Bei B beträgt der Gewinn jedoch lediglich 5.000 - 3.000 = 2.000 Euro.

---

[271] Die Abschreibung ergibt sich bei der Kostenvergleichsrechnung für die Betrachtungsperiode vereinfacht als Differenz zwischen Anschaffungskosten und Restwert des Investitionsgutes geteilt durch die Nutzungsdauer.
[272] Die kalkulatorischen Zinsen werden häufig wie folgt bestimmt: durchschnittlich gebundenes Kapital multipliziert mit dem durchschnittlichen Zinssatz. Für das durchschnittlich gebundene Kapital wird dabei vereinfacht der halbe Anschaffungspreis angesetzt.

Wiederum aussagefähiger als die Gewinnvergleichs- ist die **Rentabilitätsvergleichsrechnung**. Wie bereits erläutert, stellt die Rentabilität die erzielten Leistungen dem Mitteleinsatz gegenüber. Sie bestimmt sich als Gewinn durch das eingesetzte Kapital und ist somit ein Maß für die Wirtschaftlichkeit einer Investition. Die Rentabilitätsvergleichsrechnung kann ganz unterschiedliche Investitionen miteinander vergleichen. Sie zeigt an, wie sich eine Investition verzinst und kann sogar eingesetzt werden, um Sachinvestitionen ins Verhältnis zu Kapitalmarktinvestitionen zu setzen. Kann die sichere Geldanlage in Wertpapieren eine höhere Rentabilität als die zu beurteilende Sachinvestition erbringen, sollte die Sachinvestition unterlassen werden. Mit der Rentabilitätsvergleichsrechnung können auch einzelne Investitionen anhand eines intern vorgegebenen Zinssatzes sinnvoll beurteilt werden. Wird eine bestimmte Rendite unterschritten, so ist das Investitionsvorhaben zu verwerfen. Die Entscheidungsregel lautet bei diesem Verfahren: Wähle die Investition, die eine vorgegebene Rentabilität erreicht oder im Verhältnis zu einer Vergleichsinvestition rentabler ist!

Im vorigen Beispiel standen zwei Investitionen zur Verfügung.
Bei Investition A betrug das eingesetzte Kapital 5.000 Euro und der Gewinn ebenfalls 5.000 Euro. Damit ergibt sich folgende Rentabilität: (5.000 : 5.000) x 100 % = 100 %.
Anlage B wies Kosten in Höhe von 3.000 Euro und einen Gewinn von 2.000 Euro aus. Damit ergibt sich eine Rentabilität von (2.000 : 3.000) x 100 % = 66,6 %.
Beim Vergleich der Rentabilität der beiden Investitionen wäre Anlage A also vorzuziehen.


Die **Amortisationsvergleichsrechnung** sucht hingegen nach dem Zeitraum bzw. Zeitpunkt, in dem das investierte Kapital über die Erlöse wieder zurückfließt. Eine Investition hat sich genau dann amortisiert, wenn die Kosten durch die Erträge der Investition gedeckt werden. Die Kennzahl ist auch unter dem Aspekt der Liquiditätsplanung von Interesse. Je länger nämlich die Amortisationszeit ausfällt, desto stärker wird die Unternehmensliquidität belastet und desto ungewisser sind angesichts der weiter in die Zukunft reichenden Kosten und Erträge auch die Prognosen. Bei der Berechnung kann zwischen einer statischen und einer dynamisierten Variante unterschieden werden. Berechnet wird die Amortisationszeit bei der statischen Variante indem die Differenz zwischen Kapitaleinsatz am Anfang und Restwert am Ende der Betrachtungsperiode durch den durchschnittlichen Kapitalrückfluss dividiert wird.[273] Das Ergebnis ist die Zahl der Perioden/Jahre, die benötigt werden, um das eingesetzte Kapital aus den Erträgen der Investition zurückzuerhalten.

---

[273] Für den Kapitaleinsatz werden dabei die Anschaffungskosten des Gutes angesetzt. Der Restwert ergibt sich durch den voraussichtlichen Wiederverkaufswert des Gutes am Ende der Betrachtungsperiode. Der Kapitalrückfluss entspricht dem durchschnittlichen jährlichen Gewinn zuzüglich den jährlichen Abschreibungen.

Beispiel: Die Einrichtung einer Cafeteria (Maschinen, Tische und Stühle) in einem kleinen Museum kostet 20.000 Euro. Der Betreiberverein rechnet mit jährlichen Gewinnen von 5.000 Euro und keinem Restwert. Die Amortisationsdauer beträgt demnach 20.000 : 5.000 = 4 Jahre. Nach vier Jahren hat sich demnach die Anschaffung der Cafeteria amortisiert.

Bei der dynamisierten oder so genannten Kumulationsrechnung wird die Grenze zwischen den statischen und dynamischen Verfahren überschritten. Alternativ zum statischen Verfahren wird hierbei der künstlich ermittelte durchschnittliche Rückfluss durch den tatsächlichen Rückfluss der jeweiligen Perioden ersetzt. Durch Aufrechnen (Kumulieren) der einzelnen Erträge wird die Periode bestimmt, in der die Rückflüsse erstmalig die Anschaffungskosten übersteigen. Im Beispiel (Tabelle 7) wäre dies im vierten Jahr der Fall.

*Tabelle 7:* Kumulatives Verfahren der Amortisationsrechnung

| Anschaffungskosten: | 10.000 Euro | |
| Nutzungsdauer: | 5 Jahre | |
| Restwert: | 0 Euro | |
| **Periode** | **Rückflüsse Jährlich (Euro)** | **Rückflüsse Kumuliert (Euro)** |
| 1. Jahr | 1.000 | 1.000 |
| 2. Jahr | 2.000 | 3.000 |
| 3. Jahr | 5.000 | 8.000 |
| **4. Jahr** | 4.000 | **12.000** |
| 5. Jahr | 5.000 | 17.000 |

*Eigene Darstellung*

Das Entscheidungskriterium der Amortisationsvergleichrechnung ist: Wähle die Investition, die einen vorgegebenen Amortisationszeitraum nicht überschreitet oder wähle die Investition, die im Vergleich zu einer anderen die kürzeste Amortisationsdauer aufweist!

Neben der Einfachheit der Berechnung haben die statischen Verfahren eine Reihe von **Nachteilen**. Die entsprechende Fachliteratur kennt eine ausdifferenzierte Diskussion über die Vor- und Nachteile der einzelnen Verfahren untereinander sowie zwischen statischen und dynamischen Verfahren.[274] Letztendlich

---

[274] Vgl. Amann, Klaus (1993), S. 123 f., Perridon, Louis/Steiner, Manfred (2002), S. 40 ff., Blohm, Hans/Lüder, Klaus (1995), Grob, Heinz Lothar (2001).

spricht jedoch gegen die statischen Verfahren, dass sie die Zeitpräferenz von Zahlungen nicht berücksichtigen und komplexe Finanzierungsvorgänge nicht realistisch abbilden.[275] Allen Verfahren liegen unausgesprochen Prämissen zugrunde, die falls sie nicht ausreichend berücksichtigt werden, zu problematischen Ergebnissen führen können. Eine deutliche Verbesserung der Investitionsentscheidung kann in der Regel mit dynamischen Verfahren erreicht werden.

### 2.6.1.2    Dynamische Verfahren

Dynamische Verfahren basieren nicht auf Kosten und Erlösen, sondern auf den liquiditätswirksamen Ein- und Auszahlungen einer Investition. Wie oben gezeigt wurde, ist es nicht gleichgültig, wann eine Zahlung anfällt. Vielmehr sind Zahlungen, die näher an der Gegenwart sind, gleich hohen Zahlungen, die weiter in der Zukunft liegen, vorzuziehen. Diese zeitlichen Präferenzen werden berücksichtigt, indem die Zahlungen der einzelnen Perioden auf- oder abgezinst werden. Beim Aufzinsen wird der Wert einer gegenwärtigen Zahlung zu einem zukünftigen Zeitpunkt bestimmt. Beim Abzinsen wird der Wert zukünftiger Zahlungen für einen zurückliegenden Zeitpunkt berechnet. In enger Beziehung zu diesen beiden Vorgehensweisen stehen die drei zentralen Konzepte der dynamischen Investitionsrechnung:

- Barwert
- Endwert
- Annuität

Bei der Berechnung des **Barwertes** (auch Gegenwartswert genannt) werden zukünftig erwartete Ein- und Auszahlung auf den Zeitpunkt der Entscheidungsfindung abgezinst (vgl. Abbildung 17).

---

[275] Aufgrund der fehlenden Diskontierung zukünftiger Zahlungen entstehen Ungenauigkeiten, die zu Fehlentscheidungen führen können. Vgl. Fischer, Edwin O. (2002), S. 21.

*Abbildung 17:* Bestimmung des Barwertes

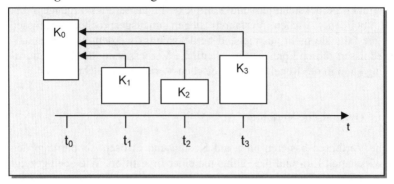

*Eigene Darstellung*

Handelt es sich dabei um einmalige oder mehrere gleich hohe Zahlungen, können diese leicht anhand entsprechender Formeln[276] ermittelt werden. Ohne in die große Vielfalt der finanzmathematischen Gleichungen einsteigen zu müssen, lassen sich die einzelnen Zahlungen auch einzeln abzinsen. Im Grunde funktioniert dies genauso, wie im Kapitel über die Zinsrechnung (vgl. Kapitel 2.5) dargestellt. Da die Beträge jedoch nicht aufgezinst, sondern abgezinst werden, muss die Formel etwas umgestellt werden. Sie lautet dann für eine einmalige Zahlung:

$$K_0 = K_n * (1+q)^{-n}$$

$K_0$ ist dann der Wert in der Gegenwart.
$K_n$ die Zahlung zum Zeitpunkt n.
q ist der Zinssatz/100.
n ist die Zahl der Perioden.

Das finanzmathematische Verfahren das auf der Errechnung der Barwerte beruht ist die **Kapitalwertmethode.** Der Kapitalwert (üblicherweise mit $K_0$ oder $C_0$ bezeichnet) ist nichts anderes als die Summe aller Barwerte einer Zahlungsreihe. Durch die Berechnung des Kapitalwertes lässt sich eine Investition mit ganz unterschiedlichen Zahlungsverläufen für beliebig viele Perioden mit Hilfe einer einzigen Zahl ausdrücken. Diese lässt sich mit folgender Formel eigentlich sehr leicht ermitteln:

---

[276] z. B. Rentenbarwertfaktor.

142

$$K_0 = -A_0 + K_1 * z^{-1} + K_2 * z^{-2} + K_3 * z^{-3} + \ldots + K_n * z^{-n}$$

$K_0$ ist der Wert in der Gegenwart.

$K_t$ ist die Differenz zwischen Ein- und Auszahlung zu einem zukünftigen Zeitpunkt t (mit t = 1…n).

$A_0$ ist die Anschaffungsauszahlung am Anfang einer Investition (zum Zeitpunkt 0).

z ist der Zinssatz (vereinfacht für 1 + q). Bei einem Zinssatz (p) von 2 % beträgt q = 0,02 und z = 0,02 + 1 = 1,02).

Dazu ein Beispiel:

Gegeben sind zwei Zahlungsreihen:

Zahlungsreihe 1: $t_0$ = -10.000; $t_1$ = 5.000, $t_2$ = 4.000, $t_3$ = 2.000

Zahlungsreihe 2: $t_0$ = -10.000; $t_1$ = 2.000, $t_2$ = 4.000, $t_3$ = 5.000

Würde man beide Investitionen ohne Berücksichtigung der verschiedenen Perioden betrachten, so schienen sie zunächst gleichwertig. Beide erwirtschafteten einen Gewinn von 1.000 Euro. Wird jedoch die zeitliche Abfolge berücksichtigt und ein Zinssatz von 5 % unterstellt, ergibt sich ein anderes Bild:

$$ZR1 : \textit{Kapitalwert} = -10.000 * 1,05^0 + 5.000 * 1,05^{-1} + 4.000 * 1,05^{-2} + 2.000 * 1,05^{-3}$$
$$= -10.000 + 4.761,90 + 3.628,12 + 1.727,68 = 117,70$$

$$ZR2 : \textit{Kapitalwert} = -10.000 * 1,05^0 + 2.000 * 1,05^{-1} + 4.000 * 1,05^{-2} + 5.000 * 1,05^{-3}$$
$$= -10.000 + 1.904,76 + 3.628,12 + 4.319,19 = -147,93$$

Der Vergleich der beiden Barwerte zeigt, dass Alternative 1 vorzuziehen ist. Doch was bedeutet dieses Ergebnis? Die Abzinsung erfolgt mit dem Zinssatz, den der Investor mit seiner Investition mindestens erzielen will. Die Kapitalwertmethode zeigt, ob die Investition die Anschaffungsauszahlungen zuzüglich einer Verzinsung in Höhe des angesetzten Zinssatzes wieder erwirtschaftet. Bei dem oben angenommenen Zinssatz von 5 % bedeutet ein Kapitalwert von Null, dass das investierte Kapital zuzüglich einer Verzinsung von 5 % wiedergewonnen wurde. Ein positiver (negativer) Kapitalwert zeigt an, dass mehr (weniger) als die geforderte Mindestverzinsung erzielt wurde. Im Grunde findet hier also implizit ein Vergleich mit einer alternativen Investition statt, die sich zum Kalkulationszinssatz verzinst.[277]

---

[277] Vgl. Perridon, Louis/Steiner, Manfred (2002), S. 61.

Der **Endwert** zeigt im Gegensatz zum Barwert den Wert einer oder mehrerer Zahlungen zu einem zukünftigen Zeitpunkt an (vgl. Abbildung 18).

*Abbildung 18:* Bestimmung des Endwertes

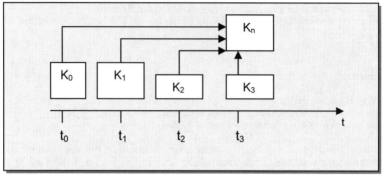

*Eigene Darstellung*

Die Berechnung des Endwertes erfolgt, indem Zahlungen auf einen bestimmten Zeitpunkt in der Zukunft aufgezinst werden. Dazu kann bei einer einmaligen Zahlung die einfache Zinsformel aus Kapitel 2.5 verwendet werden.[278] Der Endwert (Barwert) lässt sich durch

Aufzinsung (Abzinsung) leicht aus dem Barwert (Endwert) ermitteln, sodass eine gesonderte Darstellung des Endwertes an dieser Stelle nicht erfolgt.

Die Fragestellung bei der **Annuität** ist schließlich, wie ein jetzt vorhandener Betrag unter Berücksichtigung von Zins- und Zinseszinseffekten gleichmäßig auf zukünftige Perioden verteilt werden kann (vgl. Abbildung 19).

---

[278] Zur Ermittlung der Aufzinsung mehrerer gleich hoher Zahlungen wird der sogenannte Endwertfaktor benutzt.

*Abbildung 19:* Bestimmung der Annuität

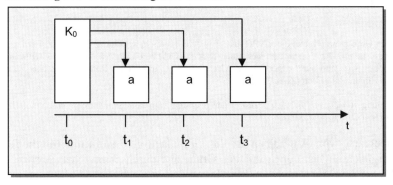

*Eigene Darstellung*

Bei der Berechnung kann die regelmäßige Rate (a) durch Multiplikation des Ausgangskapitalbetrages ($K_0$) mit dem so genannten Wiedergewinnungsfaktor gewonnen werden:

$$a = K_0 * z^n * \frac{z-1}{z^n - 1}$$

$$a = 50.000 * \frac{1,035 - 1}{1,035^{10} - 1} = 50.000 * 0,08524 = 4.262,07$$

a = gleichmäßige Rate (Annuität)
$K_0$ = Ausgangsbetrag
n = Zahl der Perioden
z = Zinssatz (vereinfacht für 1 + q)

Daneben kann es aber auch umgekehrt darum gehen, einen bestimmten Betrag in der Zukunft unter Berücksichtigung des Zins- und Zinseszinseffektes auf gleichmäßige Raten für die Zeit davor zu verteilen. Diese Rechnung kann unter zur Hilfenahme des so genannten Restwertverteilungsfaktors durchgeführt werden:

$$a = K_n * \frac{z-1}{z^n - 1}$$

a = Annuitätenrate

$K_n$ = Kapital zum Zeitpunkt n
n = Zahl der Perioden/Jahre
z = 1 + q

Beispiel: Ein Großspender bietet einer NPO an, ihr in zehn Jahren einen Betrag von 50.000 Euro zur Verfügung zu stellen. Der Vorstand ist sich einig, dass das Geld bereits in den nächsten Jahren dringender benötigt wird, und bittet daher den Spender, den Betrag in gleichen Raten verteilt über zehn Jahre zur Verfügung zu stellen (Zins: 3,5 %).

Die Auszahlung von jährlich 4.262,07 Euro in den nächsten zehn Jahren entspricht der Einmalzahlung von 50.000 Euro in zehn Jahren.

Die Berechnung von Annuitäten ist die Grundlage der **Annuitätenmethode**. Diese vergleicht Investitionen auf der Grundlage durchschnittlicher jährlicher Einzahlungen und Auszahlungen. Eine Investition ist dann vorteilhaft, wenn die Differenz der durchschnittlichen Ein- und Auszahlungen größer oder gleich null ist.

Mit Hilfe der **Internen-Zinsfuß-Methode** soll ein Problem der Kapitalwertmethode beseitigt werden: Das Ergebnis der Kapitalwertmethode ist immer ein absoluter Betrag, der jedoch nichts über die Rentabilität der Investition aussagt. Zwar beruht die Interne-Zinsfuß-Methode auch auf der Berechnung des Kapitalwertes. Als Kriterium für die Vorteilhaftigkeit einer Investition wird bei dieser Methode jedoch ein Zinssatz, der so genannte „interne Zinsfuß" herangezogen. Dies ist genau der Zinssatz, bei dem der Kapitalwert null ist ($K_0 = 0$). Seine exakte Berechnung ist aufwändig und kann nur mittels einer Näherungslösung ermittelt werden.[279] Verschiedene Zinssätze werden dazu in die gleiche Kapitalwertformel (siehe oben) eingesetzt. Der Zinssatz, der einem Kapitalwert von Null am nächsten kommt, ist dann der interne Zinsfuß, der die Effektivverzinsung der Investition anzeigt. Die Entscheidungsregel für eine Investition lautet bei der Internen-Zinsfuß-Methode: Wähle die Investition, deren interner Zinsfuß höher ist als die geforderte Mindestrendite! Bei mehreren Alternativen: Wähle diejenige Investition mit dem höchsten internen Zinsfuß!

Ein zentraler Kritikpunkt an den dynamischen Investitionsrechenverfahren ist, dass sie die Unsicherheit zukünftiger Zahlungen nicht berücksichtigt. Die Zahlungsreihen beziehen sich in der Regel auf die Zukunft und können daher häufig nur grob geschätzt werden. Unter diesen Umständen kann selbst das exakteste Verfahren kaum mehr als Schätzlösungen liefern. Daneben wird auch häufig die Bestimmung des Kalkulationszinsfußes kritisiert. Auch wenn einmal vom

---

[279] Formal wird der interne Zinsfuß ermittelt, indem die Kapitalwertgleichung gleich Null gesetzt wird und die daraus folgende Gleichung nach dem Zinssatz aufgelöst wird. Aufgrund ihrer mathematischen Eigenschaften bereitet die Auflösung jedoch Schwierigkeiten, sodass hier dann grafische oder mathematische Verfahren der linearen Interpolation zur Anwendung kommen.

Problem der Bestimmung zukünftiger Zinssätze abgesehen wird, so stellt sich doch die Frage, woran sich der Zinssatz orientieren soll. So könnte er sich an den Kosten für Fremd- oder Eigenkapital oder an den Opportunitätskosten für entgangene Investitionen orientieren.[280] Die Festlegung erfolgt daher mehr oder weniger willkürlich. Sie entscheidet jedoch maßgeblich über die Vorteilhaftigkeit der betrachteten Investitionen. Da es kein einzelnes Investitionsrechenverfahren gibt, das unter allen Umständen und für jede NPO gleichermaßen geeignet ist, sollte die Auswahl eines Verfahrens von der zu lösenden Fragestellung abhängig gemacht werden. Dabei ist jedoch tendenziell dynamischen vor statischen Verfahren der Vorzug zu geben.

## 2.6.2 Verfahren zur Beurteilung von Finanzinvestitionen

Obwohl sich Finanz- nicht grundlegend von Sachinvestitionen unterscheiden, liegen ihnen doch andere Beurteilungskriterien zugrunde. So lassen sich die zur Investition gehörigen Zahlungsströme zwar häufig leichter ermitteln (z.b. bei festverzinslichen Wertpapieren), dafür reicht es in der Regel jedoch nicht aus, allein die Rentabilität zu betrachten. Unter Sicherheitsaspekten muss z. B. auch das Risiko der Anlage berücksichtigt werden. Neben den Verfahren zur Beurteilung von Sachinvestitionen, die auch Anwendung bei Finanzinvestitionen finden, haben sich daher eigene Instrumente zur Beurteilung von Finanzinvestitionen entwickelt. Dabei sind zwei Fälle zu unterscheiden: Zum einen kann eine Investition als Beteiligung an einem Unternehmen erfolgen. Die Beurteilung von Unternehmensbeteiligungen gestaltet sich je nach Ausgangslage äußerst komplex und wird hier, da Beteiligungen für NPOs meist von untergeordneter Bedeutung sind, nur der Vollständigkeit halber erwähnt.

Zum anderen kann auch die Anlage in anderen Wertpapieren wie Aktien oder festverzinslichen Wertpapieren von Bedeutung sein. Die investitionstechnische Beurteilung solcher Anlagen soll jedoch, sofern sie für eine Einführung zum Thema als notwendig erachtet wird, an entsprechender Stelle in Kapitel 8 behandelt werden.

---

[280] Mit Opportunitätskosten sind die entgangenen Deckungsbeiträge einer nicht gewählten Handlungsmöglichkeit gemeint. Vgl. Gabler (Hrsg.) (1997).

# 3 Planung und Analyse finanzwirtschaftlicher Vorgänge

Der wesentliche Unterschied zwischen der Finanzplanung und Finanzanalyse besteht in der zeitlichen Ausrichtung der Betrachtung. Während die Finanzanalyse vergangenheitsbezogene Daten untersucht und sich mit der Frage des Erfolges einer Organisation in abgelaufenen Perioden beschäftigt, ist die Finanzplanung grundsätzlich auf die Vorwegnahme zukünftiger Entwicklungen ausgerichtet. Gleichwohl dienen die Ergebnisse der Finanzanalyse neben der Befriedigung interner und externer Informationsbedürfnisse auch als Datengrundlage und somit als Ausgangspunkt der Finanzplanung.

## 3.1 Finanzanalyse

Die Finanzanalyse zielt darauf ab, die finanzielle Lage einer NPO durch Kennzahlen zu beschreiben. Finanzanalysen können von der NPO selbst (interne Finanzanalyse) oder von Dritten wie Banken oder Lieferanten (externe Finanzanalyse) durchgeführt werden.[281] Da keine grundsätzliche Rechenschaftspflicht für die meisten NPOs existiert und folglich viele Daten gar nicht ermittelt werden (können), stellt sich die Datenlage für eine externe Analyse häufig schwierig dar. In jedem Fall sind die Daten vergangenheitsbezogen und werden oftmals mit beträchtlichem zeitlichen Abstand gewonnen, sodass sie zur Beurteilung kurzfristiger Entwicklungen weniger geeignet sind.

Aufgabe der Finanzanalyse ist es, die zentralen Ziele des Finanzierungsmanagements (v. a. Sicherung von Liquidität und Rentabilität) zu messen und zu beurteilen. Dazu wurde eine ganze Reihe von Kennzahlen entwickelt. Bestandsorientierte Kennzahlen beziehen sich dabei überwiegend auf die Bilanz und beschreiben die Kapital-, Vermögens- und Zahlungsmittelstruktur. Stromgrößenorientierte Kennzahlen eignen sich zur Bestimmung von Liquidität und Erfolgsgrößen. Sie beziehen ihre Daten daher überwiegend aus der GuV/EÜR. Die Kennzahlenanalyse ist für die NPO besonders in Verbindung mit der Kreditbeschaffung sinnvoll, da Kreditinstitute im Rahmen der Kreditwürdigkeitsprüfung ohnehin auf bestimmte Kennzahlen zurückgreifen.

---

[281] Vgl. Förschle, Gerhart/Kropp, Manfred (1995), S. 101.

Die Ausprägung der Kennzahlen variiert je nach Tätigkeitsfeld, Größe und Entwicklungsphase der NPO beträchtlich. Die Vergleichbarkeit zwischen verschiedenen NPOs ist daher eher gering und wird dadurch weiter herabgesetzt, dass derzeit verlässliche empirische Untersuchungen zu den tatsächlichen und optimalen Finanzierungsstrukturen in NPOs noch ausstehen.[282] Die Interpretation von Kennzahlen sollte vor diesem Hintergrund nur mit großer Vorsicht erfolgen. Im Folgenden werden zunächst die gebräuchlichsten Kennzahlen der Forprofit-Finanzierungslehre kurz dargestellt. Im Anschluss daran werden mögliche Kennzahlen für den Nonprofit-Bereich diskutiert.

### 3.1.1 Klassische Kennzahlen

**Liquiditätskennzahlen** stellen eine Beziehung zwischen den vorhandenen liquiden Mitteln (wie Kassenguthaben, Guthaben bei Banken und auf Girokonten etc.) und den Verbindlichkeiten her. Sie geben damit je nach gewähltem Zeithorizont Auskunft über die Fähigkeit der NPO, ihre Schulden kurz-, mittel- oder langfristig begleichen zu können.

Liquiditätskennzahlen stellen eine Beziehung zwischen den vorhandenen liquiden Mitteln (wie Kassen, Guthaben bei Banken und auf Girokonten etc.) und den Verbindlichkeiten einer NPO her. Sie geben damit Auskunft über die Fähigkeit, kurzfristige Schulden begleichen zu können. In der engsten Auslegung (Liquidität I. Grades) werden nur tatsächlich flüssige Mittel zur Deckung der Verbindlichkeiten herangezogen:

$$Liquidität\ .I.Grades\ = \frac{liquide\ Mittel}{kurzfr.Fremdkapital} *100\%$$

Bei der Liquidität II. Grades werden zusätzlich die kurzfristigen Forderungen berücksichtigt:

$$Liquidität\ .II.Grades\ = \frac{liquide\ Mittel + kurzfr.Forderungen}{kurzfr.Fremdkapital} *100\%$$

---

[282] Eine bessere Datenlage präsentiert sich hingegen bei größeren sozialen Einrichtungen und Krankenhäusern. So führt beispielsweise die Bank für Sozialwirtschaft Benchmarking-Studien u. a. für Sozialstationen durch. Einzelne Verbände ermitteln solche Kennzahlen innerhalb der Einrichtungen ihres Verbandes.

Diese werden als in nächster Zeit erhältliche flüssige Mittel interpretiert. Die Liquidität III. Grades berücksichtigt auch Teile oder gar das ganze Umlaufvermögen (das generell zum kurzfristig veräußerbaren Vermögen gehört):

$$Liquidität\ .III.Grades\ =\ \frac{Umlaufverm\ ögen}{kurzfr\ .Fremdkapit\ al} * 100\%$$

Ergibt die Kennzahl einen Wert von 100 % oder mehr, so bedeutet dies, dass alle kurzfristigen Verbindlichkeiten durch kurzfristig verfügbare Mittel gedeckt werden können. Ein Wert unter 100 % zeigt die Gefahr an, dass die erhältlichen flüssigen Mittel nicht ausreichen, um für die demnächst einzulösenden Verbindlichkeiten einzustehen. Aufbauend auf diesen Kennzahlen haben sich eine Menge verschiedener Empfehlungen zur Finanzierung von Unternehmen entwickelt. So sollten idealerweise kurzfristige Verbindlichkeiten immer durch kurzfristige liquide Mittel beglichen werden können. Für die Besonderheiten in NPOs liegen aufgrund der Verschiedenheit der Ausgangsbedingungen bisher nur wenige aussagefähige Erkenntnisse vor.[283] Es ist jedoch davon auszugehen, das sich hier umfangreiche Parallelen zur gewerblichen Wirtschaft zeigen, die eine Anwendung von Liquiditätskennzahlen auch für NPOs sinnvoll erscheinen lassen.

Neben dieser kurzfristigen Liquiditätsanalyse kann eine langfristige Analyse auf der Basis von Deckungskennzahlen unterschieden werden. Dabei wird das Eigenkapital eines Unternehmens in Bezug zum Anlagevermögen gesetzt.

**Kennzahlen der Kapitalstruktur** stellen auf das Verhältnis zwischen Eigen- und Fremdkapital ab. Diese Relation gibt Auskunft über den Verschuldungsgrad der NPO. Wichtige Kennzahlen sind die Eigen- und Fremdkapitalquote sowie der Verschuldungsgrad. Die Kapitalstruktur ist eine wichtige Grundlage zur Beurteilung der möglichen Zahlungsfähigkeit im Rahmen der Kreditfinanzierung. Zwei zentrale Kennzahlen zur Abbildung der Kapitalstruktur sind die Eigenkapitalquote (EKQ) und Fremdkapitalquote (FKQ).

Die Eigenkapitalquote drückt aus, wie hoch der Anteil des Eigenkapitals am gesamten Kapital ist. Je höher dabei der Wert der EKQ ist, desto einfacher ist es in der Regel, zusätzliche Kredite zu erhalten.

---

[283] Insbesondere wird nur selten auf eine spezielle Form des Spendenmarketings eingegangen, bei der NPOs Liquiditätsengpässe zur Spendenakquisition nutzen. Geht es der Organisation schlecht, so scheint die Bereitschaft zur Unterstützung bei den Mitgliedern, aber auch bei externen Zuwendern erheblich anzusteigen. Solche Organisationen weisen regelmäßig schlechtere Liquiditätskennzahlen auf als andere, ohne dass ihre Situation ähnlich bedrohlich würde wie für ein Unternehmen.

$$Eigenkapitalquote = \frac{Eigenkapital}{Gesamtkapital} * 100\%$$

Die Fremdkapitalquote zeigt im Gegensatz dazu an, wie groß der Anteil des Fremdkapitals am Kapital der NPO ist.

$$Fremdkapitalquote = \frac{Fremdkapital}{Gesamtkapital} * 100\%$$

Auf der Grundlage des Verhältnisses zwischen Eigen- und Fremdkapital haben sich in der Praxis zahlreiche Finanzierungsregeln entwickelt (vertikale Finanzierungsregeln). Sie alle unterstellen implizit, dass eine bestimmte Menge an Eigenkapital als Haftungsbasis für das Fremdkapital notwendig ist. So soll gemäß einer Regel die Höhe des Fremdkapitals beispielsweise nicht größer sein als das Doppelte des Eigenkapitals (d. h. EKQ > 33 %). Das als zulässige empfundene Verhältnis von Eigenkapital zu Fremdkapital hat sich jedoch im Laufe der Jahrzehnte immer weiter abgeschwächt. Heute wird ein Verhältnis von 1 (Eigenkapital) : 2 (Fremdkapital) als tolerabel angesehen.[284] In der gewerblichen Wirtschaft wird dieser Wert durchschnittlich jedoch schon lange unterschritten. Kleine NPOs weisen hingegen nur selten höhere Fremdkapitalanteile auf. Dies ändert sich jedoch mit umfangreicher Geschäftstätigkeit, insbesondere wenn wirtschaftliche Betriebe kreditfinanziert aufgebaut wurden. Aufgrund der eingangs konstatierten Sonderstellung des Eigenkapitals und fehlender empirischer Erkenntnisse über die Relevanz der Fremdkapitalfinanzierung in NPOs sind Aussagen zur Kapitalstruktur und darauf basierende Empfehlungen derzeit noch mit besonderer Vorsicht zu genießen.

Mit der **Vermögensstruktur** ist das Verhältnis verschiedener Vermögensteile untereinander angesprochen (v. a. Anlage- und Umlaufvermögen). Das Vermögen einer NPO kann durch sein Verhältnis von Anlage und Umlaufvermögen zum Gesamtvermögen beschrieben werden.

$$Anteil\ des\ Anlagvermögens = \frac{Anlagevermögen}{Gesamtvermögen} * 100$$

---

[284] Vgl. Perridon, Louis/Steiner, Manfred (2002), S. 546.

$$\textit{Verhältnis AV / UV} = \frac{\textit{Anlagevermögen}}{\textit{Umlaufvermögen}} * 100$$

Da allgemein angenommen wird, dass Anlagevermögen (z.b. Gebäude, große Maschinen) Kapital langfristig bindet und hohe Fixkosten verursacht, wird ein niedriger Anteil des Anlage- am Gesamtvermögen häufig als Indiz für erhöhte Flexibilität gesehen. Bei Dienstleistungsbetrieben wird allgemein eher ein niedriges Anlagevermögen und ein hohcs Umlaufvermögen als vorteilhaft beurteilt.[285] Ein Vergleich von NPOs mit Industrieunternehmen macht dabei jedoch wenig Sinn. Zum einen können viele, vor allem junge und kleine NPOs ihre Tätigkeit auch ohne Vermögen ausüben, zum anderen zeichnen sich zahlreiche große NPOs durch einen hohen Dienstleistungsanteil aus, der wenig anlagenintensiv ist. Gleichwohl können die Organisationen in hohem Maße inflexibel sein. Für die verschiedenen Tätigkeitsfelder von NPOs liegen derzeit keine gesicherten Erkenntnisse über die Bedeutung des Anlagevermögens und den üblichen oder optimalen Anteil am Gesamtvermögen vor. Tatsächlich erweisen sich in der Praxis jedoch auch hier große Einrichtungen wie Krankenhäuser oder Pflegeeinrichtungen als eher schwerfällig bei der Anpassung an neue Rahmenbedingungen und sind obendrein wahre Kostentreiber.

**Stromgrößenorientierte Kennzahlen** ergeben sich aus der GuV oder einer einfachen EÜR. Die wichtigste absolute Kennzahl ist dabei der **Jahresüberschuss**. Dieser ergibt sich aus der Differenz zwischen Umsatzerlösen und Aufwendungen und kann als zentrale, relativ einfach zu ermittelnde Erfolgsgröße gesehen werden. Für die Beurteilung des Erfolgs von NPOs ist der Jahresüberschuss jedoch von untergeordneter Bedeutung, da er bestenfalls als sekundäres Ziel gesehen wird. Dort, wo jedoch große Geschäftsbereiche existieren, ist die Ermittlung des Erfolges von ungleich höherer Bedeutung. Interessant ist dabei vor allem die Analyse der Erfolgskomponenten und hier insbesondere die Frage, inwiefern es sich bei den zugrunde liegenden Aktivitäten um betriebsbedingte oder betriebsfremde und um einmalige oder regelmäßige Ergebnisse handelt. Einmalige betriebsfremde Einnahmen (z. B. eine Erbschaft) sollten dabei nicht den Blick für die tatsächlichen Betriebsverhältnisse versperren.

Der **Cashflow** (Kapitalfluss) gehört zu den schillernden Begriffen des Finanzierungsmanagements. Die Vielzahl der Bestimmungs- und Interpretationsansätzc ist Buch füllend. Im Sinne einer auf finanzwirksame Vorgänge abzielenden Kennzahl errechnet sie sich ähnlich wie die EÜR aus der Differenz zwischen

---

[285] Vgl. Ebd., S.545.

liquiditätswirksamen Einnahmen und Ausgaben (genau genommen also Ein- und Auszahlungen) oder entsprechend der indirekten Ermittlung mit Hilfe der Bilanz:

**Beispiel: Berechnung des Cashflow mit Hilfe der indirekten Ermittlung**

Bilanzgewinn (bzw. -verlust)

\+  Zuführungen zu den Rücklagen (- Auflösungen von Rücklagen)

\-  Gewinnvortrag aus der Vorperiode (+ Verlustvortrag der Vorperiode)

\=  Jahresüberschuss

\+  Abschreibungen (- Zuschreibungen)

\+  Erhöhung der langfristige Rückstellungen (- Verminderung der langfristigen Rückstellungen)

\=  **Cashflow**

Im Wesentlichen wird der Cashflow als erfolgs- oder finanzwirtschaftlicher Überschuss einer Organisation interpretiert. Beide Ansätze weisen eine Reihe von Schwierigkeiten auf. Der Cashflow spielt jedoch in der Bewertung von gewerblichen Unternehmen eine bedeutende Rolle, insbesondere weil unterstellt wird, der Erfolg der „normalen" Geschäftstätigkeit einer Organisation sei auf diese Weise weniger manipulierbar.

Der Cashflow ist eine der bedeutendsten Größen der Finanzanalyse und bildet selbst wiederum die Grundlage für zahlreiche weitere Kennzahlen. Die bedeutendsten sind dabei die **Rentabilitätskennzahlen.** So drückt die **Eigenkapitalrentabilität** das Verhältnis zwischen Jahresüberschuss und eingesetztem Eigenkapital aus. Die **Gesamtkapitalrentabilität**[286] bezieht sowohl Eigen- als auch Fremdkapital ein und setzt diese ins Verhältnis zum Erfolg bzw. Jahresüberschuss. Sie zeigt damit, wie sich das Ergebnis pro eingesetzter Geldeinheit darstellt. Rentabilitätskennzahlen können sowohl für die gesamte Organisation als auch für einzelne Betriebseinheiten eingesetzt werden. Die Kennzahlen sind jedoch angesichts der dargelegten Problematik des Eigenkapitalbegriffs, der fehlenden Gewinnerzielungsabsicht bei vielen Aktivitäten und den Zwängen der Mittelverwendung für NPOs äußerst problematisch. Eine Steuerung von NPOs über Rentabilitätskennzahlen – wie sie in der Praxis durchaus existiert – scheint vor diesem Hintergrund mehr als fragwürdig.

Schließlich gibt es eine Fülle von **Aktivitätenkennzahlen,** die meistens bestimmte Aspekte der Organisation in Beziehung zum Umsatz abbilden. Solche Kennzahlen können Umschlagshäufigkeiten (z. B. Umsatz/durchschnittlichem. Bestand an Umlaufvermögen) oder personalwirtschaftliche Kennzahlen sein (z.

---

[286] Die Gesamtkapitalrentabilität kann auch als Return on Investment (RoI) bezeichnet werden.

B. Umsatz/Personalkosten) sein. Viele dieser Kennzahlen können durchaus sinnvoll für NPOs eingesetzt werden. So liefert beispielsweise der Umsatz pro Beschäftigtem oder das Spendenvolumen pro Spender oder pro Einwohner des Ortes durchaus wichtige Hinweise und Vergleichskriterien für das Finanzierungsmanagement.

### 3.1.2 Kennzahlen für Nonprofit Organisationen

Diskussionen um die richtigen Kennzahlen für NPOs durchziehen seit Jahren zahlreiche Vereine und Verbände, gleichermaßen in der Bundesrepublik wie in den USA. Dabei fällt auf, dass „the NPO literature fails to support any financial measure as the definitive way to judge performance but rather reveals a confusing assortment of measures currently in use [...]"[287] Wie aus der knappen Kritik an den traditionellen Kennzahlen bereits deutlich wird, liefert der bloße Transfer dieser für gewinnorientierte Unternehmen konzipierten Kennzahlen auf NPOs in vielen Fällen keine sinnvollen Informations- oder Steuerungserkenntnisse: „Research using financial measures in the for-profit-sector is not neccessarily to nonprofit organizations whose purpose is to maximize service rather than profit."[288] Die Diskussion um NPO-Kennzahlen muss also einen Schritt vorher ansetzen. Sie muss die Frage nach dem Ziel möglicher Kennzahlen stellen. Dabei können zwei grundlegende Fragestellungen unterschieden werden. Ähnlich wie auch bei der Forprofit-Finanzanalyse geht es zum einen um die Erfolgsmessung bzw. die Bestimmung der Effektivität und Effizienz der Arbeit von NPOs im Allgemeinen und des Finanzmanagements im Besonderen.[289] Zum anderen müssen existentielle Risiken ausgemacht und objektiviert werden. Da die Reduktion dieser Aspekte auf einige wenige oder gar eine einzige Kennzahl bisher nicht gelungen ist, sollen nunmehr einige Aspekte dieses mehrdimensionalen Konstrukts angedeutet werden.[290]

**a) Messung der finanzwirtschaftlichen Performanz**
Weil der Gewinn als Erfolgsgröße für die NPO wenig aussagekräftig ist, stellt sich zunächst die Frage, woran sich Effektivität und Effizienz einer NPO über-

---

[287] Ritchie, William J./Kolodinsky, Robert W. (2003), S. 376.

[288] Greenlee, Janet S./Trussel, John M. (2000).

[289] Einen Überblick zum Stand der Forschung der letzten Jahrzehnte findet sich bei Forbes, Daniel P. (1998).

[290] *Herman* und *Renz* gehen davon aus, dass die Leistungsmessung grundsätzlich nur anhand mehrerer unterschiedlich gewichteter Dimensionen erfasst werden kann. Vgl. Herman, Robert D./Renz, David O. (1998), S. 23 ff.

haupt messen lassen. Die Antwort auf diese Frage berührt unmittelbar die Ziele der NPO. Die strukturellen Unterschiede zwischen NPOs und Unternehmen wurden oben mit ihren Implikationen für das Finanzmanagement erörtert. Sie sind hinreichend groß, um deutlich zu machen, dass die bislang weit verbreitete Praxis Forprofit-Kennzahlen ohne Modifikationen auch im Nonprofit-Bereich einzusetzen, wenig fruchtbar sein wird. Mittlerweile liegen eine Reihe unterschiedlichster Vorschläge zur Messung der Effizienz des Finanzmanagements in NPOs vor.[291]

*Ritchie und Kolodinsky* unterstützen die These der Mehrdimensionalität der Kriterien zur Beurteilung der finanziellen Performanz. Sie entwickeln auf der Grundlage einer theoretischen Exploration drei zentrale Kategorien und ordnen diesen im Rahmen einer Faktorenanalyse aus einer Fülle möglicher Kennzahlen je zwei zu:[292]

1. **Finanzielle Leistungskraft (*Fiscal Performance*)**: Die Kennzahlen erfassen das Verhältnis von Einnahmen zu Ausgaben entweder in der Gesamthöhe oder bezogen auf einzelne Aspekte des Einkommens.

Total revenue divided by total organizational expenses
Total contributions divided by total organizational expenses

2. **Effizienz des Fundraisings (*Fundraising Efficiency*)**: Hier wird das Verhältnis der gesamten oder ausgewählter Einnahmen zu den gesamten Fundraisingausgaben erfasst.

Total revenue divided by total fundraising expenses
Direct public support divided by total fundraising expenses

3. **Öffentliche Unterstützung (*Public Support*)**: Kennzahlen dieser Kategorie setzen die Finanzbeiträge der Öffentlichkeit/ öffentlichen Hand ins Verhältnis zum Vermögen oder Gesamteinnahmen.

Direct public support divided by total assets
Total contributions divided by total revenue

---

[291] Vgl. z.B. Greenlee, Janet S./Bukovinsky, David Siciliano, Julie I. (1997), Green, Jack C./Griesinger, Donald W. (1996).

[292] Die Ermittlung der Daten erfolgt auf der Grundlage des amerikanischen IRS Steuerformulars 990 aus Daten des National Center for Charitable Statistics (NCCS). Die Positionsbezeichnungen werden aus diesem Grund nicht übersetzt. Sie lassen sich vielmehr aus den Berechnungsanweisungen zum Formular entnehmen.

Die Kennzahlen tragen den weit verbreiteten Problemen der Datengewinnung in NPOs Rechnung, indem sie sich auf relativ leicht zu gewinnende Daten der Buchhaltung beschränken. Der Vorschlag hebt drei für das Finanzmanagement zentrale Leistungsbereiche hervor. Welchen Beitrag sie tatsächlich zur Bestimmung der Effektivität und Effizienz einer NPO leisten, bleibt aber fraglich.

Um zu einer Aussage über die Leistungsfähigkeit der NPO insgesamt zu gelangen, müssten ergänzende Kennzahlen zur Verfügung stehen. Dabei müssen die von der NPO erzeugten Leistungen, die schließlich und endlich ihre Existenzberechtigung sind, qualitativ und quantitativ erfasst werden.

Aufgrund der fehlenden Rückkopplung an die Mission der Organisation können sich bei dieser Definition finanzieller Leistungsmessung Zielkonflikte ergeben: „A focus on the fiscal performance measures might prompt managers to cut back on expenses in an effort to meet short-term organizational goals. In this case the NPO might demonstrate high short-term performance results yet fall short of delivering mission-critical services, creating performance problems in the long run"[293]

### b) NPOs aus der Risikoperspektive
Neben der finanziellen Leistungsfähigkeit der Organisation benötigen NPOs auch Kennzahlen zur Beurteilung ihres ökonomischen Risikos und ihrer Überlebensfähigkeit. Dabei lassen sich aus der Finanzierungsperspektive mehrere Risikofelder definieren:

### Insolvenzrisiko
Das schlimmste anzunehmende ökonomische Risiko stellt gleichermaßen für Unternehmen wie NPOs die Insolvenz dar. Gemäß § 11 Abs. 1 der Insolvenzordnung (InsO) kann das Insolvenzverfahren über das Vermögen jeder natürlichen oder juristischen Person eröffnet werden. Das bedeutet, dass auch NPOs insolvent werden können.[294] Die Insolvenzordnung nennt drei Gründe für die Eröffnung einer Insolvenz:

- Eine NPO ist zahlungsunfähig. Dies ist dann der Fall, wenn sie nicht in der Lage ist, die fälligen Zahlungspflichten zu erfüllen.[295]

---

[293] Ritchie, William J./Kolodinsky, Robert W. (2003), S. 378.
[294] Der nicht rechtsfähige Verein wird in diesem Fall einer juristischen Person gleichgestellt.
[295] Vgl. § 17 Abs. 2 InsO.

- Einer NPO droht die Zahlungsunfähigkeit wenn sie voraussichtlich nicht in der Lage ist, ihre Zahlungsverpflichtungen zum fälligen Zeitpunkt zu erfüllen.[296]
- Eine NPO ist überschuldet. Eine Überschuldung liegt vor, wenn das Vermögen des Schuldners die bestehenden Verbindlichkeiten nicht mehr deckt.[297]

Aus diesem Grund werden Kennzahlen benötigt, die vor diesem Risiko warnen und Entwicklungen dokumentieren bzw. prognostizieren helfen, die zu diesem Risiko führen können.

Dem Risiko der Zahlungsunfähigkeit können die oben beschriebenen Liquiditätskennzahlen und der Deckungsgrad erste Hinweise geben.

Hinsichtlich der Überschuldung von juristischen Personen können Kennzahlen zum Verschuldungsgrad herangezogen werden.

Obwohl sich eine wachsende Zahl von NPOs auch wirtschaftlich betätigt und von einem erhöhten Risiko sowie einer steigenden Zahl von Insolvenzen ausgegangen werden kann, gehören Insolvenzen von NPOs derzeit noch zu den Ausnahmen.[298] Zur Messung der finanziellen Anfälligkeit und Leistung von NPOs werden deshalb sowohl in der Theorie als auch in der Empirie andere Bezugspunkte gesucht. Ausgangspunkt der Überlegung ist dabei, dass die eigentliche Aufgabe von NPOs in der Erstellung bestimmter Leistungen liegt.

**Risiko von Leistungseinbrüchen aufgrund finanzieller Schwäche (*financial vulnerability*)**

Das Fehlen von Gewinnen oder das Vorhandensein von Verlusten sagt kurzfristig nichts über die Gefährdung der Organisation aus, da es nicht zu den Aufgaben einer NPO gehört, Gewinne zu erwirtschaften. Unter Erfolgsgesichtspunkten ist es vielmehr negativ zu beurteilen, wenn eine NPO ihre (Kern-)Leistungen reduzieren muss, weil dadurch der Grad der Auftragserfüllung sinkt. *Greenlee* und *Trussel* stellen daher die Programmausgaben als den Teil der Ausgaben, der für die unmittelbaren Satzungszwecke ausgegeben wird, in den Mittelpunkt ihrer Überlegungen.[299] Als Alarmsignal bewerten sie einen Rückgang dieser Pro-

---

[296] Vgl. § 18 Abs. 2 InsO.

[297] § 19 Abs. 1 InsO.

[298] Nichtsdestotrotz gab es insbesondere im Bereich der Wohlfahrtsverbände und ihrer fixkostenintensiven Einrichtungen einige Insolvenzen wie beispielsweise die Insolvenz des DRK Landesverbandes Berlin.

[299] Gilbert, Menon und Schwarz wählen in diesem Zusammenhang als Diskriminanzkriterium das drei Jahr ein Folge sinkende Netto. Vgl. Gilbert, Lisa./Menon, Krishnagopal/Schwartz, Kenneth B. (1990).

grammausgaben in drei aufeinander folgenden Jahren im Anschluss an einen externen finanziellen Schock.[300] Unter Rückgriff auf ein Prognosemodell von *Tuckman* und *Chang* benennen sie vier Kennzahlen, die als Indikatoren Hinweise auf die finanzielle Stärke bzw. Schwäche der NPO geben können.[301]

1. Verhältnis Eigenkapital zu Einnahmen (EQUITY): NPOs mit geringer Eigenkapitalbasis sind anfälliger für finanzielle Störungen. „After a financial shock, a nonprofit with a large equity balance may be able to leverage its assets rather than reduce its program offerings."[302]

$$EQUITY = \frac{Gesamtes\ Eigenkapital}{Gesamteinnahmen}$$

2. Konzentration im Finanzierungsmix (CONCEN): NPOs erzeugen ihr Einkommen aus einer ganzen Reihe von Einnahmequellen. Je weniger Quellen einer NPO zur Verfügung stehen und je höher damit die Konzentration im Finanzierungsmix ist, desto abhängiger ist sie und desto weniger in der Lage, eventuell auftretende Störungen im finanziellen Gleichgewicht zu kompensieren.

$$CONCEN = \sum_{i=1}^{n} \left( \frac{Einnahmequelle_i}{Gesamteinnahmen} \right)^2$$

3. Verwaltungskostenanteil (ADMIN): Organisationen mit geringen Verwaltungskosten sind anfälliger für finanzielle Schocks als solche mit hohen. Diese können im Notfall einen Teil der Verwaltungskosten abbauen, bevor sie die Kernleistungen herunterfahren müssen.

$$ADMIN = \frac{Verwaltungsaufwand}{Gesamteinnahmen}$$

---

[300] Vgl. Greenlee, Janet S./Trussel, John M. (2000), S. 203. NPOs reduzieren ihre Leistungen auch aus anderen außer finanziellen Gründen. Vgl. Hager, Mark/Galaskiewicz, Joseph/Bielefeld, Wolfgang/Pins, Joel (1996) Durch die mehrperiodige Betrachtung sollen solche Effekte ausgeschlossen werden.
[301] Vgl. Tuckman, Howard P./Chang, Cyril F. (1991).
[302] Greenlee, Janet S./Trussel, John M. (2000), S. 200.

4. Operating Margin (MARGIN): Der Teil der Einnahmen, der nicht zur Deckung der Ausgaben genutzt wird, kann als Überschuss oder „freie Spitze" einer Organisation interpretiert werden. Je höher diese „freie Spitze" anteilig an den Gesamteinkünften ist, desto eher können finanziell bedrohliche Entwicklungen durch Abschmelzen der Spitze kompensiert werden.

$$MARGIN = \frac{Gesamteinnahmen - Gesamtausgaben}{Gesamteinnahmen}$$

Erste Untersuchungsergebnisse deuten darauf hin, dass sowohl die Konzentration des Finanzierungsmix, als auch der Verwaltungskostenanteil und die *Operating Margin* signifikante Beiträge zur Erklärung der finanziellen Anfälligkeit von NPOs leisten. Der Eigenkapitalanteil dagegen leistete keinen signifikanten Erklärungsbeitrag.[303]

Risiko des Verlustes des steuerbegünstigten Status
Ein weiteres Risikofeld ist im Verlust des steuerbegünstigten Status zu sehen. Dementsprechend werden Kennzahlen benötigt, die Auskunft über problematische Entwicklungen in diesem Sinne geben.

Dabei zeigen sich mehrere Problemfelder auf die an dieser Stelle nur verwiesen werden soll:

1. Zeitnahe Mittelverwendung steuerbegünstigter Mittel
2. Quersubventionierung von Verlusten im wirtschaftlichen Geschäftsbetrieb durch steuerbegünstigte Mittel der ideellen Sphäre
3. Höhe der Verwaltungskosten. Die Verwaltungskosten dient jedoch nicht nur dem Finanzamt als Indikator. Vielmehr spielen sie auch im Rahmen der freiwilligen Selbstkontrolle und der Zertifizierung durch externe Einrichtungen (Spendensiegel) eine Rolle. Zu hohe Verwaltungskosten werden als nachteilig bei der Akquisition von Spenden angesehen.

Die Diskussion zeigt, dass die Entwicklung von Kennzahlen für NPOs erst am Anfang steht. Die vorgestellten Kennzahlen beinhalten eine ganze Reihe von Prämissen die diskussionswürdig sind. Indizien sprechen zwar für eine gewisse Relevanz und Erklärungsreichweite der Kennzahlen, wirklich zufrieden stellende Lösungen sind jedoch noch nicht in Sicht. Bedauerlich sind dabei insbesondere die fehlenden empirischen Erkenntnisse über die Relevanz und in der Folge auch

---

[303] Vgl. ebd. , S. 205.

der Konsens im Hinblick auf ein einheitliches Kennzahlensystem.[304] Für Theorie und Praxis eröffnet sich hier noch ein weites Forschungsfeld, das sicherlich Anlass zu umfangreichen Diskursen bietet.


## 3.2 Finanzplanung

**Unter Finanzplanung soll „die systematische Erfassung und Gegenüberstellung sowie die zielorientierte Abstimmung der innerhalb eines bestimmten Zeitraumes zu erwartenden Geld- und Kreditströme sowie der korrespondierenden Bestände"[305] verstanden werden.** Finanzplanung ist damit einerseits die planvolle gedankliche Vorwegnahme zukünftiger Ereignisse (Prognosefunktion), wodurch sie sich von der Intuition oder Improvisation unterscheidet. Andererseits zielt sie auch auf die aktive Gestaltung zukünftiger Ereignisse ab (Gestaltungsfunktion). Die Aufgaben der Finanzplanung lassen sich aus den oben beschriebenen Zielen[306] des Finanzmanagements herleiten:

1. Ermittlung des kurz-, mittel- und langfristigen Bedarfs an Zahlungsmitteln
2. Sicherung der Zahlungsfähigkeit zu jedem Zeitpunkt
3. Auswahl der optimalen Finanzierungsart
4. Erkennung und Darstellung potenzieller Defizite und nicht angelegter Überschüsse
5. Wahrung der Satzungsinhalte unter formalrechtlichen und ethisch-moralischen Aspekten
6. Berücksichtigung der Regelungen des Gemeinnützigkeitsrechts, insbesondere des Gebots der zeitnahen Mittelverwendung und Verrechnungsverbote zwischen ideellen und wirtschaftlichen Bereichen

Gerade größere NPOs bestehen in der Regel aus mehreren Funktionsbereichen und Abteilungen, die oftmals eine eigenständige Ressourcenverantwortung haben und so selbst Ein- und Auszahlungen produzieren. Für das Finanzmanagement ist jedoch letztlich die Perspektive der Gesamtorganisation entscheidend. Die Finanzplanung muss, wenn sie ihre Ziele auf der Ebene der Gesamtorganisation erreichen will, die Pläne und finanzwirtschaftlich wirksamen Transaktionen anderer Teilbereiche berücksichtigen. Finanzplanung hat damit auch eine integrative Funktion. Sie muss **Teilplanungen** zusammenführen, um übergeordnete

---

[304] Vgl. Herman, Robert D./Renz, David O. (1999).
[305] Matschke, Manfred J./Hering, Thomas/Klingelhöfer, Heinz E. (2002), S. 95.
[306] Vgl. Kapitel 3.1.

Ziele realisieren zu können. So kann z. B. erkannt werden, wenn sich in bestimmten Bereichen der Organisation Überschüsse bilden und als Sichteinlage mit niedriger Verzinsung geführt werden, während andere Bereiche defizitär arbeiten und teure Kredite zur Finanzierung aufnehmen müssen. Eine geordnete Finanzplanung kann solche Fehlsteuerungen vermeiden, indem sie die Überschüsse des einen Bereichs zur Deckung der Defizite des anderen verwendet. Finanzplanung muss also, damit sie letztendlich sinnvoll ist, alle Bereiche der NPO integrieren. Das heißt die Daten der Mitgliederverwaltung, die Ausgaben für Personalkosten, die Erlöse aus Spendenaktionen und aus dem Verkauf von Waren und Dienstleistungen etc. müssen sich im Finanzbudget wieder finden.

Budgetierung und Planung gestalten sich aufgrund der großen strukturellen Unterschiede in den Organisationen sehr unterschiedlich. Viele NPOs führen weder eine regelmäßige Finanzplanung noch eine geordnete Budgetierung durch. Andere erstellen regelmäßig nur Budgets für den Bereich der wirtschaftlichen Geschäftsbetriebe. Eine optimale Voraussetzung für eine Finanzplanung ist die Existenz ein der Größe der NPO angemessenes Planungs- und Budgetierungssystem. Aber selbst wenn eine Budgetierung erfolgt, kommt es sehr auf die angewandte Technik an. So lässt sich in NPOs nicht selten die „Vorjahres-Methode" finden, bei der die Budgets immer entsprechend der im Vorjahr realisierten Ergebnisse festgeschrieben werden. Oftmals liegen die Budgets auch erst gegen Ende des laufenden Jahres für das aktuelle Jahr vor, sodass kaum mehr von einer echten Planung gesprochen werden kann.

Die Finanzplanung erfolgt in der Regel in mehreren Schritten:[307]

1. **Prognose des Finanz- und Investitionsbedarfs**
2. **Planung alternativer Finanzierungs- und Investitionsmöglichkeiten**
3. **Erstellung eines Finanzplans**
4. **Kontrolle des Plans**
5. **Abgleich des Plans**

1. Da sich Finanzplanung auf zukünftige Ein- und Auszahlungen bzw. Einnahmen und Ausgaben bezieht, bedarf es zunächst einer **Finanzprognose**. Dabei versucht das Finanzmanagement, unter Einsatz verschiedener Prognoseverfahren zukünftige Zahlungsströme möglichst exakt vorherzubestimmen:

Bei **subjektiven Prognoseverfahren** beruht die Einschätzung der Zukunft überwiegend auf menschlicher Erfahrung und Einschätzung. Das wichtigste

---

[307] Vgl. Perridon, Louis/Steiner, Manfred (2002), S. 621.

Instrument ist dabei die Expertenbefragung (z. B. nach der Delphi-Methode). **Extrapolierende Verfahren** beruhen auf den Daten der Vergangenheit. Diese Daten werden zu einer Zeitreihe verdichtet, deren Charakteristika mit Hilfe statistischer Verfahren (z. B. Ermittlung gleitender Durchschnitte oder Methode der kleinsten Quadrate) ermittelt werden. Im Mittelpunkt steht die Darstellung eines Trends. Wurde eine Entwicklung für die Vergangenheit beobachtet, so geht man mit mehr oder weniger Plausibilität davon aus, dass sich auch zukünftig eine ähnliche Tendenz einstellen wird. Diese Verfahren finden immer dann Anwendung wenn davon ausgegangen werden kann, dass sich bestimmte Entwicklungen fortsetzen oder wiederholen. Während extrapolierende Verfahren die Entwicklung von Ein- und Auszahlungen in Abhängigkeit vom Zeitablauf betrachten, greifen **kausale Verfahren** auf andere Variablen zurück, die vielleicht eher in einem unmittelbaren Wirkungszusammenhang stehen. So kann das Spendenaufkommen beispielsweise unter dem Aspekt der gesamtwirtschaftlichen Entwicklung gesehen werden. Diese Zusammenhänge können entweder als eindeutig und sicher angesehen (deterministische Prognosen) oder mit gewissen Wahrscheinlichkeiten versehen werden (stochastische Prognosen).

Obwohl keine der Vorgehensweisen die Zukunft sicher vorhersagen kann, stellen sie doch die Grundlage eines planvollen Handelns dar. Aus diesem Grund tun bereits kleine NPOs mit nur wenigen Finanztransaktionen gut daran, zukünftige Zahlungsströme im Rahmen einer möglichst genauen Schätzung vorzunehmen. Dazu werden wahrscheinlich nicht immer aufwändige statistische Verfahren nötig sein, letztendlich jedoch eine Auseinandersetzung mit den zukünftigen finanziellen Chancen und Risiken der Organisation. Oft bietet sich hier eine vereinfachte **Szenariotechnik** an. Dabei werden für die NPO drei alternative Umweltzustände (pessimistisch, realistisch und optimistisch) mit den jeweils geschätzten finanziellen Ergebnissen aufgestellt. Häufig kann so mit einfachsten Mitteln auf der Grundlage der Erfahrungen der Mitglieder bereits ein relativ realistischer Erwartungskorridor entwickelt werden.

2. Aufbauend auf den Prognosen des Kapitalbedarfs, ist es Ziel der **Alternativenplanung** bedarfsgerechte Anlage- und Finanzierungsmöglichkeiten zu ermitteln. Dabei werden zunächst alle möglichen Formen der Mittelbeschaffung und Kapitalanlage eruiert. Solche die den Anforderungen und Zielsetzungen des Finanzmanagements nicht gerecht werden, sollten an dieser Stelle bereits verworfen werden. Im Rahmen der Auswahl von Alternativen muss dann eine optimale Finanzierungs- bzw. Anlagestruktur entwickelt werden. So sollten Anlagen mit unterdurchschnittlicher Rendite ebenso wie zu teure Kredite ausgeschlossen werden. Daneben gilt es, nicht missionskonforme Ressourcen auszumachen und

bei den zur Beschaffung notwendigen Transaktionen auf rechtliche Rahmenbedingungen und den Ruf der NPO zu achten.

3. Die Kombination optimaler Alternativen wird gemeinsam mit dem ermittelten Bedarf abgeglichen und in einem **Finanzplan** festgehalten. Die Planung der Finanzen kann kurz-, mittel- oder langfristig erfolgen, wobei auch je nach Frist verschiedene Planungen mit verschiedenen Bezugsgrößen unterschieden werden. Von kurzfristiger Planung wird häufig dann gesprochen, wenn der Planungshorizont unterhalb eines Jahres (z. B. auf Monats- oder Wochenbasis) liegt. Diese Fristen machen Sinn, wenn es regelmäßige Zahlungen in nennenswertem Umfang gibt, insbesondere wenn Lohn- und Gehaltszahlungen oder Tilgungszahlungen zu leisten sind. In diesen Fällen spricht man auch von Liquiditätsplänen. Liquiditätspläne basieren auf der Gegenüberstellung von Einzahlungen und Auszahlungen und werden in der Regel als Feinplanungen auf täglicher Basis durchgeführt.[308]

*Abbildung 20:* Finanzplanungsrechnungen

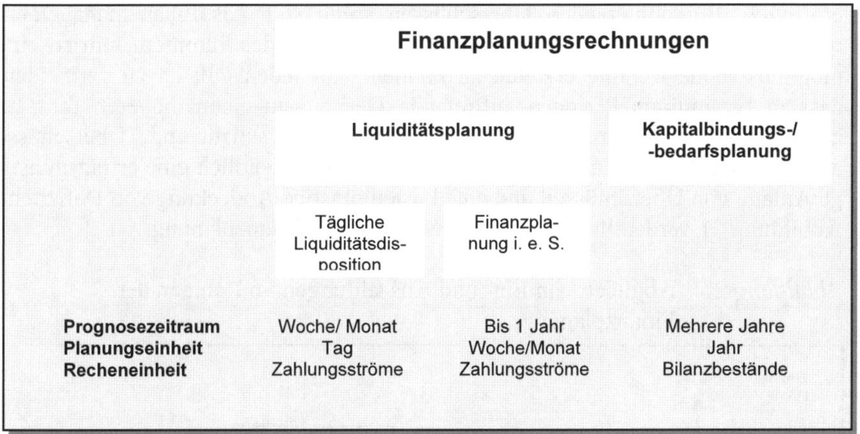

Quelle: Perridon, Louis/Steiner, Manfred (1991), S. 534

Wie bereits erwähnt, überwiegen bei NPOs kleinere und mittelgroße Strukturen. Für solche NPOs, die häufig nur eine überschaubare Menge an Finanztransaktionen haben und in einem überschaubaren Umfeld agieren, ist eine kurzfristige Liquiditätsplanung häufig nicht notwendig. Aber auch für sie bietet sich eine

---

[308] Vgl. Matschke, Manfred J./Hering, Thomas/Klingelhöfer, Heinz E. (2002), S. 95.

mittelfristige Planungsperspektive an. Die Liquidität wird bei diesen Finanzplänen auf wöchentlicher oder monatlicher Basis ermittelt.

Bei längeren Betrachtungs- und Prognosezeiträumen kann es sich aufgrund der wachsenden Unsicherheit nur um Grobplanungen handeln. Sie basieren meist auf Einnahmen und Ausgaben und beziehen sich auf die Bilanz oder Vermögensaufstellung der NPO. Im Unterschied zur Liquiditätsplanung müssen bei solchen Kapitalbindungs- und -bedarfsplänen auch die Veränderungen im Bestand der Forderungen und Verbindlichkeiten einbezogen werden.[309]

Zur Sicherung der Liquidität müssen zukünftig entstehende Kapitalengpässe frühzeitig erkannt und Pläne zur Deckung des Kapitalbedarfs erarbeitet werden. Eine derartige Planung sollte die Höhe und Art der bereitzustellenden Mittel festlegen. Liquiditätsengpässe entstehen immer dann, wenn die Summe der Auszahlungen die der Einzahlungen in einem gewissen Zeitraum übersteigt. Umgekehrt entstehen Liquiditätsüberschüsse, wenn die Einzahlungen in einem Zeitraum die Auszahlungen übersteigen. Solche Liquiditätsüberschüsse sollten jedoch so schnell wie möglich angelegt werden, da diese in einer Barkasse oder als Sichtguthaben bei einer Bank gehalten keine oder lediglich geringe Zinsen erbringen. Bei anhaltenden Überschüssen sollte sich das Finanzmanagement rechtzeitig um eine Möglichkeit der Anlage des Geldes kümmern, um so eine möglichst hohe Rendite erzielen zu können. Auf jeden Fall ist zu vermeiden, dass in bestimmten Perioden auftretende Defizite zu einem höheren Zinssatz kreditfinanziert werden, als zum gleichen Zeitpunkt existierende Überschüsse aus früheren Perioden angelegt sind. Das Ziel ist letztendlich eine ertragsgünstige Anlage von Überschüssen und eine kostengünstige Abdeckung von Defiziten. Abbildung 21 verdeutlicht die Problemstellung der Finanzplanung.

*Abbildung 21:* Abgleich von Ein- und Auszahlungen im Rahmen der Finanzplanung

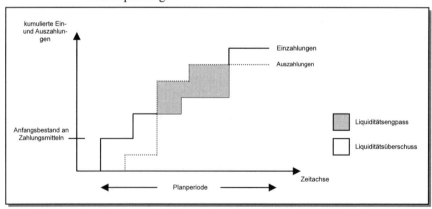

Einzahlungen und Auszahlungen werden aufgerechnet und einander gegenübergestellt. Dabei kann zu jedem Zeitpunkt eine Über- oder Unterdeckung eintreten. Es zeigt sich, dass es trotz der Einhaltung der Liquidität über den gesamten Planungszeitraum hinweg in einzelnen Phasen zu Liquiditätsengpässen (graue Fläche) kommen kann.

Im Grunde lässt sich jede Liquiditätsplanung, ganz unabhängig davon, ob sie einige wenige Transaktionen im Jahr oder Hunderte Zahlungen pro Woche abbilden soll, auf eine ganz einfache Grundformel zurückführen:

|   | Anfangsbestand an Zahlungsmitteln zu Beginn der Planperiode |
|---|---|
| + | geplante Einzahlungen der Periode |
| - | geplante Auszahlungen der Periode |
| = | Endbestand an Zahlungsmitteln in der Planperiode |

*Abbildung 22:* Mittelfristiger Liquiditätsplan (Finanzplan)

| I. Einzahlungen | Monate Jan. Feb. März April Mai ... |
|---|---|
| **Ideeller Bereich**<br>Mitgliedsbeiträge<br>Spenden<br>  davon zweckgebunden<br>Zuwendungen<br>  davon zweckgebunden | |
| **Zweckbetrieb**<br>Leistungsentgelte<br>Gebühren<br>Verkauf von Waren und Dienstleistungen | |
| **Vermögensverwaltung**<br>Einzahlung von Zinserträgen<br>Beteiligungserträge<br>Einzahlung aus Auflösung von Finanzinvestitionen | |
| **Geschäftsbetrieb**<br>Leistungsentgelte<br>Verkauf von Waren und Dienstleistungen<br>Sponsoring<br>... | |
| **Sonstiges**<br>Einzahlungen aus Desinvestition | |

| II. Auszahlungen | |
|---|---|
| **Auszahlungen für laufende Aufgaben**<br>Löhne und Gehälter<br>Honorare<br>Aufwandsentschädigungen<br>Zivildienstleistende und FSJ<br>Ehrenamtliche<br>Material<br>Kfz<br>Steuern<br>Sozialabgaben<br>Gebühren | |
| **Auszahlungen für Investitionen**<br>Anlagen (Kauf, Vorauszahlung etc.)<br>Finanzinvestitionen | |
| **Auszahlungen Kapitalverkehr**<br>Kredittilgung<br>Zinszahlungen | |
| **Sonstige Auszahlungen**<br>Spenden an andere Organisationen<br>Fremdleistungen | |

| III. Ermittlung der Überdeckung oder Unterdeckung<br>+ Zahlungsmittelbestand der Vorperiode | |
|---|---|

| IV. Ausgleichs- und Anpassungsmaßnahmen<br>Mittelbeschaffung bei Unterdeckung<br>Anlage bzw. Kreditrückführung bei Überdeckung | |
|---|---|

| V. Zahlungsmittelbestand am Periodenende | |
|---|---|

*Eigene Darstellung*

Der Bestand an Zahlungsmitteln wird für den Beginn der Planperiode festgesetzt. Dazu werden die voraussichtlichen Einzahlungen der Planperiode addiert und die voraussichtlichen Auszahlungen davon subtrahiert. Das Ergebnis ist der Endbestand an Zahlungsmitteln. Abbildung 22 zeigt, wie ein Finanzplan auf monatlicher Basis für eine NPO aussehen könnte.

Zunächst werden dabei die Einzahlungen getrennt nach betrieblichen Sphären aufgelistet. Besonderheiten der NPO-Finanzierung wie Verrechnungsverbote zweckgebundener Mittel, die nicht zur Deckung laufender Auszahlungen in wirtschaftlichen Geschäftsbetrieben genutzt werden dürfen, sollten dabei hervorgehoben werden. Aus der Differenz zwischen Einzahlungen und Auszahlungen werden die Über- und Unterdeckungen ermittelt. Ergeben sich Liquiditätsengpässe, so müssen diese im Rahmen der Mittelbeschaffung behoben werden. Umgekehrt ergeben sich durch Liquiditätsüberschüsse erhöhte Kassenbestände. Diese können durch die Rückführung von Krediten oder durch die Anlage des Geldes verringert werden. Solche Ausgleichs- und Anpassungsmaßnahmen stellen eine zentrale Aufgabe des Finanzierungsmanagements dar. Am Ende der Betrachtung steht der Zahlungsmittelbestand der jeweiligen Periode. Zur Kompensation unvorhergesehener Ereignisse sollte die NPO hier jedoch immer einen in seiner Höhe angemessenen positiven Bestand an liquiden Mitteln ausweisen können.

Liquiditätsrechnungen können sich zum einen auf den normalen Betrieb der NPO beziehen. Sie legen dann die gewöhnlichen Einzahlungen durch Mitgliedsbeiträge, Spenden oder Umsätze usw. zugrunde (ordentliche Finanzplanung). Sie können sich zum anderen aber auch auf außergewöhnlich wichtige, einzelne Ereignisse wie ein Investitionsvorhaben beziehen (außerordentliche Finanzplanung).[310]

4. Unabhängig davon, wie die konkrete Gestaltung der Pläne auch aussehen mag, sollten alle Planungen im Sinne einer **Plankontrolle** fortlaufend mit den tatsächlichen Entwicklungen abgeglichen (Soll-Ist-Vergleich) und auf mögliche Abweichungen und ihre Ursachen hin untersucht werden. Die Kontrolle und die Untersuchung von Abweichungen erfüllen eine wichtige Funktion, indem sie die Frage nach ursächlichen Zusammenhängen stellen: Warum kommt es zu Abweichungen? Die Beantwortung der Frage führt zu einem Lernprozess, der die Planenden immer näher an die finanzwirtschaftlichen Vorgänge in der NPO heranführt. Am Ende einer Abweichungsanalyse sollte im Idealfall eine Lernerfahrung stehen. Abgesehen davon, ist die Kontrolle die Grundlage für eine Steuerung der Planung und letztendlich auch der Finanzen.

---

[310] Zur Planung von Investitionen mittels eines Finanzplanes vgl. Kapitel 2.4 und 2.6.

5. Abschließend erfolgt – sofern sich dies als notwendig erweist – die **Revision der Planung.** Auf der Grundlage der neuen Kenntnisse und Erkenntnisse werden die Pläne angepasst und so auf den aktuellen Stand des Wissens gebracht. Diese aktualisierte Fassung ist dabei wiederum die Grundlage für den nächsten Planungszyklus.

# 4 Zuwendungsmanagement

Im Mittelpunkt des Zuwendungsmanagements steht ein Antragsverfahren, dessen genaue Durchführung vom Zuwendungsgeber geregelt wird. Zwar erfolgt die Vergabe der Mittel auf der Grundlage rechtlicher Bestimmungen (z. B. Gesetze oder Satzungen), der Antragsteller hat jedoch keinen Garantieanspruch auf die Leistung. Die wichtigsten Zuwendungsgeber sind die Europäische Union (EU), der Bund, die Länder und Gemeinden sowie Stiftungen, Gerichte und die Bundesagentur für Arbeit (BA). Die Entscheidung, diese Geldgeber zusammen in einem Kapitel darzustellen, liegt weniger in der sehr engen Zuwendungsdefinition, die als Zuwendungsgeber ursprünglich nur öffentlich-rechtliche Institutionen vorsieht, als vielmehr in den Ähnlichkeiten des Verfahrens begründet. Mit dieser pragmatischen Vorgehensweise soll die Managementperspektive stärker betont und der Unterschied zu anderen Teilbereichen des Finanzierungsmanagements (wie Spendenmanagement) deutlicher hervorgehoben werden.

## 4.1 Management öffentlicher Mittel

Die öffentliche Finanzierung in der Bundesrepublik ist trotz rückläufiger Fördersummen nach wie vor die zentrale Einnahmequelle des Dritten Sektors. Dies gilt in besonderer Weise für den Sozial- und Gesundheitssektor.[311] Letztlich profitieren jedoch auch viele andere Bereiche wie Kultur oder Sport in nicht unerheblichem Umfang von öffentlichen Leistungen. Der Transfer öffentlicher Mittel an NPOs findet nicht nur über Zuwendungen statt, sondern beispielsweise auch über Leistungsentgelte wie Pflegesätze oder Maßnahmenpauschalen. Diese stehen jedoch meist im Zusammenhang mit einem Zweck- oder wirtschaftlichem Geschäftsbetrieb und werden deshalb dem Management selbsterwirtschafteter Mittel zugerechnet.

Der föderale Aufbau der Bundesrepublik ist in Verbindung mit der supranationalen Struktur der Europäischen Union die Grundlage einer kaum mehr überschaubaren Förderlandschaft. Um einen Überblick über die Vielfalt der Zuwendungsgeber und -instrumente zu ermöglichen, ist eine Einteilung nach **Förderebenen** zweckmäßig. Innerhalb der Bundesrepublik fördern Kommunen, Länder und der Bund. Auch wenn sich dabei gewisse Schwerpunkte – entsprechend der

---

[311] Vgl. Teil A Kapitel 2.3 und Zimmer, Annette/Priller, Eckhard (2004), S. 142 ff.

durch Verfassung und Gesetze zugeordneten Aufgaben – bei der Förderung ausmachen lassen, sind die festgelegten Zuständigkeiten nicht frei von Überschneidungen. Eng verwoben mit der nationalen Förderstruktur sind die Zuwendungen der Europäischen Union, die ihre Mittel zum Teil direkt, zum Teil aber auch über die einzelnen Mitgliedsländer vergibt.

Neben den einzelnen Ebenen erfolgt die Zuteilung und Verteilung von Fördermitteln über spezielle **Ressorts**. So sind Ämter und Ministerien immer nur für einen abgegrenzten inhaltlichen Schwerpunkt verantwortlich (z. B. für Projekte mit Jugendlichen das Jugendamt auf kommunaler oder das BMFSFJ[312] auf Bundesebene). Für den jeweiligen Schwerpunkt sind die genannten Verwaltungen aber die richtige Anlaufstelle, da sie zahlreiche Förderprogramme und Maßnahmen erstellen und verwalten.

Hinsichtlich des **Umfangs der Förderung** kann grundsätzlich zwischen der institutionellen Förderung, mit der eine Einrichtung oder Organisation als ganzes gefördert wird, und der Projektförderung, die zur Unterstützung zeitlich und inhaltlich begrenzter Vorhaben dient, unterschieden werden.

Bevor sich eine NPO also auf die Suche nach geeigneten „Fördertöpfen" machen kann, muss sie überlegen, welcher Umfang an Förderung benötigt wird, welches Amt oder Ministerium zuständig ist und welche Verwaltungs- und Entscheidungsebenen ein Interesse an der Realisierung haben könnten.

### 4.1.1 Förderung durch die Europäische Union, den Bund und die Länder

Die Beantragung von **EU-Mitteln** stellt unerfahrene Antragsteller vor große Probleme. Das Geflecht von Organen und Entscheidungsinstanzen auf europäischer Ebene wird häufig als undurchdringliches „Dickicht" wahrgenommen. Die Zuständigkeiten, Kompetenzen sowie die Antragsverfahren wirken unklar. Daher soll zunächst ein Überblick über die europäischen Förderstrukturen vorangestellt werden. Die Vergabe von Zuwendungen ist auf europäischer Ebene eng an Politikfelder bzw. Ressorts gekoppelt, die für ihre jeweiligen Sachgebiete umfangreiche Mittel zur Verfügung stellen. Folgende inhaltliche Bereiche sind zu unterscheiden: Bildung und Kultur, Beschäftigung und Soziales, Frauen, Unternehmen, Energie und Verkehr, Forschung und Entwicklung, Umwelt, Gesundheit und Verbraucherschutz, Informationsgesellschaft, Regionalentwicklung in strukturschwachen Regionen, Fischerei und Außenbeziehungen der EU. Den verschiedenen Ressorts stehen dabei eine Reihe von Finanzierungsinstrumenten zur

---

[312] Bundesministerium für Familie, Senioren, Frauen und Jugend.

Verfügung, die nach ihren Zwecken, Zielgruppen und Verfahrensweisen wie folgt unterteilt werden können:

- EU-Strukturfonds,
- Gemeinschaftsinitiativen,
- Aktionsprogramme und
- Einzelmaßnahmen.

Die **EU-Strukturfonds** dienen der Überwindung regionaler Disparitäten zwischen den Mitgliedsstaaten der Gemeinschaft. Die in diesen Fonds bereitgestellten Mittel werden jedoch nicht direkt auf europäischer Ebene vergeben, sondern an die Mitgliedsstaaten weitergeleitet. Empfänger sind in der Bundesrepublik Deutschland überwiegend die Bundesländer und hier die Ministerien für Landwirtschaft, Arbeit und Beschäftigung sowie Wirtschaft und Soziales.[313] Diese konzipieren auf der Grundlage der festgelegten Fondsziele Landesprogramme, die auf die entsprechenden Regionen zugeschnitten sind, und vergeben diese dann an geeignete Bewerber. Mit der Umsetzung der Programme beauftragen sie häufig so genannte „Technische Hilfe Büros".[314] Wichtige Fonds innerhalb der EU-Strukturförderung sind:

- Der **Europäische Fonds für regionale Entwicklung (EFRE)**: Der EFRE verfolgt das Ziel der Wirtschaftsförderung in Regionen mit Entwicklungsrückstand. Gefördert werden überwiegend Infrastrukturinvestitionen (Verkehr, Telekommunikation, Energie) und Investitionen im Gesundheits- und Bildungswesen.
- Der **Europäische Sozialfonds (ESF)**: Der ESF ist auf die Verbesserung der allgemeinen beruflichen Bildung sowie auf die Beschäftigungsförderung und Unterstützung der Erwerbsbevölkerung bei der Anpassung und Vorbereitung auf Strukturwandlungsprozesse ausgerichtet.

Weniger relevant für die Finanzierung von NPOs sind dagegen der Europäische Ausrichtungs- und Garantiefonds für die Landwirtschaft (EAGFL) und der Europäische Fischereifonds (FIAF). Daneben ist für die Bundesrepublik der Kohäsionsfonds, der insbesondere Griechenland, Spanien, Irland und Portugal begünstigt, ebenfalls von untergeordneter Bedeutung.

**Gemeinschaftsinitiativen** sind transnationale Programme die aus den EU-Strukturfonds finanziert werden und Lösungen für gemeinsame Probleme der

---

[313] Ein Teil der Mittel fließt jedoch den jeweils zuständigen Bundesministerien zu.
[314] Vgl. Herkströter, Beatrice (2002).

171

regionalen Entwicklung begünstigen sollen. Zu diesem Zweck stehen für die Bundesrepublik Deutschland im Förderzeitraum 2000 - 2006 ca. 760 Millionen Euro zur Verfügung. Das Geld verteilt sich unter anderem auf folgende Programme:

- Interreg (Förderung der interregionalen Zusammenarbeit in grenzüberschreitenden Dimensionen),
- Urban (Förderung einer nachhaltigen Stadtentwicklung, insbesondere bei Städten mit wirtschaftlichen oder sozialen Krisen),
- Equal (Bekämpfung von Diskriminierungen aller Art) und
- Leader+ (Förderung der Entwicklung in ländlichen Räumen).

**Aktionsprogramme** unterstützen mit teilweise beträchtlichen Mitteln den transnationalen Informations- und Erfahrungsaustausch auf europäischer, nationaler oder regionaler Ebene. Gefördert werden in der Regel Seminare, Tagungen, Konferenzen, Praktika und Austauschprojekte, die einen transnationalen Charakter haben.

Die fachliche Zuständigkeit für die Aktionsprogramme liegt bei den einzelnen Generaldirektionen der EU-Komission. Die Umsetzung und die Infrastruktur, die der Unterstützung von Antragstellung und Umsetzung dient („Technische Hilfe"-Infrastruktur), werden jedoch unterschiedlich angesiedelt. Zum Teil werden die Unterstützungs- und Beratungsleistungen von Brüsseler Einrichtungen, zum Teil jedoch auch von Hilfestrukturen innerhalb der einzelnen Mitgliedsstaaten angeboten.

Bei den **Einzelmaßnahmen** schließlich handelt es sich um Aktionen der einzelnen Politikbereiche der Europäischen Union. Gefördert werden in erster Linie Pilotprojekte und Netzwerkarbeit. Obwohl die Einzelmaßnahmen das finanzschwächste Förderinstrument sind, kann der Umfang der Mittel bei einzelnen Projekten durchaus beträchtlich sein, sodass Förderungen in Höhe von mehreren hunderttausend Euro keine Seltenheit sind. Die Anträge werden an die jeweils zuständige Generaldirektion gestellt. Informationen zu den verschiedenen Einzelmaßnahmen finden sich auf den Internetseiten der einzelnen EU-Generaldirektionen

Die Beantragung von EU-Mitteln ist unübersichtlich und komplex. Jeder, der Mittel aus einem europäischen Fonds bzw. Programm beantragt, hat jedoch Anspruch auf Unterstützung durch die entsprechende Beratungsinfrastruktur, insbesondere durch die Technischen Hilfe Büros. „Sie sind auch für die Öffentlichkeitsarbeit, die Projektbegleitung, die Vermittlung von transnationalen Partnerprojekten und das Monitoring der EU-Programme zuständig."[315] Solche Büros sind z. B. Nationale Unterstützungsstellen[316] oder das „Europabüro für Projektbegleitung (efp)"[317]

Ein Beispiel zeigt die Zusammenhänge: Die aus dem ESF geförderte Gemeinschaftsinitiative E-QUAL zielt darauf ab, neue Wege zur Bekämpfung von Diskriminierung und Ungleichheiten bei Arbeitenden und Arbeitsuchenden auf dem Arbeitsmarkt zu erproben. Das Bundesministerium für Wirtschaft und Arbeit ist als Nationale Koordinierungsstelle und Programmverwaltungsbehörde für die inhaltliche und finanzielle Umsetzung des Förderprogramms verantwortlich. Sie stellt mit der „Nationalen Koordinierungsstelle EQUAL" zu diesem Zweck eine Hilfe-Infrastruktur zur Verfügung.

Zu beachten ist ferner, dass die Projektlaufzeiten im Rahmen der EU-Förderung selten länger als anderthalb Jahre sind. Darüber hinaus liegt der Zuschuss für Projekte meist zwischen 30 und 80 %.[318] Die Differenz zu den gesamten Kosten muss die NPO selbst tragen, oder durch Drittmittel decken. Diese Mittel müssen meist schon bei Antragstellung nachgewiesen werden.

Neben der Europäischen Union stellen auch **Bund** und **Länder** sowie **andere öffentlich-rechtliche Körperschaften** eigene Mittel in großem Umfang zur Verfügung. Die Förderlandschaft gestaltet sich dabei mehr als unübersichtlich. Bund und Länder gewähren im Rahmen der Sozialgesetzgebung zahlreiche Leistungen, beispielsweise nach dem Kinder- und Jugendhilfegesetz (KJHG/SGB VIII), dem Bundessozialhilfegesetz (BSHG/SGB V) oder der Pflegeversicherung (SGB XI). Weitere Bundesmittel fließen in die Modellprojektförderung und in verschiedene Forschungsprogramme.[319]

Die Bundesländer fördern vor allem, aber keineswegs ausschließlich die Schwerpunkte Kultur, Forschung, Bildung sowie Umwelt. Bei 16 Bundesländern lassen sich die damit verbundenen Förderstrukturen kaum noch abbilden. Erste Hinweise sind jedoch oft schon über das Internet auf den Seiten der fachlich zuständigen Ministerien erhältlich.

Die direkte Finanzierung durch Bundes- oder Landesbehörden erfolgt meist auf der Basis von **Zuwendungen**. Diese sind „öffentlich-rechtliche Leistungen des Staates, die zur Erreichung eines bestimmten im öffentlichen Interesse gelegenen Zweckes geleistet werden"[320]. Derartige Leistungen werden freiwillig und

---

[315] Herkströter, Beatrix (2002), S. 2.
[316] Z. B. die Nationale Unterstützungsstelle ADAPT der Bundesagentur für Arbeit.
[317] Das Europabüro für Projektbegleitung (efp) befindet sich in Bonn.
[318] Vgl. Teske, Wolfgang/Fellner, Carmen (2001), S. 970.
[319] Die Förderung durch die Bundesagentur für Arbeit wird aufgrund ihrer Bedeutung für NPOs und der Eigenart ihrer Förderung gesondert erläutert. Vgl. Kapitel 4.4.
[320] Bundesverwaltungsgericht (1959), S. 1098. Die Definition bezieht sich ursprünglich auf den Subventionsbegriff. Die Übertragung erfolgt in Anlehnung an die Definition der Bundesregierung

unter Maßgabe der Interpretation des öffentlichen Interesses an Stellen außerhalb der Verwaltung ausgezahlt.

Obwohl die wesentlichen Grundlagen des Zuwendungsrechts in den §§ 23 und 44 der Haushaltsordnungen des Bundes und der Länder (BHO/LHO) festgelegt sind, handelt es sich im Kern nicht um ein haushalts-, sondern vielmehr um ein verwaltungsverfahrensrechtliches Thema. Dies wird schon dadurch deutlich, dass die Gewährung von der Erteilung eines Zuwendungsbescheides abhängig ist, der einen förmlichen Verwaltungsakt darstellt.[321]

Wenngleich der Begriff „Zuwendungen" häufig bedeutungsgleich mit „Subventionen", „Zuweisungen" oder „Zuschüssen" gebraucht wird, lassen sich doch begriffliche Unterschiede ausmachen, die eine differenziertere Betrachtung nahe legen.[322] Der **Subventionsbegriff** leitet sich nicht aus haushaltsrechtlichen Regelungen, sondern aus § 12 des Gesetzes zur Förderung der Stabilität und des Wachstums der Wirtschaft (StWG) ab. Er bezieht sich damit ausdrücklich auf die Förderung der Wirtschaft und umfasst sowohl Geldleistungen als auch steuerliche Vorteile. Bei den Begriffen „Zuweisung" und „Zuschuss" handelt es sich dagegen um haushaltssystematische Abgrenzungen für Zwecke der Finanzstatistik. **Zuweisungen** sind genauer gesagt Zahlungen innerhalb des öffentlichen Bereichs (z. B. zwischen Gebietskörperschaften), wohingegen **Zuschüsse** Zahlungen eines öffentlichen Haushaltes an Empfänger außerhalb des öffentlichen Bereiches bezeichnen. Zuwendungen an NPOs können gemäß dieser Terminologie in Form von Zuschüssen (oder Darlehen bzw. Schuldendiensthilfen)[323] gewährt werden.

Der Gesamtumfang der Zuwendungen ist beträchtlich. So weist allein die Bundesebene für 1999 über 38 Milliarden DM (ca. 19,5 Milliarden Euro) an Zuwendungen auf, mit denen die unterschiedlichsten NPOs gefördert wurden.[324] Die Summe der Förderung durch die Länder und Gemeinden übersteigt zusammen genommen diese Summe noch einmal erheblich.

Die Förderung auf den einzelnen Ebenen unterscheidet sich deutlich darin, welche Organisationen und Handlungsfelder gefördert werden. So dominieren

---

vom 01.03.2000. Vgl. Bundestag (2000). Steuerrechtlich wurden „Zuwendungen" mit der Neuordnung des Spendenrechts zum Synonym für „Spenden" (§ 48 Absatz 3 EStDV). Dieser Definition soll hier nicht gefolgt werden, zumal es zweifelhaft erscheint, dass sich der Zuwendungsbegriff in Wissenschaft, Politik und Umgangssprache gegen den Spendenbegriff durchsetzen wird.

[321] Vgl. Ubbenhorst, Werner (2002), S. 18: Zuwendungen gemäß §§ 23, 44 Bundes-/Landeshaushaltsordnungen (BHO/LHO).

[322] Zu den folgenden Definitionen vgl. Deutscher Bundestag (2000): Antwort der Bundesregierung auf die Kleine Anfrage der PDS zu den Zuwendungen des Bundes vom 01.03.2000.

[323] Schuldendiensthilfen können z. B. Teilerlasse bei der Rückzahlung von Krediten oder besonders günstige Zinskonditionen für geliehenes Geld sein.

[324] Vgl. Ebd.

im kommunalen Bereich die Sportförderung, die Unterstützung von Rettungs-diensten, Freiwilligen Feuerwehren sowie von Kunst, Kultur und Musik. Die Bereiche Justiz, Politik, Kirche/Religion und Gesundheit spielen dagegen eine untergeordnete Rolle.[325] Bei dieser Datenlage ist jedoch Vorsicht geboten, da die Ergebnisse mit der jeweiligen Größe der Kommune korrelieren, was nicht zuletzt auch am unterschiedlichen Aufgabenprofil kleiner, mittelgroßer und großer Kommunen liegt. So spielt beispielsweise die Unterstützung des Rettungsdiens-tes und der Feuerwehr in kleinen Städten eine größere Rolle, während dem Sozi-albereich sowie der Unterstützung von Schulen und Kindertagesstätten bei Städ-ten mit mehr als 400.000 Einwohnern eine größere Bedeutung zukommt.[326] Für die Dauer von Fördermaßnahmen lässt sich feststellen, dass Länder und Kom-munen aufgrund der ihren gesetzlich zugeschriebenen Aufgaben eher dauerhaft und Bund und EU stärker projektbezogen fördern.[327]

Obwohl öffentliche Zuwendungen auf der Grundlage des öffentlichen Rechts, der Sozialgesetze und der Haushaltsordnungen von Bund und Ländern sowie der satzungsrechtlichen Bestimmungen der Kommunen vergeben werden, haben Vereine und Verbände keinen Rechtsanspruch auf eine Förderung. Zu-wendungen sind damit Gegenstand politischer Entscheidungen und somit letzt-lich auch politisches Gestaltungsmittel. Da die Mittel der Zuwendungsförderung relativ frei vergeben werden können und recht begehrt sind, stehen die An-tragsteller gelegentlich in einem engen Konkurrenzverhältnis zueinander. Ge-winnung und Aufrechterhaltung der Zuwendungsfinanzierung setzen in solchen Situationen mitunter eine intensive Lobbyarbeit bei den politischen Entschei-dungsträgern und der Verwaltung voraus. Daneben müssen einige Besonderhei-ten beim Antragsverfahren berücksichtigt werden.

### 4.1.2 Organisatorische Besonderheiten beim Zuwendungsmanagement

Die **Beantragung und Bewilligung** von Zuwendungen verläuft in mehreren Schritten, die oftmals in enger Abstimmung mit der Bewilligungsbehörde erfol-gen:[328]

Vorbereitung eines möglichen Antrages
a.  Recherchearbeiten
b.  Erstellen der Projektskizze, der Projektkonzeption und des Antrages

---

[325] Vgl. Institut für sozialwissenschaftliche Analysen und Beratung ISAB (Hrsg.) (2001), S. 64.
[326] Vgl. ebd., S. 66.
[327] Vgl. Weiler, Torsten (1998), S. 121.
[328] Vgl. Ubbenhorst, Werner (2002), S. 18 f.

c. Genehmigungsverfahren
d. Mittelauszahlung
e. Kontrolle und Verwendungsnachweise

a) Grundsätzlich lassen sich zwei verschiedene Vorgehensweisen bei der Suche eines passenden Programms im Rahmen der **Antragsvorbereitung** unterscheiden. Zum einen kann eine Finanzierungsquelle zu einer bereits vorhandenen Idee gesucht werden. Der Vorteil dabei ist, dass die Idee in der Regel zur Organisation und ihren Zielen passt und eine hohe Akzeptanz genießt. Nachteilig ist, dass sich die Suche nach einem entsprechenden Programm äußerst schwierig gestalten kann. Häufig sind gar keine Mittel für das konkrete Vorhaben verfügbar.

Andererseits kann zunächst nach einem aussichtsreichen Förderprogramm gesucht werden. Die Projektidee wird dann unter Berücksichtigung der Erfordernisse des Programms konzipiert. Auf diese Weise steigt die Wahrscheinlichkeit einer erfolgreichen Mittelakquisition. Ein möglicher Nachteil ist dabei jedoch, dass inhaltlich nicht zur Organisation passende Vorhaben entwickelt werden, die negative Auswirkungen auf die Motivation der Mitarbeiter haben oder angesichts ungewöhnlicher Anforderungen später nur schwer zu realisieren sind.

Unabhängig davon, welche Vorgehensweise gewählt wird, sollten die Chancen und Risiken einer öffentlichen Finanzierung abgewogen werden. Die Entscheidungsträger und zukünftigen Mitarbeiter sollten von Anfang an über das Vorhaben informiert sein und dieses auch unterstützen.

b) Sind die organisatorischen Rahmenbedingungen geklärt, folgen umfangreiche **Recherchearbeiten**. In der Regel benötigt der Antragsteller zahlreiche Informationen, bevor er sich um den eigentlichen Antrag bemühen kann. Dazu zählen insbesondere die Programmdokumente, die meist aus einem Programmtext, dem Antragsformular und teilweise auch einem Antragsleitfaden bestehen. Im Programmtext werden die Ziele sowie Art und Umfang der geförderten Maßnahmen dargestellt. Das Formular ist das offizielle Antragsdokument. Es enthält Informationen zu den erforderlichen Antragsinhalten und dem einzuhaltenden Antragsverfahren. Da dies mitunter recht komplex ist, gibt es dazu häufig einen Antragsleitfaden mit ergänzenden Auskünften. Am Ende der Recherchearbeiten sollte die Entscheidung für ein oder mehrere Förderprogramme stehen.

c) Nachdem der Antragsteller einen Überblick über die förderungswürdigen Kriterien und Inhalte gewonnen hat, muss er seine Projektidee entwickeln. Meist macht es in dieser Phase jedoch wenig Sinn, bereits einen umfangreichen Antrag zu verfassen. Vielmehr sollte in einem ersten Schritt lediglich eine **Projektskizze** erstellt werden. Dabei werden bereits mögliche Probleme deutlich, die später noch gelöst werden müssen. Die Skizze sollte neben den Daten des Antragstellers auch eine Kurzbeschreibung der Organisation und des Vorhabens unter besonderer Berücksichtigung der Förderkriterien enthalten: Was trägt das Projekt zur Erreichung der Förderziele bei? Warum ist es innovativ oder worin besteht sein Modellcharakter? Die Zielgruppen und Kooperationspartner sollten hier ebenso genannt werden wie eine Schätzung der Laufzeit und der Kosten. Die Projektskizze kann dann unverbindlich an mögliche Zuwendungsgeber geschickt werden. Erfolgreiche Antragsteller kontaktieren in dieser Phase mitunter verschiedene Zuwendungsgeber mit dem gleichen Projektantrag und ziehen erst dann, wenn ein Antrag bewilligt wurde, die verbleibenden Anträge zurück.

Der Kontakt zur bewilligenden Behörde ist von großer Bedeutung. Obwohl nicht alle Mitarbeiter gleichermaßen kooperativ sind, gelingt es doch häufig, Informationen über noch nicht ausgeschöpfte Fördertöpfe oder die interne Bewertung von Förderkriterien zu erhalten. Da die Sachbearbeiter die Anträge meist nach Prüfkatalogen bewerten, ist es wichtig, dass die abgeprüften Kriterien im Antrag wiederzufinden sind.

Die Reaktionen auf die Projektskizze und mögliche Empfehlungen der zuständigen Sachbearbeiter sollten bei der folgenden Entwicklung einer **Projektkonzeption** berücksichtigt werden. Diese bildet die Grundlage der Antragstellung. Ein Antrag auf Zuwendungsförderung muss alle wesentlichen Angaben enthalten, die erforderlich sind, um Angemessenheit und Notwendigkeit der zu fördernden Maßnahme oder Institution zu beurteilen. Dies sind neben inhaltlichkonzeptionellen Angaben vor allem Berechnungen zur Finanzierung. Für Projekte muss daher ein Kosten- und Finanzierungsplan und für institutionelle Zuwendungen ein Haushalts- und Wirtschaftsplan erstellt werden. Tabelle 8 zeigt das Grundgerüst eines solchen Kosten- und Finanzierungsplanes. Zu beachten ist in dieser Phase insbesondere das Verbot des vorzeitigen Maßnahmebeginns. Vorhaben, die bereits vor der Antragstellung begonnen wurden, sind grundsätzlich nicht förderungsfähig.

*Tabelle 8:* Kosten und Finanzierungsplan

| | 2001 | 2002 |
|---|---|---|
| **A. Personalkosten der Durchführung** | | |
| 1. Mitarbeiter | | |
| 2. Mitarbeiter | | |
| | | |
| **Gesamt:** | | |
| | | |
| **B. Personalkosten Verwaltung** | | |
| Anteil Verwaltungspersonal | | |
| Anteilige Geschäftsführung | | |
| **Gesamt:** | | |
| | | |
| **C. Teilnehmerkosten** | | |
| | | |
| **D. Sachkosten Durchführung** | | |
| Aus- und Fortbildung Personal | | |
| Lehr- und Lernmittel | | |
| Verbrauchsmaterial | | |
| Bürobedarf | | |
| Geringwertige Wirtschaftsgüter | | |
| Leasing | | |
| Abschreibungen | | |
| Mieten | | |
| Gas, Wasser, Strom | | |
| Reisekosten | | |
| Telefon, Porto | | |
| Beratungsleistungen | | |
| Sonstiges | | |
| **Gesamt:** | | |
| | | |
| **E. Sachkosten Verwaltung** | | |
| Verbrauchsmaterial | | |
| Bürobedarf | | |
| Geringwertige Wirtschaftsgüter | | |
| Leasing | | |
| Abschreibungen | | |
| Gas, Wasser, Strom | | |
| Telefon, Porto | | |
| **Gesamt:** | | |
| | | |
| **Zuschussfähige Gesamtkosten** | | |
| A. Personalkosten Durchführung | | |
| B. Personalkosten Verwaltung | | |
| C. Teilnehmerkosten | | |
| D. Sachkosten Durchführung | | |
| E. Sachkosten Verwaltung | | |
| Gesamt: | | |
| | | |
| **Finanzierung** | | |
| EU-Mittel | | |
| Eigenmittel | | |
| Einnahmen | | |
| Nationale Mittel | | |
| **Gesamt:** | | |

*In Anlehnung an: Herkströter, Beatrix (2002), S.87 f.*

178

d) Mit der Antragstellung wird ein formales Verwaltungsverfahren ausgelöst (vgl. Abbildung 23).

*Abbildung 23:* Verfahrensablauf bei der Zuwendungsfinanzierung

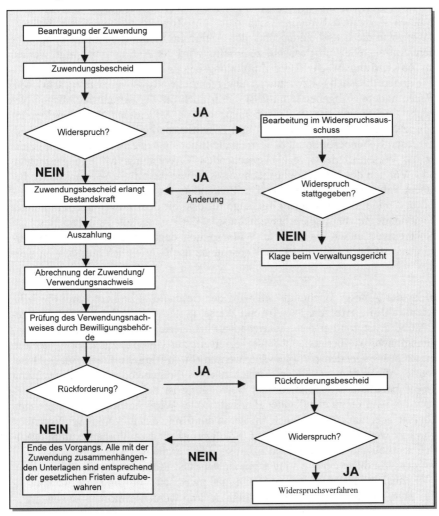

*In Anlehnung an: Diakonisches Werk (1993) (Hrsg.), S.292*

Im Rahmen der **Antragsprüfung** werden zunächst die Angaben auf Vollständigkeit überprüft und dann auf ihre Förderfähigkeit hin beurteilt. Einzelne Ausgabenpositionen werden daraufhin kontrolliert, ob und in welcher Höhe sie zur Realisierung der geplanten Maßnahme notwendig sind. Ausgaben, die nicht notwendig oder überhöht erscheinen, werden dabei ausgesondert. Aus den anerkannten Ausgaben berechnet sich dann der Zuwendungsbetrag. Unabhängig davon, wie die Entscheidung über den Antrag im konkreten Fall aussieht, wird dem Antragsteller ein Bescheid zugestellt. Wird der Antrag genehmigt, werden im **Zuwendungsbescheid** der Zuwendungsbetrag und die Finanzierungsart sowie andere haushalts- bzw. zuwendungsrechtliche Regelungen festgeschrieben. Neben anderen Angaben[329] umfasst dieser auch die verwaltungsrechtlichen Nebenbestimmungen, die im Zuwendungsrecht als Allgemeine Nebenbestimmungen (ANBest) bezeichnet werden und Pflichtbestandteil jedes Bescheides sind. In diesen Nebenbestimmungen werden die Pflichten des Zuwendungsempfängers (z. B. Vorschrift der zweckentsprechenden Verwendung, Mitteilungspflichten oder Vorlage des Verwendungsnachweises) sowie die möglichen Sanktionen bei einem Fehlverhalten aufgeführt. Der Zuwendungsbescheid ist ein Verwaltungsakt und bildet die rechtliche Grundlage für das mit dem Zuwendungsempfänger beginnende Zuwendungsrechtsverhältnis. Ist der Antragsteller mit dem Bescheid nicht einverstanden, so kann er **Widerspruch** dagegen einlegen. Das Widerspruchsverfahren kann in letzter Konsequenz auch gerichtlich ausgetragen werden.

e) Ist der Antrag genehmigt und wird der Bescheid akzeptiert, kann die **Mittelauszahlung** erfolgen. Die Art und Weise, in der das genehmigte Geld ausgezahlt wird, ist von der festgeschriebenen Finanzierungsart abhängig. Zuwendungen können, wie bereits angedeutet, einerseits zur Unterstützung der Strukturen in der beantragenden NPO gewährt werden (**institutionelle Förderung**). Dabei werden die satzungsmäßigen Ausgaben eines Trägers oder einer Einrichtung global bezuschusst. Grundlage der Bewilligung ist bei dieser Form der Förderung ein jährlich zu erstellender Haushalts- oder Wirtschaftsplan. Zuwendungen können aber andererseits auch in Verbindung mit einem konkreten Vorhaben gewährt werden (**projektbezogene Förderung**). Dieses Vorhaben muss sachlich, zeitlich und finanziell abgrenzbar sein. Die projektbezogene Förderung wird auf der Grundlage eines Antrages mit Kosten- und Finanzierungsplan bewilligt.

Hinsichtlich ihres Umfangs kann man zwischen Voll- und Teilfinanzierungen unterscheiden.[330] Bei der **Vollfinanzierung** werden sämtliche zuwendungs-

---

[329] Zum Beispiel: Bezeichnung des Zuwendungsempfängers, Höhe des Förderbetrages und Art der Auszahlung.
[330] Vgl. Meyer auf der Heyde, Achim (1998), S. 900 – 7 f.

fähigen Ausgaben einer Institution oder eines Vorhabens bis zu einem festgesetzten Höchstbetrag ersetzt. Höhere Einnahmen oder Minderausgaben sowie Einsparungen führen dabei zu einer Absenkung der Zuwendung. Diese Finanzierungsform stellt in der Praxis von NPOs heute wohl nur noch eine Ausnahme dar. Vielmehr ist man verstärkt zu Teilfinanzierungen übergegangen.

Bei der **Teilfinanzierung** werden nur bestimmte Teile der gesamten Ausgaben finanziert. Je nach Art der Finanzierung unterscheiden sich die zugrunde liegende Zahlungsreihe und der Liquiditätsbedarf der NPO.

Im Rahmen der **Anteilsfinanzierung** wird ein gewisser Prozentsatz der zuwendungsfähigen Gesamtausgaben erstattet, wobei nicht ausgeschöpfte Mittel vom Empfänger wieder zurückgezahlt werden müssen. Eine Nachfinanzierung ist teilweise möglich, wenn Ausgabenerhöhungen nicht vom Empfänger zu verantworten sind.

Einen fixen Betrag erhalten die Empfänger im Rahmen der **Festbetragsfinanzierung**. Diese überwiegend für Projekte eingesetzte Form der Finanzierung hat im Umfang nach oben und nach unten festgelegte, starre und an den zuwendungsfähigen Ausgaben bemessene Grenzen. Eine Verringerung der Ausgaben muss hier nicht zur Minderung des Förderungsbetrages führen.

Die häufigste Form der Zuwendungsfinanzierung ist die **Fehlbedarfsfinanzierung**. Diese wird eingesetzt, um eine Lücke zwischen den aufgebrachten eigenen Mitteln des Empfängers zuzüglich eventueller Mittel Dritter und den tatsächlich entstandenen Kosten zu schließen. Dabei gilt tendenziell: Je größer diese Lücke ist, desto höher fallen die Zuwendungen der öffentlichen Hand aus. Eine zuvor festgesetzte Höchstgrenze für die Zuwendungen wird jedoch nicht überschritten. Die Art der Förderung hat beträchtlichen Einfluss auf das Management der Finanzmittel.

Die zugesagten Mittel dürfen bei der Anteils- und Festbetragsfinanzierung nur anteilig und zusammen mit den entsprechenden Eigenmitteln eingesetzt werden. Hier muss in der NPO eine Koordinierung der Finanzströme und ein Abgleich mit den Fristen vorgenommen werden. Mit der Begleichung einer Rechnung müssen also jeweils genügend Eigenmittel verfügbar sein, um nicht etwa in Zahlungsverzug zu kommen oder eine Überbrückung zu teureren Konditionen finanzieren zu müssen. Sind weitere Einnahmen für das Projekt geplant, müssen auch diese hinsichtlich ihres Eintreffens und ihrer Höhe mit den anfallenden Ausgaben abgestimmt werden. Bei der Fehlbedarfsfinanzierung hat der Zuwendungsempfänger die Verpflichtung, zunächst seine zugesagten Eigenmittel zu verwenden. Erst wenn diese aufgebracht sind, können die Mittel aus der Zuwendungsförderung abgerufen werden.

Ein vereinfachtes Beispiel verdeutlicht die Zahlungsströme, die aus unterschiedlichen Finanzierungsarten resultieren: Ein- und dasselbe Projekt über

100.000 Euro soll einmal mittels Anteils- und einmal mittels Fehlbedarfsfinanzierung gefördert werden. Bei der Anteilsfinanzierung ist eine Förderung von 80 % bis zu einem Höchstbetrag von 80.000 Euro vorgesehen. Bei der Fehlbedarfsfinanzierung ergibt sich ebenfalls ein maximaler Förderbetrag von 80.000 Euro.

| | Anteils- und Festbetragsfinanzierung | Fehlbedarfsfinanzierung |
|---|---|---|
| **Projektkosten:** | **100.000 Euro** | **100.000 Euro** |
| **zugesagte Finanzierung** | **80 % =80.000 Euro** | **80.000 Euro** |
| **Eigenmittel** | **20 % =20.000 Euro** | **20.000 Euro** |

**Zum Zeitpunkt 1** fällt eine Rechnung über 10.000 Euro an. Es ergibt sich damit folgender Kapitalbedarf für die NPO:

| | | |
|---|---|---|
| Zuwendung | 8.000 Euro (10.000 x 80 %) | 0 Euro |
| **Kapitalbedarf** | **2.000 Euro** (10.000 x 20 %) | **10.000 Euro** (Summe Eigenmittel: 10.000) |

**Zum Zeitpunkt 2** fällt eine Rechnung über 20.000 Euro an:

| | | |
|---|---|---|
| Zuwendung | 16.000 Euro (20.000 x 80 %) | 10.000 Euro |
| **Kapitalbedarf** | **4.000 Euro** (20.000 x 20 %) | **10.000 Euro** (Summe Eigenmittel: 20.000) |

**Zum Zeitpunkt 3** fällt eine Rechnung über 10.000 Euro an.

| | | |
|---|---|---|
| Zuwendung: | 8.000 Euro (10.000 x 80 %) | 10.000 Euro |
| **Kapitalbedarf:** | **2.000 Euro** (10.000 x 20 %) | **0 Euro** (Summe Eigenmittel: 20.000) |

**Zum Zeitpunkt 4** fällt schließlich eine letzte Rechnung über 60.000 Euro an:

| Zuwendung: | 48.000 Euro | 60.000 Euro |
|---|---|---|
| | (60.000 x 80 %) | |
| **Kapitalbedarf**: | **12.000 Euro** | **0 Euro** |
| | (60.000 x 20 %) | (Summe Eigenmittel: 20.000) |

Insgesamt ergibt sich für die NPO im Zeitablauf folgender Finanzierungsbedarf:

| | $t_1$ | $t_2$ | $t_3$ | $t_4$ |
|---|---|---|---|---|
| **Anteilsfinanzierung** | 2.000 Euro | 4.000 Euro | 2.000 Euro | 12.000 Euro |
| **Fehlbedarfsfinanzierung** | 10.000 Euro | 10.000 Euro | 0 Euro | 0 Euro |

Das Beispiel zeigt, dass der Liquiditätsbedarf bei gleicher Finanzierungssumme in Abhängigkeit von der gewählten Zuwendungsart und dem Anfall der Kosten beträchtlich variieren kann. Die Mittelauszahlung erfolgt jedoch nicht auf der Grundlage bezahlter Rechnungen im Sinne eines Erstattungsverfahrens. Dem Zuwendungsempfänger wird eine Verwendungsfrist (ca. zwei bis drei Monate) für die angeforderten und ausgezahlten Zuwendungsmittel eingeräumt. Dies ermöglicht dem Empfänger eine höhere Flexibilität, mindert jedoch nicht die Ansprüche an eine vernünftige Liquiditätsplanung. Liquiditätsprobleme werden immer häufiger vor allem in Zusammenhang mit EU-Projekten gemeldet, bei denen es aufgrund extrem langer Bearbeitungsfristen immer wieder zu Verzögerungen bei den Auszahlungen kommt. NPOs werden so zu teuren Überbrückungskrediten oder zur weiteren Bindung eigener Mittel gezwungen.

f) Abschließend wird die Verwendung der Zuwendung überprüft. Dazu gibt der Zuwendungsempfänger einen **Verwendungsnachweis** an den Zuwendungsgeber. Dieser Nachweis wird auf die Einhaltung der vorgeschriebenen Kriterien überprüft. Sollten dabei Unregelmäßigkeiten auftreten, können Mittel zurückgefordert werden. Solche Rückforderungen sollten in jedem Fall vermieden werden, da sie – vor allem wenn die entsprechenden Mittel bereits aufgebraucht wurden – zu einer extremen finanziellen Belastung der NPO führen können.

Zusammenfassend kann festgehalten werden, dass die Antragstellung bei der Finanzierung durch öffentliche Zuwendungen ein arbeitsintensiver und aufwändiger Prozess ist. Sind die Mittel erst einmal bewilligt, gilt es, die Auflagen einzuhalten und die Verwendung der Mittel sowie die Ergebnisse des Projektes zu dokumentieren. Bei Projekten mit mehreren Kooperationspartnern steigt der Koordinationsaufwand meist beträchtlich. Dies gilt in besonderer Weise für internationale und europäische Projekte, bei denen zu den üblichen Abstimmungsprozessen auch noch sprachliche, kulturelle und rechtliche Unterschiede hinzutreten. Mitunter verlangen die Zuwendungsgeber eine externe Evaluation der Fortschritte und Ergebnisse. In solchen Fällen müssen zusätzlich Wissenschaftler oder andere Berater in die Projektplanung und -umsetzung einbezogen werden. Damit der Aufwand unter diesen Umständen vertretbar bleibt, ist ein professionelles Projektmanagement nötig. Dabei ist es günstig, die Finanzen eines Projektes fortlaufend zu überprüfen und zu dokumentieren. Auf diese Weise können Fehlentwicklungen frühzeitig erkannt und sowohl höhere Kosten als auch Rückforderungen des Zuwendungsgebers vermieden werden.

## 4.2 Förderung durch Stiftungen

Grundsätzlich ist bei Stiftungen zwischen operativen und fördernden Stiftungen zu unterscheiden. Operative Stiftungen unterstützen in der Regel keine Vorhaben anderer NPOs, sondern realisieren ihre Zwecke unmittelbar selbst. Als Zuwendungsgeber kommen daher nur Förderstiftungen in Frage. Im Allgemeinen unterstützen Stiftungen bevorzugt Aufbauprojekte und Projekte mit Modellcharakter. Dementsprechend sind die Aussichten, Fördermittel von Stiftungen einzuwerben, in der Gründungsphase einer NPO oder bei neuen Projekten besonders hoch.

Insgesamt darf die hohe Anzahl der Stiftungen nicht darüber hinweg täuschen, dass nur wenige in ihren Entscheidungen frei disponieren können. *Strachwitz* warnt daher ausdrücklich vor zu großen Hoffnungen in Bezug auf die freien Finanzierungskapazitäten der Stiftungen:

Von den etwa 8.000 Förderstiftungen sind die meisten „entweder als institutionelle Förderer mit einem bestimmten Projektträger verbunden, oder sie fördern Projekte unterschiedlicher Träger [...] Auch sind Stiftungen in jedem Fall streng an ihre eigene Satzung gebunden. Überdies sind sie autonome Organisationen, die in Inhalten und Verfahren in der Regel ganz individuell an ihr Arbeitsgebiet herangehen."[331]

---

[331] Strachwitz, Rupert Graf (2001), S. 871. In einer von der Stiftung Westfalen – Initiative für Gemeinwohl und Eigeninitiative und der Westfälischen Wilhelms-Universität Münster durchgeführten Untersuchung der Stiftungslandschaft in der Region Westfalen-Lippe blieben von etwa 900 existierenden Stiftungen lediglich einige wenige Dutzend, die nicht ausschließlich einem einzigen Ziel dienen (z. B. Familien-, Betriebsangehörigen- oder Anstaltsstiftungen), örtlich auf einen sehr engen Raum begrenzt sind oder extrem spezifische Zwecke (z. B. Forschung zur Geologie oder Bildung für Kinder im Vorschulalter) verfolgen. Vgl. Vilain, Michael (2004).

Die Zuwendungen von Stiftungen können in ihrer Höhe beträchtlich variieren: von wenigen hundert Euro bis zu Millionenbeträgen. In der Regel handelt es sich aber um kleinere Summen, die eher als Start- oder Projekthilfe denn als institutionelle Förderung gedacht sind.[332] Das Verfahren ähnelt der Beantragung staatlicher Mittel, ist jedoch in der Regel bei weitem nicht so formalisiert, sodass der Aufwand meist beträchtlich geringer ist. Die Informationen über Förderkriterien und das Antragsverfahren können bei den jeweiligen Stiftungen eingesehen werden. Namen und Anschriften von Stiftungen sind über entsprechende Stiftungsverzeichnisse erhältlich.[333] Stiftungsmittel eignen sich aufgrund des relativ einfachen Antragsverfahrens und der häufig auf kleinere Vorhaben zugeschnittenen Förderbeträge besonders für kleinere und neugegründete NPOs, sowie für Selbsthilfegruppen oder Bürgerinitiativen.

Bei der Vorgehensweise kann in weiten Teilen auf die Ausführungen in Kapitel 4.1 verwiesen werden. Auch bei der Stiftungsförderung macht es wenig Sinn, Stiftungen nach dem Gieskannenprinzip anzuschreiben und um Förderung zu bitten. Allgemeine Appelle und emotionale Ansprache führen hier nur selten zum Ziel. Vielmehr sollte das zur Förderung vorgeschlagene Vorhaben zum Stiftungszweck passen. Bei diesem Punkt scheiden bereits zahlreiche potenzielle Förderer aus. Stiftungen müssen sich bei der Vergabe ihrer Mittel zwar an ihrem Satzungszweck orientieren, dieser beinhaltet jedoch meist beträchtliche Ermessenspielräume. Um diese positiv für die eigene Organisation nutzen zu können, ist auch hier der persönliche Kontakt zur Stiftung von großer Bedeutung.

## 4.3  Finanzierung aus Bußgeldern

Jedes Jahr werden in Deutschland Bußgelder in Höhe vieler Millionen Euro verhängt.[334] Es verwundert daher nicht, dass Bußgelder für NPOs schon längst zu einem populären Instrument der Mitteleinwerbung geworden sind.

Bußgelder werden auf der Grundlage des Straf-, Jugendstraf-, Ordnungswidrigkeiten- oder Gnadenrechts verhängt. Sie hängen häufig mit der Einstellung eines Verfahrens oder der Ahndung von Ordnungswidrigkeiten zusammen und werden von den für die Verfahren zuständigen Richtern verhängt. Diese sprechen das Bußgeld einer bestimmten gemeinnützigen Organisation oder der

---

[332] So fördert beispielsweise die Stiftung Mitarbeit in Bonn bestimmte Aktivitäten und Initiativen mit einem einmaligen Startzuschuss von 500 Euro.
[333] Vgl. z.B. die unkommentierte Linksammlung zu Stiftungen mit Suchdienst: www.stiftungsindex.de oder die
Stiftungsdatenbank des Maecenata-Instituts: www.maecenata.de/centrum/datenbank.htm.
[334] Vgl. z. B. Hönig, Hans-Josef (2001), S.994.

Staatskasse zu. Sie sind dabei vollkommen frei in ihrer Entscheidung. Letztendlich folgen sie jedoch gelegentlich auch Vorschlägen der Staatsanwaltschaft oder der Verteidigung.

Diese Berufsgruppen sind auch die wesentliche Zielgruppe für die Bußgeldwerbung. Dabei können grundsätzlich alle Kommunikationskanäle genutzt werden. Als besonders effektiv haben sich jedoch auch hier, wie beim Zuwendungsmanagement generell, persönliche Kontakte zu den Entscheidern erwiesen. Wo diese Kontakte fehlen, findet meist eine schriftliche Kontaktaufnahme statt. Dazu können einerseits bereits für andere Zwecke produzierte Informationsmaterialien, wie Organisationsflyer, aber auch spezielle zu diesem Zweck angefertigte Schreiben oder Prospekte eingesetzt werden.

Voraussetzung für die Berücksichtigung bei der Zuteilung von Bußgeldern ist die Eintragung in eine bei den Oberlandesgerichten (OLG) geführten Liste der an Bußgeldern interessierten Organisationen.[335] Die Informationen werden in der Regel an die nachgeordneten Gerichte weitergegeben. Um aufgenommen zu werden, sind folgende Unterlagen erforderlich:[336]

- ein Anschreiben an die Oberlandesgerichte mit der Bitte um Eintragung in die Liste der  zuweisungsberechtigten Organisationen,
- eine Kopie der Satzung,
- ein Auszug aus dem Vereinsregister,
- ein Freistellungsbescheid des Finanzamtes und
- eine „Zustimmung zur Unterrichtung der listenführenden Stelle über die Gemeinnützigkeit".

Die Eintragung gilt je nach OLG für ein bis zwei Jahre. Das heißt, dass es in regelmäßigen Abständen notwendig ist, die Eintragung zu erneuern. Oftmals reicht es jedoch bereits aus, ein Anschreiben mit der Bitte um Erneuerung der Eintragung aufzusetzen. Sollte dies nicht der Fall sein, empfiehlt es sich zum Zwecke der Verwaltungsvereinfachung, die für die Eintragung benötigten Unterlagen, sofern sie nicht aktualisiert werden müssen, vorab in ausreichender Stückzahl bereitzulegen.

Neben einer Eintragung in die genannte Liste ist es sinnvoll, Dienststellenleiter, Strafrichter, Staatsanwälte oder Amtsanwälte anzuschreiben und diese über die Aktivitäten der Organisation zu informieren. Die notwendigen Personenverzeichnisse und Anschriften finden sich in dem für dieses Arbeitsfeld unersetzlichen „Handbuch der Justiz".[337] Es empfiehlt sich, einen knappen Jahres-

---

[335] Die Eintragung in Listen kann unter Umständen auch bei den Amtsgerichten erfolgen.

[336] Vgl. Hönig, Hans-Josef (2001), S.997.

[337] Vgl. Deutscher Richterbund (Hrsg.), u. a. (2004).

oder Rechenschaftsbericht mitsamt Flyer zu verschicken. Dazu sollten vorbereitete Zahlscheine beigelegt werden, auf denen neben dem Aufdruck der Bank- und Vereinsdaten im Feld für den Verwendungszweck das Wort „Aktenzeichen:" oder „AZ:" – hier kann der Richter das Aktenzeichen eintragen – vermerkt ist. Auf keinen Fall sollten den Entscheidungsträgern persönliche Geschenke oder gar Provisionen angeboten werden, da diese allzu leicht als Bestechungsversuch verstanden werden können. Auch sollte die NPO auf wiederholte Massenmailings verzichten. Diese stören in der Regel eher und können mitunter sogar zu einem gegenteiligen Effekt führen.

Bei der Bearbeitung von Bußgeldern sollten einige Besonderheiten bedacht werden. Bußgelder sind keine Spenden. Als Spenden gelten nur Ausgaben, die freiwillig und unentgeltlich geleistet werden. Freiwillig bedeutet, dass keine rechtliche Verpflichtung vorliegt. Deshalb gelten Zahlungen, die ein Verurteilter als Ergebnis eines Strafprozesses per gerichtlicher Auflage an einen Verein zahlen muss, nicht als Spende. Für diese „Bußgelder" welche die NPO aufgrund gerichtlicher Auflagen gemäß § 153 a StPO oder § 15 JGG erhält, darf er daher auch keine Spendenquittungen ausstellen. Die Bußgelder müssen ferner für das Gericht verwaltet werden. So müssen Zahlungseingänge unter Angabe des Aktenzeichens, des Zahlungsdatums und des bezahlten Betrages an das Gericht bzw. die Staatsanwaltschaft gemeldet werden, welche die Geldbuße auferlegt hat. Für das Bußgeld kann auch eine Ratenzahlung vereinbart werden. In diesem Fall obliegt es der empfangenden Organisation, die Zahlung der Raten zu überwachen. Wird diese unter- oder gar abgebrochen, hat sie die Pflicht, das zuständige Gericht darüber zu informieren. Um eine Verwechslung als Spende zu vermeiden und den Zahlungseingang überwachen zu können, ist es sinnvoll, ein eigenes Bußgeldkonto einzurichten. Die damit verbunden Kosten sind verhältnismäßig gering und können sich allein schon durch die verringerten Verwaltungskosten bezahlt machen. Ferner erleichtert die Nutzung von Vordrucken sowohl den Ausstellern als auch der NPO die Verwaltung der Mittel und verhindert Missverständnisse.

Auch im Hinblick auf den Datenschutz gelten besondere Anforderungen. Die Namen der Bußgeldzahler sollten auf keinen Fall mit den Daten von Spendern geführt und vor jeder Art von Missbrauch (z. B. Veröffentlichung) geschützt werden. Um dies sicherzustellen, sollte nur ein kleiner Stab von vertrauenswürdigen Mitarbeitern einen Zugang zu den Daten haben. Hier kann sich eine eigene Finanzierungsabteilung, die vor allem die Verwaltung der Geldmittel betreibt, vorteilhaft gegenüber einer diffusen Verteilung von Finanzierungsfunktionen und -zuständigkeiten auswirken.[338]

---

[338] Vgl. Teil B Kapitel 2.2.

Abgesehen von diesem erhöhten Verwaltungsaufwand, gelten Bußgelder als relativ risikolose Form der Mittelbeschaffung. Die Vorlaufkosten sind in der Regel gering, während die Erträge beachtlich sein können. Das ist wohl der Grund, warum dieses Instrument auch von immer mehr NPOs genutzt wird. Die „Ausbeute" für jede einzelne Organisation hat sich aufgrund dieser erhöhten Nachfrage nach Bußgeldern in den letzten Jahren im Durchschnitt allerdings deutlich verschlechtert.

### 4.4 Förderung durch die Bundesagentur für Arbeit

Die Förderung durch die Bundesagentur für Arbeit ist aus dem „Cocktail der Zuwendungen" für gemeinnützige Organisationen nicht mehr wegzudenken. Insbesondere bei der Finanzierung von Arbeitsstellen leisten die Zuwendungen im Rahmen des SGB III (früher: Arbeitsförderungsgesetz)[339] seit vielen Jahren einen wesentlichen Beitrag zur Gesamtfinanzierung von NPOs. Gerade in den kleineren Organisationen ist es ohne diese Mittel meist nicht möglich, überhaupt feste Stellen zu schaffen. Aus der Sicht des Finanzmanagements sind insbesondere die Leistungen an Arbeitgeber und Maßnahmenträger interessant.[340] Dies sind vor allem:

- Eingliederungszuschüsse
- Einstellungszuschüsse bei Neugründungen
- Förderung der beruflichen Weiterbildung durch Vertretung
- Förderung der Berufsausbildung und der beruflichen Weiterbildung
- Förderung der Teilhabe am Arbeitsleben
- Förderung der Berufsausbildung und Beschäftigung begleitende Eingliederungshilfen
- Förderung von Einrichtungen der beruflichen Aus- und Weiterbildung oder der beruflichen Rehabilitation
- Förderung von Jugendwohnheimen
- Zuschüsse zu Sozialplanmaßnahmen
- Förderung von Arbeitsbeschaffungsmaßnahmen
- Förderung von Strukturanpassungsmaßnahmen

---

[339] Das Arbeitsförderungsgesetz (AFG) war bis zum 31.12.1997 Grundlage des Arbeitsförderungsrechts. Durch das Arbeitsförderungs-Reformgesetz (AFRG) wurde das Arbeitsförderungsrecht zum 01.01.1998 als Drittes Buch (SGB III) in das Sozialgesetzbuch eingeordnet, wobei sich trotz sprachlicher und rechtssystematischer Überarbeitung dennoch wesentliche Inhalte des AFG dort wiederfinden lassen.
[340] Vgl. §§ 217 – 279a SGB III.

Besondere Bedeutung kommt dabei der Förderung von **Arbeitsbeschaffungs-maßnahmen (ABM)** nach den §§ 260 - 271 SGB III zu.[341] Danach können NPOs für die Beschäftigung von zugewiesenen Arbeitnehmern durch Zuschüsse und Darlehen gefördert werden, wenn sie „Träger von Arbeitsbeschaffungsmaß-nahmen" sind.[342] Dabei müssen die jeweiligen Maßnahmen „zusätzliche" Arbeiten sein und im „öffentlichen Interesse" liegen. „Zusätzliche Arbeiten" würden ohne die Förderung gar nicht oder erst später durchgeführt werden. Sie dürfen jedoch staatliche Leistungen nur ergänzen und nicht an deren Stelle treten.[343] Das „öffentliche Interesse" wird immer dann bejaht, wenn die Arbeiten der Allgemeinheit zu Gute kommen. Dieses Merkmal wird jedoch ausgeschlossen, wenn in erster Linie erwerbswirtschaftliche Zwecke verfolgt werden oder lediglich ein begrenzter Personenkreis von den Arbeiten profitiert.

Die Maßnahmen sollten zum Ziel haben, die zugewiesenen Arbeitnehmer beruflich zu stabilisieren oder zu qualifizieren und somit die Aussichten auf eine Eingliederung in das Berufsleben zu verbessern. Maßnahmen, durch welche die Voraussetzungen zur Schaffung von dauerhaften Arbeitsplätzen erheblich verbessert werden, die besonders schwer vermittelbaren Arbeitnehmern eine Arbeitsgelegenheit bieten oder die der Verbesserung der technischen und sozialen Infrastruktur oder der Umwelt dienen, sollen dabei bevorzugt gefördert werden. Arbeitnehmer, die im Rahmen der Zuschüsse durch die BA gefördert werden wollen, müssen im Sinne des § 263 SGB III förderungsbedürftig sein. Diese Bedürftigkeit wird vom Arbeitsamt anhand eines Kriterienkataloges festgestellt.

Die Förderung von ABM-Stellen erfolgt dann in Form von Zuschüssen/ Zuwendungen auf der Grundlage des „berücksichtigungsfähigen Arbeitsentgelts" nach § 265 SGB III. Der Zuschuss liegt zwischen 30 und 75 % des berücksichtigungsfähigen Einkommens, kann jedoch je nach Finanzlage der NPO und Förderungswürdigkeit des Arbeitnehmers bis zu 90 %, bei bevorzugt zu fördernden Personen sogar bis zu 100 % betragen. Die Förderung wird auf die Dauer der AB-Maßnahme (üblicherweise ein Jahr) beschränkt. Sie kann bei bevorzugt zu fördernden Maßnahmen sogar auf 24 Monate und bei Überführung der ABM-Stelle in ein dauerhaftes Arbeitsverhältnis auf bis zu 36 Monate verlängert werden.

Abweichend von dieser Regelung kann seit 2002 auf Verlangen der NPO die Förderung auch in pauschalierter Form erbracht werden. Sie beträgt dann zwischen derzeit 900 und 1.300 Euro pro Monat und ist in ihrer konkreten Höhe

---

[341] Vgl. Scheibe-Jaeger, Angela (1998).
[342] Ganz allgemein können Träger natürliche oder juristische Personen oder Personengesellschaften sein, die Maßnahmen der Arbeitsförderung selbst durchführen oder durch Dritte durchführen lassen.
[343] Eine Ausnahme ist dann möglich, wenn die Arbeiten ohne die Förderung voraussichtlich erst nach zwei Jahren durchgeführt werden.

von den Qualifikationserfordernissen der Beschäftigten abhängig. Vor der Entscheidung für die normale oder pauschalierte Abrechnung, sollte die Vorteilhaftigkeit sowohl für die Arbeitnehmer als auch für den Träger der Maßnahme berechnet werden.

Der Umfang der Zuschüsse kann beträchtlich sein. Berechnet man einmal die Kosten, die einem Arbeitgeber durch das Jahresgehalt eines Mitarbeiters entstehen, und berücksichtigt einen Förderumfang von 30 bis 75 % Prozent so wird deutlich, dass sich hier schnell hohe Geldbeträge ergeben.

Aus der Managementperspektive weist dieses Arbeitsmarktinstrument eine Reihe von Nachteilen auf. Der ohnehin schon hohe Verwaltungsaufwand im Bereich der Personalverwaltung wird durch die Einstellung von ABM-Kräften weiter erhöht. Die Kontaktaufnahme und Beantragung der Mittel kann gerade beim ersten Anlauf zu beträchtlichem Zeitaufwand führen. Die Kooperation der Mitarbeiter beim lokalen Arbeitsamt kann sich dabei durchaus unproduktiv gestalten. Treten während der Maßnahme Probleme mit dem Arbeitnehmer auf, so muss unter Umständen auch das Arbeitsamt informiert und einbezogen werden. Nach Beendigung der Maßnahme muss die NPO ferner dem zuständigen Arbeitsamt und auf Anfrage auch der ABM-Kraft selbst eine Teilnahmebeurteilung zukommen lassen, die auch Aussagen zur Beurteilung der weiteren beruflichen Entwicklungsmöglichkeiten des Arbeitnehmers enthält. Weiterhin hat die NPO dadurch, dass ihr die Arbeitskräfte vom Arbeitsamt zugewiesen werden, oftmals nur begrenzten Einfluss auf die Auswahl des Personals. ABM-Kräfte werden nicht selten vor dem Hintergrund problematischer Lebensumstände vermittelt. Die Probleme der Mitarbeiter finden dabei unter Umständen auch Eingang in die eigene Organisation. Solche Mitarbeiter brauchen in der Folge häufig konsequente Begleitung und erhöhte Aufmerksamkeit. Das kann zu beträchtlicher Unruhe und zusätzlichem Aufwand führen. Daneben sollte bedacht werden, dass die NPO auch tatsächlich ein den Fähigkeiten des Arbeitnehmers angemessenes Stellenprofil anbieten muss, damit dieser weder hoffnungslos überfordert noch maßlos unterfordert ist. Hinter den finanzwirtschaftlich relevanten Vorteilen stehen immer auch menschliche Schicksale, sodass die NPO mit der Einstellung einer geförderten Arbeitskraft nicht nur rechtliche, sondern auch menschliche Verpflichtungen übernimmt.

Neben der Förderung von ABM-Stellen spielt auch die **Förderung von Strukturanpassungsmaßnahmen** bei der Finanzierung von NPOs eine Rolle. Die Bandbreite förderungsfähiger Maßnahmen deckt viele Tätigkeitsbereiche, wie die

- Erhaltung und Verbesserung der Umwelt,
- Verbesserung des Angebots bei den sozialen Diensten und in der

Jugendhilfe,

- Erhöhung des Angebots im Breitensport und in der freien Kulturarbeit,
- Vorbereitung und Durchführung der Denkmalpflege, der städtebaulichen Erneuerung und des städtebaulichen Denkmalschutzes,
- Verbesserung des Wohnumfeldes und die
- Verbesserung der Infrastruktur

ab. Gefördert werden förderungswürdige Arbeitnehmer im Sinne des § 274 SGB III.[344] Der Zuschuss wird bis zur Höhe des monatlichen Arbeitsentgelts, höchstens jedoch in Höhe von 1.075 Euro monatlich je zugewiesenem Arbeitnehmer erbracht. Die Förderung läuft in der Regel 36 Monate, kann jedoch auf 48 Monate Gesamtdauer verlängert werden, wenn der Träger oder das durchführende Unternehmen den Arbeitnehmer anschließend in ein Dauerarbeitsverhältnis übernimmt. Sie kann sogar bis zu 60 Monate dauern, wenn zu Beginn der Maßnahme überwiegend ältere Arbeitnehmer zugewiesen sind, die das 55. Lebensjahr bereits vollendet haben.

Wie bei ABM-Stellen gelten auch hier zahlreiche Regelungen, die den Verwaltungsaufwand deutlich erhöhen. Im einzelnen sind dies die Vorschriften zur Förderung von Arbeitsbeschaffungsmaßnahmen über die begleitende berufliche Qualifizierung, betriebliche Praktika der zugewiesenen Arbeitnehmer, die Teilnehmerbeurteilung, die Kündigung des Arbeitsverhältnisses und die Abberufung durch das Arbeitsamt etc. gemäß § 264 Abs. 5 SGB III. Formale Abwicklung, Risiko, Aufwand und Leistungen lassen sich durchaus mit denen von Arbeitsbeschaffungsmaßnahmen vergleichen, sodass auf die dazu gemachten Ausführungen verwiesen wird.

Alles in allem sind die Instrumente der Arbeitsförderung eine Chance, hauptberufliche Stellen zu schaffen – und dies auch in kleineren NPOs. Den Vorteilen stehen jedoch auch gewisse Risiken gegenüber. Problematisch ist vor allem der begrenzte Förderzeitraum, der eine nachhaltige Personalentwicklung außerhalb von Projekten nicht ermöglicht. Dazu kommen der organisatorische und verwaltungstechnische Aufwand und die psychologischen Probleme im Zusammenhang mit den Berufsbiographien der zugewiesenen Arbeitnehmer.

---

[344] Arbeitnehmer sind förderungsbedürftig, wenn sie arbeitslos oder von Arbeitslosigkeit bedroht sind und allein durch die Förderung in einer Strukturanpassungs- oder Arbeitsbeschaffungsmaßnahme wieder beschäftigt werden können. Daneben müssen sie die Voraussetzungen für einen Anspruch auf Arbeitslosengeld, Arbeitslosenhilfe oder Übergangsgeld erfüllen. Vgl. § 274 Absatz 1 Nummern 1 und 2 SGB III.

# 5 Management von Spendengeldern: Fundraising

Im Gegensatz zum Zuwendungsmanagement basieren Einnahmen durch Spenden nicht auf einem formal geregelten Antragsverfahren. Ebenso wenig wird die Entscheidung über die Vergabe von Spendengeldern von geschulten Sachbearbeitern getroffen, die auf der Grundlage formalisierter Kriterien und unter Berücksichtigung von Programmrichtlinien entscheiden. Die Entscheidungsträger sind vielmehr Privatpersonen oder Unternehmen, die auf der Basis ganz individueller Motivlagen darüber entscheiden, wann sie wem Mittel in welcher Höhe zukommen lassen.

Spenden sind ihrer Definition nach freiwillige Leistungen ohne eine marktadäquate materielle Gegenleistung.[345] Das unterscheidet sie auch von den selbsterwirtschafteten Mitteln, denen immer eine Gegenleistung im Sinne eines Produktes oder einer Dienstleistung gegenübersteht. Die Besonderheiten des Spendens und des Spendenmarktes haben Auswirkungen auf die organisatorischen Erfordernisse und die eingesetzten Methoden und Instrumente des Spendenmanagements. Dieses weist sich damit als spezifischer Handlungsbereich innerhalb des Finanzierungsmanagements aus.

## 5.1 Die Grundlagen des Fundraisings

Fundraising ist der Teil des Finanzierungsmanagements, dem in den letzten Jahren die höchste Aufmerksamkeit entgegengebracht wurde. Die Literatur zum Thema ist mittlerweile nahezu unüberschaubar geworden. Überwiegend bemühen sich die Veröffentlichungen um eine praxisnahe Darstellung des Themas. So verwundert es nicht, wenn es sich beim größten Teil der Publikationen um Ratgeber mit „Tipps und Tricks" zur Entwicklung und Umsetzung von Fundraisingstrategien und -instrumenten handelt, bei denen der Marketingaspekt im Vordergrund steht.[346] Im Folgenden wird diese Perspektive durchbrochen und Fundraising als Bestandteil des Finanzmanagements reflektiert. Dazu werden zunächst die Grundlagen des Spendenmanagements umrissen und einzelne wich-

---

[345] Vgl. Urselmann, Michael (1998), S. 13 ff.
[346] Vgl. Fabisch, Nicole (2002). *Haibach* und *Kreuzer* weisen jedoch zu Recht darauf hin, dass sich trotz der Fülle an Literatur bisher kein Standard entwickelt hat, der auch international als Grundstock einer Fundrainsinglehre dienen könnte. Vgl. Haibach, Marita/Kreuzer, Thomas (2003).

tige Instrumente kurz vorgestellt, um sie dann hinsichtlich ihrer finanzwirtschaftlichen Dimensionen wie Risiko oder Ertrag zu durchleuchten.

Aus der großen Zahl steuerbegünstigter NPOs betreiben nur relativ wenige gemeinnützige Organisationen aktives Fundraising. *Bruhn* und *Tilmes* schätzen ihre Zahl auf circa 10.000 - 12.000, von denen lediglich 2.500 überregional Spenden sammeln.[347] Innerhalb dieser Gruppe sind es wiederum nur einige Dutzend Organisationen wie der Hermann-Gmeiner-Fonds, das Deutsche Rote Kreuz, Brot für die Welt, die Deutsche Aids-Hilfe etc., die den deutschen „Spendenmarkt" dominieren.[348] Nur wenige hundert NPOs generieren überhaupt mehr als eine Million Euro an Spenden pro Jahr. Der große Rest sammelt vor allem regional oder örtlich und dann meist erheblich geringere Beträge.

Dies hat sicherlich verschiedene Ursachen, die nicht nur im fehlenden Know-how zu suchen sind. So finanzieren sich viele kleine NPOs wie Freizeitvereine, Selbsthilfegruppen oder Initiativen überwiegend durch Mitgliedsbeiträge. Angesichts eines überschaubaren Wirkungskreises werden weitergehende Geldmittel häufig gar nicht benötigt. Wenn doch ein Bedarf an zusätzlichen Ressourcen erkennbar ist, werden diese jenseits einer breiten Öffentlichkeit durch Erhöhung der Mitgliedsbeiträge oder durch anlassbezogene Spenden im Umfeld der Mitglieder eingeworben. Auch Stiftungen betreiben oftmals überhaupt kein aktives Fundraising, da sie ihre Mittel zu einem großen Teil aus der Vermögensverwaltung beziehen und somit von den Erträgen des einmal zur Verfügung gestellten Stiftungskapitals leben.

Was aber steht hinter dem Begriff „Spendenmanagement"? Ebenso wie bei den anderen Teilbereichen des Finanzierungsmanagements geht es auch beim Spendenmanagement um die Beschaffung von benötigten Ressourcen. Spenden sind allerdings Sach- oder Geldmittel, die

- außerhalb normierter und rechtlich geregelter Antragsverfahren gewährt
- und ohne materielle,
- marktadäquate Gegenleistungen zur Verfügung gestellt werden.[349]

Das bedeutet, dass NPOs im Rahmen ihres Spendenmanagements für die Spende keine auf einem Markt handelbaren Güter als Gegenleistung anbieten. So sind z. B. Zahlungen für die Vermietung von Vereinsanlagen an Mitglieder keine Spenden. Das gleiche gilt für Werbung, Sponsoring und den Verkauf von Fan-Artikeln, weshalb diese im Rahmen des Managements selbsterwirtschafteter Mittel (Kapitel 7) behandelt werden.

---

[347] Vgl. Bruhn, Manfred/Tilmes, Jörg (1994), S. 25.

[348] Die Bundesarbeitsgemeinschaft Sozialmarketing erhebt dazu regelmäßig ein „Spendenranking", in dem die größten bundesdeutschen spendensammelnden Organisationen enthalten sind.

[349] Vgl. dazu Urselmann, Michael (1998), S. 17.

Wenn NPOs jedoch keine Gegenleistungen für Spenden erbringen, stellt sich die Frage, warum ihr dann überhaupt Mittel zur Verfügung gestellt werden. Als Erklärung für das Phänomen wurden in der Vergangenheit häufig altruistische Beweggründe angeführt. Spender hätten demnach ein Bedürfnis, andere Menschen und Vorhaben zu unterstützen, ohne selbst einen Vorteil daraus zu erhalten. Die Existenz rein altruistischer Ziele darf jedoch bezweifelt werden. Vielmehr ist davon auszugehen, dass es eine ganze Reihe von Anreizmechanismen gibt, die für eine geleistete Spende entschädigen, über den Markt jedoch nicht zu erwerben sind. Professionellen Fundraisern ist dies schon lange klar: „Fund raisers have learned that people give because they are getting something."[350] Damit ist die Frage nach den Motiven möglicher Spender aufgeworfen.[351]

Die Gründe für eine Spende entspringen meist emotionalen Bedürfnissen der Spender. Für die Bundesrepublik sind diese **Motive** eingebettet in ein Setting aus spezifischen abendländischen Traditionen, das durch „soziologische Bedingungen, philosophische Überlegungen und christliches Gendankengut"[352] geprägt ist. Sie sind für Fundraiser meist nur schwer zu ermitteln und es spricht einiges dafür, dass häufig mehrere Motive gleichzeitig – im Sinne eines „Motivbündels" – vorliegen.

Manche Spender haben das Gefühl, an gewissen Missständen indirekt Schuld zu haben (z. B. Zerstörung der Umwelt oder Leid in der Dritten Welt). Ihre Spende resultiert dann aus dem Versuch, durch Unterstützung einer mit diesem Problem beschäftigten Organisation, ihre **Schuldgefühle** abzubauen.

Weitere wichtige Motive sind eng mit dem Wunsch nach Akzeptanz innerhalb einer gewissen Gruppe verbunden: also **Anerkennung** und **soziales Prestige**. Die ausgewiesene Spende soll die Akzeptanz in bestimmten Kreisen erhöhen. Eine größere Spende kann u. U. den Reichtum des Spenders und somit die Zugehörigkeit zu einer gewissen gesellschaftlichen Schicht bzw. Einkommensgruppe anzeigen.

Daneben können Spenden, insbesondere für Unternehmen, aber auch für andere Organisationen und Privatpersonen zu einem **Imagegewinn** führen. So können sich bestimmte Eigenschaften der NPO auf den Spender übertragen. Das ist sicherlich auch der Grund dafür, dass vor allem Sportvereine ein gefragter Adressat von Unternehmensspenden sind. Unternehmen bemühen sich um ein

---

[350] Das auf Philip Kotler zurückgehende Zitat findet sich bei Urselmann, Michael (1998), S.17.
[351] Zahlreiche Veröffentlichungen beschäftigen sich mit den Motiven möglicher Spender. Neben einer Reihe praxisorientierter Werke zum Thema, die in der Regel eher auf die Erfahrung oder Intuition des Verfassers rekurrieren, gibt es bisher erst einige wenige theoriegeleitete Überlegungen. Vgl. dazu: Heister, W. (1993); ebenso: Raffée, Hans/Wiedmann, Klaus-Peter/Abel, Bodo (1983).
[352] Schulz, Lothar (2001), S. 192.

Image, das Leistung, Gesundheit und Dynamik verspricht, Eigenschaften, die vor allem dem Leistungssport zugeschrieben werden. Spenden an mildtätige, kirchliche oder religiöse Organisationen hingegen können zum Image eines „guten Menschen" oder einer „guten Firma" beitragen.

Auch die **Vermeidung von Unannehmlichkeiten** kann ein Beweggrund für eine Spende sein. Gerade in ländlichen Gemeinden oder in bestimmten Milieus können einzelne NPOs eine das Gemeinschaftsleben dominierende Stellung einnehmen (z. B. Schützenverein, Freiwillige Feuerwehr, Kulturverein, Partei oder Kaufmannsverein). In solchen Fällen kann ein starker Anreiz bestehen, diese Organisation durch Mitgliedschaft oder Spenden zu unterstützen, um eventuelle Nachteile (z. B. Umsatzeinbußen als lokaler Geschäftsinhaber) zu vermeiden.

Kaum davon zu trennen ist die **Hoffnung auf Vorteile** durch die Unterstützung einer NPO. So können sich die Kontakte innerhalb der Organisation positiv auf das berufliche Fortkommen oder die Auftragslage eines Unternehmens auswirken.

Ein sehr starkes Motiv kann durch die eigene **Betroffenheit** ausgelöst werden. Spender die selbst oder deren Freunde oder Familie Opfer einer Straftat oder Krankheit geworden sind oder einen Unfall erlitten haben, wollen das dadurch erlebte Leid anderen ersparen oder die ihnen in dieser Situation zuteil gewordene Hilfe vergelten.

Neben diesen Motiven sollen **altruistische Beweggründe** jedoch nicht vollkommen ausgeschlossen werden. Allerdings – und das ist an dieser Stelle ein interessanter wenn auch zunächst paradox wirkender Aspekt – erwartet auch der altruistische Spender eigentlich eine Gegenleistung. Denn der Wille zur uneigennützigen Hilfe, wird nur dadurch befriedigt, dass auch tatsächlich eine Hilfeleistung stattfindet, d. h. seine Transaktion zur Verminderung von Leid oder Missständen beiträgt. Das hat handfeste Folgen für die Spenderbeziehung zu NPOs:

> „Je eher folglich eine gemeinnützige Organisation die angestrebte Hilfe garantieren kann, desto attraktiver wird es dem Altruisten erscheinen, ein solches Anliegen zu fördern. Daneben gelten die Erfolge, die eine Institution durch ihre Tätigkeit erzielt hat, dem Altruisten als Gradmesser für die Effizienz einer Spende. Damit kommt der bisher geleisteten Arbeit einer Organisation der Charakter einer eigenständigen Nutzenkategorie zu."[353]

Die Erwartung eines Altruisten geht hier also in Richtung auf eine effiziente Leistungserstellung.

---

[353] Schneider, Willy (1996), S. 397 f.

Lediglich zu den mittelbaren materiellen Motiven gehört die Absicht, durch Spenden **Steuern zu sparen**. Dies ist möglich, weil Spenden an gemeinnützige Organisationen steuerlich abzugsfähig sind. Als Beweggrund reicht dieses Ziel allein meist jedoch nicht aus, da dem Spender in jedem Fall ein finanzieller Nachteil bleibt. Es stellt jedoch regelmäßig einen wichtigen zusätzlichen Anreiz dar.

Im Gegensatz zu Privatspendern ist die Analyse des Verhaltens **institutioneller Ressourcengeber** wie Unternehmen, Banken oder staatliche Stellen deutlich komplexer. Denn, wenn im Folgenden von der Motivation und der Handlungslogik eines Unternehmens oder einer öffentlichen Einrichtung gesprochen wird, dann ist das zunächst ein Widerspruch. Bei der Motivation (zu Spenden) handelt es sich eigentlich um ein Konstrukt zur Beschreibung und Analyse personalen und nicht organisationalen Handelns. „Motivation treibt als prozessuales Phänomen das Handeln einer Person an („aktivierende Komponente") und richtet das Handeln auf ein Ziel aus („kognitive Komponente"). Die handlungsleitenden Motive des Einzelnen erwachsen aus der Interaktion zwischen aktivierenden emotionalen und triebhaften Vorgängen sowie kognitiven Prozessen, die zu Zielbestimmungen und Handlungsprogrammen führen. Von Motiven eines Unternehmens zu sprechen ist daher dem Grunde nach unkorrekt."[354]

Wenn also doch aus Gründen der Vereinfachung von Motiven eines Unternehmens gesprochen wird, dann unter der Maßgabe, dass damit letztlich nicht das System selbst, sondern die relevanten Entscheidungsträger innerhalb des Systems gemeint sind.

Ältere Ansätze erklären das Verhalten von Unternehmen im Rahmen eines „Konzeptes der sozialen Verantwortung". Nach solchen eher auf der Makroebene angesiedelten Konzepten resultiert das Spendenvergabeverhalten von Unternehmen aus der Wahrnehmung gesellschaftlicher Verantwortung bei der Unternehmen als „moralische Agenten" in einem gesellschaftlichen Netzwerk gesehen werden.[355] Unternehmen werden dabei in ihrem Spendenverhalten von gesellschaftlichen Werten geleitet. Die Spenden selbst werden dann mitunter als soziale Kontrakte interpretiert, die ein Netz an reziproken Rechten und Pflichten begründen.[356] Zum Verständnis der Notwendigkeiten bei der Kooperation mit Unternehmen im Rahmen des Spendenmanagement tragen solche Erkenntnisse jedoch nur wenig bei.

In einer differenzierteren Vorgehensweise werden die Motive des Einzelunternehmens von denen großer Gesellschaften getrennt.

---

[354] Notheis, Dirk (2001), S. 209. Zum Motivationskonstrukt aus der Sicht der Marketingforschung vgl. ferner Kroeber-Riel, Werner/Weinberg, Peter (2003) oder Bänsch, Axel (2002).
[355] Vgl. Davies, Keith (1973) und Notheis, Dirk (2001), S. 211.
[356] Vgl. Donaldson, Thomas (1983).

In der ersten Gruppe sind die Eigentümer selbst auch die Entscheidungsträger. Das ist vor allem bei mittelständischen und kleinen oder gar Ein-Mann-Firmen der Fall. Die Entscheidung findet hier gemäß den individuellen Nutzenüberlegung des jeweiligen Eigentümers statt. In ihr verknüpfen sich die Gewinnziele mit anderen materiellen und immateriellen Nutzenüberlegungen. Unternehmen die auf dieser Grundlage entscheiden, sind letztendlich im Hinblick auf ihre Motivlage vergleichbar mit dem zuvor betrachteten einzelnen Spender, wobei weitere unternehmensbezogene Motive (Gewinn des Unternehmens und damit eigenes Einkommen erhöhen) hinzutreten können.

Vor allem in Kapitalgesellschaften wie sie im Bereich des Mittelstandes und der Großunternehmen verbreitet sind, haben sich Eigentum und Entscheidungsbefugnisse weitgehend entkoppelt. An diesen Stellen ergibt sich eine klassische *agency*-Problematik. Dabei können sich die Entscheider (Management) durchaus zum Wohle ihrer Eigentümer (Gesellschafter, Aktionäre) verhalten. Diesen ist in erster Linie an einer Sicherung ihres Einkommens gelegen. Eine Spende ist immer dann an den Interessen des principals ausgerichtet, wenn sie langfristig zu diesem Ziel beiträgt. Daneben kann sich Management jedoch auch opportun verhalten. Dies um so mehr, je weniger die Anreizsysteme auf die Zielsetzung der Eigentümer ausgerichtet sind. In diesen Fällen erfolgt eine Spende im Rahmen der persönlichen Handlungsspielräume zur persönlichen Nutzenmaximierung des Managements.

Im ersten Fall ist es sinnvoll anzunehmen, dass das Management unterstützt, was wenigstens langfristig zur Steigerung des Unternehmensgewinns beiträgt. Die Entscheidungsträger in den Unternehmen würden dann lediglich dieser überindividuellen Zielsetzung ihres Unternehmens folgen. Sie würden immer dann Spenden, wenn es dem Unternehmen direkte oder indirekte Gewinnsteigerungen in Aussicht stellen würde. Navarro differenziert in diesem Zusammenhang unter Rekurs auf die Gewinn-Maximierungsgleichung drei Analyseebenen:[357]

1. *revenue enhancement* (Absatzförderung),
2. *cost reduction* (Kostenreduktion) und
3. *tax considerations* (Steueroptimierung)

Im ersten Fall werden Spenden mit dem Ziel eingesetzt, eine Absatzsteigerung der Unternehmensprodukte zu erzeugen. Dabei versuchen Unternehmen entweder direkt, über ein sogenanntes „*cause-related-marketing*"[358], oder indirekt im Rahmen eines gesellschaftsorientierten Marketings durch den Aufbau von

---

[357] Navarro, Peter (1988), S.67.
[358] Vgl. Teil B Kapitel 5.4.7.

Image- und Goodwill-Potenzialen den Absatz ihrer Produkte zu fördern.[359] Dass dieses Motiv von großer praktischer Bedeutung ist, zeigen die unzähligen Beispiele aus dem Fundraising großer NPOs. So kommen beispielsweise nicht selten die Erlöse von Tonträgern, Büchern oder Merchandising-Artikeln zu einem gewissen Prozentsatz einem guten Zweck zu. Die Verkaufszahl dieser Artikel liegt dann plötzlich auch im Interesse der NPO, so dass sie unter Umständen sogar eigene Werbeanstrengungen unternimmt, um den Absatz zu fördern. Für potenzielle Kunden kann dagegen eine solche Kopplung durchaus ein wichtiges Kaufargument darstellen und für das Unternehmen wirkt sie absatzfördernd.

Bei der gesellschaftsorientierten Strategie sind die Wirkungszusammenhänge nicht immer so offensichtlich. Aber regelmäßig erhoffen sich Hersteller und Dienstleister über die Erhöhung der gesellschaftlichen Akzeptanz ihres Unternehmens, ihre Produkte besser vermarkten zu können. Beispielhaft stehen dafür die PR und Imagebemühungen der bundesdeutschen Chemieindustrie, die es geschafft hat, ihr Image vom „Hauptumweltverschmutzer" in den letzten Jahrzehnten nicht zuletzt auch durch Spenden an NPOs und in den Umweltschutz zu verbessern. Auf diese Weise wird der Kauf von chemischen Produkten weniger als früher von einem unangenehmen Gefühl (kognitive Dissonanz) für gewerbliche und private Kunden begleitet.

Ökonomisch gesehen liegt die Absicht in diesem Verhalten also darin, die Nachfragekurve nach den Produkten und Dienstleistungen des Unternehmens zu dessen Gunsten zu verschieben oder die Preiselastizität der Nachfrage bei den entsprechenden Gütern zu senken.[360]

Aufbauend auf der Erkenntnis, dass es auch in Unternehmen Kostenbestandteile gibt, die durch die infrastrukturelle oder soziale Umwelt determiniert werden, so die Vertreter von Kostensenkungsmotiven, können Investitionen in diese Umwelt in Form von Spenden zu Kostenreduktionen bei Arbeits-, Versicherungs- und Verwaltungskosten führen. Man denke in diesem Zusammenhang an Firmen, die in ländlichen, infrastrukturschwachen Regionen angesiedelt sind. Das Fehlen von kulturellen Einrichtungen oder auch qualitativ guten sozialen Einrichtungen zur Versorgung der Familien von Firmenangehörigen wie Schulen oder Kindergärten ist ein echter Standortnachteil. Potenzielle Arbeitnehmer wechseln in eine solche Region häufig nur gegen kräftige Lohnaufschläge. Firmen die ihren Mitarbeitern im näheren Umfeld jedoch ein zufrieden stellendes Angebot an sozialen und kulturellen Einrichtungen bieten können, entwickeln

---

[359] Vgl. Notheis, Dirk (2001), S. 212.
[360] Unterstellt man das Ziel der Gewinnmaximierung würde ein daran orientierter Entscheider solange Spenden vergeben, bis der Grenzertrag der Spenden in Bezug auf die Nachfragesteigerung gleich den Grenzkosten der des Spendens ist. vgl. Notheis, Dirk (2001), S. 213.

dagegen einen Standortvorteil, der sich in einer erhöhten Nachfrage nach Stellen in der Region und damit geringeren Lohnkosten niederschlagen kann.[361]

Schließlich üben Spenden einen positiven Einfluss auf das politische Umfeld des Unternehmens aus. Politische Entscheidungsträger benötigen immer Geldmittel und schätzen in der Regel das gesellschaftspolitische Engagement von Unternehmen. Unternehmen verbessern durch Spenden also ihr Image und ihr Goodwill-Potenzial. Im Sinne einer Austauschbeziehung entwickelt sich dann häufig eine Kooperation, bei der auch die spendenden Unternehmen Vorteile erlangen können, wie den vereinfachten Zugang zu staatlichen Fördermitteln, beschleunigte Verwaltungsverfahren, wohlwollende Haltung bei kleineren Ordnungswidrigkeiten, Gewährleistung von Bürgschaften oder die Fürsprache bei Kreditinstituten.

Schließlich werden steuerliche Effekte häufig als wichtiges Kriterium für Spendenentscheidungen angeführt. Navarro zeigt jedoch, dass sich eine Spendenentscheidung nicht vor dem Hintergrund des Gewinnmaximierungsziels erklären lässt.[362] Dies ist auch unwahrscheinlich, da auch dem institutionellen Spender bei jedem Steuersatz eine Nettobelastung aus der Spende verbleibt. Es zeigt sich jedoch, dass insbesondere der „Steuerpreis der Spende" einen Einfluss auf das Timing von Spenden hat. Der Steuerpreis der Spende ist der Teil der Spende, die der Spender nach Steuern selbst tragen muss.[363] Dieser Preis steigt mit sinkendem Steuersatz.

Im zweiten Fall entscheidet sich das Management unabhängig oder gar zum Nachteil des Eigentümernutzens. Im Mittelpunkt stehen dann wiederum persön-

---

[361] Ähnliche Beziehungen werden insbesondere auch in US-amerikanischen Quellen für den Zusammenhang zwischen Versicherungsleistungen und Kriminalität angenommen. Spenden, die die Sicherheit in der Region des Unternehmens erhöhen, vermindern so unter Umständen die Gefahr von Diebstahl, Einbrüchen oder Vandalismus. Dies hätte wiederum einen Kosten senkenden Effekt auf die Sicherheitsausgaben der Unternehmen in Form von Sicherheitskräften, Alarmanlagen oder Versicherungen. Vgl. Navarro, P. (1988). Was das Versicherungskosten- und Arbeitsmarktmotiv angeht dürften jedoch Zweifel hinsichtlich der Übertragbarkeit auf bundesdeutsche Verhältnisse bestehen. Angesichts von Flächentarifverträgen und staatlichem Versorgungsauftrag bei der Bereitstellung sozialer und kultureller Einrichtungen dürfte der Effekt deutlich geringer ausfallen als in den USA.

[362] Der Gewinn (G) ist einem vereinfachten Modell das versteuerte Ergebnis aus Umsatz (U) minus Kosten (K) und Spenden (S). Bei einem Steuersatz t ergibt sich die folgende Gleichung: G= (1-t) (U-K-S). Da dG/ dt = 0 zeigt sich, dass das Motiv der steuerlichen Absetzbarkeit nicht aus dem übergeordneten Gewinnmaximierungskalkül gewonnen werden kann. Eine proportionale Besteuerung hat danach keinen Einfluss auf die Vergabe von Unternehmensspenden. Vgl. Navarro, Peter (1988). Bei progressiven Steuersätzen kann sich jedoch gerade wenn der Grenzsteuersatz in die Nähe einer Progressionsstufe gelangt, die Situation durchaus anders darstellen.

[363] Mit den Abkürzungen der vorhergehenden Fußnote ist dies: Steuerpreis der Spende = S * (1-t). Bei einem Steuersatz von 25 % erhält der Spender, der 100 GE spendet, 25 GE zurück. Der Steuerpreis der Spende beträgt dann 75 GE. Bei einem Steuersatz von 40 % beträgt der Steuerpreis der Spende jedoch nur noch 60 GE.

liche Motive einzelner oder einer Gruppe von Entscheidern. So kann ein erhöhtes soziales Prestige durch Mitgliedschaft in einer bestimmten Organisation, ein mit Spenden verbundener Lehrauftrag an einer Hochschule oder die mit den Aktivitäten verbundene Präsenz in den Medien durchaus einen starken Anreiz auf das Management von Unternehmen ausüben bestimmte Aktivitäten zu fördern.

*Abbildung 24:* Zentrale Motive für Unternehmensspenden und Sponsoring
Eigene Darstellung

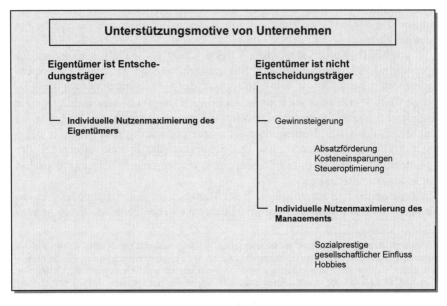

Die Trennung und genaue Zuordnung der in Abbildung 24 zusammengefassten Motivlagen ist für den Fundraiser bzw. Finanzmanager einer NPO nicht immer leicht vorzunehmen. In der Praxis findet sich nicht selten der Fall einer Vermengung von Management- und Eigentümerinteressen. Gerade Ziele wie „strategische Positionierung am Markt" oder „gesellschaftliche Orientierung an der Zielgruppe" lassen hinreichend Interpretationsspielräume, um die Interessen des Managements hinter denen der Eigentümer zu verbergen.

## 5.2 Steuerrechtliche Behandlung von Spenden

Steuerrechtlich sind Spenden „Ausgaben, die von Steuerpflichtigen freiwillig und ohne Gegenleistung zur Förderung der gesetzlich festgelegten Zwecke geleistete werden"[364]. Spenden sind durch ihre privilegierte Stellung gegenüber anderen Einnahmequellen gekennzeichnet. So muss die steuerbegünstigte NPO auf eingehende Spenden weder Körperschaftsteuer noch Gewerbe- oder Umsatzsteuer zahlen (siehe Teil B Kapitel 1.3). Aus Sicht des Spenders ist die Situation jedoch etwas komplexer. Spenden sind im steuerlichen Sinne Ausgaben zur Förderung bestimmter steuerbegünstigter Zwecke (vgl. § 10 b EStG). Grundsätzlich sind solche Ausgaben lediglich bis zu einer Höhe von 5 % des Gesamtbetrages des Einkommens des Spenders steuerlich abzugsfähig. Für wissenschaftliche, mildtätige und als besonders förderungswürdig anerkannte kulturelle Zwecke erhöht sich dieser Satz auf 10 %. Aufgrund dieser Unterscheidung ist der Zweck, den eine NPO auf der Spendenbestätigung angibt, von großer Bedeutung. Bei Unternehmensspenden gibt es eine alternative Grenze von 2 Promille der Summe der gesamten Umsätze und der im Kalenderjahr aufgewendeten Löhne und Gehälter. Diese Grenze gilt einheitlich für alle Spenden.[365]

Für den Spender bemisst sich die Höhe der Steuerreduktion anhand seines Grenzsteuersatzes. Dieser unterliegt der Progression und führt damit zu dem merkwürdigen Resultat einer einkommensabhängigen Steuerreduzierung. Das bedeutet, dass der für eine Spende „netto" zu leistende Betrag um so niedriger ist, je höher das Einkommen des Spendenden ist.[366]

Für die steuerrechtliche und verwaltungstechnische Behandlung der Spenden ist weiterhin die Art der Spende wichtig. Spenden können in Form von

- Geldspenden
- Sachspenden und
- Leistungsspenden

---

[364] Boochs, Wolfgang (2001), S. 276. Vgl. dazu BFH-Urteil vom 12.9.1990 – BStBl. 1991, S. 258.

[365] Darüber hinaus kann im Rahmen von Großspenden ein Betrag von mindestens 25.656 Euro für wissenschaftliche oder als besonders förderungswürdig anerkannte kulturelle Zwecke über fünf Jahre verteilt abgezogen werden. Für das jeweilige Steuerjahr gelten bei dieser Großspendenregelung dann auch die o. g. Höchstsätze. Für Stiftungen gelten nochmals erweiterte Höchstsätze.

[366] Ein Spender mit einem Grenzsteuersatz von 48 % bezahlt auf jeden weiteren gespendeten Euro einen Betrag von 52 Cent aus eigener Tasche. Ein Spender mit geringerem Einkommen und einem Grenzsteuersatz von beispielsweise 30 % muss auf einen Euro 70 Cents selbst bezahlen (ohne Berücksichtigung der Kirchensteuer und des Solidaritätszuschlages).

vorliegen. Während die steuerliche Behandlung von monetären Zuwendungen recht einfach zu handhaben ist, ergeben sich insbesondere bei den Sach- und Leistungsspenden als nicht-monetären Zuwendungen Probleme.

**Sachspenden** wie Computer, Büromöbel oder Autos gelten ebenfalls als Ausgaben im Sinne des § 10b EStG, sind also in gleicher Weise steuerlich abzugsfähig. Im Gegensatz zu Geldspenden ist hier jedoch bei der Ermittlung des steuerlich abzugsfähigen Betrages zunächst eine Bewertung erforderlich. Das heißt, die NPO muss auf der Spendenbestätigung den genauen Wert der Sachspende in Euro vermerken. Maßgeblich ist hierbei der Verkehrswert, also der Preis, den die gespendete Sache im gewöhnlichen Geschäftsverkehr noch erzielen würde.[367] Aufgrund der Haftung der NPO für entgangene Steuern bei unrichtig ausgestellten Spendenbestätigungen, ist bei der Bewertung von Sachspenden besondere Sorgfalt anzuraten.

**Leistungsspenden** sind geldwerte Vorteile, die eine NPO aus der Überlassung von Gegenständen (Nutzung) oder der kostenlosen Erbringung von Arbeitsleistungen (Leistungen) erlangt. Für Nutzungen und Leistungen ist der Spendenabzug in §10b Absatz 3 EStG ausdrücklich ausgeschlossen, sodass der Verein dafür keine Spendenbestätigung ausstellen darf. Nutzungs- und Leistungsspenden können aber in Geldspenden umgewandelt werden. Dabei werden für die Nutzungen/Leistungen vom Überlasser zunächst Entgelte in Rechnung gestellt. Das erhaltene Geld wird dann von ihm an den Verein gespendet. In der Regel wird beim Spender dadurch jedoch kein steuerlicher Effekt erreicht. Die in Rechnung gestellten Leistungen sind ja zuvor als Erträge einkommensteuerpflichtig. Durch die Spende wird das Einkommen dann um den gleichen Betrag gemindert. Dieses Verfahren kann abgekürzt werden, indem der in Rechnung gestellte Betrag nicht ausgezahlt wird. Es muss aber in jedem Fall deutlich sein, dass der Spender einen Rechtsanspruch auf die Auszahlung hatte.[368]

Für Aufwand, den ein Mitglied für den Verein getätigt hat (z. B. Fahrten mit dem Privatwagen) und auf dessen Erstattung er verzichtet, kann ebenfalls eine Spendenquittung erstellt werden. Voraussetzung dafür ist jedoch, dass grundsätzlich ein Anspruch auf Zahlung des Aufwendungsersatzes gegen den Verein gegeben ist. Dieser muss durch die Satzung oder verbindliche Einzelabsprachen nachweisbar sein. Wenn die Voraussetzungen zur Zahlung des Aufwendungsersatzes gegeben sind, kann über die entsprechende Höhe eine Spendenquittung

---

[367] Die Umsatzsteuer ist dabei eingeschlossen.

[368] Ehrenamtliche Aktivitäten sind in diesem Sinne nicht spendenfähig, da kein Ausgabe vorliegt und auch kein Rechtsanspruch auf eine Bezahlung vorliegt. Vgl. dazu auch BFH-Urteil vom 28.4.1978 – BStBl. 1979 II, S. 297).

erstellt werden. Hierfür ist buchungstechnisch der Betrag an das Mitglied gegen Quittung auszuzahlen und anschließend wieder als Spende einzunehmen.[369]

Da die Einnahme von Spenden nicht im Rahmen eines steuerrechtlich relevanten Leistungsaustausches erfolgt, muss die Finanzbuchhaltung bei der Verbuchung von Spenden einige Besonderheiten berücksichtigen. In der GuV sollten Spenden nicht bei den Umsatzerlösen, sondern vielmehr gesondert ausgewiesen werden. Dabei ist noch einmal zwischen Spenden mit und ohne Zweckbindung zu unterscheiden. Handelt es sich um Spenden mit Zweckbindung, so empfiehlt es sich, deren Zu- und Abgänge mit einem Vermerk über die Zweckbindung in gesonderten Positionen der GuV darzustellen.

Die Verbuchung von Sachspenden gestaltet sich noch komplizierter. Ist die Sachspende zur dauernden Nutzung bei der Erfüllung der Satzungszwecke gedacht und handelt es sich nicht um ein geringwertiges Wirtschaftsgut, so ist ein Ausweis im Anlagevermögen der Bilanz vorzunehmen.

Neben steuerrechtlichen Konsequenzen bei der Bewertung von Sach- und Leistungsspenden, ist ebenfalls auf das oben diskutierte **Verhältnis von Aufwand zu Spendenertrag** zu achten. Dies gilt insbesondere für die Beauftragung von Erfüllungsgehilfen bei der Spendenakquisition. Werden Entgelte, Provisionen und Vermittlungsprämien für professionelle Fundraiser, Spendenwerber und andere Hilfspersonen gezahlt, so müssen diese in einem angemessenen Verhältnis zu den eingeworbenen und den für den Satzungszweck ausgegebenen Mitteln stehen.[370]

### 5.3 Spendenakquisition als Managementaufgabe

Das Werben um die Gunst potenzieller Spender sowie die nachhaltige Sicherung eines einmal erreichten Spendenaufkommens stellen unter den Bedingungen zunehmender Konkurrenz auf den Spendenmärkten immer höhere Anforderungen an Wissen und Kompetenz des Finanzmanagements. Spendenmanagement ist somit heute zu einer anspruchsvollen Aufgabe geworden. Bevor in Kapitel 5.4 einzelne Fundraisinginstrumente konkret vorgestellt werden, wird jedoch zunächst eine Übersicht über die Vielfalt der Instrumente des Spendenmanagements und ihrer Erscheinungsformen erarbeitet.

---

[369] Die Fahrten können auch direkt als Spende verbucht werden, wenn auf der Spendenbescheinigung für jede einzelne Fahrt Angaben über den Zeitpunkt, den Ort des Einsatzes, die Entfernung, den Zweck der Fahrt und über den Fahrzeugtyp vermerkt sind. Vgl. BFH-Urteil vom 28.11.1990 – BFH/NV 1991, S. 305.
[370] Vgl. Teil B Kapitel 1.3.

## 5.3.1 Rahmenbedingungen, Dimensionen und Instrumente des Spend managements

Das Spendenmanagement wird durch eine Reihe von Faktoren determiniert, auf die eine NPO keinen oder nur geringen Einfluss ausübt. Als besonders schwierig erweisen sich dabei vor allem kulturelle und dadurch geprägte ethische Vorstellungen über die Möglichkeiten und Grenzen des Spendenmanagements. Diese Vorstellungen liegen in der Regel nicht kodifiziert vor und werden im Rahmen der Sozialisation erlernt. Sie variieren zwischen verschiedenen Regionen und gesellschaftlichen Schichten und sind im Zeitablauf nicht konstant.[371] Daneben existieren ausdrücklich festgeschriebene rechtliche Regelungen, die beachtet werden müssen. Zentral ist dabei neben vielen speziellen und instrumentenabhängigen Rechtsgebieten (z. B. Lotterierecht, Haustürwiderrufsrecht, Sammlungsrecht) das Steuerrecht. Unter ökonomischen Gesichtspunkten ist ferner auch die Beschaffenheit der „Spendenmärkte" von Bedeutung: Wie viele Organisationen sind dort Spenden sammelnd tätig? Welche Instrumente werden überwiegend eingesetzt? Wie hoch ist die Bereitschaft der Spender, zu verschiedenen Zeitpunkten und für verschiedene Zwecke zu spenden? Schließlich liegen mit den Organisationszielen und den Aufgaben des Finanzmanagements weitere organisationsspezifische Rahmenbedingungen für das Spendenmanagement vor.

Diese Rahmenbedingungen definieren den Spielraum bei der Ausgestaltung des Spendenmanagements. Innerhalb des so eröffneten Aktionsraums müssen dann die Spendenaktivitäten in ihren Dimensionen festgelegt werden. Die zentrale Frage bei der Konzeption und dem Einsatz von Fundraisinginstrumenten lautet:

**Wer versucht, eine Spende von wem auf welchem Wege, wann, wo und unter welchen Bedingungen zu erhalten?**

Entsprechend dieser Fragestellung lassen sich die Instrumente des Fundraisings als Kombination verschiedener Dimensionsausprägungen sehen, wie sie im äußeren Kreis der Abbildung 23 dargestellt sind.

Bei der **personellen Dimension** können zwei Perspektiven unterschieden werden: Zum einen stellt sich die Frage, wer die Aktion durchführt (Subjektdimension). An der Umsetzung von Fudraisinginstrumenten können unterschied-

---

[371] Der geradezu dramatische Einfluss, den die kulturellen Rahmenbedingungen auf Spendenverhalten und ethische Vorstellungen über Zulässigkeit und Nicht-Zulässigkeit von Motiven, Zwecken und Werbemaßnahmen haben, wird deutlich, wenn man die Rahmenbedingungen in anderen Regionen der Welt wie beispielsweise den islamisch geprägten Gesellschaften betrachtet. Vgl. Nanji, Azim (2000), S. 12 - 15 oder Cheema, Affan (2000), S. 16.

lichste Akteure beteiligt sein, beispielsweise ehren- und hauptamtliche Mitarbeiter, Geschäftsführer, Vorstandsmitglieder oder Fundraising-Agenturen. Daneben kann Fundraising auch in Kooperation mit externen Akteuren wie anderen NPOs, Unternehmen oder Ministerien erfolgen. Zum anderen muss Fundraising definieren, auf wen bzw. auf welche Zielgruppe die Aktionen gerichtet sind (Objektdimension). Die potenziellen Geldgeber und ihre Eigenschaften stehen beim Spendenmanagement immer im Vordergrund. Die Zielgruppe kann von einer anonymen Öffentlichkeit über nach speziellen Kriterien wie Region, Alter oder Einkommen segmentierte Gruppen bis hin zu einzelnen Personen reichen. Von der Auswahl der Zielgruppe hängt schließlich die Kommunikationsstrategie ab. Die Objektdimension muss jedoch weiter nach demografischen, sozialen und psychologischen Merkmalen differenziert werden. Demnach wäre ein großer vermögender Einzelspender anders anzusprechen als der anonyme Kleinstspender einer breit angelegten Fundraisingaktion.

In der Regel gibt es einen Zusammenhang zwischen der Subjekt- und Objektdimension. Nach dem „Gesetz der gleichen Augenhöhe" sind hochrangige Organisationsmitglieder Ansprechpartner für große Spender oder bedeutsame Persönlichkeiten des öffentlichen Lebens. Vorstandsmitglieder oder Geschäftsführer kommunizieren dabei idealerweise mit bedeutenden Einzelspendern oder Stiftern. Je höher die Zahl der Spender und je geringer der gespendete Betrag ist, desto geringer wird tendenziell der Status der zuständigen Ansprechpartner in der Hierarchie der Organisation sein. Die Kommunikation mit ausgewählten Berufsgruppen (z. B. mit Ärzten, Apothekern, Steuerberatern) erfolgt am Besten mit Unterstützung eines NPO-Vertreters der gleichen Berufsgruppe. Ähnliches gilt auch für bestimmte Altersgruppen (Kinder, Jugendliche, Erwachsene, Rentner), soziale Schichten oder Milieus (Arbeiter, Landwirte, Akademiker etc.).

In der **temporalen Dimension** geht es um die Frage, wann und wie lange eine Aktion durchgeführt werden soll. Dabei soll nach Zeitpunkt, Zeitdauer und Frequenz einer Maßnahme unterschieden werden. Der Zeitpunkt einer Aktion wird im Fundraising nicht selten von konkreten Anlässen bestimmt. Diese können sich aus der Lebenssituation von Personen (Geburt, Hochzeit, Tod, Jubiläen etc.) oder Institutionen (Gründung, Kauf bzw. Verkauf oder Auflösung einer Firma etc.) ergeben. Daneben gibt es eine ganze Reihe von Ereignissen wie Katastrophen (z. B. Hochwasser, Umweltkatastrophen), gesellschaftspolitische, soziale, gesundheitliche Problemlagen (z. B. AIDS oder Kinderarmut) sowie aktuelle Themen, Trends oder Ereignisse (z. B. Euro-Umstellung)[372] die als Ausgangspunkt von Fundraisingaktionen geeignet sein können.

---

[372] Die Euro-Umstellung war für zahlreiche NPOs ein willkommener Anlass für eine Aktion, bei der das restliche Bargeld der im Euro aufgehenden nationalen Währungen eingesammelt wurde (Beispiel: DRK-Kampagne „Geben Sie uns den Rest!").

Neben der Auswahl des geeigneten Zeitpunktes spielt die Zeitdauer des Instrumenteneinsatzes eine Rolle. So können Aktionen von wenigen Minuten (z. B. Kollekte) bis hin zu Wochen, Monaten und Jahren (z. B. Patenschaft) andauern. Je länger die Dauer einer Fundraisingmaßnahme, desto wichtiger ist ihre kontinuierliche Betreuung, möglichst durch jeweils eine Person oder ein Team.

Schließlich ist auch die Frequenz ein wichtiger Faktor bei der Konzeption von Fundraisingmaßnahmen. So gibt es Aktivitäten, die lediglich einmal durchgeführt werden und solche, die in bestimmten Abständen wiederholt werden. Auch die Frequenz hat direkte Auswirkungen auf Art und Weise der Durchführung. So können Fundraisinginstrumente mit hoher Frequenz besser standardisiert werden als solche mit niedriger Frequenz. Die notwendigen Strukturen und Prozesse werden dabei lediglich einmal erarbeitet und anschließend immer wieder genutzt, wobei sie gelegentlich weiter modifiziert werden können. Die Vorgehensweise ist standardisierbar und somit leichter erlernbar. Das spart bei Wiederholungen Zeit und Kosten und erleichtert die Delegation von Aufgaben. So ist beispielsweise die Vorbereitung einer jährlichen Haustürsammlung zunächst recht aufwändig. Es müssen Genehmigungen eingeholt werden, die Aktion muss angekündigt werden, die Spendensammler müssen in Bezirke eingeteilt und eingewiesen werden. Bei jeder Wiederholung kann jedoch auf die bereits gesammelten Erfahrungen zurückgegriffen werden. Sammler, die mehrfach an Sammlungen teilnehmen, steigern aufgrund der Lerneffekte meist auch die Höhe der gesammelten Beträge.

Fundraisinginstrumente weisen immer auch einen **räumlichen Bezug** auf. Das heißt, dass Handlungen an einem bestimmten Ort – in einem ganzen Land, in einer Region, in einer Stadt oder in einem Stadtviertel – stattfinden. Sie können auch wahlweise im Freien (z. B. auf der Straße) oder in geschlossenen Räumen (in einem Gebäude) umgesetzt werden. Aktivitäten in der Öffentlichkeit müssen in der Regel genehmigt werden und unterliegen einer Vielzahl von Vorschriften, wohingegen Aktionen auf Privatgelände weniger reglementiert sind. Durch das Internet ist darüber hinaus eine räumliche Dimension geschaffen worden, die paradoxerweise gerade durch das Fehlen von Räumlichkeit charakterisiert werden kann. Dieser „virtuelle Raum" wird jedoch zusehends im Rahmen des so genannten Internetfundraisings erschlossen.

Neben dem Ort beeinflussen auch eventuelle Ortswechsel (Mobilität) die Anforderungen an das Spendenmanagement. Im Rahmen von stationären Sammlungen müssen die Spender zum Spendensammler kommen, z. B. auf Messen und an Infoständen. Bei mobilen Sammlungen suchen die Spendensammler den Spender direkt auf (z. B. Haustür- oder Straßensammlungen).

Die zum Zwecke der Spendenakquisition eingesetzten Kommunikationsmittel und -kanäle sind Bestandteil der **medialen Dimension** des Fundraisings, die von der unmittelbaren, persönlichen zwischenmenschlichen Ansprache (Info-stand, persönliches Gespräch) über den klassischen Brief (Mailing)[373], den Flyer oder den Prospekt, über Telefon (Telefonfundraising)[374] und Fax sowie Radio und Fernsehen[375] bis hin zum Internet (Internetfundraising)[376] reicht. Die Wahl des Mediums hat entscheidenden Einfluss auf die Kommunikation. So zeichnen sich asynchrone Medien wie Fernsehen und Radio, E-Mails, Flyer oder Briefe dadurch aus, dass ein Dialog mit potenziellen Spendern erschwert wird. Der Spender kann nicht unmittelbar nachfragen, wenn er eine Aussage nicht verstanden hat. Das bedingt, dass Aussagen klarer und ausdrucksstärker sein müssen, als dies bei einem mündlichen Dialog nötig ist. Über synchrone Medien wie Telefon oder Chat hingegen können Spender und Fundraiser simultan kommunizieren. Das stellt wiederum erhöhte Anforderungen an die Kommunikation und rhetorischen Fähigkeiten der Spendensammler. Neben der Betrachtung einzelner Kommunikationskanäle wird ausgehend von entsprechenden Debatten im Forprofit-Marketing in der jüngsten Zeit zunehmend die Kombination der zur Verfügung stehenden Kommunikationskanäle (*Multi-Channel*-Fundraising) und der damit verbundenen Möglichkeiten und Probleme thematisiert.[377]

Die konkrete Ausformung der Rahmenbedingungen und die verschiedenen Dimensionen der Kommunikation bestimmen schließlich die Eigenarten der Fundraisinginstrumente, wie sie im inneren Kreis der Abbildung 25 dargestellt sind.

---

[373] Vgl. dazu insbesondere Teil B Kapitel 5.4.1.

[374] Vgl. Tapp, Patrick (2001).

[375] Vgl. Hassold, Herbert (2001).

[376] Vgl. Schnell, Matthias (2001) und Hohn, Bettina (2001).

[377] Vgl. Schögel, Marcus (2001), Grimm, Sebastian/ Röhricht, Jürgen (2003) und Fischer, Kai/Neumann, Andre (2003).

*Abbildung 25:* Instrumentenmix des Spendenmanagements

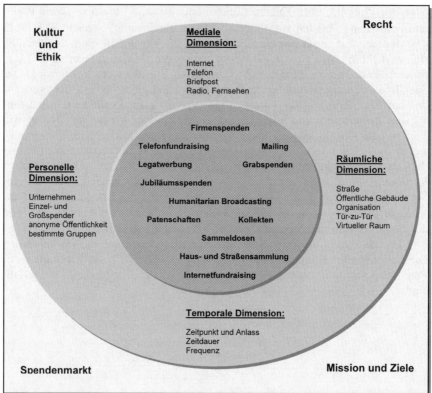

*Eigene Darstellung*

## 5.3.2 Spendenakquisition als Managementprozess

Fundraising ist ein Managementprozess, bei dem es darum geht, aus den übergeordneten Zielen und Strategien der NPO unter Berücksichtigung der notwendigen Rahmenbedingungen tragfähige Konzepte der Spendenakquisition abzulei-
ten und diese mittels einer Auswahl von Instrumenten und Methoden gezielt und
wirtschaftlich umzusetzen. Dabei fließen sowohl die monetären als auch die
nicht monetären Kosten der Maßnahmen in die Bewertung des wirtschaftlichen
Erfolges ein. Wie auch bei anderen Managementprozessen bestehen die wesent-

lichen Schritte bei Fundraisingprojekten in der systematischen Planung und Vorbereitung der Aktivitäten, ihrer Umsetzung und einer anschließenden Evaluierung (Controlling). Im Grunde finden sich diese drei Aspekte auch als Kernstück des im Folgenden dargestellten idealtypischen Planungsprozesses wieder:

1. Analyse der Ausgangsbedingungen und des Bedarfs an Spenden
2. Formulierung von Fundraising-Zielen
3. Analyse der Zielgruppen
4. Festlegung des Vorgehens und der Instrumente (Einsatzplan)
5. Planung der einzelnen Maßnahmen
6. Umsetzung und Durchführung der Maßnahmen
7. Controlling der Aktivitäten

**1.** Im ersten Schritt überprüft der Finanzmanager die organisatorischen Rahmenbedingungen. Dabei ist zunächst der **Ressourcenbedarf** der Organisation zu ermitteln. Für welche Zwecke benötigt die NPO welche Art von Ressourcen? Werden ausschließlich Geldspenden benötigt oder sollen auch Sachspenden verwendet werden?

Der angedachte Verwendungszweck der Spenden gibt bereits in der Vorbereitungsphase Hinweise auf die Konzeption des Spendenmanagements. Zum einen kann das Ziel eines Projektes schon selbst zur Spendenwerbung eingesetzt werden (z. B. Katastrophenhilfe, Bau einer Sporthalle). Zum anderen hilft ein konkreter Zweck bei der Festlegung eines passenden Instrumentenmixes. So kann es sich anbieten, die dauerhafte Unterstützung von Kindern in der Dritten Welt mit Hilfe von Patenschaften und den zukünftigen Bau einer Einrichtung durch Legat- oder Großspenderwerbung (wobei die Einrichtung vielleicht nach diesem Spender benannt wird) zu verfolgen. Umgekehrt wäre dies vielleicht weniger sinnvoll.

Darüber hinaus muss geklärt werden, wann und in welchem Umfang die Ressourcen zur Verfügung stehen müssen. Dabei soll an dieser Stelle bereits auf einen weit verbreiteten Irrtum aufmerksam gemacht werden. Um wirklich erfolgreich sein zu können, sollten Fundraisingstrategien mittel- oder langfristig ausgerichtet werden. Der Bedarf an zusätzlichen Mitteln entsteht im Gegensatz dazu jedoch oft kurzfristig. Die Erwartungen die gerade in Zeiten knapper Ressourcen an das Fundraising als ein Kriseninstrument geknüpft werden, sind daher meist überhöht und von den Finanzmanagern nicht einzulösen. Eine solche kriseninduzierte erste Auseinandersetzung mit dem Spendenmanagement ist in der Regel kurzfristig nicht Erfolg versprechend.

Neben der zeitlichen Abstimmung von Kapitalbedarf und Instrumenten müssen auch die Fristigkeiten der einzuwerbenden mit denen der benötigten

Mittel in Einklang gebracht werden (Fristenkongruenz). So sollte es vermieden werden, sporadisch und in ungewisser Höhe eintreffende Spenden zur Deckung von Fixkosten wie Personal- oder Mietkosten einzusetzen. Ziel und Instrument passen in diesem Fall nicht zueinander und mögliche Finanzierungsprobleme zeichnen sich dadurch bereits in der Planungsphase ab.

Weiterhin ist es notwendig zu überprüfen, ob bereits Mittel zur Deckung des speziellen Bedarfs eingesetzt werden und ob es dadurch zu einem Ressourcenkonflikt kommen kann. So können sich bestimmte Finanzierungsquellen ausschließen oder zumindest behindern (z. B. die Einnahmen einer Spendenaktion für ein konkretes Projekt mindern die Höhe projektbezogener Zuwendungen).

Die meisten Fundraisinginstrumente verursachen selbst auch Aufwand. Der finanzielle Aufwand für ein Mailing kann beispielsweise bereits beträchtliche Größenordnungen annehmen, bevor auch nur eine einzige Spende eingeht. Die Realisierbarkeit der Maßnahmen hängt dann vom Umfang der vorhandenen Ressourcen ab. Neben monetären Größen können dabei auch nicht-monetäre Größen (z. B. Sachmittel) eine entscheidende Rolle spielen. So können Werbematerialien, günstig verfügbare Räume und für das Vorhaben zu begeisternde Freiwillige ebenso wie der Kontakt zu potenziellen Großspendern beträchtliche Ressourcen darstellen.[378]

Diese erste Analyse der Möglichkeiten, Chancen und Risiken ist in jedem Fall prospektiv ausgerichtet. Sie sollte, sofern möglich, bereits den zukünftigen Ressourcenbedarf nicht nur für ein einzelnes Projekt, sondern für die gesamte NPO antizipieren. Erst auf diese Weise ist es möglich, Spenden möglichst bedarfsgerecht einzuwerben und nicht dem Ressourcenbedarf hinterher zu laufen, wie es häufig in der Praxis anzutreffen ist. Damit ist das Kernziel der internen und externen Analyse, „Chancen zu erkennen, die sich aufgrund von Umweltfaktoren ergeben und diese mit internen Stärken zu kombinieren. Zum anderen geht es darum, Risiken einzukalkulieren und eigenen Schwachstellen zu minimieren"[379].

**2.** Mit dem Abgleich von Bedürfnissen und Ressourcen wird deutlich, was vom Fundraising erwartet wird, sodass die **Ziele** für die künftigen Maßnahmen festgelegt werden können. Diese dürfen dabei nicht zu eng oder zu weit definiert sein, da sie dann leicht ihren Motivationscharakter verlieren. Sie sollten ferner auch schon zu Beginn auf ihre Realisierungschancen überprüft werden. Bei längerfristigen oder sehr komplexen Zielen ist es sinnvoll, diese in Teilziele oder Etappen zu zerlegen. Auf diese Weise sind Fortschritte und mögliche Probleme leichter

---

[378] Vgl. auch die damit einhergehenden Transformationsprobleme Teil A Kapitel 2.2.1.

[379] Fabisch, Nicole (2002), S. 60. *Fabisch* schlägt als Instrument für diesen Zweck die SWOT-Analyse vor.

identifizierbar und erlauben eine fortwährende Kontrolle. Sind die Ziele in ihren Grundzügen bestimmt, so gilt es, sie in ihren verschiedenen Dimensionen zu konkretisieren. Dabei muss insbesondere herausgearbeitet werden, welche Ressourcen bis wann generiert werden sollen. Neben dieser sachlichen und zeitlichen ist auch die personelle Dimension, d. h. sind die Verantwortlichen und Beteiligten, festzulegen. Je konkreter dabei einer Person ein Aufgabenbereich zugeordnet werden kann, desto höher wird das Verantwortungsgefühl für die Aufgabe ausgeprägt sein. Überschneidungen oder kollektive Verantwortungen sollten ebenso wie Teilziele, für die niemand verantwortlich ist, vermieden werden. Darüber hinaus ist es von großer Bedeutung, dass die Ziele von den wichtigen Entscheidungsträgern der Organisation verstanden und mitgetragen werden. Der zuständige Finanzmanager sollte in dieser Phase in jedem Fall für klare Erwartungen und Zielabsprachen sorgen und sich der Unterstützung der Entscheidungsträger vergewissern.

**3.** Neben den Zielen müssen auch die **Zielgruppen** näher bestimmt werden. Wer verfügt über die benötigten Ressourcen? Unter welchen Umständen wäre die Zielgruppe bereit, diese der NPO zur Verfügung zu stellen?

Neben dieser personenzentrierten ist in der Praxis nicht selten eine instrumentenzentrierte Vorgehensweise zu finden. Der Ausgangspunkt der Strategieentwicklung ist hier nicht die Auswahl einer Zielgruppe, sondern die eines Instrumentes (z. B. Mailing). Das ausgewählte Instrument definiert dann die weitere Vorgehensweise. Dabei wird oft vergessen, dass es letztendlich nicht Instrumente sind, die Ressourcen zur Verfügung stellen, sondern Menschen. Das erinnert an den Chirurgen, der seine Vorgehensweise auswählt und sein Operationsbesteck bereitlegt, bevor er überhaupt eine Diagnose beim Patienten durchgeführt hat.

Nach der Auswahl der Zielgruppe erfolgt eine Analyse ihrer Eigenschaften. Diese „Spenderanalyse" ist von fundamentaler Bedeutung für den Erfolg der Maßnahmen. [380] Neben demographischen Eigenschaften (Alter, Geschlecht, Wohnort, Familienstand etc.) können viele weitere Informationen für die NPO nützlich sein. Dazu zählen unter anderem der Ausbildungsstand, Beruf Einkommen, Milieuzugehörigkeit, Weltanschauung oder Wohnumfeld der Zielperson(en). Aus solchen Daten lassen sich bestimmte Notwendigkeiten für die Ansprache und Kommunikation mit den Spendern ableiten. [381] So ist die Art des auszuwählenden Instrumentes und der Kommunikationsstrategie sicherlich für einen wohlhabenden akademischen Einzelspender anders als für die Bewohner

---

[380] Zu den Möglichkeiten einer qualitativen Spenderbefragung vgl. Fabisch, Nicole (2002), S. 122.
[381] Vgl. zum Zusammenhang von sozidemographischen Merkmalen und Spendenverhalten Haibach, Marita (2001), S. 179 ff.

einer Arbeitersiedlung, für katholische Landwirte wiederum anders als für alternative Künstler. Diese Informationen sind für die NPO gerade bei großen und anonymen Zielgruppen oft nur schwer erhältlich. Kommerzielle Adressenhändler stellen solche Daten in sehr unterschiedlichem Umfang und stark variierender Qualität zur Verfügung.[382] Die Kosten hierfür schwanken in Abhängigkeit von Quantität, Qualität und Aktualität der Daten. Sie sind aber häufig beträchtlich. Bei so genannten „kalten Adressen" sind die Spender und ihr Verhalten gegenüber der eigenen Organisation nicht bekannt. Die Verwendung solcher Adressen ist meist mit einer sehr geringen Rücklaufquote verbunden. Da nicht einmal bekannt ist, ob die angesprochenen Personen überhaupt spenden wollen oder können, ist die Wahrscheinlichkeit einer Spende im Durchschnitt sehr gering. Die Rücklaufquote beim Direktmarketing liegt hier nicht selten bei wenigen Prozent oder gar Promille der angesprochenen Personen. Hat eine Person erst einmal gespendet und ist bekannt, verwandelt sich diese Adresse in eine „warme Adresse". Die Wahrscheinlichkeit, dass dieser Spender der NPO in Zukunft erneut Ressourcen zur Verfügung stellen wird, ist dann deutlich höher als bei einer beliebigen unbekannten Person. Hier wird deutlich, wie wichtig das professionelle Management von Daten für die Organisation ist. Jeder Spender verwandelt sich in eine potenzielle Zukunftsressource. „Diese" gilt es festzuhalten und für weitere Aktivitäten verfügbar zu halten. Im Rahmen des **Database-Managements** werden die Daten der Spender nach bestimmten Kriterien (z. B. Wohnort, Alter, Einkommen) selektiert und angereichert (z. B. um Reaktionen auf bisherige Fundraisingaktivitäten oder Frequenz und Höhe der Spenden).[383] Auf der Grundlage dieser Daten versucht die NPO, die Eigenschaften des Spenders zu ermitteln. Nach der Ähnlichkeit der Profile können verschiedene Gruppen zusammengefasst werden, die auf unterschiedliche Art angesprochen und beworben werden müssen. Ein gutes Database-Management ist damit die Grundlage für eine erfolgreiche Spender-Kommunikation. Vor diesem Hintergrund hat sich ein umfangreiches Softwareangebot entwickelt, das von einfachen preisgünstigen Datenbanken für einige wenige Euro bis hin zu professionellen und maßgeschneiderten Systemen für viele tausend Euro reicht.[384]

**4.** Sind die ersten drei Schritte abgeschlossen, kann ein **Einsatzplan** im Sinne eines umfassenden, längerfristigen Verhaltensplans zur Erreichung der Fundrai-

---

[382] Vgl. zum Aufbau und Zukauf von Adressen für eine eigene Spender-Datei Crole, Barbara/Schulz, Lothar (2001), S. 357 ff.
[383] Vgl. Rosegger, Hans/Schneider, Helga/Hönig, Hans-Josef (2000) und Hönig, Hans-Josef (2001).
[384] Ein Überblick über die Funktionen und Preise einiger Softwareangebote findet sich bei o.N. (2000), S. 40 - 45.

singziele entwickelt werden. Darin müssen Vorgehen, Timing und Zusammenwirken einzelner Instrumente festgelegt und koordiniert werden.

Beispiel: Zur Finanzierung eines Kinderbeckens in einem Vereinsschwimmbad bietet es sich zunächst an, den Hersteller um einen Preisnachlass zu bitten. Dann, wenn die genauen Kosten feststeh-
hen, können lokale Unternehmen oder die Bürger des Stadtteils mit der Bitte um eine Spende angeschrieben werden. Die Spende des Herstellers kann dabei bereits als Referenz benutzt werden. Zusätzlich könnten ein Sommerfest und eine Benefizsportveranstaltung organisiert werden.

Sollen verschiedene Maßnahmen parallel umgesetzt werden, müssen mögliche
Wechselwirkungen berücksichtigt werden. Der Planungshorizont und die Komplexität verringern sich, je weniger Aktivitäten geplant sind und je zeitnäher
diese anfallen.

**5.** Die Planung der einzelnen Maßnahmen gehört zum **operativen Management**.
In dieser Phase geht es darum, die konkrete Vorgehensweise (z. B. eines Mailings) festzulegen. Diese hängt überwiegend von den Eigenschaften des ausgewählten Instrumentes ab. Dabei sollte eindeutig vereinbart werden, wer was bis
wann, zu erfüllen hat. Da manche Aktivitäten abhängig von den Ergebnissen
vorheriger Handlungen sind, ist zu klären, wer wen informiert und wie die
Kommunikationsstruktur bei mehreren Beteiligten während der Umsetzung aussehen soll. So kann festgelegt werden, dass sich eine Person innerhalb eines
gewissen Zeitraums um die Gestaltung des Anschreibens für ein Mailing kümmert. Eine andere Person ist verantwortlich für die Kuvertierung und den Ver-
sand der Briefe bis zu einem festgelegten Termin.

**6.** Entsprechend der vorbereiteten Planungen beginnt dann die Umsetzung der
Maßnahmen. Dabei sollten fortlaufend die angestrebten Teilziele beobachtet und
auf mögliche Abweichungen hin untersucht werden (zum Beispiel: Liegt der
Text des Spendenbriefes zum vereinbarten Zeitpunkt vor?). Den Beteiligten
sollte dabei ein gewisser Handlungsspielraum gegeben sein, um bei unvorherge-
sehenen Problemen adäquat reagieren zu können. Die Ziele und Planungen sowie
Abweichungen sollten möglichst dokumentiert werden, um sowohl für laufende
als auch für zukünftige Vorhaben wertvolle Informationen (z. B. über Problem-
ursachen oder die tatsächliche Erreichbarkeit der Ziele) zu sammeln. Bei der
Umsetzung von Spendenaktionen sind zahlreiche Punkte zu beachten:[385]
    Zu den wichtigsten gehört die Berücksichtigung rechtlicher Rahmenbedin-
gungen und hier vor allem des **Datenschutz**es. Finanzmanager sollten darauf
achten, dass die Daten potenzieller Geldgeber zu jedem Zeitpunkt korrekt und

---

[385] Vgl. Müllerleile, Christoph (2001a), S. 53 ff.

den gesetzlichen Bestimmungen entsprechend behandelt werden. Dazu gehört insbesondere der Schutz der Daten vor missbräuchlicher Verwendung und der Schutz der Privatsphäre des Spenders. Spenden müssen in jedem Fall vertraulich behandelt werden, wenn Spender nicht öffentlich genannt werden möchten.[386] Die Namen solcher Spender sollten dann auch nicht versehentlich, z. B. im Rahmen von Danksagungen, genannt werden. Zu diesem Zweck müssen die Zugriffsrechte auf die Spenderdaten geregelt und ein nicht autorisierter Zugriff durch Vorkehrungen verhindert werden.

Eng mit dem Datenschutz ist die **Datenpflege** verbunden. Die Daten neuer Kooperations- und Ansprechpartner sowie neu gewonnener Spender sollten zunächst gespeichert und fortlaufend gepflegt werden. So müssen sie zukünftig nicht jedes Mal neu ermittelt werden. Ferner können auf diese Weise teure Streuverluste durch veraltete Datenbestände reduziert und die unnötige Belästigung nicht spendenwilliger Personen vermieden werden. Eine Alternative zur eigenen Ermittlung von Spenderdaten ist der Zukauf von Informationen kommerzieller Anbieter. Auch hier sollte darauf geachtet werden, dass die Adressen nicht unter Missachtung der einschlägigen gesetzlichen Regelungen erhoben oder weitergegeben wurden.

Da die Spende eine freiwillige Leistung ohne konkrete Gegenleistung ist, sollte dem **Willen des Spenders** nach Möglichkeit in jeder Hinsicht Rechnung getragen werden. Dazu gehört auch, dass dem Spender ein Betrag, wenn ihn dieser kurz nach seiner Spende zurückverlangt, erstattet wird. Ferner sollten Fördermitgliedschaften problemlos widerrufbar sein. Beschwerden und Probleme von Spendern im Zusammenhang mit Geldtransaktionen müssen ernst genommen werden. Das setzt voraus, dass es einen Ansprechpartner gibt, der Beschwerden aufnimmt und bearbeitet.

Das **Geld-Handling** ist ein weiterer wichtiger Aspekt des Spendenmanagements. Das betrifft zum einen die Transaktionskanäle (Zahlung mit Kreditkarte, per Überweisung, Lastschrift etc.), die den Spendern angeboten und administrativ begleitet werden müssen. Zum anderen muss der Umgang mit eingehendem Bargeld geregelt werden. Insbesondere bei Sammlungen muss darauf geachtet werden, dass das Geld auch seinen tatsächlichen Bestimmungsort erreicht. Dazu können vor, während und nach den Sammlungen im Rahmen des Cash-Management eine Reihe von Sicherheitsvorkehrungen getroffen werden.[387]

---

[386] Für politische Parteien besteht jedoch die Pflicht zur Veröffentlichung, insbesondere von Großspendern.
[387] Vgl. dazu Teil B Kapitel 9.1.

**7.** Mit der Umsetzungsphase ist der Managementzyklus jedoch keineswegs abgeschlossen. Vielmehr ergeben sich im Zuge der **Nachbereitung** von Spendenaktionen weitere Aufgaben. Zu den Pflichtaufgaben gehört dabei das **Ausstellen der Spendenbelege.** Da das so genannte Durchlaufspendenverfahren seit 2000 abgeschafft ist, können heute alle steuerbegünstigten NPOs Spenden selbst annehmen und dürfen eine entsprechende Zuwendungsbestätigung ausstellen. Die Spendenbestätigungen können im Handel käuflich erworben oder selbst erstellt werden. In jedem Fall müssen sie den vom Gesetzgeber vorgeschriebenen Ansprüchen genügen.[388] Die Spendenquittung wird von der NPO vollständig ausgefüllt und an den Spender gesendet, der den Spendennachweis für seine Steuererklärung benötigt. Nur auf der Grundlage dieses Nachweises kann er den gespendeten Betrag steuermindernd geltend machen. Für bestimmte Spenden gibt es die Möglichkeit eines vereinfachten Spendennachweises. Dies ist der Fall bei Spenden...

- ...bis zu einer Höhe von 100 Euro, die an juristische Personen des öffentlichen Rechts, öffentliche Dienststellen, Religionsgemeinschaften oder Spitzenverbände der freien Wohlfahrtspflege, inklusive ihrer Mitgliedsorganisationen getätigt werden,
- ...bis zu einer Höhe von 100 Euro an eine zum Empfang von Spenden berechtigte Körperschaft, Personenvereinigung oder Vermögensmasse im Sinne des § 5 Abs. 1 Nr. 9 des KStG. Der Zahlungsbeleg muss neben Angaben zur Gemeinnützigkeitsanerkennung des Vereins auch Angaben über den Verwendungszweck der Spende enthalten und
- ...die zur Linderung der Not in Katastrophenfällen (z. B. im Fall der „Oderflut") benötigt werden und innerhalb einer festgelegten Frist auf ein eigens dafür eingerichtetes Sonderkonto einer juristischen Person des öffentlichen Rechts, einer öffentlichen Dienststelle oder eines Spitzenverbands der freien Wohlfahrtspflege eingezahlt werden. Die Zulassung für den vereinfachten Spendennachweis muss von der empfangenden NPO beim jeweiligen Landes- oder Bundesfinanzministerium beantragt werden.[389]

Zum Nachweis gegenüber dem Finanzamt genügt in diesen Fällen der Einzahlungsbeleg des Kreditinstitutes. Die Spendenquittungen sollten möglichst fortlaufend und zeitnah versandt werden, da einige Spender bereits zu Beginn des darauf folgenden Jahres mit dem Ausfüllen ihrer Steuererklärung beginnen. Ver-

---

[388] Die amtlich vorgeschriebenen Vordrucke hat das BMF mit Schreiben vom 18.11.1999 veröffentlicht. Vgl. BMF (1999). Sie finden sich nunmehr in § 50 Abs. 1EStDV.
[389] Vgl. § 50 Abs. 2 EStDV.

zögerungen bei diesem nur selten geschätzten jährlichen Prozedere führen beim Spender leicht zu Verärgerung.

Im Hinblick auf die Verwendung eingehender Spenden ist darauf zu achten, dass eventuelle Zweckbindungen berücksichtigt werden. Finanzmanager müssen dann sicherstellen können, dass die gespendeten Beträge auch den festgelegten Zwecken zu Gute kommen. Fehlverwendungen müssen auf jeden Fall vermieden und ein effizienter Einsatz der geworbenen Mittel gewährleistet werden. Dazu gehört auch, dass im Sinne eines transparenten Finanzgebarens sowohl den Spendern als auch der Öffentlichkeit Rechenschaft über die Verwendung der eingeworbenen Mittel gegeben wird. Die **Verwaltung von Spendenbeträgen** kann sich unter diesen Umständen recht aufwändig gestalten. In größeren Verbänden oder Stiftungen kann der Anteil der zweckgebundenen Mittel an den Gesamtfinanzen beträchtlich sein. Das Finanzierungsmanagement muss hier sicherstellen, dass

1.   der Verwendungszweck für die erhaltenen Mittel eingehalten,
2.   eine ertragreiche Verwaltung der Mittel gewährleistet und
3.   die Liquidität der Mittel für eine adäquate Verwendung gewahrt wird.[390]

In solchen Fällen kann es sinnvoll sein, eine eigene „Buchhaltung" zur Verwaltung von zweckgebundenen Ressourcen einzurichten. Beim so genannten „**Fund Accounting**" werden für die jeweiligen Mittel entsprechend ihrer Zweckbindung unterschiedliche Verrechnungskreise angelegt.[391] Dabei kann einmal ein Fonds für frei verfügbare Mittel und zum anderen ein Fonds für zweckgebundene Mittel gebildet werden. Dieser kann jedoch in beliebig viele Unterfonds aufgeteilt werden (vgl. Abbildung 26). Zum Zweck einer effizienten Vermögensverwaltung kann das Geld aus diesen Fonds durchaus gemeinsam angelegt werden. Zufließende Erträge und anfallende Kosten müssen dann allerdings wieder auf die jeweiligen Einzelfonds zugeschlüsselt werden. Ein Transfer zwischen den zweckgebundenen und frei verfügbaren Fonds sollte möglichst unterbleiben.

Als Teilbereich des Finanzmanagements ist das Spendenmanagement auch in die übergeordneten Finanzplanungen eingebettet. Es bezieht viele Daten aus der mittel- und langfristigen Liquiditätsplanung und liefert umgekehrt auch die Daten geplanter oder realisierter Spendenbeschaffungsmaßnahmen in die Finanzplanung und -buchhaltung zurück.

---

[390] Vgl. Schauer, Reinbert (2000), S. 45 ff.
[391] Vgl. ebd., a.a.O.

*Abbildung 26:* Struktur eines Fund Accounting

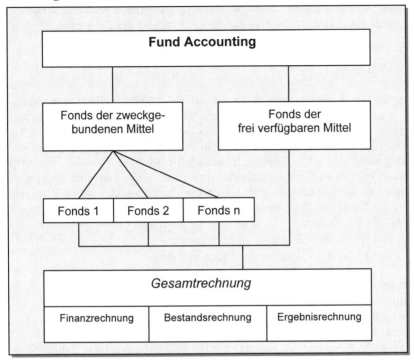

*In Anlehnung an: Schauer, Reinbert (2000), S. 47*

## 5.4  Methoden und Instrumente des Fundraisings

Die Spendeninstrumente lassen sich ihrem Wesen nach aus den oben genannten
Dimensionen des Fundraisings definieren.

So werden Katastrophen (z. B. Überschwemmungen) als Anlass genommen, eine anonyme Öffentlichkeit über die Massenmedien, bevorzugt Radio und Fernsehen, um Spenden zu bitten. Je nach Wirkungskreis der NPO wird dabei ein regionaler, nationaler oder internationaler Bezug gewählt.

Theoretisch lassen sich aus der Variation dieser Dimensionen unzählige Fundraisinginstrumente konstruieren. Die Instrumente der folgenden Aufzählung können mittlerweile zum „klassischen Inventar" des Fundraising gezählt werden.[392]

### 5.4.1 Mailing

Im Bereich des Direktmarketings ist der Brief das traditionelle Kommunikationsmedium. Spendenbriefe gehören daher auch zu den gemeinhin bekanntesten Instrumenten der Fundraiser. Im Grunde werden bei einem so genannten Mailing (un-)bekannte Personen zufällig oder entsprechend bestimmter Selektionskriterien ausgewählt und angeschrieben. Im Idealfall wird ihnen die Arbeit der NPO vorgestellt oder es wird auf aktuelle Projekte hingewiesen. Der Empfänger wird dann um eine Spende für die Organisation/das Projekt gebeten. Die Erfolg versprechende Durchführung eines Mailings ist mittlerweile zu einem komplexen Wissensgebiet avanciert, in das umfangreiche Kenntnisse der Konsumentenforschung und Psychologie Eingang gefunden haben.[393]

Ein Standard-Mailing besteht aus folgenden Elementen:[394]

- Briefhülle,
- Brief,
- beigefügtem Prospekt (Flyer),
- zusätzlicher Beigabe (Stuffer: Werbegeschenk, Bestellschein usw.) und
- Antwortmöglichkeit (Antwortkarte oder Rückumschlag bzw. Zahlungsformular).

Herstellung und Kauf dieser Komponenten können beträchtliche Kosten verursachen, insbesondere wenn man bedenkt, dass Mailings vorzugsweise im Bereich der Massenkommunikation eingesetzt werden und so schnell eine Größenordnung von mehreren tausend oder hunderttausend Stück erreichen. Dazu kommen schließlich noch die Portokosten als großer Kostenblock.

---

[392] Eine umfassende Darstellung des Fundraisings, zumal dieser nur einen (quantitativ kleinen) Teil des Finanzierungsmanagements in NPOs ausmacht, würde an dieser Stelle den Rahmen sprengen. Deshalb sei auf die umfangreich vorliegende Fach- und Sachliteratur zum Thema verwiesen. Vgl. z.B. Fundraising Akademie (2001), Urselmann, Michael (2002), Haibach, Marita (2002), Sargeant, Adrian/ Jay, Elaine (2004) oder zu den strategischen Implikationen des Fundraisings Lindahl, Wesley E. (1992)

[393] Vgl. u. a. Crole, Barbara (1998) und Warwick, Mal (1994).

[394] Schulz, Lothar/Urban, Annette (2001), S. 822.

Die Produktion von Mailings stellt sich als komplexer Prozess dar, der eine Vielzahl von Teilschritten umfasst:[395]

- Konzeption, Text, Bilder, Graphik
- Anmietung und Aufbereitung von (Fremd-)Adressen
- Abgleich, Bereinigung und Portooptimierung der Adressen
- Produktion der Mailing-Bestandteile
- Personalisierung der Mailing-Bestandteile (z. B. durch persönliche Anrede beim Serienbrief)Vorbereitung des Versandes (Falzen, Kuvertierung, Frankierung, evtl. Sortierung und Auslieferung)

Entscheidend für den Erfolg von Mailings ist daneben vor allem die richtige inhaltliche Gestaltung. Der potenzielle Leser muss dazu bewegt werden, den Brief zunächst zu öffnen, dann zu lesen und schließlich auch zu handeln. Dabei muss unbedingt auch das Vertrauen des Spenders gewonnen werden.[396] In Anlehnung an eine kanadische Studie macht *Handy* sieben Ziele innerhalb eines Mailings aus, die mittels bestimmter Signale oder Inhalte vermittelt werden können (vgl. Abbildung 27).[397]

---

[395] Vgl. Urselmann, Michael (1999), S. 125.

[396] In einer neoinstitutionalistischen Sichtweise kann dieser Prozess auch als Senkung der Informations- und Kontrollkosten für den Principal verstanden werden. Mangels objektiver Effektivitäts- und Effizienzkriterien kommen dabei bestimmte Signale wie beispielsweise vergangene Leistungen, Testimonials oder Zeitungsartikel über die NPO als Ersatzkriterien zum Einsatz.

[397] Handy, Femida (2000), S. 449. In der Studie wird weiterhin zwischen angefragten und nicht angefragten Mailings unterschieden. Die Gewichtung der jeweiligen Ziele und Inhalte weist dabei signifikante Unterschiede auf. Während bei nicht angeforderten Mailings das Gewicht zunächst auf dem Öffnen des Briefes, die emotionale Ansprache und Legitimation des Anliegens gelegt werden, kommt der Überwindung des *principals-agent*-Problems bei angeforderten Schreiben ein signifikant höherer Stellenwert zu.

*Abbildung 27:* Elemente und Signale von Spendenbriefen

| Elemente | Signale |
|---|---|
| 1. „Brieföffner" | ● Teaser: verbale oder optische Schlüsselreize auf dem Umschlag |
| 2. Emotionale Reaktion | ● emotionalisierende Geschichten oder Bilder<br>● dringlicher Unterton |
| 3. Freeriding-Problem verringern | ● bereits vorhandene Unterstützung („Wir haben bereits…es fehlen noch…")<br>● zusätzliche selektive Anreize z.B. Stutter (Karten, kleine Geschenke als Beilage) oder zukünftige Zusendung eines Newsletter |
| 4. "Warm glow" | ● Vergangene Leistungen hervorheben |
| 5. Legitimität erzeugen | ● Hinweis auf offizielle Anerkennung/ Steuerbegünstigung<br>● Zusammenarbeit mit anerkannten Stellen (z.B. Ministerien, Ämtern) |
| 6. Principal-Agent-Problem Vertrauen schaffen | ● Namen, Bilder von Verantwortlichen (z.B. Vorstand)<br>● Kooperation mit Vertrauen erweckenden Partnern (Firmen, andere NPOs, staatliche Stellen)<br>● Erhalt staatlicher Mittel<br>● Alter/ Gründungsjahr der NPO<br>● Angaben zur Höhe der Verwaltungs- und Fundraisingkosten („Hilfe, die ankommt, da nur geringe/ keine Verwaltungskosten")<br>● Angebot alternativer Formen des Engagements (Mitarbeit, Sachspende)<br>● Testimonial: Anerkennungsschreiben überzeugter Spender<br>● Citation: Pressebelege der eigenen Arbeit<br>● Endorsement: Empfehlungen bekannter und beliebter Personen |
| 7. Zahlungshilfen | ● Hinweise auf Zahlungswege<br>● Unterstützende Hilfsmaterialien (ausgefüllter Überweisungsvordruck) |

*In Anlehnung an: Handy, Femida (2000), S.449*

Da Spender jährlich mit unzähligen professionellen Mailings konfrontiert werden, sind die Ansprüche an diese Kommunikationsform deutlich gestiegen. Deswegen empfiehlt es sich, größere Aktionen mit der Unterstützung von Fachkräften durchzuführen, wobei jedoch neben den Material- auch erhebliche Personalkosten entstehen können. Damit ergibt sich für das Mailing eine Zahlungsreihe, an deren Anfang – ähnlich wie bei einer Investition – ein hohe, relativ gut bestimmbare Auszahlung steht, der sich eine Reihe schlecht bestimmbarer Einzahlungen in den auf das Mailing folgenden Tagen und Wochen anschließt. Diese Relation von Ein- und Auszahlungen birgt ein beträchtliches Risiko. Dies um so mehr als der Erfolg von Mailingaktionen allgemein als sehr unsicher gilt: „In Relation zu den Kosten bleibt der erträumte Spendensegen bei der Neugewinnung von Spenden meistens aus."[398] Aus finanzieller Sicht sind Mailings daher als riskante, wenn sie gelingen jedoch durchaus gewinnbringende Form der Spendenwerbung einzuschätzen. Das Risiko entsteht vor allem aus den hohen Porto- und Materialkosten in Verbindung mit einem ungewissen Spendenrücklauf. Die Erfolgswahrscheinlichkeit erhöht sich jedoch in der Regel mit der Qualität der vorselektierten Adressen. Der Auswahl und Pflege von Spenderadressen kommt somit eine Schlüsselstellung zu.[399]

## 5.4.2 Events

Events sind Veranstaltungen mit Erlebnischarakter. Man findet sie in Form von Benefizveranstaltungen, Konzerten, Sommerfesten, Sportwettkämpfen, Leistungsschauen und vielem anderem mehr. Events sind damit die sicherlich bekanntesten und beliebtesten Aushängeschilder von NPOs und erfreuen sich auch in der Literatur verhältnismäßig großer Aufmerksamkeit.[400] Dies sicherlich nicht zuletzt aufgrund der Multifunktionalität, die Events für NPOs erfüllen können. Sie dienen einerseits der Öffentlichkeitsarbeit und tragen so zum Bekanntheitsgrad der Organisation bei. Sie informieren über Aktivitäten und Projekte oder zielen darauf ab, das Image der Organisation zu verbessern. Andererseits werden sie auch zur Ressourcenbeschaffung eingesetzt. Insbesondere bekannte und regelmäßig stattfindende Veranstaltungen (z. B. Wohltätigkeitsbälle, Feiern oder Sportwettkämpfe) können beträchtliche Mittel für eine NPO einspielen. Bis es soweit ist, sind die Organisation und Durchführung von Veranstaltungen jedoch ein mühseliges und vor allem auch riskantes Unterfangen. Die Umsetzung von Erlebniskonzepten gehört zu den anspruchvollsten Aufgaben des Fundraisings überhaupt. Je nach Größe und Format des Events sind darüber hinaus beträchtliche Risiken mit der Ausrichtung der Veranstaltung verbunden. Die typische Zahlungsreihe eines Events ist zunächst über einen längeren Zeitraum vor und nach der Veranstaltung durch Auszahlungen geprägt. Solche Belastungen können aus Stand- oder Nutzungsgebühren, Saalmieten, Material- und Personalkosten, Kosten für Werbung und Inserate, Gagen für Bands und Künstler, Kosten für Müllentsorgung und Toilettenwagen, Wasser, Strom, Versicherungen und sonstige Kosten wie GEMA-Gebühren etc. entstehen. Für erfahrene Eventmanager sind diese Auszahlungen recht gut prognostizierbar. Anfänger erleben in diesem Bereich jedoch gelegentlich böse Überraschungen.

---

[398] Schulz, Lothar/Urban, Annette (2001), S. 819.
[399] Vgl. auch Kapitel 5.3.2.
[400] Vgl. Nickerl, Oliver (Hrsg.) (1998), Holzbaur, Ulrich/Jettinger, Edwin/Knauß, Bernhard/ Moser, Ralf/ Zeller, Markus (2002).

Einzahlungen finden meist erst am Tag des Events selbst statt. Sie stammen u. a. aus dem Verkauf von Eintrittskarten oder dem Angebot diverser Leistungen wie Speisen und Getränken. Das reizvolle an einem Event ist, dass es mit anderen Instrumenten hervorragend kombiniert werden kann. So können, wenn schon einmal genügend Menschen zusammenkommen, z. B. gleichzeitig eine Tombola mit Losverkauf veranstaltet oder Merchandisingartikel vertrieben werden. Die zu erwartenden Einzahlungen aus der Veranstaltung sind jedoch nur schwer prognostizierbar. So können sich Wetter, personelle Engpässe oder technische Probleme negativ auf die Besucherzahlen und Umsätze auswirken und so zu unerwarteten Einnahmeeinbrüchen führen. Daneben sollten NPOs bedenken, dass die Veranstaltung, sowohl was den gewählten Termin als auch die Qualität der Werbung und Umsetzung angeht, mit kommerziellen Veranstaltungen konkurriert, die zeitgleich in der Nähe stattfinden und folglich potenzielle Besucher binden.

Erfahrene Finanzmanager werden daher dazu neigen, die Einnahmen vorzuziehen und so sicher wie möglich zu gestalten. Dies kann z. B. dadurch erreicht werden, dass Eintrittskarten vorab verkauft werden. Manche Sponsoringpartner sind bereit, ihren Beitrag bereits im Vorfeld der Veranstaltung zu leisten. Anzeigen in Programmheften oder Bannerwerbung schaffen ebenso wie die Vergabe von Standrechten und Lizenzen weitere Einkünfte, die im voraus eingenommen werden können.

Neben der Planung des Events selbst können eine Menge administrativer Aufgaben auf den Veranstalter zukommen. Versicherungen und Verträge müssen abgeschlossen, Gagen und Honorare vereinbart und später ausgezahlt, Anträge rechtzeitig gestellt und mögliche Auflagen eingehalten werden. Daneben muss die Sicherheit und Gesundheit (z. B. durch Ordnungskräfte, Sanitäter und Ärzte) der Besucher sichergestellt sein. Die steigende Zahl der Veranstaltungen und der Konkurrenzdruck der Veranstalter wird in Zukunft zunehmend dazu führen, dass den rechtlichen Rahmenbedingungen immer mehr praktisches Gewicht zukommen wird. Die Missachtung von Auflagen oder das Fehlen notwendiger Genehmigungen wird dann immer häufiger rechtliche Konsequenzen zur Folge haben.

Steuerrechtlich können die Einnahmen aus Events sowohl ideell (z. B. Einnahmen in einer Sammeldose) als auch Ergebnis eines wirtschaftlichen Geschäftsbetriebes (z. B. Verkauf von Eintrittskarten oder Speisen und Getränken) sein. Die Beurteilung erfolgt hier im Einzelfall.

Events sind als Finanzierungsinstrumente interessant, aber gleichwohl aufwändig und riskant. Sehr große Veranstaltungen sollten daher möglichst von professionellen Eventmanagern durchgeführt oder zumindest von erfahrenen Profis unterstützt werden.

### 5.4.3 Sammlungen und Kollekten

Eine klassische Form des Fundraisings ist die Sammlung. In Form der Kirchenkollekte sind Sammlungen seit Jahrhunderten eine beliebte und bekannte Form des Spendensammelns. Je nach gewähltem Ort können sie auf der Straße, in Betrieben und Behörden oder von Tür zu Tür stattfinden. Idealerweise werden Sammlungen immer dort durchgeführt, wo viele Menschen erreichbar sind. Die einzelnen Spendenbeträge, die im Rahmen von anonymen Spendenaktionen gegeben werden, sind in der Regel eher klein und reichen von ein paar Cents bis zu wenigen Euro. Größere Beträge kommen zusammen, wenn Sammlungen bei einkommensstarken Zielgruppen durchgeführt werden. So erreichen Sammlungen im Golfverein oder Rotary und Lions Club zwar weniger Personen als eine Straßensammlung, die gespendeten Beträge können jedoch beträchtlich höher sein.

Eine andere, mobile Form der Sammlung ist die Haustürsammlung. Sammler einer NPO gehen dabei von Tür zu Tür und nehmen persönlichen Kontakt zu den Spendern auf. Unabhängig vom finanziellen Erfolg dieses Vorgehens erhält die NPO auf diese Weise die Möglichkeit einer wertvollen persönlichen Kommunikation. Aktuelle Stimmungen und Einstellungen gegenüber der NPO werden dabei insbesondere von Nicht-Spendern gelegentlich deutlich artikuliert und verweisen so auf Imagedefizite, die es zu lösen gilt. Die Möglichkeiten der Kommunikation mit der Zielgruppe nehmen jedoch in dem Maße ab, wie organisationsfremde professionelle Werber eingesetzt werden.[401]

Sammlungen haben unter finanztechnischen Gesichtspunkten den Vorteil, dass sie keine großen Kosten verursachen. Entscheidender „Kostenfaktor" ist der Einsatz von Arbeitszeit. Werden die notwendigen Arbeitsleistungen ehrenamtlich erbracht, kann auch dieser eingespart werden. Im Sinne kalkulatorischer Kosten sollte dieses Engagement jedoch in die Beurteilung des Erfolgs einfließen. Denn ein starkes Missverhältnis zwischen eingebrachter ehrenamtlicher Arbeitsleistung und finanziellem Erfolg der Aktion ist letztendlich ebenfalls ein Indiz für einen unwirtschaftlichen Ressourceneinsatz.

Der Erfolg einer Sammlung ist zwar keineswegs sicher und weist, glaubt man erfahrenen Sammlern, in den letzten Jahren eine leicht rückläufige Tendenz auf. Angesichts des geringen Risikos ist die Sammlung jedoch in jedem Fall ein nicht mehr wegzudenkendes Instrument zur Mittelbeschaffung in NPOs.

---

[401] Vgl. Urselmann, Michael (1998), S. 142.

## 5.4.4 Stiftungen/Zustiftungen

Bei Stiftungen und Zustiftungen handelt es sich um Geld- oder Sachspenden, die für den dauerhaften Verbleib in einer (Bürger-)Stiftung vorgesehen sind. Als solche unterliegen sie nicht dem Gebot der zeitnahen Mittelverwendung und erhöhen das Vermögen der Organisation. Seit dem Inkrafttreten des „Gesetzes zur weiteren steuerlichen Förderung von Stiftungen (StiftFöG)" im Jahr 2000 werden Stiftungen steuerrechtlich in besonderer Weise begünstigt. So können sich Spender unter anderem zusätzlich 20.450 Euro pro Jahr steuermindernd als Sonderausgaben anerkennen lassen, wenn der Empfänger eine Stiftung ist.[402] Ferner können natürliche Personen bei der Neugründung einer Stiftung (bis zum Ablauf eines Jahres nach der Gründung) zusätzlich zu den ohnehin schon als Sonderausgaben berücksichtigten Zuwendungen alle zehn Jahre einen Betrag von 307.000 Euro steuerlich geltend machen.[403]

Wesentliche Motive für Stifter sind eine Nachfolgeproblematik, ein ideelles Anliegen oder der Wunsch nach Selbstverwirklichung. Daneben spielt der Wunsch, etwas Unvergängliches oder zumindest über den eigenen Tod hinaus Existierendes zu schaffen, sicherlich in vielen Fällen eine wichtige Rolle. Viele Stiftungen können daher als Vermächtnis oder Erbschaft verstanden werden. Wenn trotz eines größeren Vermögens keine Erben vorhanden sind, fällt das Vermögen in der Regel den öffentlichen Haushalten zu.[404] Um dies zu vermeiden, richten wohlhabende Personen häufig eine Stiftung ein oder stiften ihr Geld zu einer bereits bestehenden Stiftung zu. Bei der konkreten Auswahl eines Zwecks kommen oft biografische Elemente des Stifters zum Tragen. So können erlebte Schicksalsschläge, eigene Krankheiten oder solche bei nahestehenden Personen, aber auch unerfüllte Berufswünsche und „Jugendträume" richtungsweisenden Einfluss auf die Verwendung des zu stiftenden Geldes haben.

Zustiftungen sind „Zuwendungen (steuerrechtlicher Begriff), die zur Aufstockung des Stiftungsvermögens bestimmt sind. Zustiftungen können als Rechtsgeschäft unter Lebenden oder von Todes wegen (durch Testament oder Erbvertrag) erfolgen."[405] Zustiftungen können in verschiedener Form erbracht werden:[406] Sie können grundsätzlich danach unterschieden werden, ob sie zweckgebunden oder nicht zweckgebunden zur Verfügung gestellt werden. **Freie Zustiftungen** gehen im Vermögen der Stiftung unter. Sie können für jeden be-

---

[402] Ausgenommen sind die Zwecke nach § 52 Absatz 2 Nummer 4 AO (Pflanzenzucht, Brauchtumspflege etc.).

[403] Der Betrag kann sofort oder über zehn Jahre verteilt geltend gemacht werden.

[404] Dabei handelt es sich je nach Bundesland durchaus um mehrere 100 Millionen Euro jährlich.

[405] Aktive Bürgerschaft e.V. (Hrsg.) (2003), S. 18.

[406] Vgl. Schmied, Alexandra (2002), S. 6.

liebigen Stiftungszweck eingesetzt werden. Gibt der Stifter jedoch einen bestimmten Zweck für die Verwendung des Kapitals an, so kann ein **zweckgebundener Einzelfonds** eingerichtet werden, der nach dem Zweck oder dem Namen des Stifters benannt werden kann. Für kleinere Zustiftungen können thematische **Sammelfonds** eingerichtet werden. Jeder Sammelfonds verfolgt dabei einen anderen Zweck und erlaubt so die bequeme Auswahl und Zuordnung kleinerer Beträge zum Stiftungskapital. Die **treuhänderische bzw. unselbstständige Stiftung** wird in die Aktivitäten einer bereits bestehenden Stiftung eingegliedert und von dieser mitverwaltet.[407] Diese Konstruktion ist sinnvoll, wenn mittelgroße Vermögen den Aufwand für eine eigene Stiftung nicht rechtfertigen. Das Vermögen geht zwar in das Eigentum der Treuhänderin über, wird dann allerdings als Sondervermögen von der übrigen Vermögensmasse getrennt behandelt. Die Erträge werden ausschließlich zu den vom Stifter angegebenen Zwecken verwendet. Je nach Aufwand und Größe der unselbstständigen Stiftung kann im Rahmen eines Treuhandvertrages bestimmt werden, dass ein Teil der Erträge für Managementleistungen an die verwaltende Stiftung abgeführt werden. Treuhänderische Stiftungen werden nicht ausdrücklich im BGB geregelt. Sie bedürfen weder der staatlichen Genehmigung noch unterliegen sie der staatlichen Aufsicht. Steuerrechtlich sind sie jedoch der selbstständigen Stiftung gleichgestellt.

Die Art der Einbindung hat auch Auswirkungen auf das Finanzmanagement. Die Auflagen des Stifters sind in jedem Fall einzuhalten. Zustiftungen können eine Menge zusätzlicher Verwaltungsarbeit begründen. Dies ist insbesondere dann der Fall, wenn die Zustiftung zwar satzungskonform ist, jedoch nicht ohne weiteres in die bisherigen Aktivitäten einzubinden ist. (z. B.: eine reine Förderstiftung soll im Rahmen einer Zustiftung erstmalig einen Innovationspreis ausloben und durchführen). Bei größeren Vermögen, die in unselbstständigen Stiftungen verwaltet werden, sollte eine Verwaltungs- oder Bearbeitungsgebühr vereinbart werden. Die zusätzlichen Kosten belasten dann nicht die Erfüllung der bisherigen Satzungsaufgaben. Bei Zustiftungen in Form von Sachen oder Immobilien muss an die Nutzbarkeit gedacht werden. So muss auch ein Haus unterhalten und instandgehalten werden. Ein wirklicher Vorteil ergibt sich nur dann aus einer solchen Zustiftung, wenn sie sich als verwertbar herausstellt. Das heißt für dieses Beispiel, das Haus kann bezogen und von der Stiftung genutzt oder zumindest vermietet werden.

Bei der Einzahlung von Zustiftungen ist darauf zu achten, dass sie deutlich als solche zu erkennen sind und nicht etwa mit Spenden verwechselt werden können. Auch kleinere Beträgen sollten möglichst mit einem Hinweis auf den konkreten Verwendungszweck (z. B. den konkreten Sammelfonds) versehen

---

[407] Unselbstständige Stiftungen können auch von Kreditinstituten verwaltet werden.

sein, um so den Verwaltungsaufwand gering zu halten und Zuordnungsprobleme zu vermeiden.

### 5.4.5 Legatfundraising

Auf die Einwerbung von Erbschaften werden angesichts hoher Privatvermögen und einer damit verbundenen Erbschaftswelle in den nächsten Jahren in vielen NPOs große Hoffnungen gesetzt. „Besonders vor dem Hintergrund des seit Jahren stagnierenden Spendenmarktes bietet der Erbschaftsmarkt aufgrund seines hohen Potenzials eine große Chance."[408] Deshalb verwundert es auch nicht, wenn dieses Instrument innerhalb der Literatur zum Fundraising wachsende Aufmerksamkeit erfährt.[409] Testamentsspenden fallen bei der NPO zwar im Durchschnitt erheblich seltener als andere Spenden an, sind jedoch in ihrer Höhe oftmals beträchtlich. Bei der Anwerbung von Legaten ist neben dem notwendigen juristischen Wissen, insbesondere dem Erbschaftsrecht, auch die hohe Sensibilität, die dem Thema „Tod" und „Sterben" in westlichen Gesellschaften entgegengebracht wird, zu berücksichtigen.

Rechtlich gesehen können zwei Fälle des Vermögensübergangs unterschieden werden: Das Testament und der Erbvertrag. Wird eine NPO durch ein **Testament** als Alleinerbin bestimmt, so tritt sie die Gesamtrechtsnachfolge der beerbten Person an, d. h., sie übernimmt sämtliche Vermögensgegenstände aber auch alle eventuell vorhandenen Schulden. Gibt es weitere Erben, gehört die NPO zu einer Erbengemeinschaft und tritt die Rechtsnachfolge dann gemeinsam mit diesen an. Das Risiko einer Haftung für Verbindlichkeiten kann beschränkt werden, indem sich die NPO im Rahmen eines **Vermächtnisses** lediglich einzelne, genau bezeichnete Vermögensgegenstände übertragen lässt. Die Organisation hat dann gegenüber den Erben ein Recht auf Herausgabe der spezifizierten Gegenstände, haftet allerdings nicht für weitergehende Verbindlichkeiten des Erblassers. Ein Testament hat für die NPO weiterhin den Nachteil, dass lediglich eine einseitige Willenserklärung vorliegt, die vom Erblasser zu Lebzeiten jederzeit widerrufen werden kann. Vorteilhafter kann daher ein **Erbvertrag** sein. Dieser lässt sich, da es sich um einen vollwertigen privatrechtlichen Vertrag handelt, nur in beiderseitigem Einvernehmen wieder auflösen oder ändern. Durch einen Erbvertrag werden die Risiken einer Erbschaft begrenzt und die Planbarkeit für das Finanzmanagement erhöht. Sowohl Testament als auch Erb-

---

[408] Reuter-Hens, Susanne/Schulte-Holtey, Judith (2001), S. 841.

[409] Es gibt kaum ein Werk zum Fundraising, das sich nicht der Frage nach dem auch als Erbschaftsmarketing bezeichneten Legatfundraising annimmt. Vgl. dazu z.B. Spitzenberger, Maren (1999), Crole, Barbara/Fine, Christiane (2003), Urselmann, Michael (2002) oder o.N. (2003c), S. 3.

vertrag sollten von einem Notar errichtet werden. Beim Erbvertrag ist dies sogar zwingend erforderlich.

In jedem Fall muss bedacht werden, dass nach deutschem Recht Familienangehörigen ein Pflichtteil an der Erbschaft des Verstorbenen zusteht. Dieser ist auch dann einklagbar, wenn der Verstorbene ansonsten sein gesamtes Vermögen der NPO hinterlassen hat. Da öffentlich ausgetragene Erbschaftskonflikte mit Hinterbliebenen für das Image von NPOs besonders nachteilhaft sind, sollten sie soweit wie möglich vermieden werden. Aufgrund langer Verjährungsfristen sind die Ansprüche auch dann noch durchsetzbar, wenn ein Erbe erst viele Jahre später vom Tod seines Verwandten erfährt. Für die NPO bedeutet dies, dass durch mögliche Rückforderungen finanzielle Belastungen in der Zukunft entstehen können. Umso wichtiger ist es, die Familien- und Finanzverhältnisse des potenziellen Erblassers möglichst gut zu durchleuchten und im Zweifelsfall entsprechende Vorsorge zu treffen.

Ebenfalls sollte bedacht werden, dass nicht jede Erbschaft oder jedes Vermächtnis eine Bereicherung darstellen muss. Zu denken ist hier an notwendige Haushaltsauflösungen oder Sach- und Vermögenswerte, die schwer verwertbar oder veräußerbar sind. Um den Nachlass dann nutzen zu können, hat die Organisation zunächst einmal selbst Aufwand (wie z. B. Lagerkosten für eine Bilder- oder Oldtimersammlung oder Personal- und Entsorgungskosten für eine Haushaltsauflösung).

Älteren NPOs mit entsprechend älteren Mitgliedern, Mitarbeitern oder Klienten fällt es häufig leichter, Kontakte zu potenziellen Erblassern aufzubauen und diese von dem Nutzen einer Erbschaft für die Organisation zu überzeugen. Hier bietet sich eine persönliche Form der **Kontaktaufnahme** an. Ansonsten ist es generell weniger empfehlenswert potenzielle Erblasser direkt anzusprechen. „Grundsätzlich empfehlenswert ist es, in Briefen und Mailings hin und wieder das konkrete Beispiel von einer Person zu beschreiben, von der ihre Einrichtung im Testament bedacht wurde."[410] Daneben kann die Ansprache möglicher Erblasser auch über Multiplikatoren erfolgen. So können Rechtsanwälte, Steuerberater und Vermögensberater, aber auch Ärzte, Pfleger oder Prominente auf das Thema und in diesem Zusammenhang auf die Aktivitäten der eigenen Organisation aufmerksam gemacht werden.[411] Von großem Vorteil ist es, wenn die NPO selbst oder in Kooperation mit Vertretern juristischer Berufe – Rechtsberatung dürfen hier ohnehin nur ausgebildete Juristen leisten – bei der Errichtung eines Testaments behilflich sein können. Die Aufnahme und Pflege von Kontakten zu potenziellen oder tatsächlichen Erblassern erfordert ein hohes Maß an individueller Zuwendung und Fingerspitzengefühl. Einige NPOs haben zu diesem Zweck

---

[410] Jaenicke, Bernd (2002), S. 38.
[411] Vgl. Reuter-Hens, Susanne/Schulte-Holtey, Judith (2001), S. 853.

einen eigens dazu eingesetzten Betreuer. Dieser kann durchaus ein ehrenamtlicher Mitarbeiter sein, der sich in besonderer Weise mit den Zielen der Organisation identifiziert und vielleicht auch mit seiner Biografie für diese Ziele steht. Die Aufgabe des Betreuers ist es, den Kontakt zu potenziellen Erblassern aufzubauen und auch über längere Zeiträume zu pflegen. Eine verbreitete Strategie ist dabei, diese Aktivitäten durch spezielles, professionell gestaltetes Informationsmaterial, beispielsweise einer Broschüre oder einer speziellen Rubrik auf den Internetseiten zu unterstützen. Ein solches Angebot ermöglicht eine diskrete und unverbindliche Kontaktaufnahme und vermittelt möglichen Testamentsspendern erste Informationen.

Die Einwerbung von Legaten gehört zu den schwierigsten, gleichwohl aber lohnenden Instrumenten des Spendenmanagements und kann deswegen bisweilen zu Recht als „Königsdisziplin" des Fundraising bezeichnet werden.

### 5.4.6 Mitgliederbeiträge

Eine der wichtigsten Einnahmequellen insbesondere für kleinere Vereine sind die Beiträge ihrer Mitglieder. Im Gegensatz zu Spenden werden diese Beiträge der NPO solange die Mitgliedschaft besteht in vorher vereinbarten Abständen gezahlt. Nach § 58 Nr. 2 BGB soll die Satzung Bestimmungen darüber enthalten „ob und welche Beiträge von den Mitgliedern zu leisten sind". In der Satzung sollte demnach lediglich die Art der Beiträge, nicht jedoch deren Höhe festgelegt werden.[412] Zur Gewährleistung der späteren Flexibilität des Finanzierungsinstrumentes empfiehlt es sich daher, die grundsätzliche Beitragspflicht in der Satzung festzulegen, die Bestimmungen der Höhe jedoch einem Vereinsorgan wie dem Vereinsvorstand oder der Mitgliederversammlung zu übertragen. Die genaueren Regelungen werden dann in einer als Beitrags-, Kassen- oder Finanzordnung bezeichneten zusätzlichen Vereinsordnung geregelt.[413] Grundsätzlich können die Beiträge in periodische und außerordentliche sowie in monetäre, Sach- und Dienstleistungsbeiträge unterschieden werden (Abbildung 28).

---

[412] Vgl. Ott, Sieghart (1998), S. 84 f.
[413] Die Umgehung der Satzung durch Festlegung zusätzlich zu erbringender Leistungen für die Vereinsmitglieder in einer Vereinsordnung ist unwirksam und für die Mitglieder nicht bindend.

*Abbildung 28:* Formen von Mitgliederbeiträgen

| **Monetäre Beiträge:** | **Dienst- und Werkbeiträge:** |
|---|---|
| - Periodischer Beitrag (Monats-, Quartals-, oder Jahresbeitrag) <br> - Eintrittsgelder <br> - Aufnahmegebühren <br> - Gebühren und Abgaben <br> - Ablösezahlungen | - Arbeitsleistungen <br> - Ordnungsdienste |
| **Sachbeiträge:** | **Außerordentliche Beiträge:** |
| - Einzubringende Werkzeuge/ Materialien <br> - Leihweise Überlassung von Gegenständen | - Umlage <br> - Vereinsstrafen <br> - Geldstrafen und -bußen <br> - Verfahrenskosten |

*Eigene Darstellung*

Die **Bemessung** ihrer Höhe ist innerhalb der Pflicht zur Gleichbehandlung der Mitglieder frei.[414] Sie kann nach unterschiedlichen Kriterien erfolgen.[415] Am einfachsten gestaltet sich dabei die Pro-Kopf-Bemessung: Alle Mitglieder werden zur Zahlung des gleichen Beitrages verpflichtet. Das zugrunde liegende egalitäre Prinzip lässt sich besonders gut mit dem Wunsch nach Gleichheit und dem *one-man-one-vote*-Gedanken des Vereins in Einklang bringen. Ihre weite Verbreitung verdankt diese Bemessungsgrundlage darüber hinaus sicherlich auch der einfachen Handhabung und ihrem geringen Konfliktpotenzial.

---

[414] „Gleichbehandlung bedeutet allerdings nicht, daß der Mitgliedsbeitrag für alle Vereinsmitglieder gleich hoch ist; verboten ist lediglich eine willkürliche und sachfremde Differenzierung. Unterschiedliche Höhe der Beiträge ist durchaus üblich." Ott, Sieghart (1998), S. 85.

[415] Vgl. Krönes, Gerhard (2001), S. 84.

Eine Festsetzung der Beiträge kann auch auf der Grundlage der finanziellen Leistungsfähigkeit der Mitglieder erfolgen. Dabei gilt die Formel, je höher das Einkommen des Mitgliedes, desto höher der zu entrichtende Beitrag. Die somit erfolgende Quersubventionierung schwächerer Einkommensgruppen entspricht in besonderer Weise der Vorstellung sozialer Gerechtigkeit. Sie findet sich daher häufig in sozial orientierten Organisationen (z.B. SPD, Gewerkschaften). Probleme macht bei dieser Form der Unterscheidung regelmäßig die Feststellung der Einkommens- und Vermögensverhältnisse. Die Erhebung der notwendigen Daten bereitet der NPO beträchtlichen Mehraufwand. Die freiwillige Selbsteinschätzung der Mitglieder führt andererseits regelmäßig zu einer umfangreichen Trittbrettfahrer-Problematik. Mitglieder zahlen danach weniger, als sie eigentlich müssten.

Eine dritte Form der Beitragsbemessung basiert auf der Inanspruchnahme von Leistungen. Wer mehr konsumiert, zahlt demnach auch mehr. Dieses auf der Grundidee einer Konsumgerechtigkeit beruhende Prinzip lässt sich insbesondere bei solchen Eigenleistungs-Organisationen umsetzen, die ihren Mitgliedern mess- und bewertbare Leistungen anbieten. Es findet sich zum Beispiel häufig in Sportvereinen, aber auch in Kulturbetrieben.

Neben solchen grundlegenden Bemessungskriterien gibt es meist einen Ausnahmekatalog für bestimmte Zielgruppen. Begünstigt werden dabei in der Regel Schüler, Studenten, Senioren, Arbeitslose, Menschen mit Behinderungen oder Familien bzw. Alleinerziehende.

Hinsichtlich des Modus der Beitragsermittlung kann grundsätzlich zwischen einer Selbsteinschätzung und einer Fremdeinstufung mit oder ohne Grenzen unterschieden werden. Bei der Selbsteinschätzung legt jedes Mitglied seinen Beitrag entsprechend eines der erläuterten Kriterien fest. Die Angaben werden dann in der Regel nicht mehr kontrolliert. Bei der Fremdeinschätzung nimmt die NPO die Bemessung des Mitgliedsbeitrages selbst vor. In jedem Fall können Mindest- und Höchstgrenzen vorgesehen werden.

Unter Finanzierungsgesichtspunkten sind Mitgliedsbeiträge eine optimale Einnahmequelle. Sie sind langfristig mehr oder weniger gut kalkulierbar. Die Kosten, die im Rahmen der Mitgliederverwaltung und des Mahnwesens entstehen, sind überwiegend moderat. Durch verzögerte und nicht gezahlte Beiträge kommt es jedoch in den letzten Jahren bei den Vereinen vermehrt zu höheren Außenständen. Die Beitreibung der Mitgliederbeiträge fällt dabei in die Geschäftsführungsverantwortung des Vereinsvorstandes. Ihr obliegt es, ein konsequentes Mahnwesen zu entwickeln und umzusetzen.[416] Diese hat auch darauf zu

---

[416] Als günstig hat es sich auch erwiesen das Prozedere des Mahnverfahrens in der Satzung zu verankern. Auf diese Weise wird die Durchführung des Verfahrens, die Übernahme entstehender Kosten und das Sanktionspotenzial festgelegt.

achten, dass eventuelle Verjährungsfristen beachtet werden.[417] Die Verzögerung und der Ausfall von Zahlungen kann am einfachsten dadurch umgangen werden, dass die Beiträge möglichst immer per Banklastschrift erfolgen. Auf diese Weise werden sie direkt dokumentiert und finden automatisch Eingang in das Rechnungswesen der NPO. Zudem können die Kosten für die Mitgliederverwaltung so niedrig gehalten werden.

Mitgliederbeiträge sind mehr als einfache monetäre Transfers. Ihnen wohnt im Sinne einer „Kontaktschnittstelle zwischen Verein und Mitglied" immer auch eine gewisse Signalfunktion inne, weshalb man sie auch als politisch aufgeladen bezeichnen kann. Änderungen der Mitgliedsbeiträge erfolgen beim Verein oft im Rahmen von Mitgliederversammlungen. Da die betroffenen Mitglieder selbst auch stimmberechtigt sind, entscheiden sie über Beitragsveränderungen in der Regel mit. Diese unter mikropolitischen Aspekten ungünstigen Eigenschaften erklären auch, weshalb Vereinsvorstände sich dieses Instrumentes meist recht vorsichtig bedienen und weshalb viele Beiträge in der Praxis als eher niedrig einzustufen sind.

### 5.4.7 Sonstige Instrumente

Auch im Zusammenhang mit modernen Zahlungsmitteln wie der Kreditkarte haben sich inzwischen Fundraisinginstrumente etabliert. So werden „**Affinity-Karten**"[418] zusammen mit Kreditinstituten bzw. Kreditkartenanbietern und NPOs wie beispielsweise Fußballvereinen, der deutschen AIDS-Hilfe, der DLRG, der AWO oder dem Deutschen Seglerverband für bestimmte Zielgruppen ausgegeben.[419] Das Symbol der NPO erscheint dann gemeinsam mit dem Logo des Kreditinstitutes auf der Kreditkarte und wirbt so für ihr Anliegen. Die NPO erhält vom Kreditkarteninstitut einen pauschalen Geldbetrag je Karte, die sie an Mitglieder oder Förderer vermittelt. Darüber hinaus kann sie mit einem prozentualen Anteil an den Umsätzen der Karten beteiligt werden. Interessant ist dieses Instrument insbesondere für mitgliederstarke Organisationen mit hohem Identifikationsgrad. Wegen der generell geringeren Nutzung von Kreditkarten in der Bundesrepublik ist dieses Instrument hier nicht so populär wie beispielsweise in Großbritannien oder den USA.

---

[417] Regelmäßig wiederkehrende Leistungen (regelmäßig zu entrichtende Mitgliederbeiträge) verjähren gemäß § 195 BGB in drei Jahren ausgehend von dem Jahr, in dem der Anspruch entstanden ist (§ 199 BGB).

[418] Vgl. Urselmann, Michael (1998), S. 137 f.

[419] Affinity-Karten können als Spezialfall des weiter unten erläuterten Cause Related Marketing gelten.

Das Telefon wird als Medium für verschiedene Zwecke eingesetzt. Zum einen kann es benutzt werden, um allgemeine Marketingfunktionen (Telemarketing) zu unterstützen, zum anderen ist es selbst auch ein Fundraisingmedium. Als Einsatzgebiete des Telemarketings nennt *Tapp* im Einzelnen:[420]

- Die direkte Förderer-/ Mitgliederansprache,
- die laufende Aufnahme und Bearbeitung von Wünschen und Anforderungen der Stakeholder,
- eine ständige Information und Befragung der Mitglieder/ Öffentlichkeit/ Förderer,
- die telefonische Spendenakquisition (Telefonfundraising),
- die Reaktivierung von Mitgliedern sowie
- das Auffangen des *mass response* im TV-Gala und Event-Bereich.

Im Rahmen der systematischen und absatzorientierten Nutzung des Telefons zur Spendenakquisition (**Telefonfundraising)** werden mögliche Spender angesprochen und zu einem bestimmten Zweck oder Anlass um eine Spende gebeten. Das „Telefonieren für Geld" ist jedoch nicht ganz unproblematisch. Weil der Telefonist sein Gegenüber nicht sehen kann, weiß er auch nicht, unter welchen Umständen er diesen antrifft. So kann der Anruf nach Feierabend zu Hause leicht als lästiges Eindringen in die Privatsphäre empfunden werden. Umgekehrt kann der Angerufene nur die Stimme und die Argumente des Fundraisers hören. Ohne Gestik, Mimik und Blickkontakt ist die Kommunikation nur begrenzt möglich und stellt höhere Ansprüche an die verbale Ausdrucksfähigkeit des Telefon-Fundraisers. Argumente, Stimme und Tonfall müssen eine harmonische Einheit ergeben. Der Fundraiser darf sich nicht sofort entmutigen lassen, ohne deswegen penetrant zu sein. Er muss ferner auch die entsprechenden rechtlichen Rahmenbedingungen kennen und entsprechend beachten. Telefonfundraising kann darüber hinaus unabhängig davon, ob es in Eigenregie durchgeführt oder ein Call-Center zwischengeschaltet wird, ein sehr teures Instrument sein, dessen Erfolg in keiner Weise feststeht. In Verbindung mit der Novelle des Gesetzes gegen den unlauteren Wettbewerb (UWG) wurden die Einsatzmöglichkeiten des Telemarketings in der Bundesrepublik erheblich eingeengt.[421] Die steuerbegünstigten

---

[420] Tapp, Patrick (2001), S. 714.

[421] Gegen den Protest der Direktmarketingverbände wurde der Entwurf eines Gesetzes gegen den unlauteren Wettbewerb im Juni 2004 vom Bundestag verabschiedet. Gemäß § 7 [Unzumutbare Belästigungen] ist Werbung per Telefon (§ 7 Abs. 2 Nr. 2 UWG) oder per Anrufmaschine, Faxgerät oder elektronischer Post (§ 7 Abs. 2 Nr. 3 UWG) ohne Einverständnis des Angerufenen bzw. Marktteilnehmers künftig verboten. Vgl. Deutscher Bundestag (2004), S. 6.

Aktivitäten von NPOs treffen diese Verschärfungen jedoch derzeit nur am Rande.[422]

**Patenschaften** werden insbesondere im Rahmen einer langfristigen Spenderbindung eingesetzt. Bei einer Patenschaft übernimmt der Spender eine Art „Verpflichtung". Diese kann sich auf eine Person (z. B. ein Kind in der Dritten Welt), eine Sache (z. B. Regenwald in Südamerika) oder ein Tier (z. B. Pandabär im Zoologischen Garten oder Wal) beziehen.[423] Das Geld, das einmalig oder regelmäßig vom Spender zu zahlen ist, wird von der NPO zur Unterstützung oder Sicherung der Lebensumstände des Paten verwendet. Der Pate erhält meist eine Urkunde über seine Patenschaft.

Richtig eingesetzt, stellt das Instrument in hohem Maße den Bezug zum Spendenobjekt her und wird damit einer Fundraisingregel in besonderer Weise gerecht, die besagt, dass Spenden für ganz konkrete Vorhaben („mit Gesicht") einfacher einzuwerben sind als solche für abstrakte oder politische Vorhaben. Es versteht sich, dass die eigentliche Verpflichtung jedoch bei der NPO liegt. Sie muss das Geld dem tatsächlichen Zweck zukommen lassen. Idealerweise ist sie dann auch in der Lage, den Erfolg der Maßnahmen zu dokumentieren (z. B. Brief einer unterstützten Familie, Foto der geförderten Tiere etc.). Weitergehende Ansätze beziehen bereits heute Paten in ein ganzheitliches Patenschaftsprogramm ein. Kontakte zwischen dem Paten und seinem Patenkind werden dabei gefördert, Kooperationsideen und Anregungen, die aus der Beziehung zwischen NPO, Paten und Patenkind hervorgehen werden aufgenommen, unterstützt und weiter gefördert.[424]

Unter Finanzierungsgesichtspunkten sind Patenschaften zwar mitunter organisatorisch aufwändig, aber eine durchaus sichere und mitunter langfristig interessante Finanzierungsquelle der eigenen Arbeit.

Als gemeinschaftlich betriebene Mittelbeschaffung einer NPO und eines Unternehmens kann das an Verbreitung gewinnende **Cause-Related Marketing** aufgefasst werden. Bei dieser Form eines Joint Venture versuchen Unternehmen ihr Image und den Absatz ihrer Produkte zu befördern, indem sie sich zugleich für das Projekt oder die Anliegen einer NPO einsetzen.[425] So bot die Brauerei Krombacher 2003 in einer groß angelegten Werbekampagne an, je gekauftem Kasten Bier, dem WWF einen bestimmten Betrag zur Rettung der Regenwälder in Zentralafrika zur Verfügung zu stellen.[426] In der Literatur werden zahlreiche

---

[422] Vgl. o. N. (2004), S. 1.

[423] Beispiel: die Kinderpatenschaft der international tätigen Hilfsorganisation World Vision oder die Tierpatenschaften in zahlreichen deutschen Zoos.

[424] Vgl. Bangert, Kurt (2001), S. 274.

[425] Vgl. File, Karen Maru/Prince, Russ Alan (1995), S. 249.

[426] Der Gesamterlös der Aktion betrug nach Angaben der Brauerei bis Juni 2004 2,3 Mio. Euro. Eine ähnliche CRM startete der Nahrungsmittelkonzern Kraft Foods Deutschland im März 2004 mit seiner

Vorteile dieses Instrumentes für NPOs genannt, wie die Erschließung neuer Finanzierungsquellen[427] und Support-Gruppen[428] sowie eine erweiterte Öffentlichkeit[429]. Auf der anderen Seite wird in dieser Form der engen Kooperation u. a. die Gefahr einer steigenden Kommerzialisierung[430] und die zunehmend einseitige Förderung ansprechender und medienfähiger Anliegen[431] gesehen.

### 5.5 Ethische Aspekte des Spendenmanagements

Der enger werdende „Spendenmarkt" und der Druck leerer öffentlicher Kassen scheinen ein aggressiveres Bemühen um Spenden geradezu zu erzwingen. Um sich in der Menge der Spenden sammelnden Organisationen weiterhin behaupten zu können, haben daher in der jüngsten Vergangenheit einige Organisationen zu unlauteren Praktiken bei der Akquisition und Verwendung zusätzlicher Ressourcen gegriffen. Damit sich solche bedauerlichen Fehltritte nicht häufen und somit den Großteil der durchaus anständigen Spendensammler in Verruf bringen, kommt der Einführung unabhängiger Kriterien für den vernünftigen Umgang mit Spenden und Spendern eine immer größere Bedeutung zu.

Zwar versucht der Gesetzgeber den Spender vor groben Verstößen (z. B. Betrug, Missbrauch von Spendengeldern) zu schützen, indem er Fehlverhalten der NPO mit Strafen und Ordnungsgeldern bewehrt, dennoch gibt es beträchtliche Grauzonen in der komplexen Spender-Fundraiser-Beziehung, die sich einer juristischen Beurteilung bisher entziehen.

Einen wichtigen Beitrag zur Transparenz und Kontrolle des Verhaltens gemeinnütziger Organisationen leisten hier die Medien. Nicht zuletzt, indem sie zweifelhafte Vorgehensweisen aufdecken und öffentlich kritisieren, beeinflussen sie die öffentliche Meinung erheblich. In ihrer Wirkung ist die öffentliche Meinung für eine Spenden sammelnde oder von Zuwendungen abhängige Organisation dabei keineswegs zu unterschätzen. Meldungen über Skandale oder unlautere Spendenpraktiken können den Erfolg zukünftiger Fundraisingaktivitäten und das Image der Organisation nachhaltig gefährden.

Obwohl Medien und öffentliche Meinung bei der Aufdeckung und Sanktionierung moralischer Fehltritte sehr wirksam sein können, reichen auch sie allein

---

Marke „Milka". Gemeinsam mit dem Bayerischen Naturschutzfonds wurde die in den Medien groß angelegte Spendenkampagne „Der Berg ruft" zur Unterstützung des Umweltschutzes in den Alpen ins Leben gerufen.

[427] Vgl. Zbar, Jeffrey D. (1993) oder Garrison, John R. (1990).
[428] Vgl. Ross, John K./Patterson, Larry T./Stutts, Marry A. (1992).
[429] Vgl. Garrison, John R. (1990).
[430] Vgl. ebd.
[431] Vgl. dazu Barnes, Nora G. (1991) und Miller, William H. (1990).

nicht aus, zumal es oftmals an Maßstäben für die Zulässigkeit bestimmter Verhaltensweisen fehlt. Dem Ziel, die Lücken zwischen Legalität und ethischer Vertretbarkeit zu schließen, haben sich daher eine ganze Reihe von speziellen Fachvereinigungen und Interessenverbänden verschrieben. Ihr Ziel ist es, entsprechende moralische Standards zu entwickeln und durchzusetzen. Die meisten von ihnen arbeiten dabei mit selbstgesetzten Grundregeln und verlangen von ihren Mitgliedern die Unterzeichnung von Selbstverpflichtungserklärungen. Beispiele dafür sind die Bundesarbeitsgemeinschaft für Sozialmarketing oder der Deutsche Spendenrat e. V.[432] Letzterer sieht sich als Organ der Selbstkontrolle Spenden sammelnder Organisationen, das Missbrauchsfälle öffentlich rügt und dadurch einen gewissen moralischen Druck erzeugen will. Mitgliedsorganisationen unterschreiben eine Selbstverpflichtungserklärung. Diese enthält wesentliche Elemente eines ethisch-moralisch verantworteten Spendenmanagements:

„Im Bewußtsein unserer Verantwortung vor unseren Förderern, den von uns Geförderten und der Öffentlichkeit gehen wir hiermit folgende Verpflichtung zur Gestaltung unserer Spendenwerbung ein:
1. Die Darstellung der Anliegen, zu deren Erfüllung wir Spenden erbitten, erfolgt wahrheitsgemäß und sachgerecht.
2. Die wahrheitsgemäße Darstellung umfaßt auch unsere eigene Leistungsfähig keit bei der Erfüllung des Spendenanliegens.
3. Werbung, die gegen die guten Sitten und anständigen Gepflogenheiten verstößt, wird unterlassen.
4. Wir werden alles unterlassen, was die Würde der Menschen herabsetzt, insbesondere derjenigen, denen Hilfe gewährt werden soll.
5. Wir verpflichten uns zu lauterem, auf Vergleiche verzichtenden Wettbewerb.
6. Wir werden Namen und Symbole von Mitbewerbern nicht imitieren oder verwenden.
7. Wir werden keine unbestellten Waren gegen Rechnung verschicken.
8. Wir werden keine Mitglieder- und Spendenwerbung mit Geschenken oder Vergünstigungen betreiben, die nicht in unmittelbarem Zusammenhang mit dem Satzungszweck stehen oder unverhältnismäßig teuer sind. Wir räumen Mitgliedern eine angemessene Frist zum Rücktritt ein.
9. Wir werden Sammlungen und Werbemaßnahmen so gestalten, daß aus diesen weder eine Belästigung oder Nötigung entsteht noch die freie Entscheidung zur Spende oder Mitgliedschaft beeinträchtigt wird.

---

[432] Weitere Verbände sind der Deutsche Direktmarketing Verband, der Fachverband für Sponsoring und Sonderwerbeformen und auf europäischer Ebene „EUconsult European Association of Consultants to and about Not For Profit Organisations". Daneben gibt es weitere Berufs- und Fachverbände, die in verwandten Bereichen tätig sind: beispielsweise den Deutschen Journalistenverband, die „Deutsche Public Relations-Gesellschaft" sowie diverse Marketing- und Werbeverbände. Vgl. dazu auch Müllerleile, Christoph (2001a).

10. Wir verpflichten uns, allgemein zugängliche Sperrlisten und Richtlinien zum Verbraucherschutz zu beachten.
11. Wir verwenden die uns anvertrauten Spendenmittel sparsam und unter strikter Beachtung der Zweckbindung.
12. Über die Bestimmungen der Datenschutzgesetze hinaus verpflichten wir uns, den Verkauf, die Vermietung oder den Tausch von Mitglieder- oder Spenderadressen zu unterlassen.
13. Wir verpflichten uns zur ordnungsgemäßen Buchführung und Berichterstattung. Die Prüfung unserer Buchführung, unseres Jahresabschlusses und Lageberichtes, unserer Einnahmen-/Ausgabenrechnung erfolgt nach Maßgabe der jeweils gültigen Richtlinien des Institutes der Wirtschaftsprüfer (IdW) e. V.
Der Abschlußprüfer hat die Einhaltung dieser Selbstverpflichtung, soweit sie die Rechnungslegung betrifft, entsprechend zu prüfen und über das Ergebnis der Prüfung schriftlich zu berichten.
14. Spätestens zwölf Monate nach dem Abschlußstichtag eines Geschäftsjahres, stellen wir einen für die Öffentlichkeit bestimmten Bericht fertig, der zumindest folgende Bestandteile enthält:
Jahresabschluß bzw. Einnahmen-/Ausgabenrechnung,
Lagebericht und Bestätigungsvermerk gem. den in der Verlautbarung des IdW (siehe Nr. 13) angegebenen Größenklassen unter Berücksichtigung der Leitlinien für die Buchhaltung spendensammelnder Organisationen des Deutschen Spendenrates e. V. vom 08.06.1999
Erläuterung der wesentlichen Aufwands- und Ertragsarten, u. a. der Personalkosten und der Aufwandsentschädigungen
Erläuterung von Bereichen, in denen Provisionen oder Erfolgsbeteiligungen gezahlt werden
Erläuterung der Behandlung von projektgebundenen Spenden
Hinweis darauf, daß Spenden an andere Organisationen weitergeleitet werden und deren Höhe
Wortlaut der Selbstverpflichtungserklärung
Auf den Bestätigungsvermerk eines Wirtschaftsprüfers/vereidigten Buchprüfers kann verzichtet werden, wenn das Gesamtspendenaufkommen (Geldspenden, Sachspenden, Nachlässe) die Summe von 250.000,00 EURO im vorangegangenen Geschäftsjahr nicht überstiegen hat.
Wir sind bereit, den Bericht auf Anforderung gegen Erstattung der Selbstkosten an jedermann zu verschicken und unsere Förderer mindestens einmal jährlich auf dieses Angebot hinzuweisen. [...]"[433]

Neben solchen Interessengruppen gibt es eine Reihe von Organisationen, die eine gewisse Kontrollfunktion ausüben. Dazu gehören unter anderem Verbraucherverbände, der Deutsche Presserat und der Deutsche Werberat.

---

[433] Ausschnitt aus der Selbstverpflichtungserklärung des Deutschen Spendenrates. Fundstelle: www.spendenrat.de/selbstve.htm.

Einen hohen Bekanntheitsgrad hat in den letzten Jahren auch das bereits 1983 gegründete Deutsche Zentralinstitut für Soziale Fragen (DZI) erlangt. Das DZI ist eine Stiftung mit unterschiedlichen Trägern, überwiegend aus dem öffentlichen Bereich.[434] Das vom DZI vergebene „Spendensiegel" kann als eine Art „TÜV"-Plakette[435] für humanitär-karikative Einrichtungen verstanden werden, welches nur dann verliehen wird, wenn die Organisation sich bereit erklärt, eine Reihe von Kriterien einzuhalten. Dazu zählen die Sachlichkeit der Spendenwerbung, Transparenz bei der Rechnungslegung, eine unabhängige Überwachung des Finanzgebarens und eine sparsame Verwendung der Mittel, die beispielsweise beinhaltet, dass der Anteil der verwendeten Spendengelder für Werbung und Verwaltung nicht unverhältnismäßig hoch sein darf. Ziel des DZI-Spenden-Siegels ist es nach eigenen Angaben, „Bewusstsein zu schaffen, Vertrauen zu fördern und die Hilfsbereitschaft der Menschen zu erhalten"[436]. Das Spendensiegel muss jährlich neu beantragt werden und wird nicht erteilt, wenn die nach Einschätzung des DZI notwendigen Kriterien nicht (mehr) eingehalten werden. Organisationen mit dem Spendensiegel werden in die vom DZI geführte Positivliste aufgenommen. Diese kann von allen Spendenwilligen eingesehen werden. Ferner können Auskünfte über die Praktiken von bestimmten NPOs angefordert werden. Für die dort geführten Organisationen ergibt sich durch die Aufnahme in die Liste zumeist ein Imagegewinn.

Aufgrund des auch hierzulande wachsenden Bewusstseins für ethische Probleme im Spendenmanagement steigt die Zahl der Organisationen, die sich einer Form der freiwilligen Selbstverpflichtung oder externer Kontrolle unterwerfen weiter an.

---

[434] Stiftungsträger des DZI sind im Einzelnen: der Senat von Berlin, das Bundesministerium für Familie, Senioren, Frauen und Jugend, die Industrie- und Handelskammer Berlin, der Deutsche Städtetag und die Bundesarbeitsgemeinschaft der Freien Wohlfahrtspflege e. V.
[435] Vgl. Weiler, Torsten (1998), S. 24.
[436] Vgl. www.dzi.de/hinweise.htm.

# 6 Management selbsterwirtschafteter Mittel

NPOs erbringen im Rahmen ihrer Tätigkeiten häufig beträchtliche ökonomische Leistungen. Die Höhe der Umsätze aus selbsterwirtschafteten Mitteln sowie der Anteil dieser Mittel an den Gesamtressourcen der Organisation variiert jedoch nach Tätigkeitsfeld und Organisationsgröße. So produzieren und verkaufen beispielsweise gemeinnützige Behindertenwerkstätten eine ganze Bandbreite von Produkten, die von Holz- und Dekorationsartikeln über Zulieferarbeiten für die Automobilindustrie bis hin zu modernen Dienstleistungen reichen. Die Umsätze bewegen sich dabei oft zwischen mehreren tausend bis hin zu mehreren hunderttausend Euro pro Jahr. Große und bekannte Sportvereine verdienen im Rahmen von Merchandisingaktivitäten teilweise beträchtlich höhere Beträge und die Spitzenverbände der freien Wohlfahrtspflege wie Caritas, Diakonie, Arbeiterwohlfahrt, der Paritätische Wohlfahrtsverband und das Deutsche Rote Kreuz setzen mit sozialen Dienstleistungen und einzelnen Zweckbetrieben wie Krankenhäusern und Pflegeheimen sogar jährlich viele Millionen Euro um. Im Grunde handelt es sich bei den Einnahmen aus selbsterwirtschafteten Mitteln um Einnahmen aus einer unternehmerischen Tätigkeit, die, sofern sie nicht von Zweckbetrieben erbracht werden, voll zu versteuern sind.[437]

NPOs bieten ihre kommerziellen Leistungen und Produkte auf Märkten an und treten somit in Konkurrenz zu gewerblichen Unternehmen. Konsequenterweise müssen sie daher dieselben rechtlichen Vorschriften wie diese (z.B. Verbraucherschutz- oder Wettbewerbsrecht) beachten. Insbesondere um Wettbewerbsverzerrungen gegenüber gewerblichen Unternehmen zu vermeiden, wurden mögliche Privilegien von NPOs, dort wo sie mit gewerblichen Unternehmen konkurrieren, in den letzten Jahren verstärkt abgebaut.

## 6.1 Verkauf von Waren und Dienstleistungen

Der **Verkauf von Waren und Dienstleistungen** umfasst Eintrittspreise für Veranstaltungen, Einnahmen aus der Herstellung oder dem Vertrieb von Produkten und Dienstleistungen, die gegen Gebühr oder zu einem marktüblichen Preis abgegeben werden. Das können sein: Verkauf von Büchern, Informationsmaterialien und Arbeitshilfen sowie CDs, Videos oder Bildern. Der Verkauf dieser

---

[437] Vgl. Kapitel 1.3.

Produkte ist häufig nicht von kommerziellen Aktivitäten gewerblicher Betriebe zu unterscheiden und ist als wirtschaftlicher Geschäftsbetrieb voll steuerpflichtig.

Im Rahmen von so genannten **Basaren** werden selbst hergestellte Gegenstände (z. B. Kleidungsstücke, Handarbeiten oder Kunsthandwerk) oder aber auch Nahrungsmittel (z. B. Kuchen, Suppe oder Getränke) verkauft.

**Merchandising** ist ein Sonderfall des Warenverkaufs, bei dem die angebotenen Produkte neben dem reinen Nutzwert mit einem immateriellen Zusatznutzen versehen sind.[438] Üblicherweise werden dabei mit dem Logo der NPO versehene Produkte vertrieben. Dabei kann es sich um eher geringwertige Güter wie Kugelschreiber, Feuerzeuge, T-Shirts, aber durchaus auch um sehr hochwertige Güter wie Uhren oder Sondereditionen von Füllfederhaltern handeln. Während Merchandisingartikel im Rahmen der Öffentlichkeitsarbeit als Give-aways (kleine Geschenke) gratis abgegeben werden, um den Bekanntheits- oder Identifikationsgrad mit der NPO zu erhöhen, werden sie im Rahmen von Mittelbeschaffungsaktionen zu einem gewinnbringenden Preis verkauft. Das Merchandising kann von der NPO selbst durchgeführt oder als Lizenz an andere Unternehmen vergeben werden.[439] Die Wahl des Vertriebsweges hat fundamentale Auswirkungen auf die möglichen Verkaufszahlen und die steuerliche Behandlung. Wählt eine NPO den Eigenvertrieb, so trägt sie das volle finanzielle Risiko, kann aber auch in großem Umfang vom Erfolg des Verkaufs profitieren. Die Gewinne müssen voll versteuert werden. Der Profit pro Stück (aber auch das Vertriebsrisiko) ist niedriger, wenn ein Lizenzpartner eingeschaltet wird. Dafür verfügen professionelle Anbieter solcher Dienstleistungen über bessere Vertriebskanäle und erreichen somit oftmals höhere Verkaufszahlen. Beteiligt sich die NPO in keiner Weise am Vertrieb der Produkte, so sind die Lizenzeinnahmen Bestandteil der steuerbegünstigten Vermögensverwaltung.

Die Preisgestaltung beim Vertrieb von Waren und Dienstleistungen erweist sich in NPOs regelmäßig als schwierig. Die Leistungen können dabei in Kern- und Randleistungen unterteilt werden.[440] Bei Kernleistungen handelt es sich um Angebote, die im Mittelpunkt des betrieblichen Geschehens stehen (Betrieb eines Seniorenheims durch einen Wohlfahrtsverband). Häufig sind dies die ausdrücklich in der Satzung vorgesehenen Aufgaben, um derentwillen die NPO überhaupt existiert und die somit einen obligatorischen Charakter haben. Solche Kernleistungen werden insbesondere dann zu reduzierten Preisen oder auch gratis angeboten, wenn höhere Preise zu einem *crowding out* der Nachfrage

---

[438] Vgl. Gaus, Hilde/Gaus, Detlef (2001), S. 937.

[439] Insbesondere beim Lizenzverkauf sind eine Fülle rechtlicher Probleme zu berücksichtigen. Vgl. Schertz, Christian (1997).

[440] Vgl. Krönes, Gerhards (2001), S. 84.

führen würden oder seitens der NPO aus ideellen Gründen nicht gewünscht werden. Randleistungen (Betrieb einer Cafeteria) werden oft nur zur Ergänzung oder zur finanzwirtschaftlichen Alimentierung des Kernangebotes eingesetzt. Dabei entsteht ein wirtschaftlicher Geschäftsbetrieb, der sich in der Preiskalkulation einem Unternehmen vergleichbar verhalten kann – und sollte. Für das Finanzmanagement ist dabei wichtig, dass der Verkaufspreis der Gegenstände, wenn damit zusätzliches Einkommen erzielt werden soll, über den jeweiligen Anschaffungs- oder Herstellungskosten liegen muss. Es ergibt sich damit folgende einfache Formel:[441]

**Preis = (variable) Stückkosten + Gewinnaufschlag.**

Was sich für Unternehmen nach einer Binsenweisheit anhört, ist in NPOs längst nicht selbstverständlich. Die Preiskalkulation unterliegt in der Praxis von NPOs anderen Gesetzen als in der gewerblichen Wirtschaft. In der Theorie wurde diesem Phänomen bisher nur wenig Beachtung geschenkt.[442] Fünf sehr unterschiedliche Ursachen können für die abweichende Preiskalkulation ausgemacht werden:

1. Probleme bei der Bestimmung des Wertgerüstes und der Informationsbeschaffung,
2. psychologische Erwartungshaltungen bei Käufern und Verkäufern,
3. die Sachzielorientierung (statt Gewinnmaximierung),
4. der Interdependenzfaktor im Finanzierungsmix von NPOs und
5. extern determinierte Preise.

1. In der Tat kann es für NPOs schwierig sein, überhaupt die Einstandskosten eines Produktes oder einer Dienstleistung zu bestimmen. So fehlt einem Strickpullover, der von Ehrenamtlichen aus gespendeter Wolle hergestellt wurde, das

---

[441] Der Nachteil der kostenorientierten Preisgestaltung ist in der fehlenden Berücksichtigung der Marktakzeptanz für diesen Preis zu sehen. Alternativ kann sich der Preis auch am Marktpreis oder an der Konkurrenz (z.B. am Marktführer) orientieren. Vgl. Schierenbeck, Henner (2003), S. 272 ff. In der Praxis dürfte sich wohl eine Form der Preisfindung, die sich an allen drei Kriterien ausrichtet verbreitet und Erfolg versprechend sein.

[442] In der amerikanischen Literatur findet man zur Frage der Preissetzung in NPOs umfangreichere ökonomische Analysen, die sich durchaus auch auf die deutsche Situation beziehen lassen. Vgl. zum Beispiel Steinberg, Richard/Weisbrod, Burton A. (2002), Ansari, Asim M./Siddarth, S./Weinberg, Charles B. (1996). Siddarth, Asim A./Weinberg, Charles B. (1998), Hanchate, Amresh (1996), Oster, Sharon (1995), Dranove, David (1988) oder Jacobs, Philip/Wilder, Ronald P. (1984). Da die Beiträge oft unabhängig voneinander argumentieren, kann hier jedoch auch nicht von einem wirklichen Diskurs zur Nonprofit Preisbildung gesprochen werden.

Wertgerüst. Wie soll also der Preis eines solchen Produktes, der im Rahmen eines Wohltätigkeitsbasars angeboten wird, bemessen werden? Die Berechnung aller Arbeitsstunden und Materialkosten auf der Basis von vergleichbaren Stundenlöhnen würde zu einem Preis führen, der wohl kaum mehr von den Käufern bezahlt werden würde.

Auf der anderen Seite können aber im Bereich des Merchandisings kleine Artikel mit hohem Symbolwert auch Preise erzielen, die weit über dem Warenwert liegen und Gewinnspannen von mehreren hundert Prozent ermöglichen. So werden häufig kleine Maskottchen einer NPO, die einem Warenwert von einem bis zwei Euro entsprechen, im Rahmen von Fundraising-Kampagnen zu Preisen von 20 Euro und mehr abgegeben. Zwar lässt sich hier der reine Materialwert leicht bestimmen. Der Wert des ideellen Zusatznutzens lässt sich jedoch kaum objektivieren, da er vom Käufer subjektiv empfunden wird und mitunter starken Schwankungen unterliegt.[443] Die Differenz zwischen Warenwert und Verkaufspreis ist damit als ideeller Beitrag an die Organisation zu werten, der über den reinen Nutz- oder Marktwert des Produktes deutlich hinausgeht.[444]

In vielen Fällen kann das für die Preiskalkulation notwendige Wert- und Mengengerüst ermittelt werden. Es bedarf dazu aber einer entsprechenden Informationsbasis. In Unternehmen stellt die Kosten- und Leistungsrechnung diese zur Verfügung. NPOs verlassen sich bei ihrer Informationsbeschaffung jedoch zu einem ganz überwiegenden Teil auf die Daten der Finanzbuchhaltung.[445] Die so zugrunde liegenden Daten sind jedoch kaum sinnvoll für die Preiskalkulation einsetzbar.

2. Die Stakeholder von NPOs neigen dazu, deren Produkte und Leistungen aus verschiedenen Gründen heraus unterzubewerten. Einen kommerziellen Preis zu verlangen, der neben der Kostendeckung auch eine Gewinnspanne enthält, mutet den Managern oder Kunden einer NPO vor allem bei den Kernaufgaben als geradezu verwerflich an, zumal Engagement für die gute Sache und Gewinnstreben, selbst wenn es den Zielen der Organisation dient, immer noch häufig als unvereinbar angesehen werden.

---

[443] Vgl. Gaus, Hilde/Gaus, Detlef (2001), S. 937.
[444] Die steuerliche Behandlung hängt hierbei von der Eigenart der Transaktion ab. Bekommen Spender ein geringwertiges Geschenk für eine Spende, so gehört die Spende zum ideellen Bereich der NPO. Wird hingegen ein Kaufpreis für das Wirtschaftsgut verlangt, so liegt die Vermutung nahe, dass es sich um einen wirtschaftlichen Betrieb handelt.
[445] Weber/Hamprecht beziffern den Anteil der NPOs, die ihr Entscheidungsdaten ausschließlich aus der Finanzbuchhaltung beziehen auf 90,3 %. Vgl. Weber, Jürgen/Hamprecht, Martin (1994), S. 44 f.

3. NPOs sind ihrem Wesen nach nicht auf Gewinnmaximierung ausgelegt. Dem widerspricht auch nicht, dass einzelne Organisationen erhebliche Einnahmen mit wirtschaftlichen Geschäftsbetrieben erzielen. Häufig dienen die Überschüsse dieser Aktivitäten jedoch nur als zusätzliche Ressourcen. Als solche werden sie nicht benötigt, um die Fixkosten der Organisation zu bestreiten, sodass ein Preis, der einen positiven Deckungsbeitrag garantiert (Preis ist höher als die variablen Stückkosten) schon als ausreichend angesehen wird. Die Preise für solche Artikel können sich bei NPOs daher durchaus dauerhaft an der so genannten kurzfristigen Preisuntergrenze bewegen.

4. Wie bereits in Teil B Kapitel 3.2.1 gezeigt gibt es hinreichende Anhaltspunkte dafür, dass einzelne Einnahmequellen im Finanzierungsmix negativ miteinander korrelieren. Die Erhöhung von Preisen (und Gewinnen) aus kommerziellen Aktivitäten kann dabei Konsequenzen für andere Finanzierungsbereiche zur Folge haben. Für die Preisbildung in NPOs sollte deshalb gelten „that nonprofit managers should pay close attention to the impact that changes in pricing can have on donors. Measuring the impact of a change in profits on donations is worthwhile in order to determine the net effect on an organization's revenues [...]"[446]

5. Doch selbst wenn eine Preiskalkulation erwünscht und theoretisch möglich ist, lassen sich die Preise in vielen Fällen nur geringfügig oder gar nicht durch das Finanzmanagement beeinflussen. Zwei Fälle determinierter Preise können unterschieden werden: Zum einen können die Preise durch Geldgeber festgesetzt werden. Dies ist vor allem im Bereich der personenbezogenen sozialen und gesundheitlichen Dienstleitungen, der Pflege und Jugendhilfe der Fall. Dabei „unterscheidet sich „Verkauf" der einzelnen Dienstleitungen und als auch deren „Preisbildung" deutlich von marktlichen Lösungen"[447]. Kostenträger und Leistungsempfänger fallen hier im Rahmen einer Art sozialrechtlichen Dreiecksverhältnisses auseinander.[448] Die Preise (z.B. für Pflegeleistungen) werden in zentralen Verhandlungen mit den Kostenträgern (Pflegeversicherung, Krankenkas-

---

[446] Kingma, Bruce R. (1995), S. 36.
[447] Nährlich, Stefan (1998), S. 22.
[448] In diesem Beziehungsverhältnis werden Leistungen und Gegenleistungen nicht wie bei marktwirtschaftlichen Prozessen üblich nach einem uno-actu-Prinzip realisiert. Die Leistungsempfänger haben vielmehr einen Rechtsanspruch auf eine Leistung, die von der NPO erstellt und von dem jeweilig zuständigen öffentlichen Kostenträger finanziert wird. Vgl. Boeßenecker, Karl-Heinz (1998), S. 173 ff , Goll, Eberhard (1991) und Lütjen, Ulf (1997).

sen) auf Landesebene festgesetzt. Sie bilden damit ein Datum für das Finanz- und Kostenmanagement der einzelnen NPO.[449]

Zum anderen erübrigt sich die Preiskalkulation auch bei Gütern mit vollkommen elastischer Nachfrage. Bei zahlreichen Leistungen, die gratis oder gegen symbolische Entgelte abgegeben werden, führen kleinste Veränderungen (Erhöhungen) des Preises zu einem sofortigen *crowding-out* der Nachfrage. Für die Mahlzeiten, die Wohnungslosen gratis angeboten werden, lassen sich zwar durchaus Preise berechnen. Da Obdachlose in der Regel aber über keinerlei finanzielle Ausstattung verfügen, führen Preisforderungen oder -erhöhungen schnell zu einem Zusammenbruch der Nachfrage. Ähnliche Absatzbedingungen finden sich auch im Bereich der Katastrophen-, Hunger- und Entwicklungshilfe oder bei der religiösen Mission.

## 6.2  Wertstoffsammlungen

In einer von Produktion und Konsum dominierten Gesellschaft fallen neben großen Mengen Abfall auch Wertstoffe an, die einer erneuten Verwendung zugeführt oder in recycelter Form als Grundstoffe für neue Produkte eingesetzt werden können. Wertstoffe sind unter anderem Kleidung, Schuhe, Bücher, Papier, Glas, Korken, Elektronikschrott, Briefmarken, Telefonkarten, Metalle und Edelmetalle, Möbel, Kerzenwachs u. v. a. mehr.[450] NPOs waren oft Pioniere auf dem Gebiet der Vermarktung von Wertstoffen. Das Entsorgungsgeschäft hat heute jedoch nur noch wenig gemein mit den Aktivitäten von Freiwilligen Feuerwehren, Kirchengemeinden, Rotem Kreuz oder Pfadfindern, die seit Jahrzehnten über Stadt und Land ziehen, um Altkleider und Altpapier zu sammeln. Der Wertstoffmarkt ist heute vielmehr heftig umkämpft. Kommunen und Unternehmen haben sich in diesem Segment große Marktanteile gesichert. Die wachsende Bereitschaft der Bevölkerung, ihren Abfall differenziert zu bearbeiten und verschiedenen Formen der Wiederverwertung zuzuführen, hat in einzelnen Bereichen (z. B. Altpapier und Altkleider) zu erheblichen Angebotssteigerungen und damit zum Preisverfall geführt. Seit der Einführung des „Grünen Punktes" wird das Recycling in großem Stil vom Dualen System Deutschland (DSD) betrieben. Daneben sammeln immer mehr kommunale Abfallwirtschaftsbetriebe regelmäßig Glas und Papier. Geräte, Möbel und viele andere Wertstoffe werden auf Wertstoffhöfen oder Altmaterialsammelstellen unterschiedlichster Betreiber zusammengeführt. Daneben hat der Bereich der Wiederverwertung von Rohstof-

---

[449] Vgl. Teil B Kapitel 7.4.
[450] Vgl. Holzhauer, Hans-Jürgen (2001), S. 950 ff.

fen und Gütern im letzten Jahrzehnt eine wahre Flut von Eingriffen des Gesetzgebers erlebt, genannt seien beispielsweise das Kreislaufwirtschafts- und Abfall-
gesetz (KrW-/AbfG), das Gesetz über die Umweltverträglichkeitsprüfung
(UVPG) oder das Umwelthaftungsgesetz (UmweltHG). Dies alles hat die Komplexität im Bereich der Wertstoffsammlungen beträchtlich erhöht und dazu geführt, dass sich zu ihrer Bewältigung immer mehr NPOs zusammenschließen
oder professionellen Verwertungsgesellschaften anschließen.

Vor dem Hintergrund negativer externer Effekte bei der Sammlung und
Verwertung von Recyclingwaren ist ferner das Bewusstsein für einen ethisch
verantwortlichen und umweltbewussten Umgang mit den Waren gestiegen. Das
hat zur Gründung von Dachverbänden geführt, die ähnlich den Spendensiegeln
Grundsätze und Kriterien für Sammlung und Vermarktung entwickelt haben, die
für ihre Mitglieder bzw. Vertragspartner – sammelnde Organisationen, Händler
und Sortierbetriebe – verbindlich sind.[451]

Die Sammlung und Vermarktung von Wertstoffen erfolgt in mehreren Phasen:

- Rohstoffe können vor Ort „ab Haustür" oder stationär in Form von Annah-
  mestellen oder Containern gesammelt werden. Beide Formen können je
  nach Bundesland, Gemeinde und Standort des Containers genehmigungs-
  pflichtig sein. Die Sammlung vor Ort ist mit großem personellen Aufwand
  verbunden und kann im Grunde nur noch durch ehrenamtliche Unterstützung profitabel geleistet werden. Stellplätze für Container, sofern sie nicht
  auf eigenem Gelände zur Verfügung stehen, sind andererseits hart umkämpft und nicht selten auch teuer. Dazu kommt die Verantwortung des
  Aufstellers für die Leerung und Pflege der Sammelbehälter sowie die Haftung für Verletzungen, die durch die Container verursacht werden. Angesichts von Vandalismus aber auch normalem Verschleiß ist dies nicht bloß
  eine symbolische Aufgabe, sondern erfordert regelmäßige Wartung und Re-
  paraturen.

- Die Wertstoffe müssen eingesammelt und unter Umständen gesichtet werden (z. B. beim Betrieb einer lokalen Kleiderkammer oder bei Brillen- und
  Medikamentensammlungen). Die Teile, die vor Ort benötigt werden,
  verbleiben dort und müssen unter Umständen eingelagert werden. Dies verursacht Lagerkosten. Solche Teile, die nicht mehr verwertet werden können

---

[451] Beispielhaft sei an dieser Stelle die 1994 aus dem Bereich katholischer Organisationen heraus
entstandene „FairWertung e. V.", die sich zum Ziel gesetzt hat, „umwelt- und sozialverträgliche
Konzepte für den Umgang mit Altkleidern zu entwickeln, entwicklungspolitisch schädliche Exporte
zu reduzieren und die Vermarktungswege durchschaubar zu machen." Vgl.
http://www.fairwertung.de/wir/index.html (Stand: 10.07.2004).

(z. B. Medikamente mit abgelaufenem Haltbarkeitsdatum), müssen kosten-pflichtig und entsprechend der gesetzlichen Regelungen entsorgt werden.

- Ist die primäre Verwertung abgeschlossen geht es an die sekundäre Verwertung. Die Wertstoffe werden an Verwertungsgesellschaften verkauft und die NPO erhält im Gegenzug eine Vergütung, die sich nach dem Preis je Gewichts- oder Volumeneinheit bzw. der Stückzahl bemisst. Der Transport muss mitunter von der sammelnden Einrichtung übernommen oder zumindest bezahlt werden und erfolgt je nach Material mit Paketdiensten, LKWs oder Zügen. Je nach Wertstoff können hier schnell kritische Volumen und Gewichte erreicht werden, welche die Transportkosten in die Höhe schnellen lassen.

Das Geschäft mit den Wertstoffen ist – wie eingangs erwähnt – mittlerweile stark professionalisiert. Die Tätigkeit in diesem Bereich erfordert gute Kenntnisse des Rohstoffes und möglicher Verwertungs- und Vertriebsmöglichkeiten, sodass die Einstiegsbarrieren deutlich gestiegen sind. So müssen unter Umständen Sammelbehälter und Lagerkapazitäten beschafft, Personal eingestellt und Transportwege finanziert und bereitgehalten werden. Obwohl insbesondere neue Verwertungsideen beträchtliche Einnahmen ermöglichen können, bergen diese Aktivitäten durchaus ein Verlustrisiko. Insbesondere durch den hohen logistischen Aufwand kann das Verhältnis von Aufwand und Ertrag leicht in eine Schieflage geraten, sodass in der Folge die Aktivitäten unrentabel werden.

## 6.3 Sponsoring

Unternehmen geben in Deutschland schätzungsweise zwischen 1,25 und 1,7 Milliarden Euro jährlich für Sponsoring aus.[452] Gut die Hälfte des Betrages fließt in den Sport.[453] Er harmoniert in besonderer Weise mit der Vorstellung von Dynamik, Leistungskraft, Gemeinschaft und Jugend und verkörpert damit gesellschaftliche Ideale, die Unternehmen gerne auch auf sich übertragen sehen möchten. Das Kultursponsoring macht immerhin weitere 250 bis 350 Millionen Euro aus. Der Sozial- und Umweltbereich wird dagegen „nur" mit jeweils geschätzten 100 bis 250 Millionen Euro gefördert. Den kleinsten Teil machen Bildung und Wissenschaft mit rund 100 Millionen Euro aus. Sponsoring ist damit nicht nur in der Praxis, sondern auch in der Literatur derzeit eines der populärsten Finanzierungsinstrumente für NPOs überhaupt. Entsprechend ist auch die Vielzahl der Publikationen zu erklären, die sich immer häufiger bereichspezifisch gliedert und

---

[452] Zum Volumen des jährlichen Sponsoringaufkommens vgl. Haunert, Friedrich/Lang, Reinhard (2001), S. 876. Die Angaben wurden in Euro umgerechnet.
[453] Zur Bedeutung für den Sport vgl. Drees, Norbert (2003), S. 50 ff.

so nicht nur zu einem eigenen Sportsponsoring[454], Kultursponsoring[455], Sozial-sponsoring[456] geführt hat, sondern sich zunehmend nach Aktivitätsfeldern und Organisationsform ausdifferenziert.[457]

Sponsoring ist nach *Haibach* die „kommunikationspolitisch geprägte Vereinbarung zwischen einem Unternehmen (Sponsor) und einer Nonprofit-Organisation (Sponsoring-Empfänger) mit dem Ziel von Imagetransfer zwischen den Vertragsparteien[458]". Im Gegensatz zu Spenden ist beim Sponsoring also der Empfänger einer Geld- oder Sachzuwendung zu einer marktadäquaten Gegenleistung verpflichtet. Obwohl beide Begriffe in der Praxis häufig gleichbedeutend verwendet werden, sind Einnahmen aus dem Sponsoring also keine echten Spenden. Hier fehlt das Merkmal der Unentgeltlichkeit. Der Geber erwartet vielmehr explizit eine Gegenleistung.[459] In der Regel wird zwischen Sponsor und Empfänger eine vertragliche Beziehung begründet, die typischerweise dem Muster eines „*do ut des*" folgt.[460] Das bedeutet, dass der Empfänger der Leistung zu einer Gegenleistung verpflichtet wird. Die Motive eines Unternehmens stehen meist in engem Zusammenhang mit seinem Marketing bzw. seiner Öffentlichkeitsarbeit. So hoffen Sponsoren regelmäßig auf einen positiven Imagetransfer von einer anerkannten und beliebten NPO auf ihr Unternehmen. Dies gelingt, indem die NPO die positive Zusammenarbeit mit dem Unternehmen hervorhebt und im Rahmen ihrer öffentlichen Aktivitäten bewirbt. Der Begriff des Sponsorings wird durch das BMF im so genannten „Sponsoringerlass" definiert als:

„[...] Gewährung von Geld oder geldwerten Vorteilen durch Unternehmen zur Förderung von Personen, Gruppen und/oder Organisationen in sportlichen, kulturellen, kirchlichen, wissenschaftlichen, sozialen, ökologischen oder ähnlich bedeutsamen gesellschaftspolitischen Bereichen [...], mit der regelmäßig auch eigene unternehmensbezogene Ziele der Werbung oder Öffentlichkeitsarbeit verfolgt werden. Leistungen eines Sponsors beruhen häufig auf einer vertraglichen Vereinbarung zwischen dem Sponsor und dem Empfänger der Leistungen (Sponsoring-Vertrag), in dem Art und Umfang der Leistungen des Sponsors und des Empfängers geregelt sind"[461].

---

[454]Vgl. u. a. Herwald-Schulz, Iris (2004), Dinkel, Michael (2003), Dehesselles, Thomas/Siebold, Michael (2002), Hermanns, Arnold (2002).

[455] Vgl. dazu Witt, Martin (2000),Kössner, Brigitte (1998), Roth, Peter (1989).

[456] Vgl. dazu Zeller, Christa (2001), Lang, Reinhard/ Haunert, Friedrich (1999), Schiewe, Kirstin (1995).

[457] Für den Umweltbereich in Form des Umwelt- oder Öko-Sponsorings vgl. Grüßer, Birgit (1992). Zum Thema Sponsoring im Gesundheitswesen vgl. Fenger, Hermann/Göben, Jens (2004).

[458] Haibach, Marita (2001), S. 73.

[459] Vgl. Krönes, Gerhard (2001), S. 86.

[460] Vgl. Hüttemann, Rainer (2002), S. 3.

[461] BMF (1998b), S. 212.

Ein typisches Beispiel ist der von einer Bank oder Versicherung gesponserte Mannschaftswagen für einen Sportverein oder das Eventsponsoring bei Sommerfesten, Kultur- und Sportveranstaltungen. Die empfangende NPO erklärt sich im Gegenzug bereit, im vereinbarten Umfang Werbung für den Sponsor zu machen, z. B. durch Aufdruck des Namens und des Logos auf den Wagen.

Sponsoren sind also in der Regel Unternehmen. Steuerlich gesehen sind die anfallenden Ausgaben für sie Betriebsausgaben und können – im Gegensatz zu Spenden – in unbegrenzter Höhe vom zu versteuernden Einkommen abgezogen werden. Komplizierter ist die Situation bei der NPO. Hier ist nicht immer eindeutig, wann es sich um steuerpflichtige Betriebseinnahmen und wann um steuerfreie Einnahmen im ideellen Bereich handelt. Die derzeit gültigen Maßstäbe richten sich ebenfalls nach dem „Sponsoringerlass" der Bundesfinanzverwaltung.[462] Dieser sieht vor, dass eine reine „Danksagung" oder auch die Werbeaufschrift auf einem Auto (solange es für satzungsmäßige Zwecke genutzt wird) noch keinen steuerpflichtigen Vorgang auslösen. Aber selbst wenn eine Steuerpflicht vorliegt, ist diese „ [...] seit dem 1.1.2001 nicht mehr ganz so dramatisch wie früher: Zum einen gilt für steuerpflichtige Sponsoreinnahmen das neue Gewinnpauschalierungsrecht, d. h. es werden auf Antrag überhaupt nur noch 15 v. H. der Werbeeinnahmen als Gewinn versteuert (vgl. § 64 Abs. 6 AO n. F.). Zum anderen unterliegt dieser Gewinn nur noch dem reduzierten Körperschaftssteuersatz von 25 v. H."[463] Umsatzsteuerrechtlich gilt der Sponsoringerlass jedoch nicht. Hier ist davon auszugehen, dass Sponsoringzahlungen fast immer auch in voller Höhe umsatzsteuerpflichtig sind.

Grundsätzlich kann auch bei der Durchführung von Sponsoringmaßnahmen der klassische Dreischritt von Planung, Umsetzung und Kontrolle umgesetzt werden.

In einer ersten Phase (**Konzeptionsphase**) wird der Bedarf an Geld- oder Sachmitteln, den die NPO für ein bestimmtes Projekt benötigt, ermittelt. Darauf aufbauend kann ein Profil der erwarteten Leistung entwickelt werden. Dieses ist die Grundlage für die Suche und Auswahl der Sponsoren: Welches Unternehmen kann die gewünschte Leistung anbieten? Danach muss unmittelbar die Frage gestellt werden, warum sie die Leistung anbieten sollte und wie die mögliche Gegenleistung aussehen kann bzw. wie sie ausgestaltet sein muss: Was kann die NPO dem Unternehmen anbieten? Als Gegenleistungen kommen vor allem Werbemaßnahmen bei Events, Beschriftungen von Autos oder Gebäuden oder namentliche Erwähnung in Publikationen und Pressemitteilungen in Frage. Diese

---

[462] Vgl. ebd., a.a.O.
[463] Hüttemann, Rainer (2002), S. 3.

können beispielsweise in Form von Logos, Informationsständen oder mündlicher bzw. schriftlicher Erwähnung des Sponsors erfolgen.

In einem nächsten Schritt werden mögliche Sponsoringpartner angesprochen (**Kontaktaufnahme**). Dabei gilt es, das grundsätzliche Interesse an einer Zusammenarbeit und die wechselseitigen Erwartungen abzufragen. Die NPO sollte sich bei dieser Gelegenheit auch mit dem Marketingkonzept des Partners vertraut machen und verstehen lernen, was den Sponsoren bewegt, welchen regionalen Bezug er hat und wer seine Zielgruppe ist. Ein professionelles Sponsorenkonzept sollte die Interessen der NPO mit denen des Unternehmens in Übereinstimmung bringen und nicht zuletzt zeigen, welche Vorteile die Aktivitäten der NPO für das Unternehmen haben können. Damit ist der zu erwartende Nutzen für den Sponsoren bei unternehmensinternen Entscheidungsprozessen auch leichter zu kommunizieren.

Ist ein Sponsor gefunden, sollte ein **Sponsoringvertrag** abgeschlossen werden, der wesentliche Merkmale der Leistung und Gegenleistung beschreibt. Zeitpunkt, Dauer und Ort der Gegenleistung müssen ebenso spezifiziert werden wie die Qualität und Beschaffenheit eventueller Werbeträger. Da das Sponsoring oft Bestandteil eines professionellen Marketingkonzeptes ist, machen Sponsoren nicht selten dezidierte Vorschriften zur Art der Werbung (z. B. Art und Größe von Schriftzügen und Logos auf Kleidung, Fahrzeugen oder Gebäuden oder die Gestaltung und Verteilung von Informationen und Präsentationsflächen). Angesichts des Umfangs der zu regelnden Sponsoring-Beziehung sehen *Bortoluzzi Dubach/Frey* im Sponsoringvertrag daher mehr als die rechtliche Absicherung einer Abmachung. Der Vertrag „erfüllt dann seinen Zweck, wenn er nicht nur als juristische Grundlage der gegenseitigen Vereinbarung dient, sondern als Rahmen für die praktische Umsetzung"[464] der Sponsoring-Ideen. Sponsoringverträge können nach den zugrunde liegenden Objekten eingeteilt werden in:[465]

- **Vertrag über Projekt-Sponsoring:** regelt projektbezogene Events wie Publikationen, Sport- oder Kulturveranstaltungen, Wettbewerbe etc.
- **Vertrag über Institutionelles Sponsoring:** regelt das Sponsoring von Einrichtungen wie Theater, Museen, Lehrstühlen, Seminaren, Verbänden etc.
- **Vertrag über Personen-Sponsoring:** regelt die Unterstützung von einzelnen Personen oder Mannschaften vor allem im Spitzensport.

---

[464] Bortoluzzi Dubach, Elisa/Frey, Hansrudolf (2002), S. 118.
[465] Vgl. ebd., S.119 f.

Probleme können insbesondere im Zusammenhang mit der Nichterfüllung von Vertragsbestandteilen entstehen. Gelegentlich treten Sponsoren aus ihrer Verpflichtung zurück, wenn sie ihre Vereinbarungen nicht zufrieden stellend realisiert sehen. Dies ist häufig bereits im Vertrag vorgesehen. Medienwirksam waren dabei in der Vergangenheit vor allem die Kündigungen von Sponsoren im Zusammenhang mit Dopingskandalen von Spitzensportlern. Seltener gibt es „Trittbrettfahrer", die trotz erfolgreicher Bewerbung ohne triftigen Grund ihren Sponsoringbeitrag kürzen oder zurückziehen. Seitens der NPO ist eine gelegentlich zu findende Gleichgültigkeit gegenüber den „profitorientierten" Interessen ihrer Geldgeber problematisch. Absprachen werden in der Konsequenz nicht eingehalten, weil sie schlichtweg vergessen oder für unwichtig gehalten werden. Der Sponsoringvertrag dient hier dem Schutz beider Seiten. Indem die beteiligten Parteien ihre Erwartungen genau spezifizieren, können spätere Missverständnisse ausgeschlossen werden.

Mit der Umsetzung der Sponsoringmaßnahme (**Durchführungsphase**) müssen die Vertragsparteien ihre zugesagten Leistungen erbringen. Dabei sollte die NPO darauf achten, dass die von ihr gelieferten Gegenleistungen dokumentiert werden. Dies kann durch entsprechende Bilder, Ton- oder Videoaufzeichnungen sowie Presseartikel geschehen. Beschaffenheit und Qualität der zugesagten Werbung sollte in jedem Fall eingehalten werden. Für den Sponsoringpartner sollte die NPO während des ganzen Projektes einen konkreten Ansprechpartner benennen, damit Rückfragen und Probleme zügig gelöst und Dissonanzen vermieden werden.

Auf diese Weise wird die Auswertung (**Evaluierung**) des Projektes erleichtert. Dabei kann dem Sponsor eine Dokumentation der Maßnahme mit einem Dankesbrief zugestellt werden. Im Rahmen einer abschließenden Beurteilung werden mögliche Probleme der Aktion intern dokumentiert und das Verhältnis von Aufwand zu Ertrag bestimmt.

Das Sponsoring kommt Unternehmen in besonderer Weise entgegen, da es mit den im Geschäftsleben üblichen Praktiken kompatibel ist. Durch den Vertrag sind klare und verbindliche Absprachen zwischen beiden Seiten gewährleistet. Der Erfolg von Sponsoringmaßnahmen wie auch von anderen Aktivitäten bei denen Nonprofit Organisationen im Rahmen der *Corporate Philanthropy* Ressourcen von Unternehmen erhalten, steht in engem Zusammenhang mit den Bedürfnissen der Unternehmen. *Logsdon/Reiner* und *Burke* weisen in diesem Zusammenhang darauf hin, dass die Erfolgsaussichten für NPOs positiv mit den von den Kooperationspartnern wahrgenommenen Managementkompetenzen und ihrer Strategiefähigkeit korrelieren. Dabei kommt es insbesondere darauf an, die von den Unternehmen für wichtig gehalten Stakeholder im Rahmen der eigenen strategischen Ausrichtung sinnvoll einzubinden.[466] In der Praxis wird die Umsetzung von Sponsoringmaßnahmen nicht zuletzt aufgrund der erhöhten Strategie- und Managementerwartungen als zum Teil schwierig wahrgenommen. Vor diesem Hintergrund erklärt sich die wachsende Zahl an Intermediären, die NPOs in Sponsoringfragen beraten, die Maßnahmen begleiten oder vollständig umsetzen.

Für NPOs handelt es sich überwiegend um sichere und gut kalkulierbare Einnahmen. Wichtig ist jedoch, dass die zugesagten Gegenleistungen im vereinbarten Umfang und der festgelegten Güte auch tatsächlich erbracht werden. Da die Grundlage der Zusammenarbeit ein privatrechtlicher Vertrag ist, ergeben sich für die NPO aus dessen Nichteinhaltung unter Umständen schwerwiegende Konsequenzen. Sponsoren sind dann berechtigt, einen Teil der Mittel einzubehalten oder gar Schadenersatz einzufordern.

## 6.4 Finanzierung durch Leistungsentgelte

Leistungsentgelte nehmen – wie bereits gezeigt – bei der Finanzierung des Dritten Sektors in der Bundesrepublik eine herausragende Stellung ein.[467] Dies hängt insbesondere mit ihrer Verbreitung in den leistungsintensiven Teilen der Freien Wohlfahrtspflege und hier insbesondere in den Bereichen der Sozialen Arbeit, des Gesundheitswesens und der freien Jugendhilfe zusammen.

Sie unterscheiden sich von Spenden und Zuwendungen dadurch, dass sie der NPO nur gegen Abgabe einer Gegenleistung ausgezahlt werden. Obwohl sie damit einen wirtschaftlichen Leistungsaustausch begründen, gehört der größte Teil der über Leistungsentgelte finanzierten Einrichtungen zum wirtschaftlichen Zweckbetrieb einer NPO. Als solche sind sie steuerbegünstigt.[468]

Das zugrunde liegende Austauschsystem basiert auf einer gesetzlich definierten, subsidiären Dienstleistungsbeziehung zwischen Staat, NPO und Klienten. Obwohl in diesem Zusammenhang häufig von „Sozial- oder Gesundheitsmärkten" die Rede ist, weist das als „Dreiecksverhältnis"[469] bezeichnete Leistungsarrangement doch deutliche Unterschiede zum klassischen Marktgeschehen

---

[466] Vgl. Logsdon, Jeanne M./Reiner, Martha/Burke, Lee (1990). Mit dieser Erkenntnis ist jedoch auch eine Warnung verbunden : „It is one thing to target potential corporate donors in terms of the strategic outcomes that they might favor. It is another thing to abandon a professional assessment of community needs and develop only those programs that appeal to corporate strategic outcomes. Such a move would sacrifice not only community needs but also the strategic process that many corporate donors value." Ebd., S. 104.

[467] Vgl. Teil A Kapitel 2.2.1.

[468] Zum Zweckbetrieb vgl. Teil B Kapitel 1.3.

[469] Vgl. Papenheim, Heinz G./Baltes, Joachim (1993), Boeßenecker, Karl-Heinz (1998).

auf. Die wichtigsten sind dabei zum einen die Trennung von Nachfrage und Finanzierung und die dadurch grundlegend veränderte inhaltliche Beziehung zwischen Produzent (Anbieter) und Kunde (Nachfrager) und zum anderen die Separation von Leistungserstellung und Konditionenpolitik bei den Produzenten.[470]

Ausgangspunkt der Leistungserstellung sind Vereinbarungen zwischen den öffentlichen Kostenträgern und den NPOs, in denen Programme und Maßnahmen sowie entsprechende Finanzierungsmodalitäten festgeschrieben werden. Im Gegensatz zu marktlichen Arrangements handeln NPO und Kunden/Klienten/Patienten den Preis der Leistung folglich nicht selbst aus. Die aus der Finanzierungsperspektive bedeutsamen Verhandlungen führen in der Regel nicht die Leistungs- und Kostenträger vor Ort, sondern ihre jeweiligen Dachverbände. Dies sind für die Organisationen der freien Wohlfahrtspflege[471] meist deren Landesverbände. Die Kostenträger werden von den kommunalen Spitzenverbänden[472], den zuständigen Ämtern oder Behörden oder den Sozialversicherungsträgern vertreten.

Der Leistungsempfänger muss in der Regel einen gesetzlichen Anspruch auf eine Leistung gegenüber dem Kostenträger geltend machen. Dieser Anspruch kann sich zum Beispiel auf einen Kindergartenplatz, eine Kur, Pflegeleistungen, ein Platz in einem Altenheim, eine medizinische Behandlung oder eine Fortbildung beziehen. Der Anspruch besteht gegenüber den Trägern der Sozialversicherung (Kranken- und Pflegekassen) oder den örtlichen Trägern der Sozial- und Jugendhilfe (kreisfreie Städte und Landkreise).[473] Zu einem großen Teil werden die entsprechenden Leistungen jedoch nicht von diesen selbst erbracht. Vielmehr treten an ihre Stelle andere Leistungserbringer. Dazu zählen vor allem die Wohlfahrtsverbände als freigemeinnützige Träger sowie vor allem die kommunalen Jugend-, Sozial- und Gesundheitsämter als öffentliche Träger der Wohlfahrtspflege. Selbsthilfegruppen, Initiativen und gewerbliche Anbieter haben dabei insgesamt eine geringere wenngleich – insbesondere letztere – steigende Bedeu-

---

[470] *Boeßenecker* weist in diesem Zusammenhang darauf hin, dass es dadurch zu einer mehrfachen Entkopplung von sozialer Dienstleistungsverantwortung, -organisation, -erbringung, -inanspruchnahme und -finanzierung kommt. Vgl. Boeßenecker, Karl-Heinz (1998), S. 173. In der Konsequenz hat dies nicht nur Auswirkungen auf das Finanzierungsmanagement, sondern auf nahezu alle Managementbereiche.

[471] Die sechs Spitzenverbände sind: AWO, Caritas, Diakonie, DPWV, DRK, ZWST.

[472] Deutscher Städte- und Gemeindebund, Deutscher Landkreistag, Deutscher Städtetag.

[473] Die Zuständigkeiten sind jedoch in einzelnen Bundesländern unterschiedlich geregelt. Vgl. Nährlich, Stefan (1998), S. 20 ff.

tung.[474] Diese stellen dem Klienten die geforderte Leistung zur Verfügung. Die Abrechnung erfolgt zu einem späteren Zeitpunkt mit den Kostenträgern. Juristisch gesehen kommt in diesem Austauschsystem damit zwischen der NPO und dem Kostenträger eine öffentlich-rechtliche und zwischen der NPO und dem Leistungsempfänger eine privatrechtliche Vertragsbeziehung zustande.[475] Abbildung 29 fasst in vereinfachter schematischer Form die Leistungsbeziehungen zusammen, die bei der Finanzierung durch Leistungsentgelte aus der Sicht des Managements relevant sind.

*Abbildung 29:* Leistungsentgelte: Dreiecksverhältnis zwischen Staat, NPO und Klienten

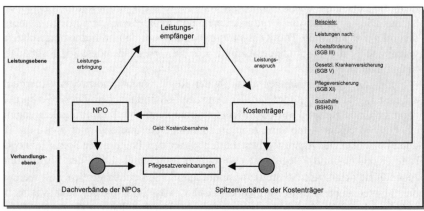

Eigene Darstellung in Anlehnung an: Nährlich, Stefan (1998), S. 23

Im Ergebnis kann man daher eher von „Quasi-Märkten" sprechen, deren Strukturen nicht durch Angebot und Nachfrage, sondern durch rechtliche Rahmenbedingungen definiert werden. Die Ausgestaltung dieser Rahmenbedingungen fußt auf den folgenden Rechtsgrundlagen, die als zentrale Säulen des Dreiecksverhältnisses aufgefasst werden können:[476]

---

[474] Zu den Anteilen der Leistungsträgern an der gesamten Leistungserstellung vgl. Ottnad, Adrian/Wahl, Stefanie/Miegel, Meinhard (2000), S. 66 ff.

[475] Vgl. Schütte, Wolfgang (1996) und Kohlhoff, Ludger (2002).

[476] Vgl. dazu Kolhoff, Ludger (2002), S. 23 ff.

## 1. Säule: Soziale Vorsorge

Damit sind vor allem die Regelungen der Versicherungssysteme angesprochen, die Unterstützung bei allgemeinen Lebensrisiken wie Krankheit, Arbeitslosigkeit und Pflegebedürftigkeit gewähren. Dies sind vor allem die Regelungen im

- SGB III (Arbeitsförderung),
- SGB V (Gesetzliche Krankenversicherung) und
- SGB XI (Pflegeversicherung).

Das SGB III (Arbeitsförderung) stellt die Grundlage für die Finanzierung sozialer Einrichtungen und Dienste durch die Bundesagentur für Arbeit dar.[477] Neben der passiven Förderung (Arbeitslosengeld) umfassen die Leistungen die für die Wohlfahrtsverbände besonders relevante aktive Förderung, dessen wesentliches Ziel es ist, Arbeitslose in das Berufsleben zu reintegrieren. Wichtige Arbeitsfelder, die auf der Grundlage des SGB III finanziert werden, sind: berufsvorbereitende Maßnahmen, ausbildungsbegleitende Hilfen (ABH), die Förderung der beruflichen Weiterbildung, Unterstützung der Vermittlung in Ausbildung und Arbeit, Trainingsmaßnahmen, Arbeitsbeschaffungsmaßnahmen (ABM) oder Leistungen zur Eingliederung Behinderter in den beruflichen Alltag.

Das SGB V (Gesetzliche Krankenversicherung) ist eine wichtige Finanzierungsgrundlage für Sozialstationen und ambulante Pflegedienste und die wichtigste für den Betrieb von Krankenhäusern. Neben den Leistungen im Krankheitsfall spielen Mittel für eine Krankenhausvermeidungspflege, Behandlungspflege, oder die Finanzierung von Haushaltshilfen eine wichtige Rolle.

Ergänzend dazu wurde die Pflegeversicherung, SGB XI, als „neuer eigenständiger Zweig der Sozialversicherung"[478] ab 1995 in der Form einer Pflichtversicherung eingeführt. Die Pflegeversicherung ist seitdem die wesentliche Abrechnungsgrundlage für Einrichtungen und Dienste in der stationären und ambulanten Pflege geworden.

---

[477] Vgl. dazu vor allem Teil B Kapitel 4.4.
[478] § 1 Abs. 1 SGB XI.

## 2. Säule: Soziale Förderung

Wesentliches Element dieser Säule ist das Kinder- und Jugendhilfegesetz (SGB VIII). Wichtige daraus finanzierte Aufgabenfelder sind die „Jugendarbeit"[479], die „Förderung der Erziehung in der Familie"[480], die „Förderung von Kindern in Tageseinrichtungen und in der Tagespflege"[481] sowie die „Hilfen zur Erziehung" und „Eingliederungshilfen für seelisch behinderte Kinder und Jugendliche" und schließlich noch eine ganze Reihe weiterer Beratungsdienstleistungen.

## 3. Säule: Sozialhilfe

Die Sozialhilfe gilt allgemein als letzte Ebene des sozialen Netzes. Das Ziel der Sozialhilfe ist es, „dem Empfänger der Hilfe die Führung eines Lebens zu ermöglichen, das der Würde des Menschen entspricht."[482] Auch aus dieser Quelle finanzieren sich eine ganze Reihe verschiedener Angebote der Freien Wohlfahrtspflege. Dazu gehören unter anderem die Beratung und Unterstützung (z.B. Schuldnerberatung), die Schaffung von Arbeitsgelegenheiten für Sozialhilfeberechtigte, Leistungen für nicht pflegeversicherte aber pflegebedürftige Personen oder Hilfen zur Überwindung besonderer sozialer Notlagen.

Die Praxis der Finanzierung durch Entgelte ist somit extrem heterogen. Aus der Vielfalt der genannten rechtlichen Grundlagen ergibt sich eine unüberschaubare Landschaft aus Leistungen, Vereinbarungen und Entgeltkonstruktionen. Zur Vereinfachung wird daher im Folgenden beispielhaft auf die Praxis in der Jugendhilfe und hier insbesondere auf den Bereich der „Hilfen zur Erziehung" eingegangen.

Bund, Länder und Kommunen definieren im Bereich des Kinder- und Jugendhilfegesetzes (KJHG/ SGB VIII) Standards und sind in unterschiedlichem Umfang an deren Umsetzung beteiligt. Die Zuständigkeit für den Abschluss von Vereinbarungen liegt dabei gemäß § 78e Abs. 2 SGB VIII grundsätzlich bei den örtlichen Trägern der Jugendhilfe (Jugendämter). Die kommunalen Spitzenverbände sowie die Verbände und Vereinigungen der freigemeinnützigen und gewerblichen Einrichtungsträger schließen jedoch Rahmenverträge miteinander ab,

---

[479] Dazu gehören gemäß § 11 ff. SGB VIII: die außerschulische Jugendbildung; Jugendarbeit in Sport, Spiel und Geselligkeit; arbeitswelt-, schul- und familienbezogene Jugendarbeit; internationale Jugendarbeit; Kinder- und Jugenderholung sowie Jugendberatung.
[480] Gemäß §§ 16 ff. SGB VIII umfassen diese die Beratung von Eltern, Unterstützung in bestimmten Problemlagen, Unterstützung für Alleinerziehende und die Hilfen in Notsituationen.
[481] Vgl. §§ 22 ff. SGB VIII.
[482] § 1 Abs. 2 BSHG.

in denen gewisse Standards und Rahmenbedingungen vorgegeben werden.[483] Ferner können sich landesweite Kommissionen oder Arbeitsgruppen bilden, in denen sich Vertreter von Spitzenverbänden der Kommunen und der Träger der freien Jugendhilfe (sowie Vereinigungen sonstiger Leistungserbringer) zu einzelnen Fragen der Vereinbarungen beraten.[484]

Voraussetzung für die Übernahme von Leistungsentgelten durch die Träger der öffentlichen Jugendhilfe ist der Abschluss entsprechender Vereinbarungen über

- Inhalt, Umfang und Qualität der Leistungsangebote (**Leistungsvereinbarung**),
- differenzierte Entgelte für die Leistungsangebote und die betriebsnotwendigen Investitionen (**Entgeltvereinbarung**) und
- Grundsätze und Maßstäbe zur Bewertung und Gewährleistung der Qualität der Leistungsangebote (**Qualitätsentwicklungsvereinbarung**).[485]

Die folgenden 16 Schritte beschreiben einen idealtypischen Vereinbarungsprozess zwischen den Trägern und den Einrichtungen der Jugendhilfe:[486]

| 1 | Die Einrichtung schreibt eine Leistungsbeschreibung. |
|---|---|
| 2 | Klärung der Zuständigkeit mit dem örtlichen Jugendhilfeträger |
| 3 | Der erste Entwurf der Leistungsbeschreibung wird gleichzeitig an das zuständige Jugendamt und das Landesjugendamt mit der Bitte um Abstimmung versendet. |
| 4 | Prüfung der Leistungsbeschreibung |
| 4.1 | Das Landesjugendamt prüft, ob die Leistungsbeschreibung als eine Voraussetzung für die Betriebserlaubnis geeignet ist. |
| 4.2 | Das Jugendamt prüft, ob die Leistungsbeschreibung als Voraussetzung für eine Leistungsvereinbarung geeignet ist. |
| 5 | Jugendamt und Landesjugendamt nehmen Kontakt miteinander auf, um zu klären, ob es bezüglich der Leistungsbeschreibung weiteren Diskussionsbedarf gibt. *Bei keinem weiteren Abstimmungsbedarf weiter bei Schritt 8* *Bei weiteren Abstimmungsbedarf weiter bei Schritt 6* |

---

[483] Vgl. § 78f SGB VIII.

[484]Vgl. § 78e Abs. 3 SGB VIII. In NRW legt zum Beispiel die „Entgeltkommission" die Form und Bestandteile der Kostenkalkulation zur Ermittlung des Entgelts fest.

[485] Vgl. Nr. 2.1 im Rahmenvertrag für die Übernahme von Leistungsentgelten in Einrichtungen der Jugendhilfe nach § 78 a - f SGB VIII in NRW (Teil I) in Anlehnung an § 78 c SGB VIII.

[486] Das Vorgehen bezieht sich auf die Jugendhilfe in Niedersachsen. Vgl. Kröger, Rainer (1999), S. 273 ff.

| 6 | Die Einrichtung wird sowohl vom Jugendamt, als auch vom Landesjugendamt auf den Veränderungsbedarf hingewiesen. Dies geschieht telefonisch, schriftlich oder durch persönliche Gespräche. |
|---|---|
| 7 | Die Einrichtung überarbeitet entsprechend den Anmerkungen die Leistungsbeschreibung und sendet dem Jugendamt und dem Landesjugendamt das überarbeitete Exemplar zu. |
| 8 | Jugendamt und Landesjugendamt stellen jeweils fest, dass die Leistungsbeschreibung die jeweiligen Voraussetzungen erfüllt. |
| 9 | Das Landesjugendamt erteilt dem Träger für den Betrieb der Einrichtung eine Erlaubnis mit konkreter Benennung des Datums der zugrundeliegenden Leistungsbeschreibung für das jeweilige Angebot. |
| 10 | Die Einrichtung kalkuliert je Angebot ein Entgelt auf der Grundlage der geltenden Leistungsbeschreibung. |
| 11 | Die Einrichtung stellt einen Antrag auf Leistungs- Entgelt- und Qualitätsentwicklungsvereinbarung beim zuständigen Jugendamt. |
| 12 | Im Rahmen von 6 Wochen prüft das Jugendamt den Antrag auf Plausibilität und Wirtschaftlichkeit. Der Hauptbeleger ist zu hören. *Wenn eine Einigung erzielt wird, weiter bei Schritt 16* *Wenn keine Einigung erzielt wird, weiter bei Schritt 13* |
| 13 | Bei Einrichtungen, die einem Spitzenverband angehören kann dieser zur Schlichtung eingeschaltet werden. Die Schlichtung findet unter Beteiligung der jeweiligen Spitzenverbände statt und muss innerhalb von vier Wochen eine Einigung erzielen. *Kommt es zu einer Einigung, weiter bei Punkt 16* *Kommt es zu keiner Einigung, weiter bei Schritt 14* |
| 14 | Bei der Geschäftsstelle der Schiedskommission wird der Antrag auf Schiedsverfahren von einem der Vereinbarungspartner gestellt. |
| 15 | Die Schiedskommission entscheidet unverzüglich. Die Entgelte haben frühestens ab Antragseingang bei der Schiedsstelle Wirkung. |
| 16 | Jugendamt und Träger schließen eine Leistungs-, Entgelt- und Qualitätsentwicklungsvereinbarung ab. |

Grundlage der Berechnung der Leistungsentgelte sind die Daten der Kosten- und Leistungsrechnung. Diese muss zumindest als Kostenarten, besser noch als Kostenstellenrechnung vorliegen und die unterschiedlichen Grund- und Zusatzleistungen der Einrichtung gegliedert darstellen können.[487]

---

[487] Diese Forderung hat gerade in der Anfangszeit jene Einrichtungen, die über kein Kostenrechnungs- und Controllingsystem verfügten, vor große Probleme gestellt.

Das von einer Einrichtung geforderte Entgelt muss leistungs- und perioden-gerecht sein. Das heißt, dass für jedes Angebot ein getrenntes Entgelt in Höhe der im Wirtschaftszeitraum voraussichtlich anfallenden Kosten vereinbart und abgerechnet wird.[488] Gemäß „Rahmenvertrag nach § 78 f Kinder- und Jugendhil-fegesetz (KJHG) in Niedersachsen"[489] gliedert sich das Leistungsentgelt grund-sätzlich in ein:

- einrichtungsindividuelles Entgelt für Grundleistungen (Erziehungspauscha-le),
- Entgelt für individuelle Sonderleistungen und
- Entgelt für Investitionsfolgekosten.[490]

Das **einrichtungsindividuelle Entgelt** setzt sich im Wesentlichen aus den ge-samten Personal- und Sachkosten einschließlich der Kosten für Unterkunft und Verpflegung zusammen. Bei den Personalkosten werden sowohl die Kosten für pädagogisches und therapeutisches Personal als auch für das Personal im Wirt-schaftsbereich sowie in der Leitung und Verwaltung in Ansatz gebracht.[491] Die so festgestellten Beträge gelten bei einer Prüfung durch die Kostenträger als plausibel, wenn sie die Durchschnittssätze der Personalkostentabelle der KGSt nicht überschreiten.[492] Zu den Sachkosten zählen neben den Kosten für Lebens-mittel und Beköstigung alle weitere Kosten, die zum Betrieb einer Einrichtung notwendig sind (Strom, Wasser, Kosten für Betreuungsaufwand, Kfz-Kosten etc.) sowie darüber hinaus die Kosten für Fremdkapitalzinsen, Steuern, Abgaben und Versicherungen etc. Die angegebenen Sachkosten gelten als plausibel, wenn sich im Verhältnis zum vorigen Wirtschaftszeitraum keine Erhöhung ergibt.[493]

Besondere Leistungsbereiche müssen in diesem Zusammenhang separat ausgewiesen werden. Dazu zählen insbesondere die Bereiche Schule und Aus-bildung, für die je eine eigene Entgeltermittlung unter Einbeziehung der oben geschilderten Kosten vorgenommen wird. Dazu kommen pauschalierte Son-deraufwendungen im Einzelfall (Taschengeld, Ferienzuschuss, Lernmittel etc.), die sich an den durchschnittlichen Ausgaben eines Kindes pro Jahr orientieren.

---

[488] Vgl. Wendland-Kantert, Joachim (1999), S. 134 f.

[489] Während die Grundkalkulation in den Bundesländern ähnlich ist, weist die konkrete Umsetzung doch einige Unterschiede auf.

[490] Vgl. § 4 Abs. 3 Rahmenvertrag Niedersachsen .

[491] Darüber hinaus werden sonstige Personalkosten wie Berufsgenossenschaftsbeiträge, Beiträge für die Arbeitssicherheit und Arbeitsmedizin, Beihilfen, Unterstützungen, Umzugsvergütungen etc. angerechnet.

[492] Vgl. Anlage 2 Punkt 1.1 Rahmenvertrag Niedersachsen.

[493] Allerdings können pauschale Fortschreibungen der Sachkosten vereinbart werden. Vgl. Anlage 2 Punkt 1.2 zum Rahmenvertrag Niedersachsen.

**Individuelle Sonderleistungen** werden, sofern sie zum Angebot der Einrichtung gehören und bei Bedarf im Einzelfall in Anspruch genommen werden können, im Rahmen der Entgeltvereinbarung einbezogen. Abgerechnet werden die Leistungen nach Stunden, Tagen oder als Pauschalen, denen die verursachungsgerechten Personal-, Sach- und Investitionsfolgekosten zugerechnet werden müssen.

Zu den **Investitionsfolgekosten** zählen Miete, Pacht, Leasinggebühren, Kosten für die Instandhaltung und Instandsetzung sowie Abschreibungen. Darüber hinaus werden Zinsen für Fremdkapital in Höhe der marktüblichen Zinssätze und Zinsen für eingebrachtes Eigenkapital in Höhe von 4 % angesetzt.

Um aus den kalkulierten Kosten (kalkulierte Kosten = Erziehungspauschale + Investitionsfolgekosten) das tatsächliche monatliche Betreuungsentgelt zu ermitteln, werden Beköstigungssatz und monatliche Pauschale für Sonderaufwendungen zunächst in Abzug gebracht. Das Ergebnis wird auf eine Auslastungsquote von 95 % bezogen und die vorher abgezogenen Aufwendungen wieder hinzu addiert. Die so ermittelten Kosten werden in einem gesonderten Entgeltblatt für jedes Leistungsangebot erfasst und so das monatliche Betreuungsentgelt als Grundlage der Entgeltverhandlungen berechnet (vgl. Tabelle 9 und 10).

*Tabelle 9:* Beispiel für ein Entgeltblatt

## Beispiel für ein Entgeltblatt
**für den Wirtschaftszeitraum: 01.01.2003 - 31.12.2003**

Berechnungseinheit: _10_ Plätze

| Kosten im Wirtschaftszeitraum | Wirtschaftszeitraum | Kosten je Monat und Platz |
|---|---|---|
| **1 Erziehungspauschale** | | |
| Angaben für 100%ige Auslastung | (in Euro) | (in Euro) |
| **1.1 Personalaufwand** | 263.160,00 | 2.193,00 |
| **1.2 Sachaufwand** | 80.400,00 | 670,00 |
| **1.3 Kosten für besondere Leistungsbereiche** | 0,00 | 0,00 |
| **1.4 vereinbarte Pauschale für** | | |
| **Sonderaufwendungen im Einzelfall** | 13.000,00 | 108,33 |
| darin nicht enthalten | | |
| - Taschengeld | | |
| - Familienheimfahrten | | |
| - Erstausstattung Bekleidung | | |
| **Summe:** | 356.560,00 | |
| **Kosten pro Platz und Monat** | | |
| **(Erziehungspauschale)** | | 2.971,33 |
| **2 Investitionsfolgekosten im Wirtschaftszeitraum** | 30.000,00 | 250,00 |
| **3 Abschlussentgelt** | 360,00 | 3,00 |
| **Gesamtkosten pro Platz und Monat** | | 3.224,33 |
| **II Monatliches Betreuungsentgelt** | | |
| (siehe Ergebnis Nebenrechnung in Tabelle X2 7.4) | | |
| **Bei einer von der Einrichtung zugrunde gelegten Auslastung von 95% ergibt sich danach ein monatliches Betreuungsentgelt von** | | 3.378,00 |
| **nachrichtlich täglich** | | |
| **davon Beköstigungssatz:** | | 6,25 |

*In Anlehnung an: Muster des Rahmenvertrages Niedersachsen (2001). S. 37*

259

*Tabelle 10:* Nebenrechnung zum Entgeltblatt

## Nebenrechnung

| Monatliches Betreuungsentgelt pro Platz | | (in Euro) |
|---|---|---|
| Gesamtkosten pro Platz und Monat | | 3.224,33 |
| ./. monatlicher Beköstigungssatz | | 187,00 |
| ./. Monatliche Pauschale für Sonderaufwendungen im Einzelfall | | 108,33 |
| | | |
| bei einer 100%igen Auslastung | | 2.929,00 |
| bei einer Auslastung von | *95,00%* | 3.083,16 |
| | | |
| + monatlichen Beköstigungssatz | | 187,00 |
| + monatliche Pauschale für Sonderaufwendungen im Einzelfall | | 108,33 |
| | | |
| monatliches Entgelt je Platz bei 95% Auslastung | | 3.378,49 |
| | | |
| | gerundet: | 3.378,00 |

*In Anlehnung an: Muster des Rahmenvertrages Niedersachsen (2001). S. 37*

Das vereinfachte Beispiel kann nicht darüber hinweg täuschen, dass es sich bei der Finanzierung durch Leistungsentgelte um ein komplexes und unübersichtliches Instrument der Nonprofit-Finanzierung handelt: „Selbst Professionelle haben Mühe, die komplizierten Strukturen nachzuvollziehen."[494] Durch den konkreten Anwendungsbezug in der einzelnen Einrichtung kommt es jedoch in der Praxis zu einer Komplexitätsreduktion, indem nur die Regelungen, Kosten und Modi berücksichtigt werden brauchen, die in der spezifischen Situation für die jeweilige NPO relevant sind. Vor dem Hintergrund eines Kostenerstattungssystems mit Defizitausgleich gestaltete sich noch vor wenigen Jahren das Management von Leistungsentgelten zwar ebenfalls komplex, aber doch weniger riskant. Mit der Einführung von Leistungsverträgen, prospektiven Pflegesätzen und dem Verlust des Defizitausgleichsprivileges im Rahmen der Neuregelungen des KJHG, BSHG und PflegeVG in den 1990er Jahren hat sich die Ausgangssituation beträchtlich geändert. Das wirtschaftliche Risiko ist auf die Leistungsträger übergegangen.[495] Defizite sind möglich geworden und können zu einer massiven Bedrohung des wirtschaftlichen Fortbestands der NPO führen.

---

[494] Boeßenecker, Karl-Heinz (1998), S. 174.
[495] Vgl. Vilain, Michael (2001).

# 7 Kreditfinanzierung und -management

Über die Bedeutung von Krediten für das Finanzierungsmanagement in NPOs ist bisher nur wenig bekannt: "Little is known about why nonprofits accrue debt, how much they owe, and whether the funds they borrow are used productively."[496] Fest steht nur, dass auch NPOs Kredite einsetzen und dass diese mit dem Umfang der Aktivitäten zunehmend wichtiger werden.[497] Kredite werden eingesetzt, um größere Investitionen zu finanzieren oder um Finanzierungsengpässe aufgrund bekannter oder unvorhergesehener Ereignisse zu überbrücken. Im Gegensatz zu den selbsterwirtschafteten Mitteln oder zum Fundraising handelt es sich bei Krediten nicht um Erträge aus den Aktivitäten der Organisation. Vielmehr ist das Geld nur für den vorübergehenden Gebrauch in der Organisation bestimmt und zu einem späteren Zeitpunkt an den Gläubiger zurückzuzahlen. Merkmale der Kreditfinanzierung sind:[498]

- Der Gläubiger einer NPO hat einen Anspruch auf Rückzahlung des Nominalwertes des Kredites.
- Der Gläubiger hat einen festen Zinsanspruch.
- Das Geld wird i. d. R. für einen vorab vereinbarten Zeitraum zu festgesetzten Tilgungs- und Rückzahlungsmodalitäten zur Verfügung gestellt.
- Der Gläubiger ist nicht Haftungsverpflichteter, sondern Haftungsberechtigter.
- Der Gläubiger hat grundsätzlich keinen Einfluss auf die Leitung der NPO.
- Die Zinsen sind für die NPO unter Umständen Betriebsausgaben und mindern so die Besteuerungsgrundlage.
- Voraussetzungen für die Erlangung von Fremdkapital sind die Kreditwürdigkeit und die Kreditfähigkeit der NPO.

Kredite lassen sich nach ihrer Herkunft, ihrer juristischen Ausgestaltung, ihrer Fristigkeit und der Art des übertragenen Gegenstandes unterscheiden. Der wichtigste **Kreditgeber** für NPOs dürfte die eigene Hausbank sein. Daneben spielen jedoch auch die Kredite der Öffentlichen Hand, die im Rahmen von Zuwendungen auch besondere Vergünstigungen aufweisen können, eine wichtige Rolle.

---

[496] Tuckman, Howard P./Chang, Cyril F. (1993), S. 347.
[497] Vgl. ebd., S. 358.
[498] Vgl. Gräfer, Horst/Beike, Rolf/Scheld, Guido A. (2001), S. 163.

Als Kreditgeber kommt jedoch grundsätzlich jede Privatperson oder Institution in Frage, die selbst Geld zur Verfügung hat. Das können ebenso Kunden oder Lieferanten wie Unternehmen oder Mitglieder der NPO sein. Ein besonders wichtiges Kriterium ist die **Absicherung eines Kredites**. Während kleinere Kredite oftmals ohne spezielle Sicherung erhältlich sind,[499] bedarf es bei höheren Kreditsummen bestimmter Sicherheiten. Kann der Schuldner seinen Kredit später nicht zurückzahlen, so wird der Gläubiger berechtigt, die gestellten Sicherheiten zu verwerten und damit seine Forderung zu befriedigen. Solche Sicherheiten können von Personen im Rahmen von Garantieerklärungen oder Bürgschaften erbracht werden. Eine dritte Person verpflichtet sich dabei, für die Schulden des Schuldners aufzukommen, wenn dieser dazu nicht in der Lage sein sollte.[500] Daneben können Kredite über Vermögensgegenstände abgesichert werden (Realsicherheiten). Dazu zählen Abtretungserklärungen von Patenten oder Forderungen sowie von beweglichen und unbeweglichen Sachen wie Gebäuden und Grundstücken (z. B. Hypothek) aber auch Eigentumsvorbehalte und Hinterlegungen von Wertpapieren.

Kredite werden über verschiedene **Zeiträume** vergeben. Bei der kurzfristigen Kreditfinanzierung handelt es sich um Kredite bis zu einem Jahr. Als mittelfristig gelten solche zwischen einem und fünf Jahren. Kredite, deren Laufzeit darüber hinausgeht, werden schließlich als langfristig bezeichnet.[501]

## 7.1 Kurzfristige Kreditinstrumente

**Lieferantenkredite** sind kurzfristige Kredite, die durch die Gewährung von Zahlungszielen seitens eines Lieferanten entstehen. Seiner Eigenart nach handelt es sich zumeist um einen Sachkredit, da der Gegenstand der Übertragung nicht etwa eine Geldzahlung, sondern in aller Regel ein Produkt oder eine Dienstleistung ist. Der Kredit entsteht dann dadurch, dass diese Sachleistung später bezahlt als geliefert wird. Die Einräumung von Zahlungszielen ist ein fester Bestandteil der Absatzpolitik vieler Unternehmen und auch einiger NPOs. Der Lieferant

---

[499] Hier wird unterstellt, dass die geschuldeten Beträge aus dem Vermögen oder den Einkünften der NPO gedeckt werden können.

[500] Eine Bürgschaft beruht auf einem Vertrag zwischen dem Gläubiger und dem Bürgen und ist abhängig vom Bestehen und vom Umfang der Hauptschuld (akzessorisch). Eine Garantie hingegen ist eine vom Bestehen der Hauptschuld unabhängige selbstständige Verpflichtung (nicht akzessorisch). Vgl. Hagenmüller, Karl F. (1978), S. 154 ff.

[501] Die Einteilung nach Fristigkeit wird in der Literatur unterschiedlich gehandhabt. Die hier gewählte Einteilung orientiert sich an den im HGB für die Bilanzierung vorgesehenen Fristen. Vgl. § 268 Abs. 5 HGB in Verbindung mit § 285 Nr. 1a HGB.

nutzt also das Zahlungsziel zur Verkaufsförderung und drückt damit eine Art Vertrauensverhältnis zum Kunden aus.

Lieferantenkredite haben den Vorteil, dass sie formlos erhältlich sind. Meist werden keine Ansprüche an die Kreditwürdigkeit gestellt und keine Sicherheiten verlangt. Wurden die Rechnungen in der Vergangenheit bezahlt, so stellt ein Zahlungsziel bei zukünftigen Lieferungen in der Regel kein Problem dar. Meist erfolgt die Lieferung jedoch unter einem Eigentumsvorbehalt. Das bedeutet, die Ware bleibt bis zur vollständigen Zahlung des Rechnungsbetrages Eigentum des Lieferanten. Fällt die Forderung bzw. der Kredit auch nur teilweise aus, so kann er seine Ware zurückverlangen.

Räumt der Lieferant dem Kunden ein Zahlungsziel von einer gewissen Zeitspanne (z. B. von 14 oder 30 Tagen) ein, so ist es für den Kunden sinnvoll, die Rechnung erst zum Ablauf dieser Frist zu begleichen. Für diese Zeit erhält er dann einen kostenlosen Kredit. Meist wird das Zahlungsziel jedoch von einem Skontoangebot begleitet. Das Skonto ist ein Preisnachlass bei rechtzeitiger Zahlung und wird als Prozentsatz des Rechnungsbetrages ausgedrückt.

Beispiel: Der Schatzmeister eines Sportvereins erhält neue Möbel für den Ausstellungsraum. Er erhält eine Rechnung über 10.000 Euro. Auf der Rechnung steht folgender Vermerk: „Zahlbar innerhalb von 10 Tagen mit 3 % Skonto, innerhalb von 30 Tagen ohne jeden Abzug." Die Rechnung ist also spätestens nach Ablauf von 30 Tagen zu begleichen. Bei Zahlung innerhalb von 10 Tagen räumt der Lieferant dem Verein ein Skonto von 3 % ein. Da der Verein selbst noch auf einen größeren Zahlungseingang wartet, entsteht im Vorstand eine Diskussion darüber, ob es günstiger für den Verein ist, innerhalb von zehn Tagen zu zahlen und den Preisnachlass zu erhalten oder den Kredit für 30 Tage in Anspruch zu nehmen.

Verzichtet der Kunde auf die Realisierung des Skontos und nimmt stattdessen den Kredit über 30 Tage in Anspruch, so braucht er zwar keine zusätzliche Zinszahlung zu leisten, es entstehen ihm aber Opportunitätskosten durch den entgangenen Preisnachlass. Diese können als Preis für den Kredit gesehen werden. In der Praxis hat sich eine grobe Näherungsformel[502] bewährt, um den Zinssatz zu bestimmen, den die Nutzung des Lieferantenkredites kostet:[503]

$$Zinssatz = \frac{Skontosatz(in\%)}{Zahlungsziel(inTagen) - Skontofrist(inTagen)} * 360(Tage)$$

Beispiel: Der Schatzmeister rechnet den Skeptikern im Vorstand unter Benutzung dieser „Praktikerformel" vor, dass es günstiger ist, die Rechnung innerhalb von zehn Tagen zu begleichen. Das Zah-

---

[502] Zur genaueren Berechnung des effektiven Zinssatzes vgl. Däumler, Klaus-Dieter (2002).
[503] Vgl. Süchting, Joachim (1995), S. 186.

lungsziel beträgt 30 Tage, die Skontofrist beträgt 10 Tage und der Skontosatz 3 %. Das Ergebnis wird auf ein ganzes Jahr hochgerechnet (* 360 Tage)[504]:

Die anderen Vorstandsmitglieder sind überrascht. Der als preiswert vermutete Lieferantenkredit von

$$Jahreszins = \frac{3}{30-10} * 360 = 54\%$$

20 Tagen stellt sich mit einem Jahreszins von 54 % als teuer heraus. Auch die Zweifler im Vorstand sind jetzt überzeugt davon, dass es günstiger ist, die Rechnung innerhalb von zehn Tagen zu begleichen und das Skonto von 300 Euro zu realisieren.

Lieferantenkredite sind leicht und ohne bürokratisches Bewilligungsverfahren erhältlich. Bei ausgeschöpftem Kreditrahmen sind sie oft die letzte Kreditmöglichkeit überhaupt. Wird das Zahlungsziel mit einem Skonto gekoppelt, rechnet es sich jedoch fast immer, diesen zu nutzen, da die Inanspruchnahme des Kredites meistens zu sehr hohen Opportunitätskosten durch den entgangenen Preisnachlass führt. Der Lieferantenkredit ist dann eine der teuersten Kreditformen.

Beim **Kundenkredit** handelt es sich um Anzahlungen, die Kunden leisten, bevor sie die gekauften Waren oder Leistungen erhalten (z. B. Kartenvorverkauf bei einem Event). Besonders verbreitet sind solche Anzahlungen bei langfristigen oder sehr umfangreichen Geschäften. Gelegentlich werden sie auch zur Sicherung von Waren geleistet oder für die Zeit, in der sich der Kunde eine Entscheidung über den Erwerb eines Gutes vorbehält. Das Besondere am Kundenkredit ist, dass er zumeist ohne Zinsanspruch gewährt wird und somit eine sehr günstige Form der kurzfristigen Kreditfinanzierung darstellt.

Die am häufigsten von Privatpersonen, Unternehmen und NPOs beanspruchte Kreditform ist der **Kontokorrentkredit**. Ein Kontokorrent[505] ist ein geldliches Abrechnungs- und Buchungssystem der Banken und Sparkassen. Auf dem Konto wird erfasst, welche Zahlungen ein- und ausgehen. Ausgewiesen werden zwei Kontoseiten: *Soll* und *Haben*. Einzahlungen und positive Salden werden mit „Haben" (abgekürzt „H"), Auszahlungen und negative Salden mit „Soll" (abgekürzt „S") gekennzeichnet.

Täglich wird aus den Zahlungen der Saldo ermittelt. Gerät ein Kontokorrent „ins Minus", wird das Konto also umgangssprachlich „überzogen", dann spricht

---

[504] Zur Erinnerung: Das Finanzjahr wird üblicherweise mit 360 statt 365 Tagen berechnet. Die Berechnung des Jahreszinses ist nicht ganz unproblematisch, da die Verzinsung eines kurzen Zeitraumes unter der Annahme einer über das Restjahr gleichbleibenden Verzinsung berechnet wird.

[505] Von ital. *conto corrente*, was so viel wie Konto in laufender Rechnung bedeutet. Andere gängige Bezeichnung für ein Kontokorrent sind „Giro-" bzw. „laufendes Konto". Eine für breitere Kundengruppen standardisierte Form des Kontokorrentkredites, die auch meist nicht voll besichert wird, ist der so genannte Dispositionskredit (oder kurz: „Dispo").

man von einem Soll-Saldo. Dieser Soll-Saldo entspricht dem Kontokorrentkredit. Die Höhe und Dauer des Kontokorrentkredits wird individuell mit dem jeweiligen Kreditinstitut ausgehandelt. Die kreditnehmende NPO kann nach einer derartigen Vereinbarung diesen Kreditrahmen innerhalb der eingeräumten Periode jederzeit nutzen oder zurückzahlen. Typisch für Kontokorrentkredite ist, dass jeweils nur der tatsächlich genutzte Kredit und nicht etwa die komplette Kreditlinie verzinst wird. Die Kosten eines Kontokorrentkredites setzen sich zusammen aus:[506]

- den Sollzinsen für den in Anspruch genommenen Kreditbetrag,
- der Kreditprovision (Bereitstellungsprovision),
- den Kontoführungsgebühren,
- den Überziehungsprovisionen (bei Überschreitung des vereinbarten Kreditlimits) und
- den Barauslagen der Bank (z. B. Porto).

Insbesondere bei Überschreitung der vorher vereinbarten Kreditlinie steigen die Kosten in der Regel durch die zusätzlichen Überziehungszinsen noch einmal dramatisch an. Hier ist es eine wichtige Aufgabe des Finanzmanagements, die Nutzung von Kontokorrentkrediten möglichst einzuschränken und erst recht die Überziehung der Kreditlinie zu vermeiden. In vielen Fällen können dauerhafte Kontokorrentkredite durch andere, günstigere Kreditformen, beispielsweise mittelfristige Kredite mit fester Laufzeit, ersetzt werden.

Richtig eingesetzt haben Kontokorrentkredite einen großen Nutzen. Insbesondere bei einmaligen oder gelegentlichen Spitzenbelastungen (z. B. Auszahlung von Löhnen oder Steuerzahlungen) wird der finanzielle Spielraum der NPO erweitert und somit ihre Flexibilität beträchtlich erhöht. Auch wenn der Kredit nicht in Anspruch genommen wird, bildet er dennoch eine Liquiditätsreserve.

Beispiel: Der Vorstand des Sportvereins beschäftigt sich immer noch mit der Rechnung des Sportartikelherstellers. Der Schatzmeister hat festgestellt, dass der Verein erst Mitte des Monats wieder über genügend Geld verfügt, um die Rechnung begleichen zu können. Dann ginge allerdings das Skonto verloren. Er schlägt deshalb vor, den Kreditrahmen der Hausbank zu nutzen, um die Rechnung vor Ablauf der Frist bezahlen zu können. Schon während er redet, merkt er, wie der Vorsitzende unruhig auf seinem Stuhl hin- und herrutscht. „Also, mir werden seine Schulden gemacht!", platzt es schließlich aus ihm heraus, „Ich selbst habe mein Konto noch nie überzogen. Das ist doch unseriös und viel zu teuer" wettert er weiter. „Wir müssen das Konto ja nur für zehn Tage überziehen ...", versucht ihn der Schriftführer zu beschwichtigen, „... und außerdem" – so viel hatte er bereits vom Schatzmeister gelernt - „kommt es doch auf die Alternative an." Der Schatzmeister holt daraufhin einen Zettel heraus. Er weiß, dass der Zinssatz für einen „Dispokredit" bei 11,25 % liegt. Der Kredit-

---

[506] Vgl. Gräfer, Horst/Beike, Rolf/Scheld, Guido A. (2001), S. 182.

rahmen liegt bei 15.000 Euro, sodass er nicht überschritten werden muss. Er überschlägt anhand der Formel für unterjährige Verzinsung (vgl. Kapitel 3.5) jetzt schnell die Kosten des Kredits:

$$Kreditkosten = 10.000 * 0,1125 * \frac{10}{360} = 31,25$$

Zwar kostet der Kredit für die zehn Tage rund 31 Euro, der Verzicht auf das Skonto würde jedoch, wie oben gezeigt, rund 300 Euro kosten. „Wir sparen also immer noch 269 Euro".

Da der Kontokorrentkredit häufig günstiger als der Lieferantenkredit ist, kann es bei fehlender kurzfristiger Liquidität auch durchaus sinnvoll sein, den Kontokorrentkreditrahmen auszuschöpfen, um ein Skonto realisieren zu können. Die tatsächlichen Kosten für ein Kontokorrentkredit sind einerseits abhängig von den aktuellen Geldmarktzinssätzen und andererseits eng an die Bonität der NPO sowie den persönlichen Beziehungen zur Hausbank gekoppelt. Je bekannter, größer und vertrauenswürdiger eine NPO ist, desto günstiger gestalten sich tendenziell die Kosten.

Der **Wechsel** gehört zu den ältesten und am stärksten verbreiteten Finanzinstrumenten überhaupt.[507] Das Wechselgeschäft unterliegt strengen Formvorschriften, die im Wechselgesetz (WG) geregelt werden. Im Grunde handelt es sich bei einem Wechsel um ein abstraktes Zahlungsversprechen, das von der zugrundeliegenden wirtschaftlichen Transaktion unabhängig ist. Auf diese Weise können Wechsel beliebig übertragen und auch an eine Bank abgetreten werden. Diese wiederum kann den Wechsel, wenn er gewissen Erfordernissen gerecht wird, an die Notenbank weiterverkaufen. Formen des Wechselkredites sind der Wechseldiskontkredit und dem Akzeptkredit.

Der Ankauf von Wechseln durch eine Bank heißt **Diskontkredit**. Bank und Kunde vereinbaren dabei vorab eine maximale Wechseldiskontkreditlinie. Innerhalb dieser Kreditlinie kauft die Bank noch nicht fällige Wechsel (i. d. R mit einer Laufzeit von 90 Tagen) vom Kunden auf. Die Bank berechnet dafür natürlich für die Zeit zwischen Ankaufstag und Verfallstag (Laufzeit) des Wechsels Zinsen. Diese werden vorab abgezogen und der Kunde erhält den Barwert (Diskonterlös) ausgezahlt. Der Wechselschuldner hat dann am Fälligkeitstag der Bank den Betrag beizubringen. Die Kosten des Kredites setzen sich zusammen aus den Zinskosten, die auf der Grundlage des Diskontsatzes (Basiszinssatzes)

---

[507] Wechsel lassen sich bis in das zwölfte Jahrhundert zurückverfolgen, wo sie zum Zwecke der Vereinfachung und Sicherung des Handelsverkehrs konzipiert wurden. Das gegenwärtige Wechselrecht beruht im Wesentlichen auf dem Wechselgesetz von 1933, das auf der Grundlage der Genfer Wechselrechtskonferenz von 1930 erlassen wurde. Das Wechselrecht ist mit dieser Konferenz weitgehend vereinheitlicht worden und gilt international in den meisten der beteiligten Staaten.

berechnet werden, sowie etwaigen Provisionen, Spesen oder Auslagen des Kreditinstitutes.

Der **Akzeptkredit** ist in der Praxis von NPOs nur von untergeordneter Bedeutung. In der Regel kommen nur Organisationen mit einer erstklassigen Bonität (so genannte „erste Adressen") für einen Akzeptkredit in Frage. Ein Akzeptkredit ist ein Kredit, „den ein Kreditinstitut gewährt, indem es innerhalb einer festgelegten Kredithöhe vom Kreditnehmer ausgestellte, auf sie gezogene Wechsel akzeptiert und sich damit verpflichtet, dem Wechselinhaber den Wechselbetrag bei Fälligkeit auszuzahlen."[508]

Der **Lombardkredit** wird durch die Verpfändung von beweglichen Sachen und Rechten gesichert. Der Kreditnehmer händigt dazu seiner Bank ein Pfand aus. Dabei handelt es sich in der Regel um marktgängige, leicht veräußerbare Wertgegenstände, beispielsweise Wertpapiere, Wechsel oder Edelmetalle (nur selten Waren)[509], die zu einem gewissen Prozentsatz ihres Wertes beliehen werden. Der Lombardkredit hat für den Kreditnehmer den Vorteil, dass er kurzfristig Zahlungsmittel beschaffen kann, ohne die zugrundeliegenden Pfandobjekte veräußern zu müssen. Die Kosten eines Lombardkredites setzen sich aus den Zinsen des Kreditinstitutes und der jeweiligen Kreditprovision zusammen.

**Sonstige kurzfristige Kreditinstrumente**

Beim **Avalkredit** handelt es sich weniger um einen Kredit als vielmehr um eine Kreditleihe. Ein Kreditinstitut übernimmt dabei eine Bürgschaft oder Garantie für seinen Kunden. Auf dieser Grundlage kann der Kunde dann bei Dritten einen Kredit aufnehmen. Da das jeweilige Kreditinstitut kein Geld, sondern lediglich die Bürgschaft zur Verfügung stellt, fallen auch keine Zinsen, sondern lediglich eine Avalprovision zwischen ein und drei Prozent an. Der Avalkredit ist in der Regel nur erstklassigen Industrie- und Dienstleistungsunternehmen vorbehalten und spielt in der Praxis von NPOs daher keine große Rolle.

Eine weitere Kreditart, das **Akkreditiv**, ist vor allem im Zusammenhang mit Auslandstransaktionen von Bedeutung. Auslandsaktivitäten spielen für größere international operierende NPOs eine Rolle. Daneben gibt es eine ganze Reihe von Betätigungsfeldern, innerhalb derer auch mittelgroße oder kleinere Organisationen international tätig sind. Hierzu zählen die Förderung der internationalen Beziehungen, die Entwicklungshilfe oder auch der internationale Katastrophenschutz und die humanitäre Hilfe sowie politische und ökonomische Netzwerke mit internationaler Zielsetzung. Da bei finanziellen Transaktionen mit

---

[508] Gräfer, Horst/Beike, Rolf/Scheld, Guido A. (2001), S. 187.
[509] In diesem Zusammenhang wird dann von Effekten-, Wechsel-, Edelmetall- oder Warenlombard gesprochen.

dem Ausland die Unsicherheiten besonders groß sind (insbesondere die Aufrechterhaltung des Zug-um-Zug-Prinzips beim Austausch von Waren, gemäß dem Leistung und Gegenleistung nacheinander erbracht werden), haben sich hier besondere Formen der Zahlungsabwicklung herausgebildet. Das Akkreditiv ist in diesem Zusammenhang der Auftrag an ein Kreditinstitut, einem Dritten einen festgelegten Geldbetrag auszuzahlen, wenn bestimmte Voraussetzungen erfüllt sind (meist die Lieferung zugesagter Waren, nachgewiesen durch Einreichen entsprechender Frachtdokumente). Zur Zahlung eignet sich in besonderer Weise ein Wechsel, der bei Bedarf vorzeitig zur Refinanzierung gegeben werden kann.

## 7.2 Mittel- und langfristige Kreditfinanzierungsinstrumente

Viele, insbesondere stark wachsende NPOs erreichen irgendwann einmal den Punkt, an dem eine größere Anschaffung nötig wird. Sei es der Kauf oder Bau einer Sportstätte oder deren Einrichtung, die Anschaffung von Büromöbeln oder Maschinen, der Kauf eines Autos oder spezieller Maschinen und Geräte. Nicht immer können Vereine das dazu nötige Kapital durch Eigenmittel oder durch öffentliche oder private Unterstützung sofort aufbringen, sodass meist eine mehr oder weniger große Finanzierungslücke entsteht. An dieser Stelle reicht es häufig nicht mehr aus, allein mit kurzfristigen Kreditinstrumenten zu arbeiten. Die klassische Finanzierungsliteratur stellt eine Vielzahl verschiedener mittel- und langfristiger Formen der Kreditfinanzierung vor, von denen sich einige jedoch nicht für die typischen Rechtsformen von NPOs realisieren lassen. Sie sind vielmehr auf die Voraussetzungen und Bedürfnisse großer Kapitalgesellschaften ausgerichtet.[510] Auf die Erläuterung ihrer Finanzierungseffekte und -besonderheiten wird daher verzichtet. Einige dieser Instrumente werden jedoch im Kapitel über das Investitionsmanagement aufgegriffen, wo ihr Nutzen als Finanzanlage untersucht wird.

Das bekannteste und wohl auch wichtigste langfristige Kreditinstrument dürfte für NPOs das **Darlehen** sein. Die gesetzlichen Rahmenbedingungen dazu sind in den §§ 488 ff. BGB geregelt. Das Darlehen ist ein schuldrechtlicher Vertrag, bei dem sich die eine Seite verpflichtet, das Darlehen zu gewähren, während die andere Seite die Verpflichtung eingeht, das Überlassene, das in ihr Eigentum übergeht, in Sachen von gleicher Art, Güte und Menge zurückzuerstat-

---

[510] So ist es in der Bundesrepublik den meisten NPOs nicht möglich, Obligationen, Gewinn- und Wandelschuldverschreibungen, Zerobonds, Floating Rate Notes, Genussscheine etc. zu emittieren.

ten.[511] Üblicherweise werden für Darlehen vom Gläubiger Zinsen verlangt. Diese sind, sofern der Vertrag nichts anderes bestimmt, nach Ablauf eines jeden Jahres oder, wenn das Darlehen vorher zurückzuerstatten ist, mit der Rückzahlung des Darlehens zu entrichten.[512]Die Erscheinungsformen von Darlehen sind vielfältig. Die Rechte des Gläubigers können (wie bei Anleihen) in Wertpapieren verbrieft sein oder unverbrieft als Vertrag zwischen zwei oder mehr Parteien existieren. Ein großer Teil der Darlehensverträge wird mit Banken und Sparkassen sowie Versicherungen geschlossen. Daneben spielen Kredite der Öffentlichen Hand (Bund, Länder und Gemeinden) für die Finanzierung von NPOs eine bedeutende Rolle. Diese werden nicht selten über Sonderkreditanstalten (z. B. Kreditanstalt für Wiederaufbau) verwaltet und häufig zu besonderen Konditionen bewilligt. Darlehen von Unternehmen und Privatpersonen spielen dagegen bei der NPO-Finanzierung eine untergeordnete Rolle. Mittlerweile existiert eine Vielzahl verschiedener Darlehensformen, die sich insbesondere durch Variationen bei der Ausgestaltung der Zins- und Tilgungsleistungen (Kapitaldienst) unterscheiden. Dennoch lassen sich die meisten Varianten auf drei „Grundmodelle" zurückführen: das Abzahlungs-, das Annuitäten- und das Festdarlehen.

Beim **Abzahlungsdarlehen** wird der Kredit über die Laufzeit hinweg getilgt. Obwohl die Tilgungsleistungen je Periode immer konstant sind, nimmt die Höhe der Raten im Laufe der Zeit ab. Dies liegt daran, dass sich der zu verzinsende Darlehensbetrag und damit die Zinsleistung durch die Rückzahlung von Periode zu Periode verringert (Abbildung 30).

---

[511] Darlehensverträge werden jedoch in der Regel über Geldzahlungen abgeschlossen. Grundsätzlich kann der Gegenstand eines Darlehensvertrages aber auch jeder andere vertretbare Gegenstand sein. Vgl. § 607 BGB.
[512] Vgl. § 488 Abs. 2 BGB.

*Abbildung 30:* Zins- und Tilgungsverlauf eines Abzahlungsdarlehens

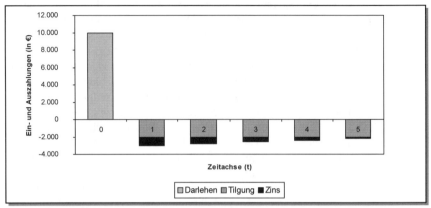

*Eigene Darstellung*

Das **Annuitätendarlehen** geht von einem anderen Grundgedanken aus. Ziel ist es, den geliehenen Betrag in gleich hohe Raten (Zins + Tilgung) aufzuteilen, um so eine konstante und berechenbare Zahlungsreihe zu ermitteln. Zur Berechnung dieser konstanten Raten (Annuitäten) hat sich dabei eine einfache Formel bewährt:

$$A = K * \frac{q(1+q)^n}{(1+q)^n - 1}$$

A = Annuität
K = Darlehensbetrag
q = Zinssatz
n = Anzahl der Jahre

Ähnlich wie beim Abzahlungsdarlehen verringert sich die Höhe des abzuzahlenden Kredites fortlaufend und damit auch die Höhe der im Kapitaldienst enthaltenen Zinsanteile. Da die Raten konstant bleiben, erhöht sich so automatisch der Tilgungsanteil (vgl. Abbildung 31).

*Abbildung 31:* Zins- und Tilgungsverlauf eines Annuitätendarlehens

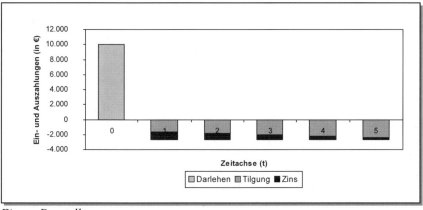

*Eigene Darstellung*

Das Annuitätendarlehen ist aufgrund der immer gleich bleibenden Höhe der Raten besonders berechenbar und erlaubt dem Kreditnehmer eine einfache und langfristige Planung.

*Abbildung 32:* Zins- und Tilgungsverlauf eines Festdarlehens

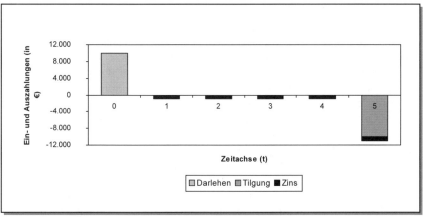

*Eigene Darstellung*

Das **Festdarlehen** ist noch einfacher zu bestimmen. Der Darlehensbetrag wird hier erst am Ende der Laufzeit getilgt, sodass während der Laufzeit lediglich Zinszahlungen anfallen. Je nach finanzieller Lage kann dieser Zahlungsverlauf zu erheblichen Belastungen führen und häufig wird am Ende der Laufzeit ein Anschlusskredit nötig. Der Vorteil besteht darin, dass die Raten während der Laufzeit sehr niedrig sind, da sie keinen Tilgungsanteil beinhalten. Ein Nachteil ist jedoch, dass der Kredit teuer ist, da der vollständige Darlehensbetrag über die gesamte Laufzeit verzinst werden muss.

Bei größeren Anschaffungen bieten viele Hersteller und Händler im Rahmen ihrer Absatzpolitik mittlerweile eigene Kredite an. Diese Anschaffungs- und Konsumentenkredite werden überwiegend in Kooperation mit einer eigenen Hausbank (z. B. Audi-Bank, VW-Bank) oder mit anderen (spezialisierten) Kreditinstituten (z. B. CC-Bank) entwickelt. Typische Beispiele sind Kredite für den Auto- oder Möbelkauf. Die Kreditangebote der Hersteller scheinen auf den ersten Blick verlockend (z. B. 0,9 % bei der KFZ- oder Büromöbelfinanzierung). Bei der Abwicklung von Investitionen oder Konsumwünschen über solche Kredite ist jedoch besondere Sorgfalt geboten. Letztendlich muss ein Hersteller diese günstigen Angebote in irgendeiner Form wieder refinanzieren. So sind viele Autohändler bereit und in der Lage, zwischen 10 und 20 % Preisnachlass bei Barzahlung zu gewähren. Dieser Preisnachlass entfällt natürlich, wenn der Kauf kreditfinanziert wird. Hier kann es oftmals günstiger sein, einen Bankkredit zu teureren Zinssätzen aufzunehmen und dafür den Preisnachlass in voller Höhe in Anspruch zu nehmen. Die Tatsache, dass die Bedeutung solcher Kredite (auch für NPOs) trotzdem wächst, kann zumindest teilweise auf die zunehmende Verschuldung der Unternehmen und Privathaushalte zurückgeführt werden. Über die Finanzierung von Anschaffungskrediten lässt sich der ansonsten schon längst erschöpfte Kreditrahmen mitunter noch weiter ausdehnen.

Neben die klassischen Finanzierungsarten tritt eine Reihe jüngerer Instrumente wie Leasing und Factoring, die aufgrund ihrer liquiditätsschonenden bzw. -schaffenden Wirkung Ähnlichkeiten mit Krediten aufweisen. Sie werden aus diesem Grund auch **Kreditsubstitute** genannt.

Bei **Leasingverträgen** handelt es sich um langfristige Mietverträge für Konsum- oder Investitionsgüter. Der Ausgestaltung von Leasingverträgen sind nahezu keine Grenzen gesetzt und so verwundert es nicht, wenn es mittlerweile eine unüberschaubare Zahl an Leasingkonstruktionen gibt.[513] In seiner Grundkonzeption erwirbt eine Leasinggesellschaft (refinanziert durch eine Bank) ein Wirtschaftsgut bei einem Hersteller und überlässt dieses dann auf der Grundlage eines Vertrages zur Nutzung an einen Leasingnehmer. Dieser wiederum zahlt für

---

[513] Vgl. Kratzer, Jost/Kreuzmair, Benno (2002), Larek, Emil/Steins, Ulrich (1999) oder Spittler, Hans-Joachim (2002).

die Nutzung Leasingraten an die Leasinggesellschaft. Am Ende der Laufzeit kann der Leasingnehmer das Wirtschaftsgut wieder zurückgeben oder gegen Zahlung eines Preises erwerben (vgl. Abbildung 33).

*Abbildung 33:* Grundzüge eines Leasinggeschäftes

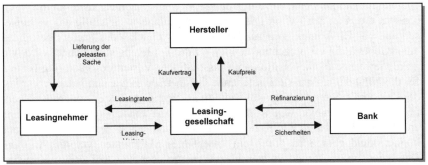

*Quelle: Mühlbradt, Frank W. (1998), S. 224*

Der Vorteil besteht für den Leasingnehmer darin, dass seine Liquidität geschont wird. Der Kauf eines Vermögensgegenstandes würde die NPO finanziell in Höhe des gesamten Kaufpreises belasten. Beim Leasing zahlt sie jedoch nur eine regelmäßige Rate, die an den Werteverzehr des Gutes angelehnt ist. Dadurch werden kurzfristig auch positive Zinseffekte erreicht, da die Differenz angelegt werden kann oder bei einem kreditfinanzierten Kauf nicht verzinst werden muss. Unter bestimmten Voraussetzungen sind die Leasingraten ferner in voller Höhe als Betriebsausgaben steuerlich absetzbar. Sie verringern dann den Gewinn und somit die Steuerlast. Je nach Vertrag und Leasinggesellschaft werden im Rahmen des Leasinggeschäftes häufig zusätzliche Leistungen angeboten, beispielsweise die fällige Wartung oder die Übernahme von Risiken. Das kann dem Leasingnehmer gerade bei komplexen Anlagegütern viel Mühe und Geld ersparen. Daneben schont bzw. erweitert es auch die Kreditlinie der Organisation.

Nachteilig ist jedoch, dass eine Leasingfinanzierung über die Gesamtperiode betrachtet regelmäßig teurer ist als der kreditfinanzierte Kauf des Produktes. Dies ist einleuchtend, da die Leasinggesellschaft den Kauf der Ware oft über eine Bank refinanziert. Abgesehen vom Zins, den die Gesellschaft an die Bank abführt, muss sie einen Kalkulationsaufschlag für ihre eigenen Aktivitäten berechnen. Aufgrund der komplexen vertraglichen, finanziellen und steuerrechtlichen Gestaltungsoptionen empfiehlt es sich, jeden einzelnen Leasingvertrag auf seine Vorteilhaftigkeit gegenüber anderen Alternativen (beispielsweise den Erwerb einer kreditfinanzierten Anlage) hin zu überprüfen.

Auch das **Factoring** ist ein Finanzierungsgeschäft mit Kreditfunktion.[514] Dabei verkauft eine NPO einem Finanzierungsinstitut (Factor) fortlaufend seine Forderungen, die aus dem Verkauf von Waren und Dienstleistungen an seine Kunden oder auch aus Mitgliedsbeiträgen etc. entstehen. Der Verkäufer der Forderungen erhält dabei sein Geld sofort, auch wenn er den Kunden Zahlungsziele eingeräumt hat. Die Kunden zahlen dann ihre Rechnung nicht mehr an die NPO, sondern direkt an den Factor. Dieser übernimmt dabei auch häufig das Mahnwesen und das Risiko des Forderungsausfalls. Der Gewinn des Factors besteht in einer Gebühr, die oft prozentual vom Wert der Forderungen berechnet wird und an die jeweilige Risikosituation angepasst ist. Der Vorteil des Factoring besteht für die NPO darin, dass sie ausstehende Geldbeträge sicher und kalkulierbar vor der Zeit erhält. Sie gewinnt somit Liquiditäts- und Zinseffekte. Ein großer Nachteil ist, abgesehen von den Kosten, die durch die Einschaltung eines Mittlers entstehende Distanz zu den Kunden, Spendern und Mitgliedern. Darüber hinaus können Geldgeber auch durch ein unsensibles Mahnwesen verprellt werden. Deswegen und aufgrund zu geringer Forderungssummen bei den zahlreichen kleinen und mittelgroßen NPOs hat sich das Factoring als Instrument des Finanzmanagements in NPOs bis heute nicht auf breiter Front durchsetzen können.[515]

## 7.3 Management von Krediten und Darlehen

Für einen Geldverleiher stellt sich ein beträchtliches Risiko dadurch ein, dass er dem Schuldner in der Gegenwart einen bestimmten Geldbetrag zur Verfügung stellt, den er zusammen mit seiner Vergütung (den Zinsen) erst in der Zukunft zurückerhalten soll. Ob der Schuldner dann jedoch in der Lage oder willens ist, das geliehene Geld zurückzuzahlen, kann er zum Entscheidungszeitpunkt nicht wissen. Um das Risiko eines Zahlungsausfalls zu verringern, sind Kreditinstitute daher im Rahmen des Kreditwesengesetzes (KWG) zu einer regelmäßigen Überprüfung der Kreditwürdigkeit (Bonität) ihrer Kunden verpflichtet.[516] Dabei bestimmen zum einen persönliche und sachliche Kriterien sowie zum anderen der Umfang vorhandener Kreditsicherheiten und der Verwendungszweck des Kredites den Verlauf und das Ergebnis der **Bonitätsprüfung**.[517]

---

[514] Vgl. Larek, Emil/Steins, Ulrich (1999).

[515] Eine gewisse Bedeutung hat das Factoring im Bereich der Wohlfahrtsverbände und den von ihnen betriebenen Einrichtungen. Die Bank für Sozialwirtschaft (BFS) bietet aus diesem Grund ein eigens für diese Zielgruppe konzipiertes Factoring-Instrument an.

[516] Vgl. § 18 KWG.

[517] Vgl. Gräfer, Horst/Beike, Rolf/Scheld, Guido A. (2001), S. 168 ff.

Bei der persönlichen Kreditwürdigkeit wird in erster Linie die Kompetenz des Managements beurteilt. Dabei spielen Faktoren wie Berufsausbildung und -erfahrung sowie das Auftreten und die vermutete Rückzahlungswilligkeit der Verantwortlichen eine Rolle. Diese Beurteilung wird ergänzt durch die Prüfung sachlicher Faktoren. Dabei ist die Analyse der Bilanz und anderer Finanzdokumente (siehe unten) von entscheidender Bedeutung. Untersucht wird hier, inwiefern die NPO in der Lage ist, die beantragten Kredite oder Darlehen aus den laufenden Einnahmen oder vorhandenen Vermögensgegenständen zu finanzieren. Häufig verlangen Kreditinstitute bei umfangreicheren Krediten die Stellung von Sicherheiten. Das können Bürgschaften, Hypotheken, Sicherheitsübereignungen, Sicherungsabtretungen oder Pfandrechte sein. Je höher der Umfang an Sicherheiten, den eine NPO stellen kann, desto einfacher ist die Beschaffung von Krediten. Bei der Überprüfung der Kreditverwendung ist zu berücksichtigen, welche Stellung eine Organisation in ihrem Tätigkeitsfeld einnimmt und wie sich dieses Segment zukünftig entwickeln wird. Ferner wird die Auswirkung des Kredites auf die aktuellen Aktivitäten begutachtet. Zur Prüfung der Bonität benötigen die Kreditinstitute meist eine ganze Reihe von Unterlagen. Je nach Größe und Rechnungswesen der NPO können dies sein:[518]

- Handels-, Grundbuch- und Vereinsregisterauszüge
- Gesellschafterverträge, Satzungen
- Liste der Zeichnungsberechtigten
- Geschäftsberichte, Jahresabschlüsse (EÜR) und eventuelle Prüfungsberichte, Zwischenbilanzen
- Finanzstatus, Liquiditätsanalyse oder Cashflow-Analyse und Finanzplan
- Investitionsrechnung
- besondere Vermögensverzeichnisse
- Aufstellung der Darlehen und Kredite nach Laufzeiten, Zins- und Tilgungssätzen und Terminen
- Aufstellung der Leasingverbindlichkeiten und deren Fälligkeiten
- Summen- und Saldenliste der Kreditoren und Debitoren (Forderungen und Verbindlichkeiten)
- Steuerbescheide

Die Bonitätsprüfung von NPOs fällt vielen Kreditinstituten schwer, da sie nicht auf die Betreuung von steuerbegünstigten Organisationen spezialisiert sind (vgl. Kapitel 2.1.2). Die meisten Prüfverfahren und -instrumente sind auf gewerbliche Unternehmen ausgerichtet. Mitunter lassen sich für die Aktivitäten von NPOs,

---

[518] Vgl. ebd., S. 171.

wenn sie keine Gewinne erwirtschaften, nur schwer Bemessungsgrundlagen finden. In der Konsequenz werden Kredite hier häufig sehr restriktiv oder, was seltener ist, deutlich zu großzügig vergeben. Mit der Einführung des **Basel II-Abkommens** beabsichtigt der Baseler Ausschuss für Bankenaufsicht eine gezielte Risikobewertung und -auswahl bei der Kreditvergabe zu forcieren und die Kreditvergabeverfahren innerhalb der G-10-Staaten zu harmonisieren. Die Regelungen sehen vor, dass jedes Unternehmen vor der Vergabe eines Kredites einem Rating unterzogen wird, in dessen Rahmen die Bonität des Kreditkunden festgestellt wird. Das Rating kann zum einen mittels internationaler Ratingagenturen[519] oder bankinterner Ratingverfahren durchgeführt werden. Unabhängig davon, ob es sich um externe oder bankinterne Verfahren handelt, sollen verschiedene Kriterien zur Beurteilung der Bonität herangezogen werden. Dazu zählen insbesondere, die

- Kapitalstruktur,
- Wettbewerbsfähigkeit,
- Fremdfinanzierungsmöglichkeiten,
- Fremdfinanzierungsquote,
- Ertragslage,
- Qualität der bereitgestellten Informationen und
- Qualität des Managements.[520]

Die verschiedenen Kriterien eines Ratings werden für jedes Unternehmen ermittelt und mit Hilfe von mathematischen Verfahren zu Kennzahlen verdichtet. Auf dieser Grundlage findet die Zuordnung der Kreditnehmer zu verschiedenen Ratingklassen statt, die wiederum einzelnen Risikogewichten zugeordnet werden.[521] Die Risikogewichte haben Auswirkung auf die Höhe des zur Hinterlegung notwendigen Eigenkapitals der Kreditinstitute. Je höher die zur Sicherung des Kredits notwendige Eigenkapitalhinterlegung durch das Kreditinstitut, desto teurer ist der Kredit für die Bank. Die Kosten für die Eigenkapitalhinterlegung werden in Form eines erhöhten Zinssatzes an den Kreditnehmer weitergegeben.

Für NPOs wird in der Folge mit einer stärkeren Spreizung der Finanzierungskonditionen zwischen NPOs mit einer hohen und geringen Bonität gerech-

---

[519] Vgl. die Darstellung die kurze Übersicht zu Ratingagenturen in Teil B Kapitel 8.3.1.

[520] Vgl. BFS (2002), S. 8 f.

[521] Das Standardrisikogewicht für ein nicht gerates Unternehmen beträgt dabei 100 %. Unternehmen mit extrem hoher Bonität (AAA bis AA-) können ein Risikogewicht von bis zu 20 % erreichen. Schlecht geratete Unternehmen (unter BB- ) können ein Risikogewicht von bis zu 150 % erhalten. Für kleine Unternehmen sind Risikoabschläge von bis zu 20 % möglich. Vgl. Baseler Ausschuss für Bankenaufsicht (Hrsg.) (2004), S. 21.

net.[522] Solche Organisationen, deren Finanzierungsmanagement und Bonität stimmig ist, werden durch geringe Zinskosten belohnt, solche, deren Bonität geringer ist, durch höhere Zinssätze bestraft. Die anfangs befürchtete Benachteiligung kleiner und mittelständischer Betriebe dürfte nach den Vereinbarungen vom Juli 2002 jedoch weitgehend ausgeräumt sein. Die Einstufung kleinerer Unternehmen bis zu einem gesamten Kreditvolumen von 1 Mio. Euro als Retailgeschäft stellt diese mit Privatpersonen gleich, die als nicht besonders risikoreich eingestuft werden.[523] Dazu können für kleine Unternehmen bis zu 50 Mio. Euro Umsatz variable Risikoabschläge angerechnet werden. Mit diesen Regelungen werden 95 % aller bundesdeutschen Wirtschaftsbetriebe und ebenfalls der größte Teil der NPOs erfasst.[524]

Aber auch die NPO sollte umgekehrt das Kreditinstitut und die allgemeinen Kreditbedingungen prüfen. Zu achten ist auf die Vertrauenswürdigkeit der Einrichtung, die persönliche Beziehung zum Kundenbetreuer und die Qualität der Beratung. Ein wesentlicher Bestandteil des Finanzmanagements ist der Vergleich und das Aushandeln der Konditionen bei verschiedenen Kreditformen und -instituten.[525] Die Unterschiede können dabei beträchtlich sein. So sind die Gebühren und Konditionen im Bereich der Direktbanken tendenziell günstiger als bei den großen Geschäftsbanken. Die Beratung ist hier jedoch oft unpersönlich, das Institut im Zweifelsfall weit entfernt. Der Vergleich von verschiedenen Angeboten ist mit der Einführung des Internets sehr viel müheloser geworden. Bequem können die Konditionen regionaler und überregionaler Kreditinstitute gesichtet und verglichen werden. Gleichwohl fehlen Beurteilungen oder *Benchmarks* zur Dienstleistungsqualität und den Konditionen für NPOs. Bei größeren Vorhaben kann es sich empfehlen, mehrere Kreditinstitute als Geschäftspartner auszuwählen. Auf diese Weise können die Stärken verschiedener Anbieter kombiniert und die Abhängigkeit von einem Institut verringert werden.

---

[522] Die BFS weist darauf hin, dass es in der Sozialwirtschaft angesichts abnehmender staatlicher Finanzierung und des gestiegenen Betriebsrisikos in den Einrichtungen auch ohne Basel II zu einer stärkeren Differenzierung zwischen „guten und schlechten Kreditnehmern" gekommen wäre. Vgl. BFS (2002), S. 34.

[523] Vgl. Baseler Ausschuss für Bankenaufsicht (Hrsg.) (2004), S. 58.

[524] Vgl. Bundesanstalt für Finanzdienstleistungsaufsicht (2004).

[525] Vgl. Keiner, Thomas (2000).

# 8 Vermögensmanagement

NPOs erwirtschaften auch Finanzmittel, indem sie anderen Personen oder Institutionen überschüssiges Geld oder Stiftungskapital zu bestimmten Bedingungen überlassen. Vermögensmanagement umfasst in diesem Zusammenhang die laufende Überwachung, Anlage und Verwaltung der investierten Geldmittel (des Vermögens) einer NPO. Das Vermögensmanagement kann grundsätzlich in eigener Verantwortung oder von Dritten wie Kreditinstituten, Vermögens- oder Stiftungsverwaltungsgesellschaften durchgeführt werden.

Im Gegensatz zum Zuwendungs- und Spendenmanagement stehen die Aktivitäten des Vermögensmanagements selten in unmittelbarem Zusammenhang mit den konkreten Projekten und Aufgaben der NPO. Vielmehr werden zunächst Erträge aus den Investitionen erwirtschaftet, die erst in einem zweiten Schritt für den Satzungs- oder Stiftungszweck eingesetzt werden. Das Geld kann dabei in den unterschiedlichsten Anlageformen wie Wertpapieren, Immobilien oder Wertgegenständen (z. B. Gemälde, Sammlungen) investiert sein.[526]

Investitionen können als Folge dieser Zweiteilung immer auch nicht intendierte Effekte erzeugen, indem beispielsweise Unternehmen und Staaten unterstützt werden, deren Ziele und Handlungsweisen in Konflikt zu den Zielen der NPO stehen. An dieser Stelle ergibt sich ein logischer Bruch der Handlungsrationalitäten (Ertragsteigerung einerseits und Sachzielerreichung andererseits), der zugleich ein Einfallstor für ethisch problematische Verhaltensweisen bietet.

Das Instrumentarium dieses Bereiches unterscheidet sich deutlich von den anderen Teilbereichen des Finanzierungsmanagements und ist durch die Eigenarten der Finanzanlagen und Kapitalmärkte geprägt. Pauschale Aussagen zu den Rahmenbedingungen und Instrumenten des Vermögensmanagements lassen sich nur schwer treffen, zumal die Bedeutung des Vermögensmanagements für die einzelnen NPO-Rechtsformen stark variiert.[527] Während Stiftungen ihrem Wesen

---

[526] Auf die Darstellung von Sachinvestitionen wie Immobilien wird aufgrund der sehr spezifischen Aufgaben und der komplexen Rahmenbedingungen an dieser Stelle verzichtet.

[527] Die Literaturbasis zum Vermögensmanagement steuerbegünstigter Körperschaften kann insgesamt als „sehr dünn" bezeichnet werden. Existieren zum Vermögensmanagement von Stiftungen immerhin einige Werke (vgl. z. B. Carstensen, Carsten [1996]), so lassen sich Publikationen im Bereich der sehr problematischen Vermögensverwaltung von Vereinen nicht ausmachen. Die reichhaltige Literatur, die sich zum Thema findet, bezieht sich überwiegend auf die kommerzielle Vermögensberatung aus der Sicht institutioneller Berater oder den privaten Vermögensaufbau. Vgl. Essinger, James/ Lowe, David (2000), Spreman, Klaus (1999) oder Konrad, Rainer (2003).

nach schon Vermögensmassen sind und damit dem Vermögensmanagement zentrale Bedeutung zukommt, sind die Möglichkeiten der Vermögensbildung im Verein nicht zuletzt durch das Gebot der zeitnahen Mittelverwendung deutlich eingeschränkt.[528] Vermögensmanagement kann hier zwar im Einzelfall durchaus beträchtliche Relevanz haben, ist jedoch in der Mehrzahl der Fälle lediglich von geringer Bedeutung.

## 8.1 Grundlagen des Vermögensmanagements

Für die Verwaltung des Vermögens gilt grundsätzlich auch der bereits im Zusammenhang mit den anderen Teilbereichen des Finanzmanagements dargestellte Planungszyklus: Ausgehend von den Gesamtzielen der Organisation müssen zunächst die Ziele des Vermögensmanagements festgelegt werden. Hierzu empfiehlt sich die Verabschiedung einer Anlagepolitik, die im Sinne eines Grundsatzpapiers Richtlinien für diesen Bereich festschreibt. Auf der Grundlage dieser „Anlageverfassung" werden die Ziele und Grenzen des Vermögensmanagements transparent gemacht und gleichzeitig ein Maßstab für das Verhalten der Entscheidungsträger eingeführt.

So kann beispielsweise unter Rückgriff auf das Vormundschaftsrecht die **Mündelsicherheit** etwaiger Kapitalanlagen verlangt werden.[529] Dabei dürfen regelmäßig nur als sicher geltende Anlageformen für Finanzinvestitionen genutzt werden. Dazu zählen insbesondere inländische Grund-, Hypotheken- und Rentenschulden sowie Spareinlagen bei inländischen öffentlichen Sparkassen, die zur Anlage von Mündelgeld für geeignet erklärt wurden.[530] Ferner können die Anteile und Mindest- bzw. Höchstgrenzen für einzelne Anlageformen festgelegt werden. Zur Risikobegrenzung könnte die Anlagepolitik beispielsweise vorsehen, dass maximal 20 % des investierten Kapitals in Aktien angelegt sein darf

---

[528] Auf die Möglichkeiten, Vermögensaufbau durch Rücklagenbildung im Verein zu betreiben, soll hier nicht weiter eingegangen werden. Vgl. dazu z. B. Meyer, Holger (2000), S. 94 ff.

[529] Für Stiftungen wurde die Verpflichtung zur mündelsicheren Anlage des Stiftungsvermögens zum 1.1.1996 aus den Stiftungsgesetzen der Länder entfernt. Zu den veränderten Rahmenbedingungen vgl. Strachwitz, Rupert Graf (1997), S. 5.

[530] Die Regelungen zur Vormundschaft finden sich in den §§ 1793 - 1921 BGB. § 1807 BGB gibt eine Übersicht über die im Rahmen der Mündelsicherheit erlaubten Finanzanlagen. Daneben kann auch der ursprünglich aus der Versicherungswirtschaft stammende Begriff der „Deckungsstockfähigkeit" eine gewisse Bedeutung für die Beschränkung des Anlageverhaltens in NPOs erlangen. Die Deckungsstockfähigkeit einer Anlage wird vom Bundesaufsichtsamt für das Versicherungswesen festgestellt. Sie besagt, dass das Wertpapier als Anlage für das Vermögen, welches Versicherungen zur Deckung zukünftiger Verpflichtungen benötigen, geeignet ist.

und dieses auch nur in so genannten *blue chips*.[531] Der Rest darf dann nur in bundesdeutsche Staatsanleihen investiert werden. Auch der Ausschluss bestimmter Anlageformen wie Optionen oder Futures kann hier festgeschrieben werden. Aufbauend auf den so festgestellten Zielen können dann **Anlagestrategien** entwickelt werden. So könnte eine Strategie darauf abzielen, an ein und demselben Börsenplatz bei Hausse (Zeit stark steigender Börsenkurse) in Aktien und bei Baisse (Zeit anhaltend fallender Börsenkurse) in risikolosen Werten, wie Anleihen, engagiert zu sein.

Das **operative Geschäft** beschäftigt sich schließlich mit der Umsetzung der notwendigen Transaktionen, dem Kauf und Verkauf von Anlagen und der Verwaltung der Wertpapierdepots bzw. der Abstimmung mit den depotführenden Kreditinstituten.

Die wesentliche Absicht bei der Anlage von Geld ist es, einen **Ertrag** zu erzielen. Erträge können einmalig wie die Differenz beim Kauf und Verkauf einer Aktie oder fortlaufend wie die Zinsen einer Anleihe, die Dividenden einer Aktie oder die Mieteinnahmen einer Immobilie anfallen. Weiterhin können Erträge sicher oder unsicher sein. Ein Beispiel für den ersten Fall sind die Zins- und Tilgungsleistungen einer Bundesanleihe, die bereits bei ihrer Emission feststehen. Die Dividendenzahlungen einer Aktiengesellschaft hingegen sind vom Gewinn des Unternehmens abhängig. Dieser kann nicht im voraus berechnet werden.

Betrachtet man die Erträge vor Abzug aller Minderungen wie Kosten für die Verwaltung, Provisionen oder Steuern, so spricht man auch vom Bruttoertrag. Relevant für die Beurteilung einer Investition ist jedoch der Nettoertrag, d. h. der Betrag, der nach Abzug aller Kosten übrig bleibt.

Die Erträge in ihrer absoluten Höhe sagen jedoch nur wenig über die tatsächliche Leistung der Geldanlage aus. Insbesondere ist es kaum möglich, die Leistung verschiedener Geldanlagen zu vergleichen, wenn der eingesetzte Betrag nicht berücksichtigt wird. So sagt ein Ertrag von 1.000 Euro nichts über die Rentabilität der Anlage aus. Diese ist sehr hoch, wenn das eingesetzte Kapital, mit dem dieser Ertrag erzielt wurde, 500 Euro betrug. Das Ergebnis würde sich jedoch relativieren, wenn bekannt wäre, dass der eingesetzte Betrag 100.000 Euro betrug. Die Kennzahl die das Verhältnis von Gewinn zu eingesetztem Kapital ausdrückt, ist die Rendite.[532] Je höher die Rendite ist, desto vorteilhafter ist eine Anlageform unter Ertragsgesichtspunkten. Mit der Berechnung der Rendite können die unterschiedlichsten Anlageformen – beispielsweise eine Immobilie oder

---

[531] Als *blue chips* werden Spitzenpapiere mit hohen Umsätzen und hoher Bonität an der Börse bezeichnet.
[532] Zur Ermittlung vgl. Teil B Kapitel 3.1.

eine Anleihe – unter dem Gesichtspunkt ihrer Vorteilhaftigkeit miteinander verglichen werden.[533]

Aber auch die historische oder erwartete Rendite reicht nicht aus, um eine Anlage wirklich beurteilen zu können. Mit dem Erfolg der Portfoliotheorie in Wissenschaft und Praxis sind Risikoüberlegungen fester Bestandteil des Vermögensmanagements geworden.[534] **Risiko** kann demnach als Kehrseite des Ertrags einer Anlage interpretiert werden. So wären zwei Anlagen, die den gleichen Ertrag versprechen, unterschiedlich zu beurteilen, wenn bei einer Anlage die Möglichkeit bestünde, das gesamte eingesetzte Kapital zu verlieren, während die zweite kein Verlustrisiko beinhaltete. Bei der Art der Risiken kann grundsätzlich zwischen finanziellen und Betriebsrisiken unterschieden werden.[535] **Marktpreisrisiken** gehören zu den finanziellen Risiken. Sie resultieren aus den fortlaufenden Preisschwankungen der Finanzobjekte. So existiert die Gefahr, dass ein Anleger eine Aktie zu einem niedrigeren Kurs verkaufen muss, als er sie erworben hat. Er realisiert damit Kursverluste. Über die Schwankungen der Marktpreise hinaus kann es zu einem vollständigen Ausfall kommen, wenn eine Vertragspartei ihren Verpflichtungen nicht mehr nachkommen kann oder will. So können z. B. Unternehmensanleihen im Fall eines Bankrotts nicht mehr zurückgezahlt werden. Dieses **Ausfallrisiko** entspricht dem Bonitätsrisiko im Bereich des Kreditmanagements. Die Gefahr dass ein Anlageobjekt nicht zum optimalen Zeitpunkt veräußerbar ist, wird schließlich als **Liquiditätsrisiko** bezeichnet. Dieses Risiko ist umso geringer, je standardisierter ein Produkt ist. Demnach sind Aktien tendenziell leichter liquidierbar als Immobilien. Zusätzlich beeinflusst das Interesse möglicher Käufer die Veräußerbarkeit von Anlageobjekten. Je stärker eine Aktie gehandelt wird, umso höher also ihre Umsätze an der Börse sind, desto einfacher wird sie zu verkaufen sein.

Operative Risiken oder **Betriebsrisiken** sind durch die Organisationsstrukturen und Abläufe der Finanzintermediäre bedingt. Nachteile können dem Anleger durch verspätete Abwicklung von Transaktionen zum finanziellen Schaden des Kunden, aber auch durch falsche Berechnungen bei Gebühren und Provisionen oder durch Diebstahl und Betrug entstehen.

Der Einschätzung und Begrenzung von Anlagerisiken kommt im Rahmen des **Risikomanagements** wachsende Bedeutung zu. Daher ist es sinnvoll, auf der Grundlage der Risikobereitschaft der NPO (beschrieben in der Anlagepolitik) ein Risikobudget festzulegen, das vom Finanzmanagement fortlaufend mit der

---

[533] Zur Bedeutung der Rendite als Rentabilitätskennzahl vgl. Teil B Kapitel 3.1. Die Berechnung erfolgt hier ganz ähnlich, indem alle Erträge eines Zeitraums ins Verhältnis zum eingesetzten Kapital gesetzt werden (z. B. Dividenden + Kursgewinne geteilt durch Anlagebetrag).
[534] Vgl. dazu die Anmerkungen in Teil A Kapitel 3.2.
[535] Vgl. Beike, Rolf/Schlütz, Johannes (2001), S. 40 ff.

tatsächlichen Situation verglichen wird und auf dessen Grundlage die Steuerung der Risiken erfolgt.[536]

Eine der wichtigsten **statistischen Kennzahlen** für das Risiko bei Finanzanlagen ist die Standardabweichung (und die Varianz als quadrierte Standardabweichung). Diese Größe misst auf der Grundlage vergangener Daten, wie hoch die Streuung der Erträge oder der Rendite einer Anlage um ihren Mittelwert ist. Je höher dieser Wert ist, desto höher ist das Risiko der Anlage. Bei dieser Form der Risikomessung werden sowohl positive (Erträge sind höher als Mittelwert) als auch negative (Erträge sind niedriger als Mittelwert) Abweichungen einbezogen. Demnach wäre eine Anlage mit einer Rendite von 5 %, - 10 % und + 20 % in den zurückliegenden drei Jahren riskanter als eine Anlage, die konstant 5 % Rendite erwirtschaftet.[537]

Häufig halten Anleger mehrere Anlageformen gleichzeitig. Die Gesamtheit aller Vermögensgegenstände wird dann auch als **Portfolio** (oder Portefeuille) bezeichnet. Für ein solches Portfolio sind natürlich sowohl die Rendite als auch das Risiko des gesamten Portfolios und nicht nur die einzelner Anlageformen relevant. Die Portfoliorendite innerhalb eines bestimmten Zeitraumes (z. B. eines Jahres) ergibt sich aus der Summe der Ausschüttungen, Zinsgutschriften, Dividenden und Kursveränderungen der Wertpapiere im Verhältnis zum Anlagebetrag. Allein gesehen, sagt die Portfolio-Rendite jedoch nicht viel aus, sondern muss letztendlich im Vergleich zu den Renditen anderer Anlageformen und Portfolios gesehen werden.

Eine wichtige Erkenntnis für die Gestaltung von Portfolios stammt aus der Portfoliotheorie. Danach lässt sich das Gesamtrisiko bei der Anlage eines zur Verfügung stehenden Betrages mindern, wenn dieser nicht nur in ein Risikopapier investiert, sondern breit gestreut in verschiedenen Titeln angelegt wird (**Diversifikation**).

Beispiel: Investiert eine NPO in die Aktien eines Gummistiefelherstellers, so wird der Ertrag der Aktie in einem regnerischen Jahr höher sein, weil die Firma dann mehr Gummistiefel verkauft. In einem sonnigen Jahr wird der Ertrag jedoch sehr viel geringer sein. Das Risiko kann gemindert werden, wenn der Anleger sein Portfolio um die Aktien eines Sandalenherstellers ergänzt. Dieser verkauft in einem sonnigen Jahr erheblich mehr Sandalen als in einem regnerischen Jahr. Unter diesen Bedingungen hat der Anleger das Risiko für sein Portfolio, das aus der ungewissen Wetterlage resultiert, verringert.

---

[536] Zum Risikomanagement in NPOs vgl. Fronek, Carmen (2003).

[537] Auf der Grundlage der Standardabweichungen wurden zahlreiche weitere Verfahren zur Risikomessung entwickelt. Daneben existieren viele anlagespezifischen Risikoindikatoren (z. B. für Optionen). Vgl. Beike, Rolf/Schlütz, Johannes (2001).

Auf der Grundlage dieser Erkenntnis fußt auch die Konstruktion von Investment-fonds, die durch geschickte Mischung verschiedener Risikotitel versuchen, das Verhältnis zwischen Risiko und Rendite zu optimieren. Empirische Befunde zur Performance des Vermögensmanagements in NPOs stehen weitgehend aus. Untersuchungen zum Investmentverhalten von Stiftungen in den USA legen jedoch nahe, dass die Renditen der Stiftungsportfolios im Verhältnis zur durchschnittlichen Marktrendite beträchtlich streuen. Diese Diskrepanz scheint sich auch beim Vermögensmanagement zu zeigen. *Salamon* unterscheidet dabei zwei Gruppen mit unterschiedlichen Stilen des Vermögensmanagements. Die erste, größere Gruppe umfasst vor allem kleinere und mittelgroße Stiftungen, „which follow an inactive, risk-averse style, focusing on income maximization rather than total return"[538]. In der zweiten und kleineren Gruppe finden sich überwiegend große und mittelgroße Stiftungen. Diese bedienen sich professioneller Managementmethoden „involving trustees in setting specified investment objectives, focusing on total return, pursuing ambitious rate-of-return goals, tolerating a significant level of risk and higher rates of portfolio turnover, conducting frequent investments reviews, and maintaining balanced portfolio weighted towards equities"[539]. Unterstellt man eine gewissen Nachholbedarf im Vermögensmanagement deutscher Stiftungen, so kann jedoch davon ausgegangen werden, dass sich diese Diskrepanz hierzulande noch deutlicher zeigt.[540]

## 8.2 Steuerrechtliche Rahmenbedingungen des Vermögensmanagements

Die Anlage in Kapitalvermögen fällt weitgehend in den Bereich steuerbegünstigter Vermögensverwaltung. Dies trifft auch dann zu, wenn Veräußerungen im Einzelfall innerhalb der Spekulationsfrist erfolgen. Ferner werden Verwaltungsmaßnahmen, die in angemessenem Verhältnis zum Vermögensbestand stehen, nicht nachteilig bewertet. Indizien für eine auf Gewerblichkeit ausgerichtete Vermögensverwaltung sind dagegen der regelmäßige Kauf und Verkauf von Wertpapieren innerhalb eines Tages (daytrading) oder die Aufnahme von Fremdkapital zu Anlagezwecken.

In Bezug auf das Gemeinnützigkeitsrecht sind weniger die Gewinne als vielmehr die Verluste aus der Vermögensverwaltung problematisch. Treten in sieben aufeinander folgenden Jahren Verluste aus Vermögensverwaltung auf, so

---

[538] Salamon, Lester M. (1993), S. 239.
[539] Ebd. (1992), S. 135.
[540] Zum Vergleich der deutschen und amerikanischen Stiftungslandschaft vgl. Anheier, Helmut K./Romo, Frank P. (1999), S. 113 ff.

droht die Aberkennung der Gemeinnützigkeit für die Verlustjahre.[541] Solche Verluste entstehen in der Regel als Folge risikoreicher Kapitalanlagen oder eines im Verhältnis zum Ertrag hohen Verwaltungsaufwandes. Für die steuerrechtliche Behandlung von Immobilien ist nicht die Zahl der eigenen Immobilienobjekte relevant. Als schädlich wird nur die Veräußerung von drei oder mehr Objekten innerhalb von fünf Jahren angesehen.[542] Ansonsten berührt die Veräußerung von Immobilien die Gemeinnützigkeit nicht.

Die steuerrechtliche Behandlung der Anteile einer NPO an einem Unternehmen hängt von der Rechtsform der Unternehmung ab. Beteiligungen an Kapitalgesellschaften (z. B. über Aktien) fallen dabei tendenziell, das heißt mit wenigen Ausnahmen, in den Bereich der steuerbegünstigten Vermögensverwaltung.[543] Bei Personengesellschaften ist grundsätzlich danach zu differenzieren, ob es sich um gewerblich oder vermögensverwaltend tätige Personengesellschaften handelt. Erträge aus ersteren fallen in jedem Fall unter die Einkünfte aus wirtschaftlichem Geschäftsbetrieb. Letztere werden in der Regel als Einkünfte aus Vermögensverwaltung anerkannt.

Unabhängig davon, wo die Aktivitäten des Vermögensmanagements steuerlich verortet werden, sind die Kreditinstitute dazu angehalten, bei Erträgen aus Kapitalvermögen (z. B. Zinserträge oder Dividenden) die so genannte **Kapitalertrag- bzw. Zinsabschlagsteuer** einzuziehen. Ihrem Charakter nach ist der Zinsabschlag eine Steuervorauszahlung, die der NPO, wenn sie diese überhaupt zu leisten hat, auf die zu zahlende Körperschaftsteuer angerechnet wird. Kapitalerträge unterliegen derzeit einem Zinsabschlag in Höhe von 30 % oder einer Kapitalertragsteuer in Höhe von 25 %.[544] Zusätzlich werden 5,5 % Solidaritätszuschlag erhoben.[545] Als Bemessungsgrundlage für den Solidaritätszuschlag gilt die erhobene Kapitalertragsteuer bzw. Zinsabschlagsteuer. Diese Zahlungen sind unter finanztechnischen Gesichtspunkten nicht irrelevant, da sie die Liquidität der NPO spürbar mindern. Für gemeinnützige Körperschaften kann der Zinsabschlag meist durch Vorlage eines „Freistellungsbescheids" oder einer „Bescheinigung der Steuerfreistellung der Zinsen" vermieden werden.

---

[541] Dieses nicht unproblematische Vorgehen entspricht der Praxis zahlreicher Finanzämter. Vgl. Schauhoff, Stephan (2002), S. 15.

[542] Im Einzelfall kann jedoch laut BFH-Rechtsprechung schon der Verkauf eines Objektes zu gewerblichen Grundstückshandel führen, z. B. Bau und Verkauf eines Geschäftszentrums oder Bürogebäudes.

[543] Ausgenommen sind insbesondere Betriebsaufspaltungen, bei denen eine sachliche und personelle Verflechtung und ein dauernder Einfluss auf die laufende Geschäftsführung gegeben ist. Vgl. dazu BFH (1971), S. 753.

[544] Bei so genannten „Tafelgeschäften", das sind Geschäfte am Bankschalter, beträgt der Zinsabschlag 35 %.

[545] Vgl. Meyer, Holger (2000), S. 240.

Beispiel: Ein gemeinnütziger Verein hat ein Guthaben auf einem Tagesgeldkonto. Die Zinsen fallen im Rahmen der Vermögensverwaltung an und sind steuerfrei. Bei einer Zinsgutschrift kann der Verein den Zinsabschlag vermeiden, wenn er der Bank einen Freistellungsbescheid vorlegt.

Kleinere NPOs sind aber oftmals beim Finanzamt gar nicht gemeldet, weil sie keine Gemeinnützigkeit anstreben oder keine steuerpflichtigen Einnahmen oder Spenden entgegennehmen. Diese Vereine haben die Möglichkeit den Zinsabschlag durch die Erteilung eines Freistellungsauftrages bei ihrer Bank zu vermeiden, sofern die Zinserträge 1.601 Euro nicht überschreiten. Sind die zugrundeliegenden Transaktionen jedoch dem wirtschaftlichen Geschäftsbetrieb zuzuordnen, lässt sich der Zinsabschlag grundsätzlich nicht vermeiden.[546]

## 8.3 Ausgewählte Finanzinvestitionen

Die beiden wichtigsten Anlageformen im Bereich der Finanzinvestitionen sind Aktien und Anleihen. Der Unterschied zwischen Aktien und (Unternehmens-)Anleihen besteht dabei im rechtlichen Status des Geldgebers. Während der Aktionär Teilhaber an der Gesellschaft ist, hat der Inhaber einer Anleihe den Status eines Gläubigers. Als solcher hat er im Gegensatz zum Anteilseigner grundsätzlich unabhängig von der Ertragslage der Gesellschaft einen Anspruch auf die Rückzahlung des eingesetzten Geldes zuzüglich eines vorher vereinbarten Zinsertrages. Aus der Sicht der Unternehmen sind diese Zinsleistungen Kosten. Die Auszahlung von Dividenden sind hingegen keine Kosten, sondern stellen für das emittierende Unternehmen eine Form der Gewinnverwendung dar.

### 8.3.1 Festverzinsliche Wertpapiere

Festverzinsliche Wertpapiere werden von einer Organisation ausgegeben (emittiert), um dadurch zusätzliches Fremdkapital zu beschaffen. Sie stellen damit für den Herausgeber (Emittenten) eine Form der langfristigen Kreditfinanzierung dar. Dem Anleger verbriefen sie in einer Urkunde das Recht auf Rückzahlung des bezahlten Betrages zu einem bestimmten Termin und auf einen über die gesamte Laufzeit vereinbarten Zinsertrag.[547] Der Emittent erbittet das Darlehen jedoch nicht am Stück als eine einzige Schuldverschreibung, sondern stückelt den Gesamtdarlehensbetrag, da dieser meist sehr hoch ist, in viele Teilschuldverschreibungen, die dann auf dem Anleihemarkt gehandelt werden können. Der

---

[546] Ausnahmen sind gewisse Bagatellfälle.
[547] Vgl. Bürger, Cornelia (2001).

Besitzer einer Schuldverschreibung kann diese in der Regel auf dem Markt auch vor Ablauf der gesamtem Laufzeit veräußern. Schuldverschreibungen werden auch als Anleihen, Obligationen oder Bonds bezeichnet. Emittenten von festverzinslichen Wertpapieren können die öffentliche Hand (z. B. Bund, Länder und Gemeinden), Kreditinstitute (z. B. Kredit- und Hypothekenbanken, Sparkassen u. a.), Unternehmen in privatem oder öffentlichem Eigentum und ausländische Akteure sein.

Im Standardfall erwirbt die NPO eine Anleihe über ihre Hausbank. Dabei kommen neben dem Preis für die Anleihe auch die Gebühren des Kreditinstitutes sowie die Kosten der Depotführung auf sie zu. Bei der Ermittlung des Preises ist der Nominal- oder Nennwert der Anleihe der Ausgangspunkt. Das ist der auf der Wertpapierurkunde vermerkte Betrag, der meist auf 100, 500 oder 1.000 Euro lautet. Der Emittent hat die Möglichkeit, als Preis für die Anleihe den Nominalwert selbst (pari) oder den Nominalwert zuzüglich eines Aufschlages (Agio) oder abzüglich eines Abschlages (Disagio) festzusetzen. Ein solches (Dis)Agio verändert die effektive Verzinsung der Anleihe.[548]

Die genaue Beurteilung einer Anleihe hängt jedoch nicht nur von den Kosten, sondern von ihrer gesamten Ausstattung, den Bedingungen also, zu denen die Anleihe angeboten wird, ab. Wichtige Ausstattungsmerkmale sind die Verzinsung, Laufzeit, Rückzahlung, Währung und Sicherheit der Anleihe (vgl. Abbildung 34).

*Abbildung 34:* Ausstattungsmerkmale von Anleihen

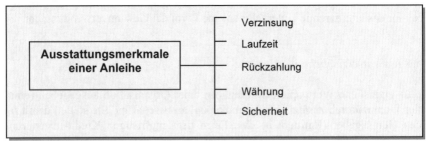

*Eigene Darstellung*

Die genauen Merkmale lassen sich dem Emissionsprospekt entnehmen, zu dessen Anfertigung der Herausgeber einer Anleihe verpflichtet ist.

---

[548] Der tatsächliche Zinssatz verringert sich bei einem Agio, da die Anleihe dadurch teurer wird. Umgekehrt erhöht sich die Effektivverzinsung bei einem Disagio.

Die **Verzinsung** kann danach unterschieden werden, ob sie regelmäßig über die gesamte Laufzeit (Kupon-Anleihen) oder einmalig am Ende der Laufzeit (Null-Kupon-Anleihen oder „*Zero-Bonds*") erfolgt. Echte Zerobonds sind Abzinsungsanleihen. Das heißt, die Anleihe wird unterhalb ihres Nennwertes an den Anleger verkauft und zum Nennwert an diesen zurückgegeben. Abgezogen wird am Anfang der Geldbetrag, der den Zinsen über die gesamte Laufzeit entspricht. Außerdem können die Zinssätze festgelegt oder variabel sein. Feste, vorab bestimmte Zinssätze stellen den Standardfall dar. Bei variablen Zinssätzen (*Floating-Rate-Notes* oder kurz *Floater* genannt) wird meist ein Referenzzinssatz zu Grunde gelegt, an dem sich die Verzinsung der Anleihe orientiert. Die Verzinsung des *Floaters* wird dann fortlaufend an die Änderungen des Referenzzinssatzes angepasst.[549] Oftmals werden jedoch Zinsunter-(*Floors*) oder -obergrenzen (*Caps*) festgeschrieben, die nicht unter- bzw. überschritten werden.

Die **Laufzeit** einer Schuldverschreibung beschreibt den Zeitraum zwischen der Emission und der vollständigen Rückzahlung (Fälligkeit) des Nennwertes. Sie kann kurz- (bis zu zwei Jahren: kurzfristige Schuldverschreibungen) oder mittel- bzw. langfristig (zwei bis 30 Jahre: Anleihen, Bonds, Obligationen) sein. Von der Laufzeit ist die Restlaufzeit zu unterscheiden. Diese bezeichnet die verbleibende Zeit einer bereits emittierten Anleihe und reicht vom Betrachtungszeitpunkt bis zur Fälligkeit.

Die **Rückzahlung** erfolgt meist in einer Summe am Ende der Laufzeit, d. h., sie ist gesamtfällig und entspricht damit in ihrem Verlauf einem Festdarlehen. Daneben gibt es Sonderformen wie die Annuitätenanleihe, die in gleich hohen Raten über die Restlaufzeit der Anleihe getilgt wird, sowie Auslosungsanleihen, bei denen die einzelnen Teile einer Schuldverschreibung unterschiedliche (zufällige) Rückzahlungstermine aufweisen.

Der Nennwert einer Schuldverschreibung kann auf unterschiedliche **Währungen** lauten. Üblicherweise wird eine in Deutschland emittierte Anleihe in Euro herausgegeben. Daneben besteht die Möglichkeit, dass sie auf die Währung eines anderen Landes (z. B. US-Dollar oder Pfund) lautet. Die Anleihe wird dann als Währungsanleihe bezeichnet. Bei der Doppelwährungsanleihe sind zwei Währungen beteiligt. Emission, Zins- und Tilgungsleistungen sowie Rückzahlung erfolgen dabei unterschiedlich in jeweils einer der beiden Währungen (z. B. Emission sowie Kapitaldienst in Euro und Rückzahlung in Dollar).

---

[549] Herausragende Bedeutung als Referenzzinssätze haben dabei der LIBOR (London Interbank Offered Rate) und der EURIBOR (European Interbank Offered Rate). Vgl. Perridon, Louis/Steiner, Manfred (2002), S. 414.

*Abbildung 35:* Bonitätsbewertung ausgewählter Ratingagenturen

| Bonitätsbewertung | Rating-Symbol | |
| --- | --- | --- |
| | Moody's | S & P |
| **Sehr gute Anleihen** | | |
| Beste Qualität geringstes Ausfallrisiko. | Aaa | AAA |
| Hohe Qualität, etwas größeres Risiko. | Aa1<br>Aa2<br>Aa3 | AA+<br>AA |
| Gute Qualität, viele gute Investmentattribute, aber auch Elemente die sich bei veränderter Wirtschaftsentwicklung negativ auswirken können. | A1<br>A2<br>A3 | A+<br>A<br>A- |
| Mittlere Qualität, aber mangelnder Schutz gegen die Einflüsse veränderter Wirtschaftsentwicklung. | Baa1<br>Baa2<br>Baa3 | BBB+<br>BBB<br>BBB- |
| **Spekulative Qualität** | | |
| Spekulative Anlage, nur mäßige Deckung für Zins- und Tilgungsleistungen. | Ba1<br>Ba2<br>Ba3 | BB+<br>BB<br>BB- |
| Sehr spekulative Anlage, generell fehlende Charakteristika eines wünschenswerten Investments, langfristige Zinszahlungserwartung gering | B1<br>B2<br>B3 | B+<br>B<br>B- |
| **Junk-Bonds** | | |
| Niedrigste Qualität, geringster Anlegerschutz. In Zahlungsverzug oder indirekt Gefahr des Verzugs Zahlungsausfall | Caa<br>Ca<br>C<br>D | CCC<br>CC<br>C |

*Darstellung in Anlehnung an: Beike, Rolf/Schlütz, Johannes (2001), S. 421*

Anleihen weisen zwar im Vergleich zu Aktien ein geringeres **Risiko** auf, sie sind jedoch nicht risikolos. Das Ausfallrisiko hängt hier sehr stark vom Emittenten ab. Als sichere Anlageformen gelten z. B. die staatlichen Anleihen der meisten Industrienationen. Anleihen von Entwicklungs- und Schwellenländern (z. B. Argentinien) oder Industrieunternehmen können jedoch ein beträchtliches Ausfallrisiko bergen. Daher müssen diese Emittenten im Vergleich zu anderen einen höheren Zinssatz zahlen. Das Risiko einer Anleihe ist nicht ganz leicht zu beurteilen. Aus diesem Grund beschäftigen sich weltweit zahlreiche Ratingagenturen wie „Moody's" oder „Standard & Poor's" mit der Einschätzung möglicher Risiken sowohl der Emissionen als auch der Emittenten. Sie vergeben dabei „Noten", die entsprechend der Bonität von „Aaa" bis „C" (Moody's) oder „AAA" bis „D" (Standard & Poor's) reichen (Abbildung 35). Das so genannte *„Triple A"* ist dabei jeweils die höchst mögliche Bewertung. Anleihen unter einem Rating von Baa bzw. BBB werden aufgrund ihres spekulativen Charakters auch als *„Junk-Bonds"* (Ramschanleihen) bezeichnet.[550]

Als **Sicherheiten** gegen ein Ausfallrisiko kommen vor allem bei Industrieobligationen Grundpfandrechte und Bürgschaften anderer Gesellschaften oder der öffentlichen Hand in Frage.[551] Daneben gibt es noch die so genannte „Negativklausel". Mit dieser versichert der Herausgeber der Anleihe, dass die Inhaber seiner Anleihen nicht schlechter als andere Gläubiger behandelt werden. Anleihen, die mit dieser Negativklausel ausgestattet sind, werden auch als erstrangige Anleihen bezeichnet. Im Gegensatz dazu stehen die nachrangigen Anleihen. Im Konkursfall oder bei der Liquidation müssen die Inhaber solcher Anleihen warten, bis sämtliche Ansprüche erstrangiger Anleihen befriedigt wurden, bevor sie einen Anspruch auf Rückzahlung ihres geliehenen Geldes haben. Nachrangige Anleihen haben regelmäßig ein schlechteres *Rating* als erstrangige.

Anleihen zeichnen sich im Regelfall durch relativ überschaubare Zahlungsreihen aus. Zur Bewertung ihrer Vorteilhaftigkeit gibt der tatsächliche Jahreszins in Verbindung mit der Beurteilung einer Ratingagentur dem Anleger wertvolle Hinweise. Sehr gut bewertete Industrieobligationen sowie die Staatsanleihen der wichtigen Industriestaaten gehören zu den sichersten Anlageformen überhaupt. Selbst für vorsichtige NPOs sind Anleihen daher eine echte Alternative zum niedrigverzinslichen Girokonto oder Sparbuch.

## 8.3.2 Aktien

Aktien werden von Unternehmen im Rahmen ihrer Eigenkapitalfinanzierung herausgegeben. Die Aktie selbst ist ein Wertpapier, das eine Beteiligung an einem als Aktiengesellschaft (AG) organisierten Unternehmen verbrieft. Als Aktionär wird der Käufer einer Aktie Miteigentümer eines Unternehmens und ist an Grundbesitz, Gebäuden, Maschinen, Vorräten und dem wirtschaftlichen Erfolg des Unternehmens beteiligt. Bei einer Kapitalerhöhung (d. h., die AG gibt neue Aktien aus, um ihr Eigenkapital zu erhöhen) steht ihm das Recht zu, einige der jungen Aktien zu erwerben (Bezugsrecht). Als Anteilseigner hat der Aktionär zwar Anspruch auf einen Anteil am Bilanzgewinn (Dividendenanspruch), dieser kann jedoch nur bei entsprechender Ertragslage ausgeschüttet werden. Daneben

---

[550] Vgl. Beike, Rolf/Schlütz, Johannes (2001), S. 354.
[551] Vgl. Gräfer, Horst/Beike, Rolf/Scheld, Guido A. (2001), S. 202.

hat er die Chance beim Verkauf seines Anteils, beträchtliche Kursgewinne, aber auch das Risiko, Kursverluste zu realisieren. Die Ertrags- und Wachstumschancen sind bei Aktien in der Regel höher als bei festverzinslichen Wertpapieren, sodass sie im Vergleich zu Anleihen als risikoreichere Form der Geldanlage gelten.

Aktien können verschiedene Gestaltungsformen aufweisen:[552] Von dem auf der Aktie aufgedruckten **Nennwert** (sofern dieser überhaupt noch angegeben wird) ist der **Kurs** der Aktie zu unterscheiden. Während ersterer den Betrag mit dem die Aktie am Grundkapital der Gesellschaft beteiligt ist, repräsentiert, drückt der Kurs die gegenwärtige Wertschätzung einer Aktie auf dem Markt aus und unterliegt damit fortlaufenden Schwankungen. Beide Größen sind nur selten identisch.

Aktien können auf verschiedene Weise übertragen werden. In der einfachsten und auch verbreitetsten Form werden Aktien einfach durch Einigung und Übergabe übertragen. Die Rechte, die mit der Aktie verbrieft sind, können hierbei von jedem Inhaber der Aktie wahrgenommen werden (**Inhaberaktie**). Die **Namensaktie** ist hingegen ein Orderpapier. Der Name des Aktionärs wird im Aktienbuch des Unternehmens geführt und lediglich der auf der Aktie vermerkte Inhaber ist Träger der mit der Aktie verbundenen Rechte. Die Übergabe erfolgt durch Indossament. Dabei wird der Name des neuen Eigentümers auf der Rückseite des Papiers vermerkt und durch die Unterschrift des bisherigen Eigentümers bestätigt. Bei vinkulierten Namensaktien ist die Übertragung des Wertpapiers sogar an die Zustimmung der Gesellschaft gebunden.

Aktien können ferner unterschiedliche Rechte verbriefen. So gewähren **Stammaktien** als populärste Form einen Anspruch auf den Gewinn der AG in Form einer Dividende, ein Stimmrecht bei der Hauptversammlung, einen Anteil am Liquidationserlös des Unternehmens und ein Bezugsrecht bei Kapitalerhöhungen. Daneben gewähren **Vorzugsaktien** dem Aktionär gewisse Vorteile, meist in Bezug auf die Gewinnverwendung (höhere oder bevorzugte Dividende). Im Gegenzug beschränken sie häufig das Stimmrecht des Aktionärs. Mit Vorzugsaktien können Kapitalerhöhungen durchgeführt werden, ohne das Stimmrechtsverhältnis in der Hauptversammlung zu beeinflussen.

Aktien werden in der Regel über ein Kreditinstitut gehandelt. Für den Kauf (Verkauf) einer Aktie erteilt der Anleger seiner Bank eine Kauforder (Verkaufsorder). Diese Order umfasst den Namen, die Wertpapierkennnummer und die Anzahl der zu handelnden Aktien und kann einen Zielkurs vorgeben. Limitiert ein Käufer seine Order zu einem bestimmten Betrag, so wird der Auftrag nur ausgeführt, wenn sich der Kurs der Aktie unterhalb dieses Kurses bewegt. Eine

---

[552] Vgl. Beike, Rolf/ Schlütz, Johannes (2001), S. 49 ff.

limitierte Verkaufsorder wird nur ausgeführt, wenn sich der Kurs oberhalb des Limits bewegt. Verzichtet der Anleger auf die Angabe eines Limits, so werden die Aktien zum bestmöglichen Kurs am Handelstag verkauft (bestens) bzw. zu einem möglichst günstigen Kurs gekauft (billigst). Der tatsächliche Kauf- oder Verkaufspreis kann ohne Limit beträchtlich höher bzw. niedriger als erwartet ausfallen.

Für die Ausführung des Auftrages stellt die Bank dem Kunden Gebühren in Rechnung. Diese umfassen meist eine Provision für den Makler (auch Maklercourtage) sowie Auftragsgebühren, die sich je nach Kreditinstitut unterschiedlich zusammensetzen können. Häufig sind jedoch Mindestgebühren und Gebühren für spezielle Transaktionen sowie die Nutzung von Limits vorgesehen. Daneben werden die Aktien in einem Depot geführt, das ebenfalls gebührenpflichtig ist. Im Verhältnis zum Anlagevolumen und je nach Kreditinstitut können diese Kosten schon beträchtlich sein, sodass insbesondere kleinere Aktienpakete von wenigen hundert Euro dann nur noch wenig rentabel sind.

Der Ertrag einer Aktie ist in hohem Maße davon abhängig, wie gut es dem Anleger gelingt, die zukünftige Entwicklung des Aktienkurses und des Unternehmens vorwegzunehmen. Ausgehend von diesen Überlegungen, sind eine ganze Reihe verschiedener **Analyseverfahren** zur Prognose zukünftiger Entwicklungen entstanden. Ein bedeutendes Verfahren ist die **Fundamentalanalyse**. Analysten, die auf dieser Basis arbeiten, versuchen anhand von ausgewählten Unternehmensdaten und gesamtwirtschaftlichen Kennziffern die Entwicklung einer Aktie oder einer Branche zu antizipieren. Die **Technische Analyse** hingegen versucht, auf der Grundlage historischer Kursverläufe bestimmte Trends oder Chartformationen zu erkennen, die Auskunft über die weitere Entwicklung des Titels geben. Ein jüngerer Zweig der Ertragsanalyse ist die verhaltenswissenschaftlich geprägte Finanzierungslehre (**Behavioral Finance**). Diese unterstellt, dass Anleger ihre Anlageentscheidungen nicht nur auf der Grundlage rationaler Ertrags- und Risikoerwartungen, sondern in Abhängigkeit von verschiedenen Faktoren treffen. Das Wissen um solche Verhaltensmuster soll dann bei der Einschätzung zukünftiger Aktienkursentwicklungen helfen.

### 8.3.3 Sonstige Finanzanlagen

Unter bestimmten Umständen ist es sinnvoll, Geldbeträge als Liquiditätsreserve in möglichst kurzfristig verfügbaren Anlagen zu investieren. Aktien und Anleihen sind dazu häufig ungeeignet und das Girokonto gewährleistet meist keine oder eine nur sehr geringe Verzinsung des Kapitals, sodass hier andere Formen der Geldanlage gesucht werden müssen. Während die Anlage in **Tagesgeld** in der Vergangenheit nur großen institutionellen Anlegern vorbehalten war, ist eine ähnliche Anlageform mittlerweile auch zu interessanten Konditionen für Kleinanleger möglich und wird vor allem von Direktbanken angeboten. Das angelegte Geld ist dabei jederzeit verfügbar und wird trotzdem zu einem vergleichsweise hohen Satz verzinst.[553]

Daneben gibt es die Möglichkeit, das Geld zeitlich begrenzt in **Termineinlagen** anzulegen. Dabei handelt es sich um größere Einlagen (oftmals wird ein Mindestbetrag festgeschrieben), die Geldanleger bei einer Bank für eine gewisse Zeitspanne festlegen. In der Regel liegt die Zeitspanne zwischen 30 Tagen und zwölf Monaten. Bei Kündigungsgeldern wird eine Kündigungsfrist von mindestens 30 Tagen vereinbart. Im Gegensatz zu den Anlageformen auf Tagesbasis wirken sich Termineinlagen für die Dauer der vereinbarten Zeitspanne liquiditätsmindernd auf die Finanzen aus. Das Geld ist erst nach Ablauf der Frist wieder verfügbar.

**Spareinlagen** (z. B. in Form eines Sparbuchs) gehören zu den sichersten und beliebtesten Geldanlageformen in der Bundesrepublik. Grundsätzlich kann zwischen Spareinlagen mit einer dreimonatigen Kündigungsfrist (Abhebungen sind hierbei meist in einer bestimmten monatlichen Höhe möglich) oder mit mehr als dreimonatiger Kündigungsfrist unterschieden werden. Die bekannteste Form der Spareinlage ist das allseits bekannte Sparbuch. Spareinlagen weisen ein sehr geringes Risiko für den Anleger auf. Nachteilig ist jedoch die niedrige Verzinsung bei gleichzeitiger Bindung des Kapitals, das so bei Liquiditätsproblemen kurzfristig nicht zur Verfügung steht.

Neben diesen traditionellen Anlageformen gibt es so genannte derivative Finanzinstrumente. **Derivate** sind vertragliche Vereinbarungen über Geschäfte, deren Wert von einem zugrundeliegenden Vermögensgegenstand, Index, Zinssatz oder Devisenkurs abgeleitet wird.[554] Darunter fallen Optionen, Futures und Swaps. Eine **Option** gewährt ihrem Inhaber das Recht, bestimmte Güter (auch Underlyings) wie Aktien, Anleihen, Edelmetalle oder Devisen zu einem in der Gegenwart festgelegten Preis (Basispreis) in einem vorab bestimmten Zeitraum oder Zeitpunkt zu erwerben (Kaufoption oder Call) oder zu veräußern (Verkaufsoption oder Put).[555] Der Käufer der Option zahlt dabei zunächst lediglich den Optionspreis (Prämie). Da dieser erheblich geringer als der Preis des zugrundeliegenden Gutes[556] ist, kann der Inhaber an der Entwicklung des Gutes

---

[553] Vgl. z. B. das Extra-Konto der Direktbank (DiBa).
[554] Vgl. Mühlbradt, Frank W. (1998), S. 90.
[555] Im Gegensatz zum Future besteht für den Inhaber der Option jedoch nicht die Pflicht zur Abnahme oder Lieferung der Güter. Der Inhaber hat vielmehr die Möglichkeit, seine Option auch verfallen zu lassen, wenn sie nicht rentabel erscheint.
[556] Falls der zugrundeliegende Gegenstand überhaupt über einen Preis verfügt.

zu einem viel geringeren Preis teilhaben. Risikobereite Anleger investieren gerne in Optionen, weil diese eine Hebelwirkung im Vergleich zum zugrundeliegenden Gut (Beispiel: Aktie) aufweisen. Diese resultiert daraus, dass die durch die Veränderung des Aktienkurses hervorgerufene prozentuale Optionspreisänderung größer ist als die prozentuale Änderung des Aktienkurses. Damit erhöht sich sowohl die Chance auf eine höhere Rendite als auch das Risiko höherer Verluste.

**Futures** sind hinsichtlich Menge, Qualität und Liefertermin standardisierte Terminkontrakte. Bei einem Future muss ein dem Geld- und Kapital-, Edelmetall- oder Devisenmarkt zugehöriges Handelsobjekt zum börsenmäßig festgesetzten Kurs zu einem bestimmten zukünftigen Zeitpunkt geliefert bzw. abgenommen werden. Die Lieferung bzw. Abnahme des Gutes ist dabei verbindlich.

Ein **Swap** ist im Grunde ein Tausch. Dies kann ein Austausch von Kapitalbeträgen in unterschiedlichen Währungen (Währungsswap) oder von verschiedenen Zinsverpflichtungen (Zinsswap) zwischen zwei Geschäftspartnern sein. Weit verbreitet ist dabei der Tausch von variablen Finanzierungs- mit festen Zinssätzen. Swaps finden zum einen als spekulative Geldanlage Verwendung, werden jedoch auch als Sicherung gegen Zinsänderungsrisiken oder Währungsschwankungen eingesetzt.

Als Spekulationsobjekte sind Derivate aufgrund ihres Hebeleffektes erheblich riskanter als Aktien oder Anleihen. Nichtsdestotrotz spielen sie eine besondere Rolle bei der Absicherung gegen zukünftige Preisschwankungen (Hedging). Der sinnvolle Einsatz von Derivaten ist allerdings nicht ganz einfach und bereits die Vielzahl der Wertpapierkonstruktionen und Bezeichnungen für den Laien verwirrend.

Einfacher ist da meist der Umgang mit **Investmentfonds**. Sie gehören mittlerweile zu den beliebtesten Anlageformen überhaupt. Investmentfonds werden von speziellen Investmentfirmen (Kapitalanlagegesellschaften) gegründet und betrieben. Sparer zahlen einen bestimmten Geldbetrag in den Fonds ein und erhalten im Gegenzug Fondsanteile gutgeschrieben. Investmentfonds führen das Geld vieler Anleger zusammen und legen es gemeinsam an. Sie werden in der Regel von einem professionellen Management verwaltet, sodass der Anleger entlastet wird. Der Vorteil von Fonds ist, dass sie angesichts großer Kapitalmengen das Anlagerisiko durch Diversifikation wirksam senken können. Dieser Effekt hängt jedoch ganz maßgeblich von der Zusammensetzung des Fondsportfolios ab. Ferner können Investmentfonds aufgrund der größeren Nachfragemacht bessere Konditionen an den Kapitalmärkten erzielen. Nachteilig sind jedoch die Kosten, die dem Inhaber eines Fondsanteils für den Kauf und die Verwaltung des Fonds entstehen.

## 8.4 Mission und Vermögen: Ethische Bewertung von Geldanlagen.

Die Diskussion über die Bedeutung von Vermögen und Vermögensmanagement für die Arbeit von NPOs ist einerseits durch die kritische Berichterstattung im Zusammenhang mit Finanzskandalen und andererseits durch die Zurückhaltung und Verschwiegenheit der NPOs in Bezug auf ihre Organisationsfinanzen geprägt. Diese Zurückhaltung rührt zum Teil daher, dass es im Bereich gemeinnütziger Tätigkeiten traditionell ein wenig anrüchig erscheint, wenn ein Verband über große Vermögensbestände verfügt.[557] Dabei ist Vermögen, vorausgesetzt es wurde legal erworben, zunächst einmal neutral. Das Problem ergibt sich vor allem im Zusammenhang mit seiner Verwendung. Da Vermögen nicht unmittelbar der Verfolgung der Satzungszwecke, sondern zunächst der Einkommenserzielung dient, liegt hier kein originäres Ziel der NPO vor. Da die Einkommenserzielung nicht wie in Unternehmen gleichzeitig auch Organisationsziel ist, kann es zwischen den originären Zielen der NPO und dem abgeleiteten Ziel der Einnahmenbeschaffung zu Konflikten kommen. Eine Beurteilung der Vermögensanlage unter Berücksichtigung der Organisationsziele ist für karitative Organisationen daher von großer Relevanz. Rendite und Mission müssen übereinstimmen, um mittel- und langfristig Konflikte mit der Mission und damit letztendlich negative Effekte seitens der Mitglieder und einer zunehmend sensibleren Öffentlichkeit zu vermeiden. Diese Feststellung gilt für die große Mehrheit der NPOs und auch für die Kirchen und ihre Einrichtungen:

> „Schon lange hatten kirchliche Investoren es als nicht befriedigend empfunden, dass man zwar mit den Renditen aus Kapitalvermögen gute Zwecke verfolgt, jedoch nicht weiß, welchen Schaden man durch die Art und Weise, wie diese Rendite zustande kommt, verursacht und im Grunde aus Unkenntnis in Kauf nimmt."[558]

Die klassische Investitionslehre zieht als Beurteilungskriterium für Investitionsentscheidungen überwiegend zwei Faktoren einer Anlage heran: Risiko und Rendite. Entscheider in NPOs empfinden diese Kriterien häufig als unzureichend und wollen die Kriterien um eine ethische Dimension erweitert sehen. Dies ist durchaus verständlich, wenn man bedenkt, dass NPOs gesellschaftliche Ziele verfolgen und die Mitglieder dieser Organisationen einen beträchtlichen Teil ihrer Motivation aus dem für sie wichtigen Organisationsziel ableiten. Man denke an die Image- und Motivationswirkungen einer NPO, die sich der Friedensar-

---

[557] Gleichwohl spielt das Vermögen von NPOs eine durchaus bedeutende Rolle. Dies gilt insbesondere für das Kapital großer Stiftungen, das nicht selten viele Millionen oder Milliarden Euro umfasst, aber auch für das Vermögen der Kirchen und ihrer unzähligen Einrichtungen. Vgl. Frerk, Carsten (2002).
[558] Hoffmann, Johannes (2002), S. 9.

beit verschrieben hat, dann aber die Anleihen eines großen Rüstungsherstellers erwirbt, oder an eine NPO, die sich im Kampf gegen Drogenmissbrauch engagiert, gleichzeitig aber Aktien eines Spirituosenherstellers oder eines Tabakkonzerns im Portfolio hält. Da der Ethikbegriff seiner Natur nach offen ist und einer jeweils konkreten Auslegung bedarf, ist es unmöglich, eine allgemein gültige Norm für alle NPOs zu erstellen. Jede Organisation sollte daher eine grundsätzliche Entscheidung darüber treffen, welche Investitionen und Verhaltensweisen für sie vertretbar sind und welche nicht.

Die Erkenntnis, dass immer mehr institutionelle Anleger des Dritten Sektors Investitionsentscheidungen passend zu ihren Wertvorstellungen aussuchen, hat auch die Finanzintermediären erreicht. Kreditinstitute und Fondsgesellschaften bieten daher verstärkt Produkte (z. B. Fonds) an, die unter ethischen Gesichtspunkten zusammengestellt werden. Bei der Menge der bisherigen Angebote kommen jedoch gelegentlich Zweifel daran auf, ob die Finanzprodukte immer auch ihre Versprechen halten können. Der Markt ist hier bisher eher unübersichtlich und eine „unabhängige Institution, die diese Fonds sowohl auf der Basis einer Finanzanalyse als auch einer Umwelt- und Sozialanalyse bewertet, gibt es bisher nicht"[559].

Ratingagenturen bieten daher eine Fülle verschiedener Bewertungsmodelle an, die den Anleger in seiner Entscheidung für die richtige Anlageform unterstützen sollen. Bei der Erstellung von Ratings lassen sich grundsätzlich zwei Vorgehensweisen unterscheiden. Zum einen können Anlagealternativen mit Hilfe von klaren Ausschlusskriterien selektiert werden (Negativliste). So kann eine Stiftung beschließen, keine Anleihen von solchen Ländern oder Firmen zu erwerben, die gegen fundamentale Menschenrechte verstoßen.

Der „Best-of-Class"-Ansatz schließt auf der anderen Seite keine Anlagealternativen aus. Er vergleicht jedoch jedes Element einer Klasse (z. B. Branche) mit jedem anderen Element in Bezug auf die Einhaltung ethischer oder ökologischer Standards. Auf diese Weise wird eine Art *benchmark* erstellt, die es dem Anleger ermöglicht, jeden Emittenten mit anderen Wettbewerbern seiner Klasse auf der Grundlage der ausgewählten Kriterien zu vergleichen und den besten auszusuchen.

Um die Problematik aber auch die Vorzüge solcher Ratings transparent zu machen, sollen hier beispielhaft zwei Verfahren vorgestellt werden:

Die Dow Jones Index Company ist den meisten Anlegern durch den gleichnamigen amerikanischen Index bekannt. Dieser umfasst weltweit 2.500 Unternehmen aus 33 Ländern und ist nach 59 Branchen gegliedert. Da der Druck auf nachhaltige Investitionen in den USA bereits sehr viel stärker ausgeprägt ist als

---

[559] Rüth, Stephanie (2002), S. 15.

in Deutschland, haben Dow Jones Indexes, die schweizerische Anlagegesellschaft Sustainable Asset Management (SAM) und STOXX Limited die **Dow Jones Sustainability Indexes (DJSI)** entwickelt.[560] Die Indizes wurden allerdings nicht allein vor dem Hintergrund eines ethisch verantwortungsvollen Umgangs mit Kapital gebildet, sondern vielmehr, weil „a growing number of investors is convinced that sustainability is a catalyst for enlightened and disciplined management, and, thus, a crucial success factor."[561] Damit bleibt letztendlich die ökonomische Dimension des Investments das zentrale Beurteilungskriterium: „The concept of corporate sustainability is attractive to investors because it aims to increase long-term shareholder value."[562] Diese Einschätzung spiegelt sich auch in der Gewichtung der drei zugrundeliegenden Kriterienblöcke „Wirtschaft", „Umwelt" und „Soziales" wider, bei der die wirtschaftlichen Kriterien höher als die beiden anderen Faktoren zusammen gewertet werden.[563]

Ausgangspunkt der Indexerstellung sind die Titel des Dow Jones Index. Firmen, die bestimmten Kriterien nicht genügen, werden dabei jedoch ausgeschlossen (z. B. Unternehmen, deren Umsatzanteil aus Rüstungsgütern einen gewissen Prozentsatz übersteigt). Da der konventionelle DJI nur große Wirtschaftsunternehmen (sogenannte *blue chips*) umfasst, gilt dies auch für den DJSI (World). Die über 300 Firmen, die im Verhältnis zu ihren Wettbewerbern überdurchschnittlich bei der Bewertung hinsichtlich der drei genannten Kriterien abschneiden, werden dann in den DJSI aufgenommen. Ein wirklich an Nachhaltigkeit orientierter Anleger wird sich aber über das Ergebnis wundern, bei dem Automobilhersteller wie Volkswagen oder Daimler-Chrysler und Chemie- und Energiekonzerne wie DuPont oder Royal Dutch/Shell vordere Rangplätze einnehmen. Die besonders aus der kleinen und mittelständischen Wirtschaft hervorgegangenen Betriebe, die sich durch alternative Produktionsweisen und nachhaltige Produkte hervortun, wird man hier vergeblich suchen. Ein Vorteil einer Auswahl solcher *blue chips*, so wird gelegentlich argumentiert, sei jedoch in der größeren Sicherheit der Kapitalanlage zu sehen.[564] Die grundsätzliche Kritik aber, dass aus einer Menge von vielleicht generell weniger nachhaltig und ethisch operierenden Unternehmen diejenigen, die immerhin noch etwas besser sind als die anderen, selektiert werden, erinnert an die Wahl des Einäugigen unter den Blinden.

---

[560] Seit 2001 wird dieser Index auch auf der Grundlage des STOXX gebildet: Dow Jones STOXX Sustainabilty Index.
[561] Dow Jones Sustainability Indexes. Adresse: www.sustainability-index.com/sustainability/investment.html (Stand: 05.05.03).
[562] Ebd., a.a.O.
[563] Vgl. www.sustainability-index.com/assessment/criteria.html (Stand: 05.05.03).
[564] Schneeweiß, Antje (2003).

Eine Alternative hierzu bietet der 1997 als Gemeinschaftsinitiative des Magazins „Natur & Kosmos" und des Branchendienstes „Öko-Invest" aufgelegte „Natur-Aktien-Index" (NAI), der gegenwärtig 25 Titel umfasst und die Grundlage für den „greeneffects-Fonds"[565] bildet. Ein Anlageausschuss legt die Werte für den Fonds (und damit auch den Index) fest. Anders als bei üblichen Indizes gewichtet der NAI die Titel nicht nach Marktkapitalisierung oder Umsatz, sondern setzt sie zu Beginn des Jahres mit jeweils gleichem Gewicht an. Unternehmen im NAI müssen bestimmte ökologische, ethische und ökonomische Kriterien erfüllen. Dabei scheiden Unternehmen, die ausgesprochen umweltschädlichen und moralisch zweifelhaften Branchen (z. B. Atom-, Waffen- und Rüstungsindustrie) angehören, in jedem Fall aus. Ferner müssen zugelassene Unternehmen über langjährige Markterfahrung verfügen und zumeist einen Mindestjahresumsatz von 100 Millionen Dollar aufweisen können.[566] Im Index enthalten sind Firmen wie The Body Shop, Solarworld oder Wedeco. Die Tatsache, dass der NAI seit seiner Einführung ein Wachstum von rund 100 % vorweisen kann, zeigt, dass ethische Investitionen in nachhaltig wirtschaftende Unternehmen auch unter Renditegesichtspunkten durchaus eine interessante Anlagealternative sein können. Der Index bildet jedoch in keinem Fall den gesamten Umweltmarkt ab, sondern schließt all jene Firmen aus, deren Titel keine Rendite erwarten lassen. Durch diese rigorose Anwendung des Negativlistenprinzips wird dem Anleger zwar die Entscheidung erleichtert, dafür hat er jedoch auch nur eine sehr begrenzte Auswahl an Titeln. Darüber hinaus ist es ihm kaum möglich, aus der Fülle der Marktangebote gemäß seinen eigenen organisationsspezifischen Kriterien zu entscheiden. [567]

Ethische und soziale Kriterien können grundsätzlich zur Beurteilung aller Anlageformen herangezogen werden. So kann sich der Kauf oder die Finanzierung von Immobilien an Kriterien wie Denkmalschutz, Förderung von Kultur, Architektur oder ökologisch nachhaltigem Bauen orientieren. Bei Anleihen können nen z.B. Staatsanleihen aus nicht-demokratischen Ländern oder Ländern, die internationale Umweltschutz- oder Menschenrechtsstandards nicht einhalten,

---

[565] Vgl. www.greeneffects.de (Stand: 11.06.03).

[566] 25 % der im NAI enthaltenen Firmen dürften jedoch unterhalb von 100 Millionen Dollar Jahresumsatz liegen, wenn sie als Pioniere bei der Entwicklung ökologisch innovativer Produkte eingeschätzt werden. Vgl. Angaben auf www.greeneffects.de/seiten/index/index2.htm (Stand: 11.06.03).

[567] Auf ein weiteres Rating, das sich an den Bedürfnissen kirchlicher Anleger orientiert, sei an dieser Stelle nur verwiesen. Aufbauend auf den Kriterien des „Frankfurt-Hohenheimer Leitfadens" (vgl. Hoffmann, Johannes/Ott, Konrad/Scherhorn, Gerhard [1997] [Hrsg.]) wurde das **Corporate Responsibility Rating** entwickelt, das zum Ziel hat, „[...] Unternehmen und Kapitalanlagen auf ihre Natur-, Sozial- und Kulturverträglichkeit zu überprüfen" (Hoffmann, Johannes [2002], S. 10). Im Gegensatz zur strengen Umsetzung des Negativlistenprinzips beim NAI wird mit dem Corporate Responsibility Rating der Best-of-Class-Ansatz realisiert.

selektiert werden. Es zeigt sich jedoch, dass solche Investmentkriterien nicht immer ganz leicht umzusetzen sind. So bleibt z. B. die Frage, ob der Kauf von Staatsanleihen verwerflich ist, wenn die emittierenden Länder Teile ihres Staatseinkommens, wie es bei der überwiegenden Zahl der Industriestaaten der Fall ist, aus der Besteuerung von Alkohol und Zigaretten oder dem Verkauf von Rüstungsprodukten erhalten. Hier ist der Grat zwischen verantwortungsvollem Handeln und ethischem Rigorismus manchmal nur sehr schmal. Unabhängig von der konkreten Lösung solcher Probleme sollten die zentralen Kriterien und die generelle Linie der NPO im Rahmen der Satzung oder der Anlagepolitik als Maßstab für Entscheidungen im Einzelfall festgeschrieben werden.

# 9 Die Disposition von Zahlungsmitteln: Cash-Management

In einer modernen Marktwirtschaft nehmen alle Menschen und Organisationen in irgendeiner Form am Zahlungsverkehr teil. Dieser erfolgt entweder in bar, durch Zahlung mit Münzen und Banknoten oder in den letzten Jahrzehnten verstärkt bargeldlos. Auch NPOs sind in die gesamtwirtschaftlichen Geldströme eingebunden und somit am Zahlungsverkehr beteiligt.[568] Es gehört daher zu den täglichen Aufgaben einer NPO, die ein- und ausgehenden Zahlungen zu ermöglichen, zu veranlassen und zu verwalten. Mit der effizienten Gestaltung der Ein- und Auszahlungen beschäftigt sich das Cash-Management

## 9.1 Aufgaben des Cash Managements

Der Begriff des „Cash Management" wird in der Literatur unterschiedlich weit gefasst.[569] Als eine Grundform der Finanzplanung beinhaltet es die tagesgenaue Liquiditätsplanung von einem bis zu 30 Tagen und deckt damit die kurzfristige Planungsperspektive ab.[570] Aus einer operativen geprägten Sicht kann Cash Management auch als bloße technische Gestaltung von Zahlungsvorgängen verstanden werden.[571] Mit der Erweiterung dieser Definition um weitere Handlungsebenen und -felder wird Cash Management schließlich als Management aller Zahlungsströme beinahe zum Synonym für Finanzierung insgesamt.[572]

An dieser Stelle wird Cash Management als eigener Teilbereich des Finanzierungsmanagements begriffen. Als solcher ist er zwar eng mit der kurzfristigen Finanzplanung verzahnt, überschreitet jedoch die Aufgabe der reinen Liquiditätsplanung und -sicherung bei weitem. Zu den zentralen **Aufgaben des Cash-Managements** gehören:[573]

---

568 Vgl. Teil B Kapitel 1.1.
569 Vgl. zu verschiedenen Definitionsansätzen auch Bischoff, Erich (1989).
570 Vgl. Musil, Susanne (1994), S. 14.
571 Vgl. Perridon, Louis/Steiner, Manfred (2002), S. 153 ff.
572 Dropkin, Murray/Hayden, Allyson (2001) sprechen im Zusammenhang mit diesem erweiterten Begriff von „Cash Flow Management".
573 Zu alternativen Definitionen des Aufgabenspektrums von Cash Management vgl. Eistert, Torsten (1991), S. 33 ff. und Bischoff, Erich (1989), S. 74 ff.

- **Die Abwicklung des Zahlungstransfers:** Auszahlungen müssen zur rechten Zeit in der richtigen Höhe auf die richtige Art und Weise an den richtigen Empfänger gelangen. Für Einzahlungen müssen unterschiedliche, den Bedürfnissen von Spendern, Klienten und Kunden entsprechende Zahlungskanäle vorgehalten werden.

- **Cash Leading** und **Cash Lagging:** Beschleunigung oder Verzögerung von internen und externen Zahlungsvorgängen.[574]

- **Die Informationsbeschaffung:** Darstellung und Dokumentation historischer und aktueller Zahlungsströme und Kontenstände. Abgleich der Daten mit der kurzfristigen Finanzplanung.

- **Das Cash Pooling:** Zusammenführung und Ausgleich der Saldi verschiedener Unterkonten.

- **Die Optimierung der Konditionen:** Vergleich der Kosten für verschiedene Zahlungswege und Kreditinstitute.

- **Sicherung der kurzfristigen Liquidität:** Erhalt der Zahlungsfähigkeit innerhalb eines kurzfristigen Planungshorizontes

- **Banking Relations:** Pflege und Gestaltung der Beziehungen zu den Kreditinstituten

Neben dem Management der Zahlungswege gehört auch die **Verwaltung von Barbeständen** in das Aufgabenfeld des Cash-Managements. So muss vorhandenes Geld sicher verwahrt werden. Sind größere Geldbestände nötig, so sollten diese mindestens in einem Tresor aufbewahrt werden. Bei kleineren Summen reichen in der Regel abschließbare Kassen oder Geldkassetten. Die Zuständigkeit und die Verantwortung für das Geld sollten klar geregelt werden. Wenn möglich, sollte immer das „Vier-Augen-Prinzip" angewendet werden. Danach müssen bei Bargeldtransaktionen mindestens zwei Personen zugegen sein. Ferner gilt es zu bedenken, dass nicht investiertes Geld der Organisation keinen zusätzlichen Nutzen bringt. Dabei sind vor allem hohe Barbestände von Nachteil, da das Geld unverzinst und einem erhöhten Verlust- oder Diebstahlrisiko ausgesetzt ist.

---

[574] In erster Linie geht es darum, eingehende Zahlungen möglichst zu beschleunigen und ausgehende Zahlungen zugleich zu verlangsamen. Vgl. Eistert, Torsten (1991), S. 41 ff. Die Begriffe stehen in engem Zusammenhang mit den Zahlungsvorgängen in Forprofit-Konzernen, so dass über die Verbreitung und Anwendbarkeit im Nonprofit-Bereich bisher keine Überlegungen existieren.

Eingehende Zahlungen sollten daher so schnell wie möglich transparent gemacht (z. B. durch Verbuchung) und angelegt werden. Das gilt auch für den richtigen Umgang mit Barspenden. So müssen aufgestellte Spendendosen in bestimmten Abständen geleert und ebenso wie die Erträge von Kollekten oder Haustürsammlungen auch tatsächlich abgeliefert werden. Der Verlust oder Diebstahl von Geldbeträgen sollte soweit wie möglich durch entsprechende Vorkehrungen (z. B. durch das Vier-Augen-Prinzip) verhindert werden. Der Weg der gespendeten Mittel muss sich vom Zeitpunkt des Eintreffens der Spende bis zu ihrer Verwendung oder Verwahrung lückenlos nachvollziehen lassen. Dies ist besonders wichtig, wenn mehrere Personen an den Vorgängen beteiligt sind oder wenn das Geld bestimmten Zweckbindungen unterliegt. Die Übergabe von Geldbeträgen zwischen verschiedenen Personen sollte nur gegen Aushändigung einer Quittung erfolgen. Auf diese Weise geht die Verantwortung für das Bargeld immer auf den Empfänger über und ist eindeutig geregelt. Werden Sammlungen mit Sammelbehältern durchgeführt, so kann deren Inhalt vor einem unbemerkten Zugriff geschützt werden, indem die Behälter (z. B. Sammeldosen) verplombt werden. Die Verplombung darf später nur von einer dazu befugten Person aufgetrennt werden. Bevor ein solcher Sammelbehälter in Empfang genommen wird, braucht dann nur noch der Zustand der Plombe überprüft zu werden.

### 9.2 Zahlungskanäle und -arten

Die gebräuchlichsten Instrumente des Zahlungsverkehrs sind die **Barkasse** und das **Konto**. Über das Konto werden Überweisungen und Lastschriften zu Gunsten und zu Lasten des Inhabers getätigt. Der Vorteil gegenüber der Barverwaltung besteht in einem geringeren Verlust- und Diebstahlrisiko. Außerdem wird durch die Kontoführung beim entsprechenden Kreditinstitut mittels der Kontoauszüge und der notwendigen Anordnungsbelege gleichzeitig ein Belegsystem geführt. Ein- und Auszahlungen werden automatisch dokumentiert und lassen sich so leichter nachvollziehen. Aus diesen Gründen werden heute viele Zahlungen, wie z. B. Lohn- und Gehaltszahlungen, fast ausschließlich bargeldlos ausgeführt. Größere NPOs unterhalten häufig mehrere Konten, die teilweise bestimmten Organisationseinheiten (größeren Einrichtungen) dienen, teilweise aber auch zum Management unterschiedlicher Finanzquellen (Bußgelder, Spenden, Zuwendungen) oder auch vorübergehend für einzelne Fundraisingaktionen (z. B. größere Spendenaufrufe) eingerichtet werden. Kleineren NPOs reicht meist schon die Kombination aus einem Bankkonto und einer Barkasse.

Für ein erfolgreiches Cash-Management ist es entscheidend, einen für die eigene Organisation angemessenen Instrumentenmix bestehend aus unterschiedlichen Zahlungsmitteln und -wegen bereitzuhalten und diesen an die aktuellen Erfordernisse anzupassen. Dies ist besonders wichtig, weil es heute weitgehend selbstverständlich ist, dass potenziellen Spendern verschiedene Transaktionsmöglichkeiten angeboten werden oder das Lieferanten bestimmte Zahlungswege vorschreiben. Die wichtigsten **Zahlungswege** sind:[575]

- Barzahlung
- Lastschrift
- Überweisung
- Scheckzahlung
- Kreditkarte bzw. Geldkarte
- Electronic- und Online-Banking

Die **Barzahlung** bietet sich insbesondere für Sammlungen und Kollekten oder im Rahmen von Events an. Sie ist eigentlich relativ unproblematisch. Allerdings kann weiterer Aufwand bei der Verwaltung des Geldes auftreten, insbesondere wenn die Spender eine offizielle Spendenquittung verlangen. Name, Adresse und Spendenbetrag des Geldgebers müssen dann notiert, die Spendenbelege per Post zugestellt und das Geld einer Kasse oder einem Konto zugeführt werden. Erfahrungsgemäß ist die Gefahr von Verlust oder Diebstahl dabei besonders hoch. Die Tatsache, dass sich der Verwaltungsvorgang für Kleinstspenden (unter zwei bis drei Euro) kaum lohnt, stellt Sammelnde vor ein Dilemma: Lehnen sie die Spende ab, kann leicht der Eindruck entstehen, die Organisation habe die Spende gar nicht nötig oder weise den Spender zurück. Andererseits bringt die Spende der NPO jedoch keinen wirklichen Nutzen.

Wird das Geld in Behältern gesammelt (z. B. Sammeldosen im Einzelhandel, wie z. B. die der Gesellschaft für Schiffbrüchige), müssen diese erst einmal aufgestellt werden. Dazu müssen zuvor die notwendigen Genehmigungen eingeholt werden (z. B. bei der Geschäftsleitung). Anschließend müssen die Behälter in gewissen Abständen geleert werden. Das Geld aus den Sammeldosen wird schließlich gezählt, in eine Kasse oder auf ein Konto eingezahlt und im Rechnungswesen verbucht. Spendenquittungen sind bei diesen überwiegend sehr geringen Spenden nicht üblich und aufgrund der Anonymität der Spender auch kaum möglich.

---

[575] Vgl. dazu Müllerleile, Christoph (2001), S. 407 ff.

**Bankeinzüge** sind relativ unkompliziert, wenn sie erst einmal eingerichtet sind. Dabei gestattet der Spender der NPO, sein Konto mit einem einmaligen oder regelmäßigen Betrag zu belasten. Der Lastschriftauftrag setzt das Einverständnis des Kontoinhabers voraus. Obwohl durchaus positive Erfahrungen mit mündlichen Zusagen im Rahmen von Telefon- oder Fernsehaktionen vorliegen, sollte sich die NPO die Genehmigung am besten nach wie vor schriftlich erteilen lassen, bevor sie den Lastschriftauftrag an ihre Hausbank gibt. Die Bank zieht dann das Geld vom Konto des Spenders ein. Der Inhaber des belasteten Kontos kann die Lastschrift innerhalb von sechs Wochen stornieren. Eine solche Rückbuchung ist jedoch mit relativ hohen Gebühren für die NPO verbunden. Diese entstehen auch, wenn Lastschriften aufgrund eines geänderten oder aufgelösten Kontos nicht durchgeführt werden können. Häufige Ursache für derartige durchaus vermeidbare Rückbuchungen sind schlecht gepflegte Datenbestände in der NPO. Während in der Geschäftspraxis Gebühren, die dem Abbucher durch ein Fehlverhalten des Kunden entstehen, regelmäßig auf diesen abgewälzt werden, stößt ein solches Vorgehen bei den freiwilligen Leistungen eines Spenders sicherlich nicht auf Zustimmung. Der Spender wird dann vielleicht davon absehen, weiterhin für die Organisation zu spenden. Aus diesem Grund übernehmen viele NPOs innerhalb gewisser Grenzen die Kosten solcher Stornierungen.

Bei Beträgen bis zu 100 Euro kann der Spender den Beleg über die Lastschrift (Kontoauszug) oder die Überweisung dem Finanzamt auch als Spendenbestätigung vorlegen, wenn sie die dazu notwendigen Angaben enthält.[576] Dies erspart der NPO insbesondere bei kleinen Beträgen einen weitergehenden Aufwand.

Im Rahmen einer **Überweisung** wird das Geld von der Bank des Spenders beleglos an die vom Spender angegebene Bezugsbank transferiert. Im Gegensatz zur Lastschrift, veranlasst der Zahlende den Zahlungsvorgang selbst bei seinem Kreditinstitut. Die Missbrauchsgefahr ist für ihn dabei erheblich geringer und eine nachträgliche Stornierung daher nur in seltenen Fällen möglich. Probleme entstehen immer dann, wenn Überweisungen unzureichend oder falsch ausgefüllt werden. Die Zuordnung der Spende kann dann Schwierigkeiten bereiten. So werden unter Umständen Spendenquittungen falsch ausgestellt oder bereits in der Spenderkartei geführte Geldgeber erneut aufgenommen, was zu einer falschen Kommunikation (z. B. Altspender wird als Neuspender angesprochen) und doppelter Adressverwaltung führen kann.

Die Bezahlung mit **Scheck** wird insbesondere bei größeren Summen und im Rahmen öffentlichkeitswirksamer Präsentationen bevorzugt. Gerne werden bei

---

[576] Dies sind: Name der begünstigten Einrichtung, Name des zuständigen Finanzamtes, Steuernummer, Datum des letzten Freistellungsbescheids und Grund der Steuerbefreiung. Vgl. Müllerleile, Christoph (2001), S. 411 f.

dieser Gelegenheit Schecks in überdimensionaler Form (in Verbindung mit einem inkassofähigen „normalen" Scheck) überreicht. Schecks müssen jedoch registriert und dann zwecks Einlösung zur Bank gebracht werden. Der Verwaltungsaufwand ist damit höher als bei den anderen Zahlungsarten. Da Schecks auch ungedeckt sein können, ist ferner mit dem Erhalt des Schecks die Zahlung nicht in jedem Fall gewährleistet. Es verbleibt also ein gewisses Risiko bei der NPO.

Die **Kredit- oder Geldkarte** wird in der Bundesrepublik im internationalen Vergleich bisher eher unterdurchschnittlich genutzt. Dafür hat sich insbesondere im privaten Zahlungsverkehr die so genannte „EC-Karte" etabliert, die sowohl zur Abhebung an Automaten als auch für den bargeldlosen Zahlungsverkehr geeignet ist. Die meisten Kreditinstitute bieten ihren Kunden unterschiedliche Produkte von der Kredit- über die EC- bis hin zu reinen Automatenkarten an. Diese werden teilweise mit einem zusätzlichen Chip versehen, der bis zu einer gewissen Summe aufgeladen werden kann und als Geldkarte vor allem zur Zahlung an den Kassenterminals des Einzelhandels Verwendung findet.

NPOs meiden es häufig, ihren Spendern und Kunden die Bezahlung per Kreditkarte anzubieten, da zum einen die Beträge erst mit mehreren Wochen Verspätung eingehen und zum anderen die jeweilige Kreditkartenorganisation (z. B. EUROCARD, VISA, American Express) je nach Vertrag einen Betrag zwischen 0,5 und 1 Prozent des getätigten Umsatzes als Provision einbehält. Abgesehen davon ist dieser Zahlungsweg jedoch in hohem Maße kompatibel mit modernen Kommunikationsmedien. Insbesondere bei der Spendenwerbung per Telefon oder im Internet lassen sich Kreditkarten leicht und gut als Zahlungsmittel einsetzen. Für manchen Spender mag es ferner von Vorteil sein, dass der zugesagte Betrag erst mehrere Wochen später dem Konto belastet wird.[577]

Das Internetzeitalter hat auch Auswirkungen auf den Zahlungsverkehr. Während die Möglichkeiten des **Online-Bankings** mittels Bildschirmtext (Btx) in der Vergangenheit nur wenig genutzt wurden, erfreut sich das virtuelle Bankgeschäft mittels Internet wachsender Beliebtheit. Da eine persönliche Identifikation durch einen Angestellten der Bank und eine Unterschrift nicht möglich ist, werden beim Online-Banking eine Reihe von Sicherheitsvorkehrungen getroffen. Zum einen braucht man neben einem Zugangsnamen meist auch einen Zugangscode. Darüber hinaus wird dem Kontoinhaber üblicherweise eine Liste mit Transaktionsnummern (TAN) per Post zugestellt. Für jede Transaktion (Überweisung, Lastschrift etc.) wird je eine TAN eingegeben. Diese verliert sofort ihre Gültigkeit und kann somit nicht von Dritten abgefangen und kopiert werden. Ist

---

[577] Kreditkarten sind damit mehr als ein reines Transaktionsmedium. Durch die verspätete Abbuchung vom Konto des Inhabers entsteht ein kurzfristiger Kredit, der für den Kreditnehmer kostenlos ist.

die Liste mit den TAN aufgebraucht, erhält der Kunde meist ganz automatisch neue Codes auf dem Postweg zugeschickt. Online-Zahlungen werden in Zukunft weiter an Bedeutung gewinnen, und werden auch für NPOs als Zahlungskanal zusehends wichtiger werden.

Banken stellen all diese Dienstleistungen in unterschiedlichem Ausmaß und mit unterschiedlicher Qualität zur Verfügung. Die angebotenen Lösungen reichen von der einfachen Kontoführung bis hin zu komplexen elektronischen Cash-Management-Systemen (CMS), die große Teile der Kassendisposition elektronisch und online erledigen. Der Datenaustausch zwischen der Hausbank und der NPO erfolgt dabei nur noch online oder per Datenträger. Auf diese Weise werden Eingabe- und Übermittlungsfehler minimiert und eine schnelle automatische Bearbeitung eingehender Spenden ermöglicht.

## 9.3 Banking Relations

Die Preise und Leistungen der Kreditinstitute variieren mitunter beträchtlich. Dabei gilt es für das Finanzmanagement einerseits, die Kosten und Leistungen verschiedener Anbieter kritisch zu vergleichen, um so für die NPO vorteilhafte Konditionen zu erhalten. Andererseits muss aber neben rein quantitativen Überlegungen auch die Qualität der Beziehung zum Kreditinstitut bedacht werden. Unter Umständen kann es sinnvoll sein, eine vertrauensvolle, langjährige Zusammenarbeit mit einer Hausbank trotz etwas höherer Gebühren fortzusetzen. Im Gegenzug kann man dann häufig auch mit der Unterstützung des jeweiligen Kreditinstitutes in schwierigen Situationen rechnen. Mindestens aber weiß man aus Erfahrung, was von den Angeboten und Tipps der Berater zu halten ist. Darüber hinaus fördert die lokale Hausbank nicht selten auch die Aktivitäten der NPO finanziell und gehört so auch zum Kreis der Spender. Die **Beziehung zu den Kreditinstituten** zu gestalten, stellt folglich eine wichtige Aufgabe für das Finanzmanagement in NPOs dar.[578]

Der Vergleich der Kosten ist eine wichtige Voraussetzung für erfolgreiche Verhandlungen mit der Bank. Bei den Konditionen gibt es eine derart große Bandbreite von Gebühren und Preisen, dass Aussagen zur Vorteilhaftigkeit nur für den Einzelfall getroffen werden können. Die empfundene Belastung durch die Gebühren der Kreditinstitute stehen sicherlich im Verhältnis zur Größe der NPO. Bei kleineren NPOs können die Gebühren für die Kontoführung oder Geldtransaktionen wie Überweisungen und Lastschriften jedoch schon spürbare Konsequenzen haben.[579]

---

[578] Vgl. Hankin, Jo Ann/Seidner, Alan/Zietlow, John (1998), S. 303 ff.

[579] Das gilt insbesondere auch für kleine von Kreditinstituten verwaltete Stiftungen.

Es gibt unterschiedliche Anbieter für Gelddienstleistungen. Die Auswahl eines Kreditinstitutes hängt von den Bedürfnissen der NPO ab. Wer insbesondere auf ein dichtes Filialnetz Wert legt, ist meist bei den kommunalen **Sparkassen** oder den genossenschaftlich organisierten **Volks- und Raiffeisenbanken** gut aufgehoben. Hier sind die Gebühren aber häufig entsprechend höher. **Großbanken** wie die Deutsche oder Dresdner Bank haben dagegen ein sehr eingeschränktes Filialnetz und haben sich in den letzten Jahren stark auf Großkunden konzentriert. Leistungen und Gebührenstruktur sind hier nicht auf kleinere Organisationen zugeschnitten. Auch **Direktbanken** bieten im Wesentlichen das volle Leistungspaket einer Bank an, verfügen jedoch über kein Filialnetz. Unter anderem bieten sie auch die Führung von Depots und die Ausführung von Wertpapiertransaktionen zu günstigen Konditionen an. Die Transaktionen werden hier üblicherweise telefonisch oder per Internet und Fax abgewickelt. **Discount-Broker** sind hingegen spezialisierte Billiganbieter für die Führung von Depots- und Wertpapiertransaktionen (z. B. Consors AG). Anders als Großbanken verfügen Sie nicht über ein teures Filialnetz und bieten meist keine oder nur eine eingeschränkte telefonische Beratung an. In den letzten Jahren bemühen sich aber gerade auch die Direkt- und Discountintermediäre um verstärkte Kundenleistungen.

Auf Nonprofit Organisationen **spezialisierte Kreditinstitute** wie die Bank für Sozialwirtschaft oder die in Kapitel 1.1.2 erwähnten kirchlichen und ökologischen Banken haben zwar in der Regel kein ausgeprägtes Filialnetz, bieten jedoch den Vorteil, ihr „Klientel" zu kennen und auf deren Bedürfnisse ausgerichtete Finanzdienstleistungen, wie professionelle Spendenmanagementsysteme oder „Factoring für Sozialstationen" etc., anzubieten.

Die **Konditionen für die Nutzung der Zahlungssysteme** setzen sich aus mehreren Bestandteilen zusammen. Zum einen gibt es üblicherweise eine Kontoführungsgebühr für Girokonten. Meist besteht sie aus einer monatlich oder quartalsweise fälligen Pauschale. Bei einigen Girokonten entfällt sie jedoch oberhalb eines festgelegten monatlichen Zahlungseingangs oder Guthabenbestands. Daneben werden häufig ergänzend oder alternativ transaktionsabhängige Gebühren berechnet. So ist es üblich, dass ein gewisser Betrag pro Zahlungsvorgang (Überweisung oder Lastschrift) erhoben wird. Barabhebungen sind bei Automaten des gleichen Kreditinstitutes häufig gratis. Bei fremden Banken können aber beträchtliche Kosten entstehen. Auch hier gibt es jedoch viele unterschiedliche Gestaltungsformen. So können die Kosten in Abhängigkeit von der Zahl der Transaktionen variieren.

Grundsätzlich kann man bei der Kontoführung daher zwischen einer Pauschal- und einer Einzelabrechnung unterscheiden. Bei einer **Pauschalabrechnung** wird eine monatliche Grundgebühr verlangt. Sämtliche Kontobewegungen, wie z. B. Überweisungen oder Daueraufträge, sind darin bereits enthalten. Bei der **Einzelabrechnung** wird dagegen keine oder nur eine geringe monatliche Grundgebühr verlangt. Dafür sind dann aber sämtliche Kontobewegungen mit Kosten verbunden. Die Wahl einer Abrechnungsart sollte grundsätzlich davon abhängig gemacht werden, wie häufig die finanziellen Transaktionen einer NPO sind. Liegen monatlich weniger als ca. zehn bis 15 Transaktionen vor, kann von „Wenignutzern" gesprochen werden. Hier ist es sinnvoll, eine von der Transaktionsmenge abhängige Berechnung zu wählen, bei der die Grundgebühren so niedrig wie möglich sind. Umgekehrt ist es mit steigender Transaktionszahl sinnvoller, auf eine transaktionsabhängige Abrechnung zu Gunsten einer Pauschalabrechnung/Grundgebühr zu verzichten. Bei größeren Kontoumsätzen entfallen die Kontoführungsgebühren teilweise oder ganz. Dies ist nicht zuletzt vom Verhandlungsgeschick des Finanzmanagers abhängig. Neben den mehr oder weniger fixen Grundkosten und den variablen Transaktionskosten, werden darüber hinaus auch (Jahres-) Gebühren für die Nutzung bestimmter Karten gefordert. Üblich ist dies vor allem bei Kreditkarten (Mastercard, VISA, American Express) oder der in der Bundesrepublik sehr weit verbreiteten EC-Karte.

Für die Verwaltung, den Kauf und Verkauf von Wertpapieren werden neben einer Depotgebühr als Grundgebühr auch Courtagen (Provisionen), ausgedrückt als Prozentsatz der getätigten Transaktion, von der Bank verlangt. Häufig wird ein Mindestbetrag angegeben, der in jedem Fall berechnet wird. Diese Gebühren können mitunter so hoch sein, dass der Erlös aus den Wertpapieren in einem ungünstigen Verhältnis zu den in Rechnung gestellten Kosten des Kreditinstitutes steht. Es gilt also gerade bei kleineren Guthaben zu überlegen, ob die Anlage im Depot einer Bank wirklich sinnvoll ist. Eine Alternative dazu ist die Geldanlage in Depots von Online-Brokern oder die Einlagerung von Staatsanleihen bei den Zentralbanken.

Jeder NPO-Manager sollte sich bei der Wahl der Bank und der Zahlungssysteme folgende Fragen stellen:

▪ Auf welche Serviceleistungen der Bank legt die NPO Wert?

▪ Wird eine EC- oder Kreditkarte benötigt und, falls ja, wie oft wird sie schätzungsweise eingesetzt?

▪ Werden Barauszahlungen am Schalter oder am Automaten benötigt?

▪ Besteht regelmäßig ein erhöhter Beratungsbedarf (z. B. bei Auslandstransaktionen) und ist eine persönliche Betreuung notwendig?

- Kommt die Nutzung elektronischer Kommunikationsmedien und damit Online-Banking grundsätzlich in Frage?

- Gehört die Hausbank zu den Spendern der Organisation?

Bei der Gestaltung der Konditionen zeigen sich jedoch immer wieder „**Fallstricke**":

- Viele Banken halten sich nicht an eine strikte Trennung zwischen Einzel- und Pauschalabrechnung. Die Kostenstruktur ist dann sehr unübersichtlich, sodass eine verbindlich schriftliche Auskunft über die tatsächlich anfallenden Kosten sinnvoll sein kann.

- Auch bietet eine Reihe von Banken eine kostenlose Kontoführung an, knüpft diese aber an Bedingungen. Das kann zum Beispiel ein Durchschnittsguthaben, eine Geldanlage bei derselben Bank, eine reine PC-Kontoführung oder auch ein bestimmter Kreditkartenumsatz sein. Sollten diese Bedingungen nicht erfüllt sein, steigen die Kosten mitunter unverhältnismäßig.

- Selbst wenn die kostenlose Kontoführung nicht an Bedingungen geknüpft ist, sollte man darauf achten, dass dafür nicht die EC- oder Kreditkarten mit zusätzlichen, überhöhten Kosten verbunden sind.

- Gelegentlich bieten Banken günstige Konditionen für einen bestimmten Zeitraum (z. B. ein Jahr) an. Nach Ablauf dieses Zeitraums sind die Kosten dann häufig beträchtlich höher.

- Auch wenn dies nicht gestattet ist, verlangen Kreditinstitute mitunter Gebühren für die Auszahlung von Bargeld, die Bearbeitung von Freistellungsaufträgen oder die Auflösung von Konten.

In jedem Fall ist es sinnvoll, vor der Auswahl einer Bank verschiedene Alternativen mit Hilfe der jeweiligen Gebührenordnungen der Banken zu vergleichen.[580] Kreditinstitute sind dazu verpflichtet, diese in den Geschäftsräumen auszuhängen oder Interessenten zuzusenden. Grundsätzlich gilt: Je mehr Transaktionen die NPO selbst erledigt, desto geringer werden die Kosten. Die Nutzung von Kontoauszugsdruckern, Selbstbedienungsterminals oder Online-Banking kann die Kosten beträchtlich senken. So entstehen beispielsweise durch die Zusendung von Kontoauszügen neben dem reinen Verwaltungsaufwand auch Portokosten. In einer ehrenamtlich ausgerichteten, aber eher finanzschwachen Organisation kann es daher Sinn machen, solche Vorgänge selbst zu erledigen. Entstehen

---

[580] Vgl. Grosjean, Rene K. (1994).

jedoch für den Gang zum Auszugsdrucker Personalkosten, kann es wiederum günstiger sein, doch weitergehende Leistungen der Bank in Anspruch zu nehmen. Bei regelmäßigen hohen Transaktionen kann der Einsatz von Cash-Management-Systemen (CM-Systemen) vorteilhaft sein.

# Teil C: Auf dem Weg zu einer Nonprofit-Finanzierungslehre - Zusammenfassung, Perspektiven und Probleme

# 1 Das Konzept der Finanzierungslehre im Überblick

Die eingangs gestellte Frage nach der Notwendigkeit einer eigenen Nonprofit-Finanzierungslehre muss nunmehr bejaht werden. Dafür sprechen nicht nur die hohe und steigende gesamtwirtschaftliche Bedeutung der Drittsektororganisationen oder die breite Akzeptanz eines eigenständigen Nonprofit-Finanzierungsmanagements in anderen Ländern. Die Charakteristika des Managements von NPOs unterscheiden sich auch derart von denen eines Unternehmens, dass ein einfacher Transfer bekannter Managementmethoden und -instrumente zu kurz greift. Unter dem Aspekt zukünftiger Ausbildung in der noch recht jungen Wissenschaftsdisziplin wird deutlich, dass der steigenden Nachfrage nach Aus- und Weiterbildung zu Themen rund um die Finanzierung tragfähige Konzepte geboten werden müssen. Einen Schritt in diese Richtung hat die vorliegende Arbeit gemacht.

Die Analyse der **Strukturbesonderheiten** bundesdeutscher NPOs zeigten fundamentale Unterschiede in der Ausgestaltung des Finanzierungsmanagements in NPOs und Unternehmen. Diese haben verschiedene Ursachen.

Augenfällig ist in diesem Zusammenhang die auch in der Literatur vielfach beschworene Sachzieldominanz in NPOs. Gegenüber dem Finanzierungsmanagement begründet sich dadurch ein Primat der Sach- vor den Finanzzielen. Diese veränderte Zielstruktur hat angefangen von der Finanzanalyse über das Management selbsterwirtschafteter Mittel und Spenden bis hin zu ethischen Fragestellungen Auswirkungen auf das gesamte Finanzierungsmanagement. Auch die mit *cultural vulnerabilities* bezeichneten Verhaltensweisen und Wertbilder des Nonprofit-Managements stehen in engem Zusammenhang mit den nicht erwerbswirtschaftlich geprägten Organisationszielen. Die finanziellen Bedingungen spielen danach im Bewusstsein vieler NPOs keine entscheidende Rolle, obwohl die mangelnde Finanzierung und fehlende Sachkenntnis allenthalben beklagt werden. In der Folge werden bestimmte Managementpraktiken wie sie für das Unternehmen selbstverständlich und verbreitet sind, in NPOs tabuisiert. Wie gezeigt wurde, kann das Konsequenzen für das Mahnwesen, die Preiskalkulation, das Risikoverhalten bei der Geldanlage, den Umgang mit Finanzintermediären u. v. m. haben.

Die Zusammensetzung des gesamten Ressourcenpools einer NPO, die hier unter dem Stichwort „Finanzierungsmix" diskutiert wurde, trägt in besonderer Weise zu den Eigenarten der Nonprofit-Finanzierung bei. NPOs finanzieren sich unter anderem durch Mitgliedsbeiträge, staatliche Transferleistungen, Spenden,

Kredite und Erlösen aus verkauften Dienstleistungen. Leistung und Gegenleitung erfolgen dabei im Rahmen unterschiedlicher institutioneller Settings deren Austauschgüter nicht immer operationalisierbar sind. Diese „Managementarenen" gehorchen jeweils eigenen Gesetzmäßigkeiten, unterliegen eigenen Austauschmechanismen und rechtlichen Regelungen, die auch das Finanzierungsmanagement berücksichtigen muss. Zentrale Managementarenen wurden im zweiten Teil der Arbeit identifiziert und exemplarisch ausgeführt.

Die Finanzierungsquellen eines Finanzierungsmix stehen nicht losgelöst nebeneinander. Neuere Erkenntnisse legen die Vermutung nahe, dass es negative Korrelationen zwischen Gewinnen und Spenden sowie Spenden und Zuwendungen gibt. Dies Interdependenzvermutung spricht deutlich für die Ausweitung des Betrachtungsgegenstands über einzelne Fragen wie das Fundraising hinaus und die Ausformung eines integrativen Rahmens über alle Managementarenen hinweg.

Finanzierung, und damit ist eine weitere Dimension des Finanzierungsmix angesprochen, erfolgt jedoch nicht ausschließlich durch monetäre Mittel. Vielmehr spielen auch als Finanzmittelsurrogate bezeichnete Sach- und Zeitleistungen (freiwillige unentgeltliche Mitarbeit) eine bedeutende Rolle in der Ressourcenstruktur vieler NPOs. Die für die Finanzmittelsurrogate charakteristischen räumlichen, temporalen, quantitativen und funktionalen Disparitäten zwischen Angebot und Verwertung führen dabei zu charakteristischen Transformationsproblemen. In Verbindung mit den Bewertungsproblemen bei diesen Ressourcen ergeben sich daraus ganz spezifische Anforderungen.

Das Finanzmanagement von NPOs wird ferner durch zahlreiche rechtliche Restriktionen determiniert. Dabei haben sich die organisationsspezifischen und steuerrechtlichen Regelungen als besonders folgenreich für die Finanzierung erwiesen. Die typischen Organisationsformen des Dritten Sektors wie Verein, Stiftung und zum Teil die Genossenschaft, aber auch die als gGmbH bezeichnete Sonderform der Gesellschaft mit beschränkter Haftung sind rechtlich höchst unterschiedlich geregelt. Während gGmbH und Genossenschaft durchaus auf wirtschaftliche Aktivitäten hin konzipiert sind, gilt das für den mitgliedschaftlich strukturierten Verein und die als Vermögensmasse konzipierte Stiftung nur begrenzt. Dafür beteiligen sich insbesondere im Verein auch Mitglieder neben den Funktionsträgern an allen Belangen des Vereins – gelegentlich auch der Finanzierung. Managementfunktionen werden hier meist durch Freiwillige und gewählte Funktionäre mit sehr unterschiedlichen Kenntnissen wahrgenommen.

Eng an die Rechtsform gekoppelt ist der Zugang zu den Kapitalmärkten. Viele der zahlreichen Instrumente des Forprofit-Finanzierungsmanagements entfallen für NPOs bereits aufgrund des mangelnden Zugangs zu den Kapitalmärkten (beispielsweise Emission von Aktien oder Anleihen).

312

Das Finanzmanagement steuerbegünstigter Organisationen unterliegt darüber hinaus den umfangreichen Regelungen der Abgabenordnung. Gewinnverwendungsbeschränkung, Gebot der zeitnahen Mittelverwendung oder die Einschränkungen bei der Bildung von Gewinnrücklagen, um nur die wichtigsten noch einmal zu nennen, grenzen die Möglichkeiten des Finanzierungsmanagements ein und erzeugen zugleich aufgrund der ihnen anhaftenden Arbitrarität in vielen Einzelfragen fortlaufend Unsicherheit. Sie relativieren dabei auch die Bedeutung der Innenfinanzierung (z. B. Rücklagenfinanzierung).

Die so skizzierten Spezifika bundesdeutscher NPOs sind sicherlich ein zentraler Grund dafür, dass sowohl der Transfer des Forprofit-Finanzierungswissens als auch der Nonprofit Finanzierungslehre aus anderen Staaten (untersucht wurden insbesondere die USA) nur in mehr oder minder begrenztem Umfang sinnvoll möglich ist. Die Analyse möglicher **Zugangsoptionen** bot dennoch eine Reihe von Anknüpfungspunkten.

Mit Blick auf die deskriptiv ausgelegte Formenlehre der klassischen Finanzierung lassen sich beispielsweise bei der Kreditfinanzierung Ähnlichkeiten zu kleinen und mittelgroßen Wirtschaftsbetrieben ausmachen. Berücksichtigt man einige Besonderheiten und insbesondere die überwiegend schlechte Datensituation in NPOs, so lassen sich auch Teile der Finanzplanung und -analyse gewinnbringend für NPOs verwenden.

Bei den analytisch ausgelegten Ansätzen haben insbesondere neoinstitutionalistische Überlegungen Eingang in die Nonprofit-Finanzierung gefunden. Dem allgemeinen Institutionenbegriff ist es gedankt, dass sich das Instrumentarium dieser Forschungsrichtung relativ problemlos von Unternehmen auf NPOs übertragen lässt. Das Verhältnis von Spendern und Organisation oder das von Vorstand und Geschäftsführung kann dabei ebenso im Mittelpunkt finanzwirtschaftlicher Überlegungen stehen, wie die optimale Verteilung von Verfügungsrechten und die Konsequenzen aus einer suboptimalen Verteilung.

Weniger Anknüpfungspunkte bieten sich dagegen bei einem Bereich, der sich originär mit den sehr speziellen Institutionen der Kapitalmärkte auseinandersetzt. Die auf rigorosen Prämissen beruhenden neoklassischen Ansätze dürften wohl nur mit größtem Bemühen ihren marktbezogenen Charakter überwinden können. Versuche in diese Richtung, wie die Erklärung des optimalen Finanzierungsmix anhand der Portfoliotheorie wirken bislang wenig erhellend. Eine ausgeprägte Prämissendiskussion im Hinblick auf die Eignung für den Nonprofit-Bereich wäre wünschenswert, lässt sich jedoch aktuell nicht ausmachen.

Die USA sind im Hinblick auf die Entwicklung eines originären Nonprofit-Managements derzeit weltweit führend. Das gilt auch für die Finanzierung und hier insbesondere für den Teilbereich Fundraising. Trotz zahlreicher kultureller

Unterschiede zur Bundesrepublik – erörtert wurden eine andere Bürger-Staat-Beziehung, divergierende Spendenkulturen und die generell größere Bedeutung von NPOs in den USA – befruchten viele Erkenntnisse auch hierzulande unmittelbar die Fachdebatte. Die Literatur zum Fundraising ist daher ausgehend von den USA mittlerweile auch in der Bundesrepublik unübersichtlich geworden. Die Grenzen der Übertragbarkeit sind vor allem dort gegeben, wo es deutlich divergierende rechtliche Rahmenbedingungen gibt. Das trifft insbesondere zu auf die stark verrechtlichten Finanzinstrumente wie der Zuwendungsfinanzierung durch EU, Bund und Länder sowie der Finanzierung aus Leistungsentgelten, der ein für die Bundesrepublik typisches auf dem Subsidiaritätsprinzip fußendes Leistungsarrangement zugrunde liegt.

Unter Berücksichtigung der Strukturbesonderheiten und möglicher Zugangsoptionen wurde das **Inventar einer Nonprofit-Finanzierungslehre** erstellt: Finanzmanagement ist vergangenheits- und zukunftsbezogen, es ist planungs- und handlungsorientiert. Dabei wird das Handlungsfeld von gesellschaftlichen Vorstellungen sowie rechtlichen und institutionellen Rahmenbedingungen definiert. Die Ziele des Finanzierungsmanagements leiten sich aus der Mission und den übergeordneten Organisationszielen ab. Ihre Erfüllung ist die zentrale Aufgabe des Finanzierungsmanagements, wobei die zugrundeliegenden Werte handlungsbestimmend sein sollten. Daneben soll Finanzierungsmanagement die Wahrung der Liquidität, Rentabilität und Unabhängigkeit sowie den Schutz vor Risiken gewährleisten (Finanzierungsziele). Das heißt, dass ausgehend von den Erkenntnissen der Finanzanalyse und den Prognosen der Finanzplanung Maßnahmen ergriffen werden müssen, welche die Liquidität unter der Maßgabe eines optimalen Verhältnisses von Rendite und Risiko sicherstellen.

Im Gegensatz zu Unternehmen weisen bereits kleine NPOs oftmals einen umfangreichen Finanzierungsmix auf. Die verschiedenen Arbeitsfelder des Finanzmanagements stellen dabei sehr unterschiedliche Anforderungen an die dort tätigen Personen. So kümmern sich Finanzmanager in enger Zusammenarbeit mit anderen organisationsinternen und -externen Akteuren um Zuwendungen, Spenden und selbsterwirtschaftete Mittel. Sie sind verantwortlich für die Beschaffung und Verwaltung von Krediten und Vermögen und müssen den Fluss, Einsatz und die Optimierung von Zahlungsmitteln koordinieren. Darüber hinaus gestalten sie aktiv die Beziehungen zu den Stakeholdern der NPO – insbesondere zu den Finanzinstitutionen. Abbildung 36 fasst die Elemente der hier vorgestellten Nonprofit-Finanzierungslehre abschließend schematisch zusammen.

*Abbildung 36:* Finanzierungsmanagement im Überblick

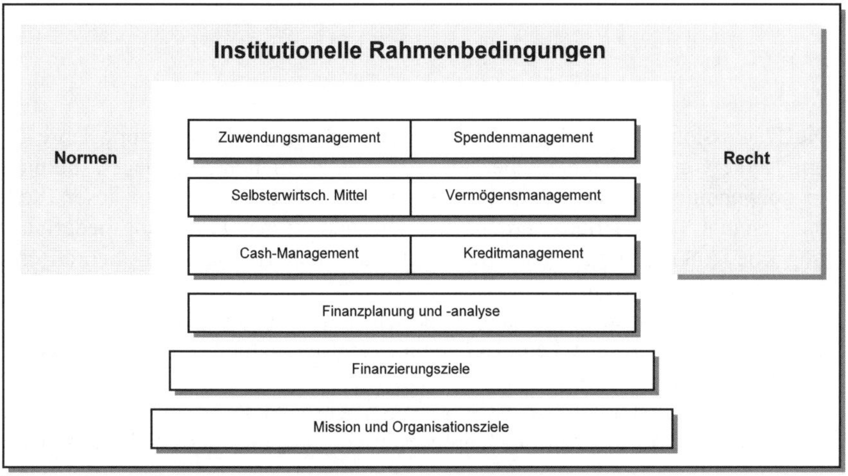

## Institutionelle Rahmenbedingungen

| | | |
|---|---|---|
| **Normen** | Zuwendungsmanagement / Spendenmanagement | **Recht** |
| | Selbsterwirtsch. Mittel / Vermögensmanagement | |
| | Cash-Management / Kreditmanagement | |

Finanzplanung und -analyse

Finanzierungsziele

Mission und Organisationsziele

*Eigene Darstellung*

Mit dem so gewonnenen Überblick ist die Hoffnung auf einen ersten Schritt hin zu einem wissenschaftsbasierten, systematischeren und professionalisierten Finanzierungsmanagement im Bereich des Dritten Sektors und seiner Organisationen verbunden. Gleichwohl zeigen sich immer noch eine Reihe von Problemen und Forschungsdefiziten, die im Folgenden kurz geschildert werden sollen.

# 2 Probleme, Defizite und Forschungsperspektive

Die Diskussion um Sinn und Konzept einer Nonprofit-Finanzierungslehre hat eine Reihe von Problembereichen und Erkenntnisdefiziten aufgedeckt, die nicht im notwendigen Umfang erörtert werden konnten. Sie sollen an dieser Stelle noch einmal aufgegriffen werden, um den zukünftigen Forschungsbedarf und mögliche Anknüpfungspunkte weitergehender empirischer oder theoretischer Arbeiten zu fokussieren.

Die bisher gemachten Aussagen lassen sich als Fundament eines Finanzierungsmanagements verstehen. Bei genauerer Betrachtung zeigen sich jedoch auch Probleme.

Ein tätigkeitsfeld- bzw. organisationstypenspezifischer Fokus könnte den Praxisbezug einer Finanzierungslehre weiter erhöhen, erforderte jedoch ein Grad der Konkretisierung, die dem an dieser Stelle gesetzten Abstraktionsniveau entgegenstünden. Hier bietet sich jedoch Stoff für zahlreiche weitere Arbeiten. Da wäre zunächst das Problem der mangelnden Binnendifferenzierung. NPOs agieren in unterschiedlichsten Umwelten und Arbeitsfeldern. Dadurch eröffnet sich ein großes Forschungsfeld, das zum einen als komparative Betrachtung der verschiedenen Tätigkeitsbereiche (Kultur, Sport, Wohlfahrtsverbände etc.) angelegt werden kann. So könnten Kennzahlenvergleiche, Vergleiche der Finanzierungsstruktur sowie der Finanzierungsmethoden und -instrumente bereichsübergreifende Gemeinsamkeiten und Unterschiede offenbaren und so zu neuen Erkenntnissen beitragen. Dies insbesondere, indem ermittelt wird, wo einerseits Verallgemeinerungspotenziale bestehen und wo andererseits tätigkeitsfeld- bzw. organisationstypenspezifische Besonderheiten eine separate Betrachtung erfordern.

Zum anderen könnte die isolierte Betrachtung einzelner Aufgabenfelder oder auch Organisationstypen zu bereichsspezifischen Erkenntnissen führen und die Aufmerksamkeit auf den Zusammenhang zwischen Rahmenbedingungen und Finanzierungsmanagement lenken. Über zahlreiche Aufgabenfelder hinweg würde diese Vorgehensweise zu einer beträchtlichen Ausdifferenzierung der Nonprofit-Finanzierungslehre beitragen. Erste Ansätze in dieser Richtung gibt es bereits in Form bereichsspezifischer Finanzierungslehren (z. B. Finanzierung in der Sozialwirtschaft), allerdings besteht auch hier noch ein beträchtlicher Bedarf an praxisorientierten Fachbüchern.

Bevor die in Kapitel B identifizierten Problemebereiche der einzelnen Managementarenen noch einmal aufgenommen werden, soll auf ein grundlegendes Problem verwiesen werden: die mangelhafte Datenlage zur Nonprofit-

Finanzierung in der Bundesrepublik. Es fehlt hier bisher insbesondere ein einheitliches, anerkanntes statistisches Klassifikationssystem, welches sowohl für die Einordnung der Tätigkeiten von NPOs als auch zur Erfassung unterschiedlicher Finanzierungsquellen und deren Vergleich hilfreich wäre. Weder im Rahmen der Volkswirtschaftlichen Gesamtrechnung noch im Rahmen der Finanzstatistik oder der wissenschaftlichen Forschung werden bisher aussagefähige und ausreichend vergleichbare Datenmengen ermittelt. Diese sind jedoch die Basis für eine weitergehende, aussagefähige Forschung. Der empirischen Forschung kommt damit für die Nonprofit-Finanzierung zukünftig ein zentraler Stellenwert zu.

Schon im Zusammenhang mit der Diskussion der Strukturbesonderheiten[581] der Nonprofit-Finanzierung tauchten eine Reihe von Fragestellungen, Problemen und Defiziten auf, die an dieser Stelle noch einmal angesprochen werden.

Nur wenige Erkenntnisse liegen bisher über die Bedeutung von Finanzmittelsurrogaten für die Finanzierung von NPOs sowie die damit verbundenen Herausforderungen für das Management vor. Damit ist insbesondere das Problem verbunden, Sach-, Zeit- und Geldmittel zu quantifizieren und somit vergleichbar zu machen. Erst mit einer Lösung dieses Quantifizierungsproblems kann die Relevanz der unterschiedlichen Finanzierungsformen für NPOs festgestellt werden.

Ein Erkenntnisdefizit gibt es auch in Bezug auf die Interdependenz unterschiedlicher Finanzquellen. Unklar sind hier insbesondere die Stärke und Wirkungsrichtung der Korrelationen unterschiedlicher Finanzierungsarten, sowie die zugrunde liegenden Kausalitäten. Als mögliche Ansatzpunkte wurden das Verhalten des Managements und der Spender, aber auch restriktive rechtliche Rahmenbedingungen, die wie beim Zuwendungsmanagement zu einer Kompensation zusätzlicher alternativer Finanzierungsquellen führen könnten, diskutiert. Welche empirische Relevanz diese Effekte haben, ist jedoch unklar.

Eng mit den Interdependenzen der Finanzierungsarten verbunden ist ebenfalls die Frage der Quersubventionierung als bewusst gestaltende Methode zur Finanzierung defizitärer Aufgabenbereiche. Der Subventionierung von Tätigkeiten sind zwar durch das Gemeinnützigkeitsrecht enge Grenzen gesetzt. Innerhalb (und bisweilen auch außerhalb) dieser Grenzen bedient sich die Praxis dieses Instrumentes jedoch in großem Umfang. Von besonderer Bedeutung ist dabei die Finanzierung ideeller Aufgaben durch wirtschaftliche Geschäftsbetriebe. Dabei stellt sich u. a. auch die Frage nach dem wechselseitigen Einfluss ideeller und ökonomischer Zielsetzungen und nach den Rahmenbedingungen, unter denen es

---

[581] Vgl. Kapitel 2.2.

zu einer eventuellen Dominanz ökonomischer über ideeller Ziele und damit zu einer impliziten Zielverschiebung kommen kann.

Weitergehende Fragestellungen zeichneten sich auch im Hinblick auf unterschiedliche Begriffsinhalte in der For- und Nonprofit-Finanzierung ab. So weist beispielsweise das „Eigenkapital" in NPOs deutliche Unterschiede zu Unternehmen auf. In den meisten Fällen fehlt ein Eigentumsverhältnis. Eingesetztes Eigenkapital berechtigt hier weder zum Anteil an Geschäftsüberschüssen oder an der Liquidation der Organisation, noch gewährleistet es in jedem Fall ein Mitspracherecht an der Geschäftsführung. Auf der anderen Seite kann es Verwendungsbeschränkungen seitens des Eigenkapitalgebers geben, die lediglich eine zweckspezifische Verwendung des Eigenkapitals im Sinne eines moralischen Fremdkapitals ermöglichen. Wenn aber wesentliche Definitionsmerkmale des Eigenkapitals entfallen, stellt sich automatisch die Frage nach der Sinnhaftigkeit einer solchen Klassifizierung – sowohl im Jahresabschluss als auch bei der Steuerung und Bewertung einer NPO durch Kennzahlen.

Im Zusammenhang mit den einzelnen Kapiteln der Arbeit tauchten weitergehende Fragen auf, die hier noch einmal aufgegriffen werden:

**Finanzanalyse:**

An keiner Stelle wird die Problematik der Messbarkeit organisationaler Effektivität und Effizienz deutlicher als im Rahmen der kennzahlenbasierten Finanzanalyse. Sachzielorientierung und Verschiedenartigkeit der Ziele erzwingen geradezu eine mehrdimensionale Betrachtung. Das gilt sowohl für die Leistungs- als auch die Risikomessung. Wie die Ausführungen zeigten, steht die Forschung in diesem Bereich bisher noch am Anfang ihrer Entwicklung. Dabei zeigen sich zwei Problemfelder.

Zum einen Bedarf es im Sinne einer qualitativen Analyse weiterer vertiefender Überlegungen zu den Systemeigenschaften und -zielen sowie den finanziellen Risiken von NPOs. Kennzahlen sollen eine Hinweis- und Warnfunktion für interne und externe Adressaten erfüllen. Um diese Funktion erfüllen zu können, bedürfen sie einer empirischen Validierung, welche wiederum aufgrund der derzeitigen Datenlage schwerlich möglich ist. Im Gegensatz zu anderen Ländern stellen die bundesdeutschen Finanzbehörden hier keine Informationen zur Verfügung. Damit wäre zum anderen die empirische Ermittlung relevanter Zusammenhänge und der Test erstellter Kennzahlen angesprochen.

**Finanzplanung:**

Die Finanzplanung in NPOs weist weitgehende Parallelen zum Forprofit-Management auf. Neben der Vielzahl möglicher Finanzierungsquellen sind dabei jedoch auch die Zweckbindungen und Verwendungsauflagen ein- und ausgehender Geldmittel zu berücksichtigen. Diese Geldmittel sind nicht frei disponibel. Dazu kommt die schlechte Planbarkeit von einzelnen Finanzierungsquellen (z. B. Erlöse aus Erbschaften oder Spendenkampagnen).

**Zuwendungsmanagement:**
Das Zuwendungsmanagement ist geprägt durch komplexe Antrags- und Bewirtschaftungsverfahren, die für kleine und mittelgroße NPOs ohne theoretische Unterstützung nur schwer zu bewältigen sind. Hier gilt es Systematiken für Zuwendungsarten und Fördermodi zu entwickeln sowie die technischen und rechtlichen Erfordernisse transparent zu machen. Für Praktiker könnten sich didaktisch aufbereitete best-practice-Beispiele als sinnvolle Ergänzung erweisen.

Aufgrund der Unübersichtlichkeit des Stiftungssektors sind viele Fördermöglichkeiten von Stiftungen nicht bekannt. Ebenso fehlen Antragstellern häufig Kenntnisse über die Förderbedingungen von Stiftungen. Der Eingang nicht förderungsfähiger Anträge bei Stiftungen bindet dort jedoch beträchtliche Personalkapazitäten. Hier müssen Instrumente entwickelt werden, die über die bisherigen staatlichen Stiftungsverzeichnisse hinaus mehr Transparenz und eine effizientere Antragstellung gewährleisten. Eine erste Überlegung dazu findet sich weiter unten.

**Spendenmanagement/ Fundraising:**
Fundraising ist eines der bereits am Besten erschlossenen Bereiche der Nonprofit-Finanzierung. Bei den Publikationen liegt der Schwerpunkt bisher auf Praxisratgebern. Die Fülle verschiedener Ansätze und die ausgeprägte angelsächsische Fachsprache führen jedoch in der Praxis regelmäßig zu Verwirrung. Hier wird es daher eine Aufgabe sein, Methoden und Instrumente des Fundraising zu systematisieren. Eine theoretische Fundierung auf der Grundlage ökonomischer oder psychologischer Erklärungsansätze jenseits von Daumenregeln und Tipps ist in Teilen zwar vorhanden, kann jedoch weiter ausgebaut werden. Die stark zunehmende Professionalisierung lässt ahnen, dass die Geschwindigkeit, mit der Fundraisinginnovationen zukünftig den Spendenmarkt erobern, dramatisch ansteigen und es somit zu einer starken Ausdifferenzierung des Untersuchungsfeldes kommen wird. Finanzwirtschaftlicher Forschung wird dabei immer wieder die Aufgabe zukommen, neue Methoden und Instrumente auf ihre Risiken und Chancen sowie die Auswirkungen auf Liquidität und ethische Implikationen zu untersuchen. Daneben ist die Erhebung statistischen Materials eine weitere drängende Aufgabe. Untersucht werden müssten insbesondere die Verbreitung der Methoden und Instrumente des Fundraisings sowie ihre Erfolgsbeiträge zur Finanzierung von NPOs.

**Investitionen:**

Im Hinblick auf Investitionen muss die Auswirkung eines im Vergleich zum Forprofit-Bereich veränderten Zielkorrelats auf die Kriterien zur Messung der Vorteilhaftigkeit von Investitionen bestimmt werden. Darüber hinaus gibt es einen beträchtlichen Informationsbedarf zu der Frage, unter welchen Umständen NPOs überhaupt investieren, wie groß das Investitionsvolumen in diesem Sektor ist und welche Finanzierungsmuster sich für Investitionen ausmachen lassen.

**Management selbsterwirtschafteter Mittel:**

Die Produktion und das Angebot marktfähiger Güter nimmt für den gemeinnützigen Sektor zukünftig einen höheren Stellenwert ein. Das Finanzierungsmanagement in dieser Arena wird insbesondere durch die nicht marktfähigen Organisationsstrukturen behindert. Das Fehlen von Kostenrechnungssystemen, leistungsorientierten Steuerungsverfahren und Absatzerfahrung sowie die Einbindung in unklare Entscheidungsstrukturen schränkt eine marktgerechte Leistungserstellung in vielen NPOs beträchtlich ein. Der Einfluss wachsender Finanzierungsanteile aus selbsterwirtschafteten Mitteln auf die Organisationskultur, die Ziele und Aktivitäten einer NPO müsste einer genaueren Untersuchung unterzogen werden. Dies insbesondere unter dem Aspekt der vielfach vermuteten negativen Auswirkung auf die ideellen Ziele sowie der bereits angesprochenen Korrelationen mit anderen Finanzierungsquellen im Finanzierungsmix.

**Kreditmanagement:**

Im Verhältnis zu Unternehmen weisen NPOs tendenziell einen niedrigen Verschuldungsgrad auf. Trotzdem werden sie bei der Gewährung von Krediten häufig benachteiligt. Kreditinstitute scheinen nicht selten mit der Bewertung des zugrunde liegenden Kreditrisikos überfordert zu sein. Ein Grund dafür kann sicherlich in der mehrfach erwähnten Problematik des Transfers erwerbswirtschaftlicher Kennzahlen auf NPOs zu suchen sein. Darüber hinaus wissen Kreditinstitute im Allgemeinen nur wenig über die Finanzierung von NPOs und reduzieren deren relevantes Einkommen auf die selbsterwirtschafteten Mittel. Als dahinter liegende Probleme können die Erkenntnisdefizite in Bezug auf die optimale Kapitalstruktur sowie die generelle Bedeutung des Eigenkapitals gesehen werden. Auch ist bisher nur wenig bekannt über die Eigen- bzw. Fremdkapitalquoten sowie die Zahl der Konkurse und die relevanten Risikofaktoren, die zu einer Illiquidität von NPOs beitragen.

Aber auch auf der Seite der Organisationen gibt es Unsicherheiten und Vorbehalte in Bezug auf die Kreditfinanzierung. Dazu hat nicht zuletzt auch die jüngste Diskussion um Basel II beigetragen. Häufig findet sich hier eine ausgeprägte Risikoaversion mit einer als extrem zu kennzeichnenden Ablehnung von

Kreditfinanzierungen. Eine Einstellung, die nicht immer vorteilhaft ist. Dies um so weniger, als zukünftig vor allem investive Ausgaben immer weniger staatlich und zusehends über die Kapitalmärkte finanziert werden müssen. Hier werden sicherlich durch (staatliche) Bürgschaften unterlegte Kreditfinanzierungen an Bedeutung gewinnen.

**Vermögensmanagement:**
Auch das Vermögensmanagement ist in erster Linie durch die fehlenden Erkenntnisse über die Art und Weise des Vermögensaufbaus in Vereinen, Stiftungen und gGmbHs geprägt. Welches Entscheidungsverhalten herrscht vor? Welche Anlageformen werden bevorzugt eingesetzt? In welchem Umfang werden ethische Aspekte bei der Anlagenwahl einbezogen?

Darüber hinaus bieten die Probleme des Vermögensmanagements weitere interessante Forschungsperspektiven. Das trifft insbesondere auf die erschwerten Rahmenbedingungen des Vermögensaufbau in Vereinen zu. Welche Strategien wählen Vereine, um diese Beschränkungen abzumildern (z. B. Angliederung von Stiftungen, Auslagerung von Betriebsteilen in GmbHs, zweckgebundene Rücklagen etc.)? Gerade für kleine und mittelgroße NPOs gibt es bisher nur wenige Gestaltungsempfehlungen. Eine Ursache mag darin zu sehen sein, dass die existierende Literatur zur Vermögensverwaltung NPOs in der Regel unberücksichtigt lässt.

Die aufgezeigten Defizite machen deutlich: Das Nonprofit-Finanzierungsmanagement steht sowohl was die empirischen als auch theoretischen Erkenntnisse angeht, erst am Anfang. Positiv gewendet sind solche Defizite jedoch immer auch Ansatzpunkte für weitergehende Fragestellungen. Es gilt die weißen Flecken auf der Karte der Nonprofit-Forschung aufzufüllen und dadurch den Erkenntnisstand zu befördern. Für die nahe Zukunft scheint dabei zentral, den in der Literatur stark auf das Fundraising verengten Fokus zu weiten und die Datenlage zur Finanzierung von NPOs durch entsprechende Studien und Erhebungen zu verbessern.

# 3 Rahmenbedingungen im Wandel: Kritik und Ausblick

Die besondere gesellschaftspolitische Rolle, die NPOs heute spielen, ist eng mit deren Leistungsfähigkeit verknüpft. Unter den Umständen knapper werdender Mittel gewinnt die Effizienz der Organisationen dabei zwangsläufig an Bedeutung. Die Einhaltung ökonomischer Handlungsweisen muss damit zu einem zentralen Thema des Managements in den Organisationen werden.

Trotz wachsender praktischer Relevanz besitzen die Leitungskräfte in NPOs häufig nur eine geringe Sensibilität für Finanzierungsfragen. Sie neigen dazu, sich erst dann intensiver mit Finanzierungsfragen zu beschäftigen, wenn akute Geldnot oder offensichtliches Fehlverhalten sie dazu nötigen. In der Regel ist es dann jedoch für weitreichende Maßnahmen bereits zu spät. Diese reaktive Verhaltensweise müssen die Organisationen zu Gunsten einer aktiven Grundhaltung ändern. Dies ist mehr als eine akademische Forderung. Es handelt sich um eine grundlegende Notwendigkeit, die immer häufiger durch die Entwicklungen in der Praxis erzwungen werden wird. Finanzmanagement muss als betriebliche Funktion ein fester Bestandteil der Organisationsstruktur werden. Ruht die Last finanzieller Entscheidungen wie im Schatzmeister-Modell kleiner NPOs auf einer einzigen Schulter, so ist dafür Sorge zu tragen, dass die Position qualifiziert besetzt wird. Die Qualifikation sollte dabei nicht nur erhalten, sondern gefördert und ausgebaut werden. Darüber hinaus sind für den Vorstand und (sofern vorhanden) die Mitglieder Kontrollmechanismen zu integrieren, die das Finanzverhalten des Entscheidungsträgers transparent machen. Große NPOs sollten diesen Erfordernissen durch die Rekrutierung entsprechenden Fachpersonals Rechnung tragen. In diesem Fall sind vor allem die Schnittstellen zwischen dem Finanzpersonal und den Vorständen bzw. Geschäftsführungen und den entsprechenden Fachkräften zu definieren.

Die Entscheidungsträger im Finanzierungsmanagement stammen aus unterschiedlichsten Berufsgruppen. Regelmäßig zeigen sich Kassierer, Schatzmeister etc. jedoch mit den Aufgaben eines modernen Finanzierungsmanagements überfordert. Nur wenige verfügen über profunde Kenntnisse der Finanzierung oder des Steuerrechts. Dort, wo entsprechend qualifizierte Kräfte wie Steuerberater, Bankangestellte oder Unternehmer aus dem Forprofit-Bereich eingesetzt werden, muss darauf geachtet werden, dass die allgemeinen Strukturbesonderheiten von

NPOs und die spezifischen Rahmenbedingungen der eigenen Organisation Berücksichtigung finden.

Eine mangelnde Bereitschaft der NPOs sich mit Finanzierungsfragen auseinanderzusetzen und diese angemessen in ihren Organisationsstrukturen zu verankern, stellt derzeit eines der größten Hindernisse für eine erfolgreiche finanzielle Arbeit in NPOs dar. Die – gerade beim Verein – schwierige Entscheidungssituation wird durch diffuse Finanzzuständigkeiten weiter verschlimmert.

Die allenthalben hervorgehobene gesellschaftspolitische Aufgabe von NPOs führt dazu, dass die Finanzierungsfrage auch eine deutliche politische Dimension besitzt. NPOs finden sich eingebettet in ein ganz spezielles Arrangement zwischen Staat, Markt und privaten Lebensräumen. Das spiegelt sich vor allem auch im Bereich der Finanzierung wider. So sehen sich NPOs regelmäßig im Fadenkreuz zwischen den Interessen ihrer Stakeholder (z.b. Öffentliche Hand, Wirtschaft, Mitglieder, Spendern, Klienten, Kunden). Das Finanzierungsmanagement muss das latente Spannungsfeld zwischen der sachzielorientierten, steuerbegünstigten Mission sowie den ökonomischen Notwendigkeiten gerecht werden. Dabei besteht leicht die Gefahr, dass die Mitteler- und -bewirtschaftung der weit verbreiteten ökonomischen Logik folgend zum Selbstzweck wird. Die gesellschaftspolitische Funktion der NPO nimmt dabei in der Regel Schaden. Andererseits können finanzielle Effektivitäts- und Effizienzüberlegungen ganz in den Hintergrund treten und damit die Fortsetzung der Arbeit zukünftig ebenso gefährden.

Die schleichende Austrocknung der NPO-Finanzierung durch weg brechende staatliche Unterstützung stellt derzeit wohl das herausragende Problem der Nonprofit-Finanzierung dar. Während die konkrete Leistungserbringung im Rahmen des Subsidiaritätsprinzips in den 1990er Jahren auf vertragliche Vereinbarungen und Leistungsentgelte umgestellt wurde und somit voraussichtlich auf einige Zeit festgeschrieben ist, fehlen insbesondere im investiven Bereich, der in großen Teilen durch Zuwendungen finanziert wird, immer häufiger die Geldmittel zum Erhalt und Ausbau der Aktivitäten. Hier mangelt es in einem der wenigen expandierenden Teilbereichen der deutschen Volkswirtschaft an günstigem Kapital. Ersatzstrukturen wie günstige staatliche Kredite oder mit staatlichen Bürgschaften unterlegte private Kredite wären vor diesem Hintergrund überlegenswert.

Inwiefern die für den gewerblichen Mittelstand aktuell stärker diskutierten Mezzaninen-Finanzierungsinstrumente einen Ausweg aus der Kapitalknappheit ermöglichen, ist angesichts der verhältnismäßig hohen Verzinsung dieser Eigenkapitalsurrogate und den vergleichsweise niedrigen Renditen im wirtschaftlichen Geschäftsbetrieb vieler NPOs noch fraglich. Die besondere Stellung Mezzaniner-Instrumente zwischen Eigen- und Fremdkapital führt ferner unweigerlich zu

Konflikten mit dem Gemeinnützigkeitsrecht. Dies insbesondere aufgrund der durch die Eigenkapitalanteile begründeten Gewinnbeteiligungen.

Probleme zeigen sich im Rahmen des Zuwendungsmanagements bei den nationalen und supranationalen Zuwendungsgebern. Hier kommt es seitens der Ämter und Ministerien regelmäßig zu langwierigen Antrags- und Bearbeitungsverfahren. Dies ist vor allem dann problematisch, wenn NPOs mit größeren Geldbeträgen in Vorleistung gehen müssen. In diesem Zusammenhang belasten insbesondere die zunehmenden Verspätungen bei der Auszahlung von Geldmitteln (vor allem seitens der EU) die Liquidität von NPOs. Unübersichtliche und extrem aufwändige Antragsverfahren führen zu einer erheblichen Arbeitsbelastung und einem Anstieg der Personal- bzw. Verwaltungskosten. Zentrales Entscheidungskriterium wird die Beherrschung einer gewissen „Antragslyrik". Hier sind seitens staatlicher Akteure dringend einfachere und transparentere Antragsverfahren sowie eine zuverlässigere Zahlungsmoral gefordert.

Auf der Seite der nicht-staatlichen Zuwendungsgeber führt die Unübersichtlichkeit der Stiftungslandschaft in Deutschland sowohl zu einer weit verbreiteten Unkenntnis über Fördermöglichkeiten als auch zu einem erhöhten Aufwand bei der Bearbeitung von Anträgen seitens der Stiftungen. Neben den bisherigen Stiftungsverzeichnissen könnten hier Stiftungszentren nach US-amerikanischem Vorbild Abhilfe schaffen. Solche Zentren sammeln Informationen über die Ziele und Förderpraxis von Stiftungen, die auch für die breite Öffentlichkeit einsehbar sind. Mit der besseren Informationsversorgung sinkt auch die Zahl der nicht förderfähigen Anträge bei den Stiftungen.

Die Komplexität des Steuerrechts im Allgemeinen und des Gemeinnützigkeitsrechts im Speziellen stellt für viele NPOs ein beträchtliches Problemfeld dar. Viele Regelungen erscheinen willkürlich. Dieser Eindruck wird verstärkt, wenn man einmal die in der Praxis zu findenden Divergenzen bei den Entscheidungen der lokalen Finanzämter genauer betrachtet.

Gerade Vereine leiden häufig unter dem Gebot der zeitnahen Mittelverwendung. Zwar soll der zugrunde liegende Gedanke einer Ziel gerichteten und unmittelbaren Verwendung steuerbegünstigter Mittel zur Erfüllung einer gesellschaftspolitischen Aufgabe hier nicht in Frage gestellt werden. Dennoch scheinen hier Modifikationen geboten. Die Beschränkungen beim Kapitalaufbau erzwingen eine „Hand-in-den-Mund" Finanzierung und gefährden in Zusammenhang mit sinkenden staatlichen Mitteln die Sicherung der zukünftigen Aufgabenerfüllung. In der Praxis wird dieses Problem immer häufiger durch Hilfskonstruktionen, wie die Gründung einer angegliederten Stiftung, gelöst.

Die mangelnde Publizitätspflicht von NPOs ist insbesondere vor dem Hintergrund ihres steuerbegünstigten Status nicht nachvollziehbar. Da NPOs mit Steuermitteln und Spenden arbeiten, sollte eine einheitliche Publizitätspflicht für alle steuerbegünstigten NPOs gelten. Staatliche Standards könnten hier einen Wildwuchs verschiedener Publizitätserfordernisse gegenüber Finanzamt, Spendensiegeln und Dachverbänden vermeiden helfen.

Der Dritte Sektor gehört unter dem beschäftigungspolitischen Aspekt derzeit zu den dynamischsten Bereichen der deutschen Volkswirtschaft. Große Hoffnungen werden im Hinblick auf die Lösung aktueller gesellschaftspolitischer Problemlagen an ihn geknüpft: Übernahme ehemals staatlicher Leistungsproduktion, Schaffung von Arbeitsplätzen, politische Partizipation und damit Stärkung der Bürgerbeteiligung und gesellschaftliche Sinnstiftung. Finanzierung ist dabei kein originäres Ziel. Aber gerade wegen seiner fundamentalen Bedeutung kommt ihr eine zentrale Aufgabe bei der Erfüllung dieser Hoffnungen zu. Wie NPOs, Öffentliche Hand und Wissenschaft einen Beitrag dazu leisten können, wurde angedeutet. Durch die intensivere wissenschaftliche Auseinandersetzung kommt es zukünftig hoffentlich zu neuen Erkenntnisgewinnen und Handlungsoptionen, durch welche die Dynamik dieses Bereichs gefördert und aktuelle Hemmnisse beseitigt werden können.

# Literaturverzeichnis

**Abrams, Burton A./Schmitz, Mark D.** (1985): The Crowding Out Effect of Government Transfers. A Rejoinder. In: National Tax Journal, Vol. 38, 1985, S. 575 - 576.

**Adloff, Frank** (2002): Förderstiftungen. Eine Untersuchung zu ihren Destinatären und Entscheidungsprozessen. Maecenata Institut für Dritte-Sektor-Forschung (Hrsg.): Opusculum Nr. 9, Berlin.

**Adloff, Frank/Velez, Andrea** (2001): Operative Stiftungen. Eine sozialwissenschaftliche Untersuchung zu ihrer Praxis und ihrem Selbstverständnis. Maecenata Institut für Dritte-Sektor-Forschung (Hrsg.): Opusclum Nr. 8, Berlin.

**Aktive Bürgerschaft e.V. (Hrsg.)** (2003): Fundraising für Bürgerstiftungen. Erfolgreich Stifter, Zustifter und Spender gewinnen. Erstellt von Dr. Stefan Nährlich unter Mitarbeit von Marco Groß und Karin Müller. Berlin.

**Alchian, Armen A.** (1961): Some Economics of Property. Santa Monica (CA).

**Amann, Klaus** (1993): Finanzwirtschaft: Finanzierung, Investition, Finanzplanung. Stuttgart/Berlin/Köln.

**Andel, Norbert** (1977): Subventionen. In: Albers, Willi et al. (Hrsg.): Handwörterbuch der Wirtschaftswissenschaft (zitiert als: HdWW); zugleich Neuauflage des Handwörterbuchs der Sozialwissenschaften, Bd. 7, Stuttgart, New York, S. 491 - 510.

**Andersen, Uwe/Woyke, Wichard (Hrsg.)** (1997): Handwörterbuch des politischen Systems der Bundesrepublik Deutschland. 3., völlig überarbeitete und aktualisierte Auflage, Bonn.

**Andeßner, Rene C./Schmid, Christian** (1997): Finanzen im Sportverein – Handbuch zur Finanzierung, Besteuerung und Rechnungslegung. Wien.

**Anheier, Helmut K./Priller, Eckhard/Zimmer, Annette** (2000): Zur zivilgesellschaftlichen Dimension des Dritten Sektors. In: Klingemann, H. D./ Neidhardt, F. (Hrsg.): Zur Zukunft der Demokratie – Herausforderungen im Zeitalter der Globalisierung. WZB-Jahrbuch 2000, Berlin, S. 71 – 98.

**Anheier, Helmut K./Romo, Frank P.** (1994): Foundations in Germany and the United States. A Comparative Analysis. In: Anheier, Helmut K./Toepler, Stefan (Hrsg.): Private Funds, Public Purpose. Philantropic Foundations in International Perspective. New York, S. 79 - 118.

**Anheier, Helmut K./Salamon, Lester M.** (1993): Die Internationale Systematik von Nonprofit-Organisationen: Zur Definition und Klassifikation des >>Dritten Sektors<< intermediärer Organisationen. In: Bauer, R. (Hrsg.): Intermediäre Nonprofit-Organisationen in einem neuen Europa. Rheinfeld/Berlin, S. 1 - 16.

**Anheier, Helmut K./Seibel, Wolfgang (1999):** Der Nonprofit Sektor in Deutschland. In: Badelt, Christoph (Hrsg.): Handbuch der Nonprofit-Organisation. Strukturen und Management. 2., überarbeitete und erweiterte Auflage, Stuttgart, S. 19 - 41.

**Anheier, Helmut K./Seibel, Wolfgang/Priller, Eckhard/Zimmer, Annette (2002):** Der Nonprofit Sektor in Deutschland. In: Badelt, Christoph (Hrsg.): Handbuch der Nonprofit-Organisation. Strukturen und Management. Unter Mitarbeit von Florian Pomper. 3., überarbeitete und erweiterte Auflage, Stuttgart, S. 19 - 44.

**Ansari, Asim M./Siddarth, S./Weinberg, Charles B. (1996):** Pricing a Bundle of Products and Services: The Case of Nonprofits. In: Journal of Marketing Research, Vol. 32, 1996, Nr. 1, S. 86 - 93.

**Anzenbacher, Arno (1998):** Christliche Sozialethik. Einführung und Prinzipien. Paderborn u. a.

**Aschhoff, Gunther (1995):** Das deutsche Genossenschaftswesen. Entwicklung, Struktur, wirtschaftliches Potential. 2., überarbeitete und erweiterte Auflage, Frankfurt a. M.

**Badelt, Christoph (Hrsg.) (1999):** Handbuch der Nonprofit Organisation. Strukturen und Management. 2., überarbeitete und erweiterte Auflage, Stuttgart.

**Badelt, Christoph (Hrsg.) (2002):** Handbuch der Nonprofit Organisationen. Strukturen und Management. Unter Mitarbeit von Florian Pomper. 3., überarbeitete und erweiterte Auflage, Stuttgart.

**Bänsch, Axel (2002):** Käuferverhalten. 8. Auflage, München.

**Balser, Heinrich (2000):** Die GmbH. Umfassende Erläuterungen, Beispiele und Musterformulare für die Rechtspraxis. 12., ergänzte und aktualisierte Auflage, Freiburg i. Breisgau.

**Bangert, Kurt (2001):** Patenschaften. In: Fundraising Akademie (Hrsg.) (2001): Fundraising. Handbuch für Grundlagen, Strategien und Instrumente. Wiesbaden, S. 269 - 275.

**Barnes, Nora G. (1991):** Joint Venture Marketing: A Strategy for the 1990s. In: Health Marketing Quarterly, Vol. 9, 1991, Nr. 1-2, S. 23 - 36.

**Baseler Ausschuss für Bankenaufsicht (2004):** Internationale Konvergenz der Kapital-messung und Eigenkapitalanforderungen. Überarbeitete Rahmenvereinbarung vom Juni 2004. Übersetzung der Deutschen Bundesbank, o. O.

**Bauer, Heinrich (1999):** Die Genossenschaft. Recht und Praxis. DGRV Schriftenreihe Bd. 41, Wiesbaden.

**Behr, Markus (2004):** Nonprofit-Management. Studiengänge in den USA und Europa. Unveröffentlichtes Manuskript. Münster.

**Beike, Rolf/Schlütz, Johannes (2001):** Finanznachrichten lesen – verstehen – nutzen. 3., überarbeitete Auflage, Stuttgart.

**Bernhardt, Stefan (1999):** Finanzierungsmanagement von NPOs. In: Badelt, Christoph (Hrsg.): Handbuch der Nonprofit Organisation. Strukturen und Management. 2., ü-berarbeitete und erweiterte Auflage, Stuttgart, S. 301 - 330.

**Bernstein, Peter L. (1992)** Capital Ideas: The Improbable Origins of Modern Wall Street. New York.

**Bertelsmann Stiftung (Hrsg.) (1998):** Handbuch Stiftungen: Ziele – Projekte – Mana-gement – Rechtliche Gestaltung, Wiesbaden.

**Betzelt, Sigrid (2000):** Der Dritte Sektor in „Fesseln“: Rechtliche und ökonomische Rahmenbedingungen. In: Nährlich, Stefan/Zimmer, Annette (2000): Management in Nonprofit-Organisationen. Eine praxisorientierte Einführung, Opladen, S. 37 - 61.

**BFH (1971):** Urteil des Bundesfinanzhofs vom 30.06.1971 – I R 57/70. In: BStBl. II 1971, S. 753.

**BFH (1978):** Urteil des Bundesfinanzhofs vom 28.04.1978 – VI R 147/75. In: BStBl. 1979, S. 297.

**BFH (1986):** Urteil des Bundesfinanzhofs vom 21.08.1985 – I R 60/80. In: BStBl. II 1986, S. 88.

**BFH (1990):** Urteil des Bundesfinanzhofs vom 28.11.1990 – BFH/NV 1991, S. 305.

**BFH (1990):** Urteil des Bundesfinanzhofs vom 12.09.1990 – I R 65/86. In: BStBl. 1991, S. 258.

**BFH (2002):** Urteil des Bundesfinanzhofs vom 15.07.1998 – I 156/94. In: BStBl. II 2002, S. 162.

**BFS (2002):** Auswirkungen von Basel II auf die Sozialwirtschaft. Köln.

**Bischoff, Erich (1989):** Determinanten des Cash Management im internationalen Industrieunternehmen unter Berücksichtigung der Einsatzmöglichkeiten von kurzfristigen Finanzplanungsmodellen. Diss., Göttingen.

**Bitz, Michael/Niehoff, Karin/Terstege, Udo (2000):** Wolfgang Stützels „bestandsökonomische Darstellung" und die neuere Finanzierungstheorie. Diskussionsbeitrag Nr. 294 des Fachbereichs Wirtschaft der Fernuniversität Hagen, Hagen.

**Blankart, Charles B. (2004):** Öffentliche Finanzen in der Demokratie. 5. Auflage, München.

**Blazek, Jody (2000):** Financial Planning for Nonprofit-Organizations. New York.

**Blohm, Hans/Lüder, Klaus (1995):** Investition. 8. Auflage, München.

**BMF (1998a):** Schreiben des Bundesministeriums der Finanzen vom 19.10.1998 – IV C 6 – S 0171 – 10/98. In: BStBl. I 1998, S. 1423.

**BMF (1998b):** Schreiben des Bundesministeriums der Finanzen vom 18.02.1998 – IV B 2 – S 2144 – 40/98/IVB7 – S 0183 – 62/98. In: BStBl. I 1998, S. 212.

**BMF (1999):** Schreiben des Bundesministeriums der Finanzen vom 18.11.1999 – IV C 4 – S 2223 – 211/99. In: BStBl. I 1999, S. 979.

**BMF (2000):** Schreiben des Bundesministeriums der Finanzen vom 15.05.2000 – IV C 6 – S 0170 – 35/00. In : BStBl. I 2000, S. 814.

**BMF (2002):** Schreiben des Bundesministeriums der Finanzen vom 15.02.2002 – IV C 4 – S 0174 – 2/01. In: BStBl I 2002, S. 267.

**Bock-Famulla, Kathrin (1999):** Finanzierung von Kindertageseinrichtungen. In: Halfar, Bernd (Hrsg.): Finanzierung sozialer Dienste und Einrichtungen. Baden-Baden, S. 169 - 180.

**Boeßenecker, Karl-Heinz (1998):** Spitzenverbände der freien Wohlfahrtspflege in der BRD. Eine Einführung in Organisationsstruktur und Handlungsfelder. 2., neubearbeitet und erweiterte Auflage, Münster in Westfalen.

**Boeßenecker, Karl-Heinz/Markert, Andreas (2003):** Studienführer Sozialmanagement/Sozialwirtschaft. Baden-Baden.

**Boochs, Wolfgang (2001):** Steuerhandbuch für Vereine, Verbände und Stiftungen. Grundlagen der Besteuerung und Bilanzierung. 3., umfassend überarbeitete und erweiterte Auflage, Wiesbaden.

**Bortoluzzi Dubach, Elisa/Frey, Hansrudolf (1997):** Sponsoring. Der Leitfaden für die Praxis. 3. Auflage, Bern/Stuttgart/Wien.

**Bortz, Jürgen/Döring, Nicola (1995):** Forschungsmethoden und Evaluation. 2., vollständig überarbeitete und aktualisierte Auflage, Berlin u. a.

**Brand, Jürgen/Brandts, Ricarda/Düe, Wolfgang/Kretschmer, Hans-Jürgen/Roeder, Botho/Stratmann, Heinrich/Niesel, Klaus (Hrsg.) (2002):** SGB III. Sozialgesetzbuch, Arbeitsförderung. München.

**Braswell, Ronald/Fortin, Karen/Osteryoung, Jerome S. (1984):** Financial Management for Not-for-Profit Organizations. New York.

**Brenner, Gerd/Nörber, Martin (1996):** Öffentlichkeitsarbeit und Mittelbeschaffung. Grundlagen, methodische Bausteine und Ideen. Weinheim

**Bryce, Herrington J. (2000):** Financial and Strategic Management for Nonprofit-Organizations: A Comprehensive Reference to Legal, Financial, Management, and Operations Rules and Guidelines for Nonprofits. 3. Auflage, San Francisco.

**Brinckerhoff, Peter C. (1998):** More Money for More Mission: An Essential Financial Guide for Not-For-Profit-Organizations. New York.

**Brockes, Hans-Willy (Hrsg.) (1995):** Leitfaden Sponsoring & Event-Marketing. Stuttgart.

**Brückel, Markus (1999):** Finanzierung vollstationärer Pflegeeinrichtungen. In: Halfar, Bernd (Hrsg.): Finanzierung sozialer Dienste und Einrichtungen. Baden-Baden, S. 217 - 286.

**Brückner, Margrit (1996):** So machen Sie Ihren Verein erfolgreich. Presse- und Öffentlichkeitsarbeit, Sponsoring, Fundraising. Wien.

**Bruhn, Manfred (1990):** Sozio- und Umweltsponsoring. München.

**Bruhn, Manfred (2002):** Sponsoring. Systematische Planung und integrierter Einsatz. 4., erweiterte und aktualisierte Auflage, Wiesbaden.

**Bruhn, Manfred/Dahlhoff, Dieter (Hrsg.) (1989):** Kulturförderung – Kultursponsoring: Zukunftsperspektiven der Unternehmenskommunikation. Wiesbaden.

**Bruhn, Manfred/Tilmes, Jörg (1994):** Social Marketing – Einsatz des Marketing für nicht kommerzielle Organisationen. 2. Auflage, Stuttgart.

**Brümmerhoff, Dieter (2000):** Finanzwissenschaft. 8. Aufl., München/ Wien.

**Bürger, Cornelia (2001):** Festverzinsliche Wertpapiere. Sichere Renditen. Bonds – Obligationen – Auslandsanleihen. Niedernhausen.

**Bundesverband der Verbraucherzentralen und Verbraucherverbände – Verbraucherzentrale Bundesverband e. V. (Hrsg.) (o. J.):** Social Sponsoring im Kinder- und Jugendbereich.

**Bundesverwaltungsgericht (1959):** Urteil des Bundesverwaltungsgerichtes vom 19.12.1958 – VII C 204/57 (Kassel). In: NJW 1959, Heft 24, S. 1098 - 1099.

**Burens, Peter-Claus (1998):** Der Spendenknigge. Erfolgreiches Fundraising für Kultur, Sport, Wissenschaft, Umwelt und Soziales. München.

**Campbell, David (2002):** Outcomes Assessment and the Paradox of Nonprofit Accountability. In: Nonprofit Management & Leadership, Vol. 12, 2002, Nr. 3, S. 243 - 260.

**Carstensen, Carsten (1996):** Vermögensverwaltung, Vermögenserhaltung und Rechnungslegung gemeinnütziger Stiftungen. 2. Auflage, Frankfurt a. M.

**Cheema, Affan (2000):** Muslim NGOs. In: @lliance, Nr. 3/ 2000, S. 16.

**Coase, Ronald H. (1937):** The Nature of the Firm. In: Economica, Nr. 4, 1937, S. 386-405.

**Connors, Tracy D./Callaghan, Christopher T. (1982):** Financial Management for Nonprofit Organizations. New York.

**Crane, Dwight B. (1983):** Financial Management. New York.

**Crole, Barbara (1998):** Erfolgreiches Fundraising mit Direct Mail. Strategien, die Geld bringen. Regensburg/Bonn.

**Crole, Barbara/Fine, Christiane (2003):** Erfolgreiches Fundraising – auch für kleine Organisationen. Zürich.

**Crole, Barbara/Schulz, Lothar (2001):** Adressen für die Spender-Datei. In: Fundraising Akademie (Hrsg.) (2001): Fundraising. Handbuch für Grundlagen, Strategien und Instrumente. Wiesbaden, S. 357 - 380.

**Cutt, James./Murray, Vic (2000):** Accountability and Effectiveness Evaluation in Non-Profit Organizations. New York.

**Däumler, Klaus-Dieter (2002):** Betriebliche Finanzwirtschaft. 8., völlig neu bearbeitete Auflage, Herne u.a.

**Damm-Volk, Kristina (2002):** Sportsponsoring als Kommunikationsinstrument im Marketing. Regensburg.

**Davies, Keith (1973):** The Case For and Against Business Assumption of Social Responsibilities. In: Academy of Management Journal, Vol. 16, 1973, Nr.2, S. 312-317.

**Demsetz, Harold (1967):** Towards a Theory of Property Rights. In: American Economic Review, Papers and Proceedings, Jg. 57, 1967, S. 347 – 359.

**Dehesselles, Thomas/Siebold, Michael (2002):** Sponsoring: Rechtliche und steuerrechtliche Grundlagen. In: Galli, Albert/Gömmel, Rainer/Holzhäuser, Wolfgang/Straub, Wilfried (2002): Sportmanagement. Grundlagen der unternehmerischen Führung im Sport aus Betriebswirtschaftslehre, Steuern und Recht für den Sportmanager. München, S. 355 - 371.

**Deutscher Bundestag (2000):** Antwort der Bundesregierung auf die Kleine Anfrage der PDS zu den Zuwendungen des Bundes vom 01.03.2000. In: BT Drucksache 14/2847.

**Deutscher Bundestag (2004):** Beschlussempfehlung und Bericht des Rechtsausschusses zu dem Gesetzentwurf der Bundesregierung. Entwurf eines Gesetzes gegen den unlauteren Wettbewerb (UWG). In: BT Drucksache 15/1487.

**Deutscher Richterbund (Hrsg.), u.a. (2004):** Handbuch der Justiz 2004. Die Träger und Organe der rechtsprechenden Gewalt in der Bundesrepublik Deutschland. 27. Jg., Heidelberg.

**Dewing, Arthur S. (1920):** The Financial Policy of Corporations. 1. Auflage, New York.

**Diakonisches Werk der EKD (1993) (Hrsg.):** Leitfaden zur wirtschaftlichen Führung diakonischer Einrichtungen und Werke. 2., überarbeitete und erweiterte Auflage, Stuttgart.

**Dietrich, Klaus M. (1997):** Der Brief kann es wohl allein nicht gewesen sein. Praxisleitfaden für alle, die mit Briefen um Spenden bitten. Oberursel.

**Dinkel, Michael (2003):** Sponsoring-Management als Basis für erfolgreiches Sportsponsoring von Vereinen. Bützbach-Grüdel.

**Donaldson, Thomas (1983):** Constructing a Social Contract for Business. In: Donaldson, Thomas/Werhane, Patricia H. (Hrsg.): Ethical Issues in Business. 2. Auflage, Englewood Cliffs, S. 153 - 165.

**Dranove, David (1988):** Pricing by Non-Profit Institutions: The Case of Hospital Cost-Shifting. In: Journal of Health Economics, Vol. 7, 1988, Nr. 1, S. 47 - 57.

**Drees, Norbert (2003):** Bedeutung und Erscheinungsformen des Sportsponsoring. In: Hermanns, Arnold/Riedmüller, Florian (Hrsg.): Sponsoring und Events im Sport. Von der Instrumentalbetrachtung zur Kommunikationsplattform. München.

**Dropkin, Murray/Hayden, Allyson (2001):** The Cash Flow Management Book for Nonprofits. A Step-by-Step Guide for Managers, Consultants, and Boards. San Francisco/New York.

**Drukarczyk, Jochen (1999):** Finanzierung. Eine Einführung. 8., neu bearbeitete Auflage, Stuttgart.

**Eckel, Catherine C./ Steinberg, Richard (1993):** Competition, Performance, and Public Policy Toward Nonprofits. In: Hammack, David L./ Young, Dennis R. (Hrsg.): Nonprofit Organizations in a Market Economy: Understanding New Roles, Issues and Trends. San Francisco, S. 57 - 81.

**Eilenberger, Guido (2002):** Betriebliche Finanzwirtschaft. 7. Auflage, München.

**Eistert, Torsten (1991):** Cash Management Systeme – Eine Analyse des Angebotes auf dem deutschen Markt. In: Kremar, H. (Hrsg.): Cash Management Systeme. Studien zur Wirtschaftsinformatik am Lehrstuhl für Wirtschaftsinformatik der Universität Hohenheim, Bd. 1, Stuttgart, S. 11 - 116.

**Ertl, Manfred (2000):** Finanzmanagement in der Unternehmenspraxis. Das Handbuch für Ertragsoptimierung, Liquiditätssicherung und Risikosteuerung. München.

**Eschenbach, Rolf/Horak, Christian (Hrsg.) (2003):** Führung der Organisation. Bewährte Instrumente im praktischen Einsatz. 2., überarbeitete und erweiterte Auflage, Stuttgart.

**Fabozzi, Frank J./Markowitz, Harry M. (2002):** Theory and Practice of Investment Management. New York

**Fenger, Hermann/Göben, Jens (2004):** Sponsoring im Gesundheitswesen. Zulässige Formen der Kooperation zwischen medizinischen Einrichtungen und der Industrie. München.

**File, Karen M./Prince, Russ A. (1995):** Cause-Related Marketing, Philanthropy, and the Arts. In: Nonprofit Management & Leadership, Vol. 5, 1995, Nr.3, S. 249 - 260.

**Fischer, Edwin O. (2002):** Finanzwirtschaft für Anfänger. 3., überarbeitete Auflage, München/ Wien.

**Fischer, Kai/ Neumann, Andre (2003):** Multi-Channel-Fundraising – clever kommunizieren mehr Spender gewinnen. Wiesbaden.

**Förschle, Gerhart/Kropp, Manfred (1995):** Unternehmensfinanzierung: Finanzierungsformen, Finanzanalyse, Finanzplanung. 2., völlig neu bearbeitete Auflage, Bonn.

**Forbes, Daniel P. (1998):** Measuring the Unmeasurable: Empirical Studies of Nonprofit Organization Effectiveness from 1977 to 1997. In: Nonprofit and Voluntary Sector Quarterly, Vol. 27, 1998, Nr. 2, S. 183 - 202.

**Frederiksen, Chris P. (1979):** Nonprofit Financial Management. New York.

**Frerk, Carsten (2002):** Finanzen und Vermögen der Kirchen in Deutschland. Aschaffenburg.

**Fronek, Carmen (2003):** Risikomanagement für Non-Profit-Organisationen. In: Zeitschrift für Sozialmanagement, Band 1, Nummer 1, Mai 2003, S. 15-44.

**Fundraising Akademie (Hrsg.) (2001):** Fundraising. Handbuch für Grundlagen, Strategien und Instrumente. Wiesbaden.

**Furubotn, Eirik G./ Pejovich, Svetozar (1972):** Property rights and economic theory: A survey of recent literature. In: JEL, 1972, Nr. 10, S. 1137-1162.

**Gabler (Hrsg.) (1997):** Das Gabler Wirtschafts-Lexikon. 14., vollst. überarbeitete und erweiterte Auflage, Wiesbaden.

**Galli, Albert/Gömmel, Rainer/Holzhäuser, Wolfgang/Straub, Wilfried (2002):** Sportmanagement. Grundlagen der unternehmerischen Führung im Sport aus Betriebswirtschaftslehre, Steuern und Recht für den Sportmanager. München.

**Garhammer, Christian (1998):** Grundlage der Finanzierungspraxis. 2., vollständig überarbeitete Auflage, Wiesbaden.

**Garrison, John R. (1990):** A New Twist to Cause Marketing. In: Fund Raising Management, Vol. 20, 1990, Nr. 12, S. 40-44.

**Gaus, Hilde/Gaus, Detlef (2001):** Warenverkauf (Merchandising, Product Selling). In: Fundraising Akademie (Hrsg.) (2001): Fundraising. Handbuch für Grundlagen, Strategien und Instrumente. Wiesbaden, S. 937 - 945.

**Gambino, Anthony J./Reardon, Thomas (1981):** Financial Planning and Evaluation for the Nonprofit Organization. New York.

**Gilbert, Lisa R./Menon, Krishnagopal/Schwartz, Kenneth B. (1990):** Predicting Bankruptcy for Firms in Financial Distress. In: Journal of Business Finance and Accounting, Vol. 17, 1990, Nr. 1, S. 161 - 171.

**Goll, Eberhard (1991):** Die Freie Wohlfahrtspflege als eigener Wirtschaftssektor. Theorie und Empirie ihrer Verbände und Einrichtungen. Zugleich Diss. An der Universität Mannheim. Erschienen in der Reihe Schriften zur öffentlichen Verwaltung und öffentlichen Wirtschaft, Band 129, Baden-Baden.

**Gräfer, Horst/Beike, Rolf/Scheld, Guido A. (2001):** Finanzierung. Grundlagen, Institutionen, Instrumente und Kapitalmarkttheorie. 5., neu bearbeitete Auflage, Berlin.

**Green, Jack, C./Griesinger, Donald W. (1996):** Board Performance and Organizational Effectiveness in Nonprofit Social Service Organizations. In: Nonprofit Management & Leadership, Vol. 6, 1996, Nr. 4, S. 381 - 402.

**Greenlee, Janet S./Bukovinsky, David M. (1998):** Financial Ratios for Use in the Analytical Review of Charitable Organizations. In: Ohio CPA Journal, Jan.-März 1998, S. 32 - 38.

**Greenlee, Janet S./Trussel, John M. (2000):** Predicting the Financial Vulnerability of Charitable Organizations. In: Nonprofit Management & Leadership, Vol. 11, 2000, Nr.2, S. 199 - 210.

**Gremmel, Ralf (2002):** Ende gut, alles gut. Strategisches Direktmarketing beim Erbschaftsmarketing. Hamburg.

**Grichnik, Dietmar (1998):** Besonderheiten der Wirtschaftsverbände als Nonprofit-Organisationen. In: Arbeitskreis Nonprofit Organisationen (Hrsg.): Nonprofit-Organisationen im Wandel. Ende der Besonderheiten oder Besonderheiten ohne Ende? Frankfurt a. M., S. 101 - 127.

**Grimm, Sebastian/Röhricht, Jürgen (2003):** Die Multichannel Company-Strategien und Instrumente für die integrierte Kommunikation. Bonn

**Grinold, Richard C./Kahn, Ronald N. (1999):** Active Portfolio Management. A Quantitative Approach for Producing Superior Returns and Selecting Superior Returns and Controlling Risk. 2. Auflage, New York.

**Grob, Heinz Lothar (2001):** Einführung in die Investitionsrechnung. 4. Auflage, München.

**Grönbjerg, Kristen A. (1994):** Using NTEE to Classify Non-Profit Organizations: An Assessment of Human Service and Regional Applications. In: Voluntas, Vol. 5, 1994, Nr. 3, S. 303.

**Grosjean, Rene Klaus (1994):** Umgang mit Banken. Erfolgreich mit der Bank verhandeln – Kredite, Geldanlagen, Zahlungsverkehr. 5., aktualisierte und erweiterte Auflage, München.

**Gross, Malvern J./Larkin, Richard F./McCarthy, John H. (2000):** Financial and Accounting Guide for Not-For-Profit Organizations. 6. Auflage, New York.

**Grüßer, Birgit (1992):** Image durch erfolgreiches Öko-Sponsoring mit 50 Fallbeispielen. Landsberg am Lech.

**Grunwald, Klaus (2001):** Neugestaltung der freien Wohlfahrtspflege. Management organisationalen Wandels und die Ziele der Sozialen Arbeit. Weinheim/München.

**Haberstock, Lothar (1987 ):** Kostenrechnung I. Einführung mit Fragen, Aufgaben und Lösungen. Berlin.

**Hagenmüller, Karl Friederich (1978):** Der Bankbetrieb. 4. Auflage, Wiesbaden.

**Hager, Mark/Galaskiewicz, Joseph/Bielefeld, Wolfgang/Pins, Joel (1996):** Tales from the Grave: Organizations' Accounts of Their Own Demise. In: American Behavioral Scientist, Vol. 39, 1996, August , S. 975 - 994.

**Haibach, Marita (2000):** Fundraising – die Kunst Spender und Sponsoren zu gewinnen. In: Nährlich, Stefan/Zimmer, Annette (Hrsg.): Management in Nonprofit-Organisationen. Eine praxisorientierte Einführung. Opladen, S. 65 – 83.

**Haibach, Marita (2001):**Begriffe aus dem Fundraising. In: Fundraising Akademie (Hrsg.) (2001): Fundraising. Handbuch für Grundlagen, Strategien und Instrumente. Wiesbaden, S.65 - 75.

**Haibach, Marita (2001a):** Sozio-demographische Erkenntnisse. In: Fundraising Akademie (Hrsg.) (2001): Fundraising. Handbuch für Grundlagen, Strategien und Instrumente. Wiesbaden, S. 179 - 189.

**Haibach, Marita (2002):** Handbuch Fundraising. Spenden, Sponsoring, Stiftungen in der Praxis. Frankfurt a. M./New York.

**Haibach, Marita/Kreuzer, Thomas (2003):** Fundraising. In: Priller, Eckhard/Zimmer, Annette (Hrsg.): Future of Civil Society: Making Nonprofit Organisations Work. (im Erscheinen).

**Halfar, Bernd (Hrsg.) (1999):** Finanzierung sozialer Dienste und Einrichtungen. Baden-Baden.

**Hammack, David L./ Young, Dennis R. (Hrsg.):** Nonprofit Organizations in a Market Economy: Understanding New Roles, Issues and Trends. San Francisco.

**Hanchate, Amresh (1996):** Nonprofit Pricing of Services Under Cost Uncertainty: Alternative Pricing Strategies for the Intermuseum Laboratory. In: Journal of Cultural Economics, Vol. 20, 1996, Nr. 2, S. 133 - 144.

**Handy, Femida (2000):** How we Beg: The Analysis of Direct Mail Appeals. In: Nonprofit and Voluntary Sector Quaterly, Vol. 29, Nr. 3, S. 439 - 454.

**Hankin, Jo Ann/Seidner, Alan G./Zietlow, John T. (1998):** Financial Management for Nonprofit-Organizations. New York.

**Hansmann, Henry (1980):** The Role of Nonprofit Enterprise. In: Yale Law Journal, Vol. 89, 1980, Nr. 3, S. 835 – 901.

**Hansman, Henry (1986):** The Role of Nonprofit Enterprise. In: Rose-Ackerman, Susan (Hrsg.): The Economics of Nonprofit Institutions. Studies in Structure and in Policy. New York, S. 57 - 84.

**Hansman, Henry (1987):** Economic Theories of Nonprofit Organizations. In: Powell, Walter W. (Hrsg.): The Nonprofit Sector. A Research Handbook. New Haven, S. 27 - 42.

**Hassler, Robert/Geißler, Gerald/Radloff, Jacob/Schwander, Harald (1994):** Fundraising für die Umwelt. Finanzierungsmöglichkeiten von Umweltinitiativen. München.

**Hassold, Herbert G. (2001):** Radio, Fernsehen, Kino. In: Fundraising Akademie (Hrsg.) (2001): Fundraising. Handbuch für Grundlagen, Strategien und Instrumente. Wiesbaden, S. 687 - 704.

**Haunert, Friedrich/Lang, Reinhard (2001):** Sponsoring. In: Fundraising Akademie (Hrsg.) (2001): Fundraising. Handbuch für Grundlagen, Strategien und Instrumente. Wiesbaden, S. 875 - 894.

**Heinrichs, Werner (1997):** Kulturpolitik und Kulturfinanzierung. Strategien und Modelle für eine politische Neuorientierung der Kulturfinanzierung. München.

**Heister, Werner (1993):** Das Marketing spendensammelnder Organisationen. Köln.

Henkes, Andreas/Baur, Ulrich/Kopp, Joachim/Polduwe, Christiane (Hrsg.) (1999): Handbuch Arbeitsförderung SGB III. München.

**Herkströter, Beatrix (2002):** Projektfinanzierung leicht gemacht: die erfolgreiche Beantragung öffentlicher Mittel für die EU- und Modellprojektförderung. Renningen.

337

**Herman, Robert D. (Hrsg.) (1994):** The Jossey-Bass Handbook of Nonprofit Leadership and Management. San Francisco.

**Herman, Robert D./Renz, David O. (1998):** Nonprofit Organizational Effectiveness: Contrasts Between Especially Effective and Less Effective. In: Nonprofit Management & Leadership, Vol. 9, 1998, Nr. 1, S. 23 - 38.

**Herman, Robert D./Renz, David O. (1999):** Theses on Nonprofit Organizational Effectiveness. In: Nonprofit and Voluntary Sector Quarterly, Vol. 28, 1999, Nr. 2, S. 107 - 125.

**Hermanns, Arnold (1997):** Sponsoring. Grundlagen, Wirkungen, Management, Perspektiven. 2., völlig überarbeitete und erweiterte Auflage, München.

**Hermanns, Arnold (2002):** Grundlagen des Sportsponsorings. In: Galli, Albert/Gömmel, Rainer/Holzhäuser, Wolfgang/Straub, Wilfried (2002): Sportmanagement. Grundlagen der unternehmerischen Führung im Sport aus Betriebswirtschaftslehre, Steuern und Recht für den Sportmanager. München, S. 333 - 354.

**Hermanns, Arnold/Riedmüller, Florian (Hrsg.) (2003):** Sponsoring und Events im Sport. München.

**Hermanns, Arnold/Suckrow, Carsten (1995):** Wissenschafts-Sponsoring. Stuttgart.

**Hermsen, Thomas (2000):** Wohlfahrtsverbände und Sozialmanagement. Differenzierung und Verselbständigung in der sozialen Hilfe. Europäische Hochschulschriften, Bd. 344, Franfurt a. M. et al.

**Herwald-Schulz, Iris (Hrsg.) (2004):** Innovations Sportsponsoring. Behindertensport als Marke. Düsseldorf.

**Hicks, John (2001):** Grass-root Fund Raising. In: Greenfield, James M. (Hrsg.): The Nonprofit Handbook: Fundraising. 3. Auflage, New York u. a., S. 920 - 947.

**Hodgkinson, Virginia A./Toppe, Christopher M. (1991):** A New Research and Planning Tool for Managers. The National Taxonomy of Exempt Entities. In: Nonprofit Management and Leadership, Vol. 1, 1990, Nr. 4, S.403-414.

**Hönig, Heinz-Josef (2001):** Bußgelder. In: Fundraising Akademie (Hrsg.) (2001): Fundraising. Handbuch für Grundlagen, Strategien und Instrumente. Wiesbaden, S. 993 - 1001.

**Hönig, Hans-Josef (2001):** Database-Marketing. In: Fundraising Akademie (Hrsg.) (2001): Fundraising. Handbuch für Grundlagen, Strategien und Instrumente. Wiesbaden, S. 381 - 400.

**Hohn, Bettina (2001):** Internet-Marketing und -Fundraising für Nonprofit-Organisationen. Wiesbaden.

**Hoffmann, Johannes (2002):** Unternehmen lassen sich an ihrer Ethik messen. In: neue caritas, Heft 17, 2002, S. 9 - 13.

**Hoffmann, Johannes/Ott, Konrad/Scherhorn, Gerhard (1997) (Hrsg.):** Ethische Kriterien für die Bewertung von Unternehmen: Frankfurt-Hohenheimer Leitfaden. Frankfurt a. M.

**Holzbaur, Ulrich/Jettinger, Edwin/Knauß, Bernhard/Moser, Ralf/Zeller, Markus (2002):** Eventmanagement. Veranstaltungen professionell zum Erfolg führen. Berlin/Heidelberg.

**Holzhauer, Hans-Jürgen (2001):** Recycling-Marketing. Mit einem Beitrag von Klaus Freudenberger. In: Fundraising Akademie (Hrsg.) (2001): Fundraising. Handbuch für Grundlagen, Strategien und Instrumente. Wiesbaden, S. 947 - 966.

**Horak, Christian/Heimerl, Peter (2002):** Management von NPOs – Eine Einführung. In: Badelt, Christoph (Hrsg.): Handbuch der Nonprofit Organisationen. Strukturen und Management. Unter Mitarbeit von Florian Pomper. 3., überarbeitete und erweiterte Auflage, Stuttgart, S. 181 - 195.

**Horch, Heinz-Dieter (1983):** Strukturbesonderheiten freiwilliger Vereinigungen. Analyse und Untersuchung einer alternativen Form menschlichen Zusammenarbeitens. Frankfurt a. M./New York.

**Horch, Heinz-Dieter (1992):** Zur Sozioökonomie freiwilliger Vereinigungen. In: Zimmer, Annette (Hrsg.): Vereine zwischen Tradition und Innovation. Basel, S. 43 - 71.

**Horch, Heinz-Dieter/Heydel, Jörg (2003):** Finanzierung im Sport. Erschienen in der Reihe „Edition Sportökonomie und Sportmanagement, Bd. 2, Aachen.

**Hüttemann, Rainer (2002):** Neuere Entwicklungen des Spendenrechts. In: Die Roten Seiten. Beilage zum Magazin Stiftung & Sponsoring. Das Magazin für Non-Profit-Management und -Marketing, Nr. 1.

**Ihrig, Holger/Pflaumer, Peter (2003):** Finanzmathematik. Intensivkurs. 9., verbesserte Auflage . München/Wien.

**Institut für sozialwissenschaftliche Analysen und Beratung ISAB (Hrsg.) (2001):** Förderung des freiwilligen Engagements und der Selbsthilfe in Kommunen – Kommunale Umfrage und Befragung von Selbsthilfekontaktstellen, Freiwilligenagenturen und Seniorenbüros zur Förderpraxis und zur künftigen Unterstützung des freiwilligen Engagements. ISAB-Berichte aus Forschung und Praxis Nr. 72, Köln.

**Jackson, Douglas K./Holland, Thomas P. (1998):** Measuring the Effectiveness of Non-profit Boards. In: Nonprofit and Voluntary Sector Quarterly, Vol. 27, 1998, Nr. 2, S. 159 - 182.

**Jacobs, Philip/Wilder, Ronald P. (1984):** Pricing Behavior of Non-Profit-Agencies: The Case of Blood Products. In: Journal of Health Economics, Vol. 3, 1984, Nr. 1, S. 49 - 61.

**Jaenicke, Bernd (2002):** Fundraising Lexikon. Lexikon und praktischer Ratgeber für Ihr erfolgreiches Fundraising, Loseblatt-Sammlung, Stand 01/ 2004.

**James, Estelle (1986):** How Nonprofits Grow: A Model. In: Rose-Ackerman, Susan (Hrsg.): The Economics of Nonprofit Institutions. Studies in Structure and Policy. New York, S. 185 - 195.

**Jensen, Michael C./Meckling, William H. (1976):** Theory of the Firm: Managerial Behavior, Agency Costs and Ownership Structure. In: Journal of Financial Economics, Nr. 3, 1976, Nr. 2, S. 305 - 360.

**Kaltefleiter, Werner/Naßmacher, Karl-Heinz (1992):** Probleme der Parteienfinanzierung in Deutschland. Möglichkeiten einer Neuordnung. In: Zeitschrift für Politik, Jg. 39, 1992, S. 135 - 160.

**Kaplan, Robert S./Norton, David P. (1997):** Balanced Scorecard. Strategien erfolgreich umsetzen. Stuttgart.

**Keiner, Thomas (2000):** Kreditverhandlungen mit Banken. So holen Sie die besten Konditionen für Ihr Unternehmen heraus. Mit Checklisten für die Präsentation und Leitfaden für das Kreditgespräch. Frankfurt am Main/ New York.

**Kern, Markus/Haas, Oliver/Dworak, Alexander (2002):** Finanzierungsmöglichkeiten für die Fußball-Bundesliga und andere Profisportarten. In: Galli, Albert/Gömmel, Rainer/Holzhäuser, Wolfgang/Straub, Wilfried (Hrsg.): Sportmanagement. Grundlagen der unternehmerischen Führung im Sport aus Betriebswirtschaftslehre, Steuern und Recht für den Sportmanager. München.

**Kingma, Bruce R, (1993):** Portfolio Theory and Nonprofit Financial Stability. In: Nonprofit and Voluntary Sector Quarterly, Vol. 22, 1993, Nr. 2, S. 105 - 119.

**Kingma, Bruce R. (1995):** Do Profits "Crowd Out" Donations or Vice Versa? The Impact of Revenues from Sales on Donations to local Chapters of the American Red Cross. In: Nonprofit Management & Leadership, Vol. 6, 1995, Nr. 1, S. 21 - 38.

**Kössner, Brigitte (1998):** Kunstsponsoring. Neue Trends und Entwicklungen. Wien.

**Kohl, Andreas (2002):** Organisierte Kriminalität als NGO? – Die italienische Mafia. In: Frantz, Christiane/Zimmer, Annette (Hrsg.): Zivilgesellschaft international. Alte und neue NGOs. Opladen, S. 329 - 346.

**Kolhoff, Ludger (2002):** Finanzierung sozialer Einrichtungen und Dienste. Reihe Schwerpunkt Management. Professionelle Personalarbeit und Organisationsentwicklung. Augsburg.

**Kratzer, Jost/Kreuzmair, Benno (2002):** Leasing in Theorie und Praxis. Leitfaden für Anbieter und Anwender. 2., überarbeitete Auflage, Wiesbaden.

**Kroeber-Riel, Werner/Weinberg, Peter (2003):** Konsumentenverhalten. 8. Auflage, München.

**Kröger, Rainer (1999):** Hinweise zum Vorgehen: Wer muß was tun im Verfahren der Leistungs-, Entgelt- und Qualitätsentwicklungsvereinbarung? In: Ders. (Hrsg.): Leistung, Entgelt und Qualitätsentwicklung in der Jugendhilfe. Arbeitshilfen mit Musterbeispielen zur praktischen Umsetzung der §§ 78 a-g SGB VIII. Neuwied/Kriftel, S. 272 - 280.

**Krönes, Gerhard (2001):** Finanzierung von Nonprofit-Organisationen. Eine Betrachtung unter besonderer Berücksichtigung der Parteienfinanzierung. In: Die Betriebswirtschaftslehre, Jg. 61, Nr. 1, S. 81 - 96.

**Kröselberg, Michael (1999):** Finanzierungsmanagement in Werkstätten für Behinderte. In: Halfar, Bernd (Hrsg.): Finanzierung sozialer Dienste und Einrichtungen. Baden-Baden, S. 315 - 326.

**Landfried, Christine (1990):** Parteienfinanzierung und politische Macht. Baden-Baden.

**Lang, Reinhard/Haunert, Friedrich (1999):** Handbuch Sozial-Sponsoring. Grundlagen, Praxisbeispiele, Handlungsempfehlungen. Weinheim/Basel/Berlin.

**Larek, Emil/Steins, Ulrich (1999):** Leasing, Factoring, und Forfaitierung als moderne Finanzierungssurrogate. Troisdorf.

**Larisch, Mathias (1999):** Elemente einer Ökonomie sozialwirtschaftlicher Organisationen. Analyse des Austausches sozialer Dienstleistungen mit Hilfe der Neuen Politischen Ökonomie. Frankfurt a.M. u.a.

**Leif, Thomas/Galle, Ullrich (1993):** Social Sponsoring und Social Marketing. Praxisberichte über das 'neue Produkt Mitgefühl'. Köln.

**Lindahl, Wesley (1992):** Strategic Planning for Fund Raising. How to bring in More Money Using Strategic Resource Allocation. San Francisco.

341

**Lintner, John (1965):** The Valuation of Risk Assets and the Selection of Risky Investments in Stock Portfolios and Capital Budgets. In: Review of Economics and Statistics, Vol. 47, 1965, S. 13 – 37.

**Littich, Edith (2002):** Finanzierung von NPOs. In: Badelt, Christoph (Hrsg.): Handbuch der Nonprofit Organisationen. Unter Mitarbeit von Florian Pomper. 3., überarbeitete und erweiterte Auflage Stuttgart, S.361 - 380.

**Littich, Edith/Wirthensohn, Christian/Culen, Monica E./Vorderegger, Michaela/Bernhard, Stefan (2003):** Instrumente für das Finanzmanagement in NPOs. In: S. 175 - 214.

**Logsdon, Jeanne M./Reiner, Martha/Burke, Lee (1990) :** Corporate Philanthropy : Strategic Responses to the Firm's Stakeholders. In: Nonprofit and Voluntary Sector Quarterly, Vol. 19, 1990, Nr.3, S. 93 - 101.

**Loock, Friedrich (1990):** Kunstsponsoring. Ein Spannungsfeld zwischen Unternehmen, Künstlern und Gesellschaft. 2. Auflage, Wiesbaden.

**Lütjen, Ulf (1997):** Organisation und Finanzierung von Trägern der freien Jugendhilfe. Ein Praxisleitfaden. Neuwied/Kriftel/Berlin.

**Markowitz, Harry M. (1952):** Portfolio Selection. In: Journal of Finance, Vol. 7, 1952, Nr. 1, S. 77 – 91.

**Martin, Jörg/Wiedemeier, Frank/Hesse, Ulrike (2002):** Fundraising-Instrument Stiftungen. Die neuen Möglichkeiten für soziale Dienstleister. Regensburg/Bonn.

Matschke, Manfred Jürgen/Hering, Thomas/Klingelhöfer, Heinz Eckart (2002): Finanzanalyse und Finanzplanung. München.

**Mayrhofer, Wolfgang/Scheuch, Fritz (2002):** Zwischen Nützlichkeit und Gewinn. Nonprofit Organisationen aus betriebswirtschaftlicher Sicht. In: Badelt, Christoph (Hrsg.): Handbuch der Nonprofit Organisationen. Unter Mitarbeit von Florian Pomper. 3., überarbeitete und erweiterte Auflage, Stuttgart, S. 87 - 105.

**McLaughlin, Thomas A. (1995):** Streetsmart Financial Basics for Nonprofit Managers. New York.

**Meyer, Holger (2000):** Steuern und Buchführung der Vereine: ein Praxisleitfaden für Vereine und deren Berater. 2., veränderte Auflage, Freiburg im Breisgau/Berlin/München.

**Meyer auf der Heyde, Achim (1998):** Finanzierungsmanagement. In: Maelicke, Bernd (Hrsg.): Handbuch Sozialmanagement 2000, Edition SocialManagement Band 4, Baden-Baden, S. 900–1 - 900–23.

**Miller, William H. (1990):** Doing Well by Doing Good. In: Industry Week, Vol. 39, 1990, Nr. 21, S. 54 - 55.

**Mossin, Jan (1966):** Equilibrium in a Capital Asset Market. In: Econometrica, Vol. 34, 1966, S. 768 – 783.

**Mühlbradt, Frank W. (1998):** Wirtschaftslexikon. Daten, Fakten und Zusammenhänge. 5., aktualisierte Auflage, Berlin.

**Müllerleile, Christoph (2001a):** Fundraising-Kodex: Selbstverpflichtung und Kontrolle. In: Fundraising Akademie (Hrsg.) (2001): Fundraising. Handbuch für Grundlagen, Strategien und Instrumente. Wiesbaden, S. 53 - 63.

**Müllerleile, Christoph (2001b):** Zahlwege. In: Fundraising Akademie (Hrsg.) (2001): Fundraising. Handbuch für Grundlagen, Strategien und Instrumente. Wiesbaden, S. 407 - 413.

**Murray, Vic/Tassie, Bill (1994):** Evaluating the Effectiveness of Nonprofit Organizations. In: Herman, Robert D. (Hrsg.): The Jossey-Bass Handbook of Nonprofit Leadership and Management. San Francisco, S. 303 - 324.

**Musil, Susanne (1994):** Computergestützte Finanzplanung: Probleme und Perspektiven vor dem Hintergrund einer empirischen Untersuchung. Reihe Unternehmensentwicklung. Strategie, Organisation, Information, Bd. 19. Zugleich Diss. Univ. München, München.

**Nährlich, Stefan (1998):** Innerbetriebliche Reformen in Nonprofit-Organisationen. Das Deutsche Rote Kreuz im Modernisierungsprozeß. Wiesbaden.

**Nährlich, Stefan/Zimmer, Annette (2000):** Management in Nonprofit-Organisationen. Eine praxisorientierte Einführung. Opladen.

**Nährlich, Stefan/Zimmer, Annette (2000a):** Managements Know-how für eine Aktive Bürgerschaft. In: dieselben (Hrsg.): Management in Nonprofit-Organisationen. Eine praxisorientierte Einführung. Opladen, S. 9 - 21.

**Nanji, Azim (2000):** Charitable Giving in Islam. In: @lliance, Nr. 3/ 2000, S. 12-15.

**Naßmacher , Karl-Heinz (1989):** Parteienfinanzierung im Wandel. In: Der Bürger im Staat, Jg. 39, Nr. 4, S. 271 - 278.

**Naßmacher, Karl-Heinz (1992):** Legitimation und Partizipation in der Parteienfinanzierung. In: derselbe u. a. (Hrsg.): Bürger finanzieren Wahlkämpfe. Baden-Baden, S. 1 - 26.

**Navarro, Peter(1988):** Why do Corporations Give to Charity? In: Journal of Business, Vol. 61, 1988, Nr. 1, S. 65 - 93.

**Neuhoff, Klaus (o. J.):** Fundraising von unternehmensgebundenen Stiftungen. Oberursel.

**Nickel, Oliver (Hrsg.) (1998):** Eventmarketing. Grundlagen und Erfolgsbeispiele. München.

**Notheis, Dirk (2001):** Die Spendenmotive von Unternehmen. In: Fundraising Akademie (Hrsg.) (2001): Fundraising. Handbuch für Grundlagen, Strategien und Instrumente. Wiesbaden, S. 209 - 231.

**Öhlschläger, Rainer (1995):** Freie Wohlfahrtspflege im Aufbruch: Ein Managementkonzept für soziale Dienstleistungsorganisationen. Baden-Baden.

**Olfert, Klaus/Reichel, Christopher (2002):** Kompakt-Training Investition. 2., durchgesehene und aktualisierte Auflage, Ludwigshafen am Rhein.

**Olfert, Klaus/Reichel, Christopher (2003):** Finanzierung. 12., aktualisierte und verbesserte Auflage. Ludwigshafen am Rhein.

**o. N. (2000):** Softwareverzeichnis. In: verein & management. Dezember 2000, S. 40 - 45.

**o. N. (2003a):** Weg für neue KD-Bank ist frei. In: Westfälische Nachrichten, Nr. 108, 10.05.2003, S. RWI 1.

**o. N. (2003b):** Wichtige Steuergesetze mit Durchführungsverordnungen. Bearbeitet von der NWB-Redaktion. 51. Auflage, Herne/Berlin.

**o. N. (2003c):** Erbschaftsmarketing – Nutzen sie Erbschaften für den guten Zweck. In: Pro Fundraising. Spenden beschaffen in der Praxis – einfach und kompetent, November 2003, S. 3.

**o. N. (2004):** Spendenwerbung am Telefon weiter erlaubt. In: Pro Fundraising. Einfach und erfolgreich Spenden sammeln und Sponsoren gewinnen. August 2004, S. 1.

**Ortmann, Andreas/Schlesinger, Mark (1997):** Trust, Repute and the Role of Non-Profit Enterprise. In: Voluntas, Vol. 8, Nr. 2, S. 97 - 119.

**Oster, Sharon (1995):** Strategic Management for Nonprofit Organizations. New York.

**Ott, Sieghart (1998):** Vereine gründen und erfolgreich führen. 7., überarbeitete und erweiterte Auflage, München.

**Ottnad, Adrian/Wahl, Stefanie/Miegel, Meinhard (2000):** Zwischen Markt und Mildtätigkeit. Die Bedeutung der Freien Wohlfahrtspflege für Gesellschaft, Wirtschaft und Beschäftigung. Unter Mitwirkung von Thomas Frein und Ralf Ringenberger. München.

**Pajas, Petr/Vilain, Michael (2004):** NPO Finance. In: Priller, Eckhard/Zimmer, Annette (Hrsg.): Future of Civil Society: Making Central European Nonprofit-Organizations Work. Wiesbaden, S. 341 – 366.

**Papenheim, Heinz G./Baltes, Joachim (1996):** Verwaltungsrecht für die soziale Praxis. 13. Auflage, Frechen.

**Perridon, Louis/Steiner, Manfred (2002):** Finanzwirtschaft der Unternehmung. 11., überarbeitete und erweiterte Auflage, München.

**Pfeffekoven, Rolf (1996):** Einführung in die Grundbegriffe der Finanzwissenschaft. Darmstadt.

**Powell, Walter W. (Hrsg.) (1987):** The Nonprofit Sector. A Research Handbook. New Haven.

**Priller, Eckhard/Zimmer, Annette (2001a):** Wachstum und Wandel des Dritten Sektors in Deutschland. In: dieselben (Hrsg.): Der Dritte Sektor International. Mehr Markt – weniger Staat? Berlin, S. 199 - 228.

**Priller, Eckhard/Zimmer, Annette (2001b):** Der Dritte Sektor: Wachstum und Wandel. Konzepte@Stiftungen 2. Aktuelle deutsche Trends. The Johns Hopkins Comparative Nonprofit Sector Project, Phase II. Gütersloh.

**Priller, Eckhard/Zimmer, Annette (2001c):** Der Dritte Sektor international. Mehr Markt – weniger Staat? Berlin.

**Radloff, Jacob/Rettenbacher, Georg R./Wirsing, Anja (2001):** Fundraising. Das Finanzierungshandbuch für Umweltinitiativen und Agenda 21-Projekte. In Zusammenarbeit mit der Deutschen Umwelthilfe e. V. München.

**Raeder, Linder C. (2000):** Das Wesen der Zivilgesellschaft: eine amerikanische Perspektive. In: Hanns Martin Schleyer-Stiftung (Hrsg.): Vom Betreuungsstaat zur Bürgergesellschaft – Kann die Gesellschaft sich selbst regeln und erneuern? VII. Kongreß Junge Kulturwissenschaft und Praxis, Köln, 14.-16. Juni 2000, S. 38 - 44.

**Raffée, Hans/Wiedmann, Klaus-Peter/Abel, Bodo (1983):** Sozio-Marketing. In: Irle, Martin. (Hrsg.): Enzyklopädie der Psychologie, Bd. 12, 2. Halbband: Methoden und Anwendungen in der Marktpsychologie. Göttingen et al., S. 675 - 768.

**Reuter-Hens, Susanne/Schulte-Holtey, Judith (2001):** Erbschaftsmarketing. In: Fundraising Akademie (Hrsg.) (2001): Fundraising. Handbuch für Grundlagen, Strategien und Instrumente. Wiesbaden, S. 839 - 862.

**Richmond, Betty J./Mook, Laurie/Quarter, Jack (2003):** Social Accounting for Nonprofits: Two Models. In: Nonprofit Management and Leadership, Vol. 13, 2003, Nr. 4, S. 308 - 324.

**Ritchie, William J./Kolodinsky, Robert W. (2003):** Nonprofit Organization Financial Performance Measures. In: Nonprofit Management & Leadership, Vol. 13, 2003, Nr. 4, S. 367 - 381.

**Rose-Ackerman, Susan (Hrsg.) (1986):** The Economics of Nonprofit Institutions. Studies in Structure and in Policy. New York.

**Hönig, Hans-Josef/Rosegger, Hans/Schneider, Helga (2000):** Database Fundraising. Wie Sie Ihr Fundraising zum Erfolg führen. Ettlingen.

**Ross, John K./Patterson, Larry T./Stutts, Marry A. (1992):** Consumer Perceptions of Organizations That Use Cause-Related Marketing. In: Journal of the Academy of Marketing Science, Vol. 20, 1992, Nr. 1, S. 93 - 97.

**Ross, Stephen A. (1973):** The Economic Theory of Agency: The Principal´s Problem. In: American Economic Review, Papers and Proceedings. Jg. 63, 1973, Nr. 2, S. 134 - 139.

**Ross, Stephen A. (1977):** Return, Risk and Arbitrage. In: Friend, I./Bicksler, J. L. (Hrsg.): Risk and Return in Finance. Bd. 1, Cambridge (Mass.), S. 189 – 218.

**Ross, Stephen A./Westerfield, Randolph W./Jaffe, Jeffrey F. (2004):** Corporate Finance. 7. Auflage, Boston u. a.

**Roth, Peter (1989):** Kultursponsoring. Landsberg am Lech.

**Rüth, Stephanie (2002):** Geld anlegen nach ethischen Kriterien. In: neue caritas, Heft 17, 2002, S. 14 - 18.

**Salamon, Lester M. (1992):** Foundations as Investment Managers. Part I: The Process. In: Nonprofit Management & Leadership, Vol. 3, 1992, Nr. 2, S. 117-137.

**Salamon, Lester M. (1993):** Foundations as Investment Managers. Part II: The Performance. In: Nonprofit Mangement & Leadership, Vol. 3, 1993, Nr. 3, S. 239 - 253.

**Salamon, Lester M./Anheier, Helmut K. (1992):** In Search of the Nonprofit Sector I: the Question of Definitions. In: Voluntas, Nr. 2, S. 125 – 151.

**Salamon, Lester M./Anheier, Helmut K. und Mitarbeiter (Hrsg.) (1999):** Der Dritte Sektor. Aktuelle internationale Trends. The Johns Hopkins Comparative Nonprofit Sector Project, Phase II. Aus dem Englischen von Michael Strübin. Gütersloh.

**Sargeant, Adrian/Jay, Elaine (2004):** Fundraising Management. Analysis, Planning and Practice. London/New York.

**Schauer, Reinbert (2000):** Rechnungswesen für Nonprofit-Organisationen. Ergebnisorientiertes Informations- und Steuerungsinstrument für das Management in Verbänden und anderen Nonprofit-Organisationen. Berlin/Stuttgart/Wien.

**Schauhoff, Stephan (2002):** Finanzierung durch Vermögensverwaltung. In: Euroforum (Hrsg.): Mittelbeschaffung und Mittelverwendung bei Non-Profit-Organisationen. Euroforum Konferenz, 16.-17. September 2002 in Neuss. Düsseldorf.

**Scheibe-Jaeger, Angela (1998):** Finanzierungs-Handbuch für Non-Profit-Organisationen. Fundraising – der Weg zu neuen Geldquellen. 2., aktualisierte Auflage, Regensburg/Bonn.

**Scherer, Andreas/Alt, Jens M. (Hrsg.) (2002):** Balanced Scorecard in Verwaltung und Nonprofit-Organisationen. Stuttgart.

**Schertz, Christian (1997):** Merchandising. Rechtsgrundlagen und Rechtspraxis. München.

**Schierenbeck, Henner (2003):** Grundzüge der Betriebswirtschaftslehre. 16. Auflage, München/ Wien

**Schiewe, Kerstin (1995):** Sozial-Sponsoring. Freiburg im Breisgau.

**Schlüter, Andreas/Walkenhorst, Peter (2004):** Einleitung – Bürgerstiftungen als neue Organisationsform gemeinnützigen Engagements. In: Bertelsmann-Stiftung (Hrsg.): Handbuch Bürgerstiftungen: Ziele Gründung, Aufbau, Projekte. 2. aktualisierte und erweiterte Auflage, Gütersloh.

**Schmied, Alexandra (2002):** Bürgerstiftungen in Deutschland. In: Die Roten Seiten – Beilage zum Magazin Stiftung & Sponsoring. Das Magazin für Non-Profit-Management und -Marketing, Nr. 4.

**Schneeweiß, Antje (2003):** Kirchenbanken im Alleingang einen Schritt voran. In (Internet): http://www.suedwind-institut.de/3-030-05.htm (Zugriff: 05.05.2003).

**Schneider, Hubert/Halfar, Bernd (1999):** Ein „Finanzierungsportfolio" am Beispiel eines Freien Trägers. In: Halfar, Bernd (Hrsg.): Finanzierung sozialer Dienste und Einrichtungen. Baden-Baden, S. 65 - 77.

**Schneider, Willy (1996):** Philantropie und Gratifikationsprinzip – Ein Beitrag zur theoretischen und empirischen Erforschung des Problemfeldes „Spendenmarketing". In: zfbf, Jg. 48, Nr. 4, 1996, S. 394-408.

**Schnell, Matthias (2001):** Online-Kommunikation: E-Mail und Internet. In: Fundraising Akademie (Hrsg.) (2001): Fundraising. Handbuch für Grundlagen, Strategien und Instrumente. Wiesbaden, S.705 - 712.

**Schöffmann, Dieter (1993):** Fund Raising für Initiativen. Bonn.

**Schögel, Marcus (2001):** Multichannel Marketing. Zürich.

**Schütte, Wolfgang (1996):** Konsumentenschutz und Qualitätssicherung durch Pflegeverträge. In: Nachrichtendienst des Deutschen Vereins für öffentliche und private Fürsorge, Nr. 8, S. 257 - 262.

**Schuhmann, Jochen (1987):** Grundzüge der mikroökonomischen Theorie. 5., revidierte und erweitete Auflage, Berlin u. a.

**Schulz, Lothar (2001):** Motivation und Spendenverhalten von Einzelpersonen und Gruppen. In: Fundraising Akademie (Hrsg.) (2001): Fundraising. Handbuch für Grundlagen, Strategien und Instrumente. Wiesbaden, S. 191 – 208.

**Schulz, Lothar/Urban, Annette (2001):** Mailings. In: Fundraising Akademie (Hrsg.) (2001): Fundraising. Handbuch für Grundlagen, Strategien und Instrumente. Wiesbaden, S. 819 - 829.

**Schwarz, Peter (1996):** Management in Nonprofit Organisationen. Eine Führungs-, Organisations- und Planungslehre für Verbände, Sozialwerke, Vereine, Kirchen, Parteien usw. 2., aktualisierte Auflage, Bern/Stuttgart/Wien.

**Sharpe, William F. (1964):** Capital Asset Prices: A Theory of Market Equilibrium under Conditions of Risk. In: Journal of Finance, Vol. 19, 1964, Nr. 3, S. 425 – 442.

**Siciliano, Julie I. (1997):** The Relationship Between Formal Planning and Performance in Nonprofit Organizations. In: Nonprofit Management & Leadership, Vol. 7, 1997, Nr. 4, S. 387 - 403.

**Spieker, Manfred (1997):** Subsidiarität. In: Andersen, Uwe/Woyke, Wichard (Hrsg.): Handwörterbuch des politischen Systems der Bundesrepublik Deutschland. 3., völlig überarbeitete und aktualisierte Auflage, Bonn, S. 548 f.

**Spittler, Hans-Joachim (2002):** Leasing für die Praxis. 6. Auflage, Köln.

**Spitzenberger, Maren (1999):** Entwicklung eines Erbschafts- und Vermächtnismarketing-Konzeptes. Nonprofit-Schriftenreihe Heft 5, Oberursel.

**Spreman, Klaus (1999):** Vermögensverwaltung. München/ Wien.

**Staubach, Annett (2000):** Fundraising in der Sozialen Arbeit. Grundlagen für Einsteiger. Chemnitz.

**Stechow, Friederich-Leopold Freiherr von (2003):** Finanzierung für den Mittelstand – Bankenmarkt. In (Internet): http://www.uni-potsdam.de/u/ls_fiba/Downloads/ mittelfin/23-04-03.pdf (Zugriff:17.07.2003).

**Steinberg, Richard (1991):** Does Government Spending Crowd Out Donations? Interpreting the Evidence. In: Annals of Public and Cooperative Economics, Vol. 62, 1991, S. 591-617.

**Steinberg, Richard/Weisbrod, Burton A. (2002):** Give it Away or Make Them Pay? Price Discrimination by Nonprofit Organizations with Distributional Objectives. In: ISTR (Ed.): Transforming Civil Society, Citizenship and Governance: The Third Sector in an Era of Global (Dis)Order. Conference Working Papers, Volume III, Cape Town Conference, July 7-10.

**Stevens, Susan K./Anderson, Lisa M. (1997):** All the Way to the Bank: Smart Money Management for Tomorrow's Nonprofits. St. Paul (MN).

**Stiftung Mitarbeit (Hrsg.) (2001):** Wie Stiftungen fördern. Arbeitshilfen für Selbsthilfe- und Bürgerinitiativen Nr. 15. 2., überarbeitete und aktualisierte Auflage, Bonn.

**Strachwitz, Rupert Graf (1997):** Einführung. In: Dienst, Rolf (Hrsg.): Neue Wege der Vermögensverwaltung von Stiftungen. Referate der 1. Maecenata Stiftungsmanagement Tagung am 28. und 29. November 1997 in München. München, S. 5 - 8.

**Strachwitz, Rupert Graf (1998):** Zu den Rahmenbedingungen für das Stiftungswesen in Deutschland. In: Anheier, Helmut K. (Hrsg.): Stiftungen für eine zukunftsfähige Bürgergesellschaft. Gedanken für eine Generation von Erben. München, S. 31 - 50.

**Strachwitz, Rupert Graf (1999):** Die Rahmenbedingungen des Dritten Sektors und ihre Reform. In: Aus Politik und Zeitgeschichte. Beilage zur Wochenzeitung Das Parlament, Nr. B 9/99, S. 22 - 30.

**Strachwitz, Rupert Graf (2001):** Stiftungsmarketing. In: Fundraising Akademie (Hrsg.) (2001): Fundraising. Handbuch für Grundlagen, Strategien und Instrumente. Wiesbaden, S. 863 - 874.

**Süchting, Joachim (1995):** Theorie und Politik der Unternehmensfinanzierung. 6., vollständig überarbeitete und erweiterte Auflage, Wiesbaden.

**Tapp, Patrick (2001):** Telemarketing, Callcenter. In: Fundraising Akademie (Hrsg.) (2001): Fundraising. Handbuch für Grundlagen, Strategien und Instrumente. Wiesbaden, S.713 - 724.

**Teske, Wolfgang/Fellner, Cornelia (2001):** Zuschüsse. In: Fundraising Akademie (Hrsg.) (2001): Fundraising. Handbuch für Grundlagen, Strategien und Instrumente. Wiesbaden, S. 967 - 982.

**Tiebel, Christoph (2001):** Balanced Scorecard. Strategisches Controlling für NPOs. In: Soziale Arbeit, Nr. 1, 2001, S. 2 - 8.

**Tobin, James (1958):** Liquidity preference as behavior towards risk, In: The Review of Economic Studies, Vol. 25, S. 65-86.

**Trosien, Gerhard/Haase, Henning/Mussler, Dieter (Hrsg.) (2001):** Huckepackfinanzierung des Sports: Sportsponsoring unter der Lupe. Schorndorf.

**Tuckman, Howard P./Chang, Cyril F. (1991):** A Methodology for Measuring the Financial Vulnerability of Charitable Nonprofit Organizations. In: Nonprofit and Voluntary Sector Quarterly, Vol. 20, 1991, Nr.4, S. 445 - 460.

**Tuckman, Howard P./Chang, Cyril F. (1993):** How Well is Debt Managed by Nonprofits? In: Nonprofit Management & Leadership, Vol. 3, 1993, Nr. 4, S. 347 - 361.

**Ubbenhorst, Werner (2002):** Zuwendungen gemäß §§ 23, 44 Bundes-/Landeshaushaltsordnungen (BHO/LHO). In: Stiftung & Sponsoring. Das Magazin für Non-Profit-Management und -Marketing. Ausgabe 5/2002, S. 18 - 22.

**Urselmann, Michael (2002):** Fundraising. Erfolgreiche Strategien führender Nonprofit-Organisationen. 2., erweiterte Auflage, Bern/Stuttgart/Wien.

**Vereinte Nationen (1993) (Hrsg.):** System of National Accounts. New York.

**Vilain, Michael (2000):** Rückzug des Staates aus der Wohlfahrtspflege? Konsequenzen einer Aufweichung des Subsidiaritätsprinzips für die Entscheidungssituationen in Wohlfahrtsverbänden. In: Hanns Martin Schleyer-Stiftung (Hrsg.): Vom Betreuungsstaat zur Bürgergesellschaft – Kann die Gesellschaft sich selbst regeln und erneuern? VII. Kongress Junge Kulturwissenschaft und Praxis, Köln, 14.-16. Juni 2000. Köln, S.104-110.

**Vilain, Michael (2001):** Ziele, Strategien und Strukturen erfolgreicher Vereine. Münsteraner Diskussionspapiere zum Nonprofit-Sektor der Arbeitsstelle Aktive Bürgerschaft an der Westfälischen Wilhelms-Universität, Nr. 13. Münster in Westfalen.

**Vilain, Michael (2004):** Abschlussbericht des Projektes „Stiftungsverbund Westfalen". Eine empirische Bestandsaufnahme. Unveröffentlichtes Manuskript. Münster.

**Wagner, Christoph (2001):** GmbH-Recht. In: Fundraising Akademie (Hrsg.) (2001): Fundraising. Handbuch für Grundlagen, Strategien und Instrumente. Wiesbaden, S. 1079 - 1087.

**Warwick, Mal (1994):** Raising Money by Mail – Strategies for Growth and Financial Stability. Berkeley.

**Weber, Jürgen/ Hamprecht, Martin (1994):** Stand und Anwendungsperspektiven des Controllings in Verbänden und ähnlichen Non-Profit-Organisationen. WHU-Forschungspapier Nr. 24, Vallendar.

**Weger, Hans-Dieter (1997):** Die Stiftung in der Fundraising-Konzeption. Fachschriften der Bundesarbeitsgemeinschaft Sozialmarketing e.V., Heft 10, Bietigheim-Bissingen.

**Weiler, Torsten (1998):** Praxis Fundraising. Mitteleinwerbung für Gemeinden und kirchliche Einrichtungen. Modelle – Strategien – Tips. Bonn.

**Wendland-Kantert, Joachim (1999):** Entgeltvereinbarungen aus Sicht eines freien Trägers. In: Kröger, Rainer (Hrsg.): Leistung, Entgelt und Qualitätsentwicklung in der Jugendhilfe. Arbeitshilfen mit Musterbeispielen zur praktischen Umsetzung der §§ 78 a-g SGB VIII. Neuwied/Kriftel, S. 123 - 144.

**Westebbe, Achim/Winter, Ekkehard/Trost, Oliver (1997):** Hochschul-Sponsoring I. Ein Leitfaden für die Sponsoring-Praxis an Hochschulen. Stuttgart.

**Wewer, Gättrik (1990) (Hrsg.):** Parteienfinanzierung und politischer Wettbewerb. Opladen.

**Wieneke, Werner (1993):** Finanzierung diakonischer Einrichtungen und Werke. In: Diakonisches Werk der EKD (Hrsg.): Leitfaden zur wirtschaftlichen Führung diakonischer Einrichtungen und Werke. Stuttgart, S. 173 - 240.

**Wilkens, Ingrid (1996):** Ressourcenzusammenlegung und Lebenszyklus in eingetragenen Vereinen. Ein Beitrag zur Non-Profit-Forschung. Frankfurt a.M. u.a.

**Williamson, Oliver E.** (1983): Markets and Hierarchies: Analysis and Antitrust Implications, A Study in the Economics of Internal Organizations, New York.

**Witt, Martin (2000):** Kunstsponsoring. Gestaltungsdimensionen, Wirkungsweise und Wirkungsmessungen. Berlin.

**Wöhe, Günter (1986):** Einführung in die allgemeine Betriebswirtschaftslehre. 16., überarbeitete Auflage, München.

**Young, Dennis R./ Steinberg, Richard (1995):** Economics for Nonprofit Managers. New York.

**Zbar, Jeffrey D.** (1993): Wildlife Takes Center Stage as Cause-Related Marketing Becomes a $ 250 Million Show for Companies. In: Advertising Age, Vol. 64, 1993, Nr. 27, SS1 - SS6.

**Zerche, Jürgen (1998):** Einführung in die Genossenschaftslehre. Genossenschaftstheorie und Genossenschaftsmanagement. München/Wien.

**Zeller, Christa (2001):** Sozial-Sponsoring. Gewinnbringende Zusammenarbeit zwischen Kitas und Unternehmen. München.

**Zillessen, Renate/Rahmel, Dieter (Hrsg.) (1990):** Umweltsponsoring: Erfahrungsberichte von Unternehmen und Verbänden. Wiesbaden.

**Zimmer, Annette (1996):** Vereine – Basiselemente der Demokratie. Eine Analyse aus der Dritte-Sektor-Perspektive. Opladen.

**Zimmer, Annette (1997):** Public-Private Partnerships: Staat und Dritter Sektor in Deutschland. In: Anheier, Helmut K. et al. (Hrsg.): Der Dritte Sektor in Deutschland. Organisationen zwischen Staat und Markt im gesellschaftlichen Wandel. Berlin, S. 75 - 98.

**Zimmer, Annette/Priller, Eckhard (2004):** Gemeinnützige Organisationen im gesellschaftlichen Wandel. Ergebnisse der Dritte-Sektor-Forschung. Unter Mitarbeit von Lilian Schwalb und Thorsten Hallmann. Wiesbaden.

**Zimmer, Annette/Priller, Eckhard/Strachwitz, Rupert Graf (2000):** Fundraising als Ressource für Nonprofit-Organisationen. In: Nährlich, Stefan/Zimmer, Annette (2000): Management in Nonprofit-Organisationen. Eine praxisorientierte Einführung. Opladen, S. 85 – 104.

**Zimmermann, Horst/ Henke, Klaus-Dirk (2001):** Finanzwissenschaft. 8. Auflage, München.

**Zimmermann, Olaf (1997):** Kunst und Kultur – Spenden- und Sponsoringmarkt der Zukunft. Fachschriften der Bundesarbeitsgemeinschaft Sozialmarketing e. V., Heft 6, Bietigheim-Bissingen.

## Internetquellen (Stand: Juni 2003):

**Deutscher Spendenrat e. V.:**
www.spendenrat.de.
**Deutsches Zentralinstitut für Soziale Fragen (DZI):**
www.dzi.de.
**Dow Jones Sustainability Indexes:**
Offizielle Website der DowJones Sustainabilty Indexes:
http://www.sustainability-index.com.
**Fairwertung e. V.:**
www.fairwertung.de
**SGB III:**
Aktuelle Ausgabe des SGB III auf der Website der Bundesagentur für Arbeit:
http://www.arbeitsamt.de/laa_bb/aktuelles/sgb3.html.
Neu: www.arbeitsagentur.de
**Stiftungen:**
Linksammlung mit Suchdienst:
www.stiftungsindex.de.
**Stiftungsdatenbank des Maecenata Instituts:**
www.maecenata.de/centrum/datenbank.htm.
**Umweltfonds Greeneffects (NAI Kriterien):**
www.greeneffects.de/seiten/index/index2.htm.

# Abbildungsverzeichnis

# Tabellenverzeichnis

# Stichwortverzeichnis

## T

## U

## V

## W

## X

## Z

# Neu im Programm Politikwissenschaft

Jürgen W. Falter / Harald Schoen (Hrsg.)
**Handbuch Wahlforschung**
2005. XXVI, 826 S. Geb. EUR 49,90
ISBN 3-531-13220-2

Die Bedeutung von Wahlen in einer Demokratie liegt auf der Hand. Deshalb ist die Wahlforschung einer der wichtigsten Forschungszweige in der Politikwissenschaft. In diesem Handbuch wird eine umfassende Darstellung der Wahlforschung, ihrer Grundlagen, Methoden, Fragestellungen und Gegenstände geboten.

Peter Becker / Olaf Leiße
**Die Zukunft Europas**
Der Konvent zur Zukunft der Europäischen Union
2005. 301 S. Br. EUR 26,90
ISBN 3-531-14100-7

Dieses Buch gibt auf knappem Raum einen Überblick zur Arbeit des „Konvents zur Zukunft der Europäischen Union", zu Anlass und Organisation des Konvents, zu seinen wichtigsten Themen und Ergebnissen. Ebenso werden die wichtigen Konferenzen und Entscheidungen nach Abschluss des Konvents in die Darstellung einbezogen.

Bernhard Schreyer /
Manfred Schwarzmeier
**Grundkurs Politikwissenschaft: Studium der Politischen Systeme**
Eine studienorientierte Einführung
2. Aufl. 2005. 243 S. Br. EUR 17,90
ISBN 3-531-33481-6

Konzipiert als studienorientierte Einführung, richtet sich der „Grundkurs Politikwissenschaft: Studium der politischen Systeme" in erster Linie an die Zielgruppe der Studienanfänger. Auf der Grundlage eines politikwissenschaftlichen Systemmodells werden alle wichtigen Bereiche eines politischen Systems dargestellt.

Dabei orientiert sich die Gliederung der einzelnen Punkte an folgenden didaktisch aufbereiteten Kriterien: Definition der zentralen Begriffe, Funktionen der Strukturprinzipen und der Akteure, Variablen zu deren Typologisierung, Ausgewählte Problemfelder, Entwicklungstendenzen, Stellung im politischen System, Kontrollfragen, Informationshinweise zur Einführung (kurz kommentierte Einführungsliteratur, Fachzeitschriften, Internet-Adressen).

Im Anhang werden die wichtigsten Begriffe in einem Glossar zusammengestellt. Ein Sach- und Personenregister sowie ein ausführliches allgemeines Literaturverzeichnis runden das Werk ab.

Erhältlich im Buchhandel oder beim Verlag.
Änderungen vorbehalten. Stand: Juli 2005.

**www.vs-verlag.de**

**VS VERLAG FÜR SOZIALWISSENSCHAFTEN**

Abraham-Lincoln-Straße 46
65189 Wiesbaden
Tel. 0611.7878-722
Fax 0611.7878-400

# Neu im Programm Politikwissenschaft

Jürgen Dittberner

**Die FDP**
Geschichte, Personen, Organisation,
Perspektiven. Eine Einführung
2005. 411 S. Br. EUR 24,90
ISBN 3-531-14050-7

Die FDP hat sich als einzige der kleinen
Parteien seit 1949 gehalten. In dieser
Einführung wird eine umfassende Darstellung geboten zu Geschichte, Organisation, Personal, Programm und Wähler-
basis der FDP.

Jan Fuhse

**Theorien des
politischen Systems**
David Easton und Niklas Luhmann.
Eine Einführung
2005. 125 S. Studienbücher Politische
Theorie und Ideengeschichte.
Br. EUR 12,90
ISBN 3-531-14674-2

Diese Einführung stellt zwei Theorien
des politischen Systems exemplarisch
und systematisch vor: einmal das Werk
David Eastons, das in der Politikwissenschaft grundlegend geworden ist, zum
anderen die politische Theorie Niklas
Luhmanns, die eine radikal neue Fassung einer Theorie des politischen Systems darstellt. Das Werk beider Denker
wird jeweils in den biographischen,
werkgeschichtlichen und den wissen-

schaftlichen Kontext eingeordnet.
Das Buch enthält praktische Hinweise
zur Weiterarbeit und ist somit gut als
Arbeits- und Seminargrundlage geeignet.

Thomas Jäger / Alexander Höse /
Kai Oppermann (Hrsg.)

**Transatlantische Beziehungen**
Sicherheit – Wirtschaft – Öffentlichkeit
2005. 520 S. Br. EUR 39,90
ISBN 3-531-14579-7

Nach dem Ende der Ost-West-Konfronta-
tion und dem Wegfall der gemeinsamen
Bedrohung durch die Sowjetunion hat
sich das Konfliktpotential zwischen Europa und den USA deutlich erhöht. Auf die
breite Welle der Solidarisierung mit den
Vereinigten Staaten in Europa nach dem
11. September 2001 folgten mit den Auseinandersetzungen über den Irakkrieg
schon bald die heftigsten Erschütterun-
gen seit mehr als fünf Jahrzehnten.

Dennoch bilden die transatlantischen
Beziehungen unverändert den Kern der
internationalen Ordnung. In allen Sach-
bereichen der Politik: Sicherheit, Wohl-
fahrt und Herrschaft ist das transatlantische Verhältnis zugleich von Kooperation
und Konflikt geprägt. Dieser Band analysiert das komplexe Beziehungsgeflecht
auf den Feldern der äußeren und inneren Sicherheit, der Wirtschaft und der
Öffentlichkeit. Er bietet eine umfassende
und aktuelle Darstellung der transatlantischen Beziehungen der Gegenwart.

Erhältlich im Buchhandel oder beim Verlag.
Änderungen vorbehalten. Stand: Juli 2005.

**www.vs-verlag.de**

**VS VERLAG FÜR SOZIALWISSENSCHAFTEN**

Abraham-Lincoln-Straße 46
65189 Wiesbaden
Tel. 0611.7878 - 722
Fax 0611.7878 - 400